中国の素質教育と教育機会の平等

都市と農村の小学校の事例を手がかりとして

代　玉

東信堂

謝辞

　これまでの生活、特に留学生活を振り返って見ると、複雑な心境が甦ります。それは、強風にあおられ、大波に翻弄されながら漂う小船のように、悲と喜、絶望と希望、自信の消失と再生などの二律背反の世界を私が歩み続けて来たことです。然るに、これらの言葉だけでは私の心にある気持ちを十分に表すことができません。これらに加えて私の心の底には、「感謝」の気持が満ち満ちているからです。この「感謝」の気持は、火山噴火のように強力に、広範の方々にお伝えしなければならないものです。

　まずは、東京大学の恩師の恒吉僚子先生に対して感謝の気持を捧げたいと思います。先生に対する私の感謝は、世界のすべての言葉を使っても表現しきれるものではありません。先生には、不器用な私のために多くの時間を割いて頂き、丁寧なご指導に授かりました。先生のご指導や励ましの言葉は、私の心の支えになり、その支えのお陰で幾多の壁をのり切ることができました。先生の行き届いたお世話は、論文のご指導にとどまることなく学生生活にも至るもので、留学生の私にとっては、学業や生活における困難を乗り越える勇気を生み、前向きなエネルギーを引き出す糧となりました。恒吉先生のような才徳兼備の教育者を目指して尽力する所存です。

　また、本の作成は、教育現場調査の段階でお目にかかった多数の皆様のご協力なしには成り立ちませんでした。そこでは、学校関係者を始め、行政官、研究者の方々にご多忙な中にてインタビューに応じていただき、かつ、貴重な資料とご助言を賜りました。これらの方々に対して厚く御礼を申し上げます。

　特に、研究者として未熟な私をあたたかく受け入れてくださった三つの小

学校の校長先生を始め、その授業の場でご協力くださった先生方々、児童の
みなさん、更には保護者のみなさまは、快く、何度もインタビューを受け入
れて下さいました。これらのご好意に対して、深く感謝の意を捧げます。こ
の度の調査を通じて、先生方々や児童のみなさんと親しい関係を築くことが
できたことは、私にとって一生忘れられない思い出になると思います。

　更に、東信堂の下田勝司社長に対して心から感謝を申し上げます。下田社
長から賜ったご指導をこれからの私の研究に反映させることによって、ご恩
に報いていきたいと思います。また、東信堂のスタッフの皆様に対してご丁
寧な校正をしていただき、心より感謝いたします。

　合せて、天津大学の管理者および同僚の方々にお礼を申し上げます。日々
お忙しい中での皆さまの多大なご協力には、頭が下がる思いです。また、日
本人の友人の皆様から賜った多くの激励とご助言に対しましては、感謝の意
が尽くせません。

　最後に、限りない愛情を持ってここまで私を育て上げてくれた両親に感謝
の意を示さずにはいられません。長年郷里を離れ、顔を合せることも少なく、
心配をかけるばかりの不孝者の私は、この本を奉げることで感謝とお詫びの
一端を示したいと思います。

2018年6月

代　玉

　追伸：本書は教育哲学社会科学重大課題（15JZD043）の中間成果であり、
高等教育における教育の質の研究にも重要な示唆を与えると思います。

目次／中国の素質教育と教育機会の平等
　　　―都市と農村の小学校の事例を手がかりとして―

　謝辞 ……………………………………………………………… i

序章　はじめに…………………………………………………3

　1.本研究の目的 ……………………………………………… 3

　2.概念の定式化 ……………………………………………… 6

　3.本研究の意義 ………………………………………………16

　4.先行研究の検討 ……………………………………………22

　5.方法論 ………………………………………………………39

　6.本書の構成 …………………………………………………49

第1章　素質教育の検討 …………………………………… 53

　1.「素質」の研究について …………………………………53

　2.素質教育について …………………………………………61

　3.素質教育の周辺 ……………………………………………67

　4.まとめと考察 ………………………………………………79

第2章　素質教育政策の検討 ……………………………… 81

　1.素質教育政策の策定経緯 …………………………………82

　2.素質教育の具体的な施策 ………………………………… 100

　3.素質教育政策が基づく原理 ……………………………… 128

　4.まとめと考察 ……………………………………………… 131

第3章　先進地域における上海市の事例 …………………139

　1.本章の問題設定 …………………………………………… 139

　2.S校の位置づけ …………………………………………… 147

　3.「算数科」における素質教育の実践 …………………… 152

　4.「本校課程」教科における素質教育の実践 ……………… 202

iv

　　5. 素質教育実践の成果 ……………………………… 234

　　6. サポート条件・形成要因の検討 ……………… 240

　　7. まとめと考察 ……………………………………… 268

第4章　非先進地域におけるN省L市の都市部の事例 ……… 273

　　1. 本章の問題設定 ………………………………… 273

　　2. G校の位置づけ ………………………………… 275

　　3.「算数科」における素質教育の実践 ………… 279

　　4.「本校課程」教科における素質教育の実践 ……… 327

　　5. サポート条件の検討 …………………………… 347

　　6. 社会構造・文化の要因の検討 ……………… 359

　　7. まとめと考察 …………………………………… 372

第5章　非先進地域におけるN省L市の農村部の事例 ……… 378

　　1. 本章の問題設定 ………………………………… 378

　　2. H校の位置づけ ………………………………… 380

　　3.「算数科」における素質教育の実践 ………… 382

　　4.「本校課程」教科における素質教育の実践 ……… 406

　　5. サポート条件の検討 …………………………… 415

　　6. 社会構造・文化の要因の検討 ……………… 424

　　7. まとめと考察 …………………………………… 427

第6章　素質教育の実践にて生じた「教育機会の不平等」のメカニズム ……………………………………………………… 431

　　1. カリキュラムの伝達・構成に存在する差異の形成プロセス検討 ………………………………………………………… 431

　　2.「教育機会の不平等」を生じさせた条件の比較検討 ……… 453

　　3.「教育機会の不平等」の形成に関わる要因の比較検討 ……… 458

目次　v

　4. まとめと考察　……………………………………　465

終章　おわりに……………………………………………470
　1. 総括　………………………………………………　470
　2. 今後の課題　………………………………………　478

　参考文献　……………………………………………　481

凡例
　本書の図や表は特にことわりのない限り、筆者が作成したものである。

中国の素質教育と教育機会の平等
―都市と農村の小学校の事例を手がかりとして―

序章　はじめに

1．本研究の目的

　本研究の目的は、中国における素質教育[1]の推進に当たって、その理念および展開を考察することにある。特に、「教育機会の平等」[2]に注目した上で、公教育の役割を問うこととする。具体的には、素質教育を柱とする義務教育における中国の新しい課程改革を実施する際の学校現場での素質教育の実践のプロセスに焦点を当て、小学校におけるカリキュラムの構成・伝達の差異化を通じて上記テーマを考察する。

　今日グローバリゼーションなどの社会変化のもとで、教育改革が世界的な規模で進行している（大桃ほか　2007；藤田ほか　2010）。また、それらの教育改革においては「世界各国で地方分権化と規制緩和」が進んだため、「公立学校の制度とカリキュラム」のあり方と共に、「教育行政財政のシステムが多様化」し、「国家と地方の関係」や「公的基金と私的基金の関係」、または「学校と教師の自律性と行政機関の統制と評価」などの広範なあり方が検討されている（大桃　2009,p.ⅰ）。すなわち、教育改革はより広範な社会制度と連動しながら進められている。

　これらの教育改革はまた、「第3の教育改革」[3]と呼ばれることもある（Tyack 1990；Brown 1990；藤田ほか　2010）。第1の教育改革が「近代的国民教育制度の創設」、第2の教育改革が「20世紀半ば以後の中等・高等教育の拡大と教育機会の平等化を志向した教育システムの再編・整備・拡充やカリキュラムの現代化」を推進したのに対して、「第3の教育改革」とは、1980年代に始まったこれまでの学校教育に対する「再構造化（restructuring）」のことである（藤田

ほか　2010,p.6)。例えば、第2の教育改革で顕在化した入試競争・受験競争の激化と画一性などの弊害は、第3の教育改革の標的となった。「画一性の打破」、「個性の重視」、「特色ある学校づくり」などのスローガンを揚げて「学校選択性」、「エリート的な中高一貫校の導入」、「習熟度別指導」などの施策が導入された(藤田ほか　2010,p.18)。このような「新自由主義」や「市場主義」のイデオロギーに基づく「第3の教育改革」は、これまで、特に、第2の教育改革にて教育システムが維持してきた「公共性」と「平等性」を無視する特徴を持つと批判されている(藤田　2001；Apple　2001；苅谷　2008)。例えば、日本における学校選択の導入は、学校の序列化や教育機会の不平等などの問題をもたらすようになったとされ、特に、「義務教育段階からの学校の序列化と教育機会・学習過程の格差化が問題化」するようになったという(藤田ほか2010,p.18)。これらの批判は、こうした教育改革が、公教育の基盤に地割れをもたらすようになっていることに警鐘を鳴らしてきた。このような状況の中で、「第3の教育改革」において、教育の「平等性」と「公共性」が、各国の教育でどう行われているかを具体的に考察しながら、教育機会の平等と公的教育の役割を改めて問うことには意義があろう。

　本研究では、こうした視点から中国に注目するが、中国では問題となっている1980年代の半ばから応試教育(受験勉強)を批判するために、「素質教育」の理念が提唱された。また、応試教育の批判はそれによって育てられた人材像に対するものでもあった。つまり、応試教育を通じて育成された人材は、「高分低能」(点数が高いが、能力がない)であるため、「創造能力」などのような21世紀の社会に必要な能力を育成することができていないとされたのである(楊　1995；燕　2002；鐘　2003)。こうした社会要請に応じるべく、「素質教育」という新しい学力観に基づく教育改革が中国で求められるようになってきた。具体的な目標が日本と同じとは言えないが、上述した日本の「画一性の打破」、「個性の重視」、「特色ある学校づくり」というスローガンは中国の教育改革にも通じるものがあり、2001年からの中国の新しい課程改革の理念においては、それらが反映されている(詳細は第2章を参照されたい)。また、地方分権や規制緩和なども取り上げられている(詳細は第2章を参照されたい)。

序章　はじめに　5

　本研究では素質教育の先進地域としての上海市から事例を1つ、非先進地域の都市・農村の事例をそれぞれ1つずつ用いているが、上海市の素質教育は、1980年代前半の応試教育のあり方を克服しようと登場したものである（牧野　1995、2006；傅　2007）。例えば、牧野（2006）によると、文化大革命以降の上海市の教育は、概して3つの時期の展開を経た（pp.125-136）。つまり、「普通教育の整備・回復の時期（1976〜80年）」に続いて受験体制が整備される「応試教育（受験教育）」の段階（1980〜85年）があげられる。この時期に続く1985年以降は、深刻化する進学競争、学習負担の過重、詰め込み教育のような応試教育の弊害が問題視され、「義務教育の完全実施による教育機会の平等を原則とし、教育の普及が各個人の多様な個性の発達を保障し、それが教育の向上へとつながるような教育体系を構築するためには、制度改革のみならず、カリキュラム・教材改革がなされなければならない」として、上海市の課程教材の改革が進められてきたのである（牧野　2006,p.130）。

　なお、中国の素質教育は教育政策をはじめ、法律・規則、国家行政者の指導によって強力に推進されている[4]（詳細は第2章を参照されたい）。このような一連の動きによって、素質教育は中国の国家政策となっており、中国教育の発展方向として位置づけられている。現在、素質教育の改革は教育制度にとどまらず、より広範な社会構造の改革をも求めるようになっている。しかしながら、素質教育の実施は決して楽観的な状況にあるとは言えない。例えば、2005年の前教育部長であった周済は、「素質教育は1つの古い問題、1つの大きな問題、1つの難しい問題である」と指摘している（孫　2009,p.100）。また、教育部が主催した研究プロジェクトにおける素質教育に関するレポートによると、「大変努力したが、予期された成果に至らなかった」と明確に指摘されている（素質教育調査研究チーム　2006,p.9）。2010年に公布された『中国教育改革と発展規劃綱要（2010〜2020年）』でも、「素質教育の推進は困難である」という結論が導き出されている[5]。以上のように、中国の官僚をはじめ、研究調査および法律関係の文献の中においても、素質教育の推進が難局に直面していることが認識されていることがうかがえる。

　その困難さをもたらす要因は、素質教育理論そのものをはじめ、制度、社

会構造によるものなど多岐にわたって指摘されている (李　1997；柳　1997；袁　1999；素質教育調査研究チーム　2006；教育部　2010)。特に、応試教育の強固な抵抗にあうことを指摘するものが多い (教育部 2001、2010)。しかし、以上のような既存研究の指摘は観念論に基づいたもののことが多く、学校現場での実践に目を向けたものは極めて少ない (叶　2011)。管見の限り、学校現場に関する研究があったとしても、教育学の「当為論 (既存の論理)」にとどまるものが多い。

　従来の応試教育の弊害を乗り越えようとした素質教育が、上記の指摘のように今日では応試教育を実質的に乗り越えられていない。こうした問題に対して、先行研究では実践の中でそれが生じてゆく具体的なプロセスを解明してこなかった。しかし、本研究は学校の現実の実践の中から、素質教育が結果として不平等の再生産に加担してゆくプロセスを、地域格差を視野に入れながら見ようとした。

2.　概念の定式化

　概念を定式化するに際しては、主に「教育機会の不平等」と「素質教育」について行う。まず、「素質教育」の概念を見てみよう。

2.1.　「素質教育」について

　「素質教育」の概念の定義については論者の間で一枚岩ではない。また、その要因は素質教育を構成している「素質」という言葉の多義性にあることが考えられる (梁　1997；陳　1999)。なぜなら、「素質」という言葉は「広義」、「中義」および「狭義」という3つの層を持つとされるからである。詳細は第1章で述べるため、ここでは、簡潔に触れるにとどめるが、例えば、「素質」はもともと「心理学」からきた概念であり、「先天的な神経系統と感覚器官」と理解されている (李　1997,p.10)。このような「先天性」あるいは「自然的な属性」に注目する概念は、「素質」の「狭義」の概念として理解できよう (燕 1990；柳　1997；楊　1997；陳　1999)。

序章　はじめに　7

　しかし、こうした生まれつきの特徴に基づいた「素質」の概念は、社会的実践の範疇に属する「教育」の概念と結びつくことが難しい (燕　1990；梁 1997)。そのため、「素質」を発展の「潜在性」と「可能性」を示すものであるとする考えが示されるようになった (楊　1995,p.35)。この、「素質」の可能性を軸とした考え方が中義 (真ん中の層) 概念である (楊　1995；燕　1996；陳 1999)。さらに、前述した「素質」の「可能性」および「潜在性」をいかに引き出すのか、という手段を「教育」と結びつけるために、「素質」は「先天」と「後天」の相互作用によって形成されていると主張されるようになった (楊 1995；梁　1996；李　1997)。つまり、この時点で「素質」は「国民素質」や「民族素質」、「教師素質」などの考え方は「素質」の「広義」概念として表わされる (楊　1995；梁　1997)。

　以上のように、「素質」の概念は多義性という特徴を持つ。一方、「素質教育」は文字どおりに「素質」と「教育」とを組み合わせた言葉であるため、同じく多義性的であり、「素質教育」の概念は、論者の視点によってそれぞれ異なる。

　これまで、中国の「素質教育」の概念は概ね6つの側面から論じられてきた (趙　1999；鐘　2003)。つまり、「応試教育」と対立した視点から捉えられること、「国民教育」と理解されること、「全面的な発展」[6]教育であること、3つの要素説との関係 (学習者の主体性の重視、全面的な発展の育成、すべての学習者に向けられる)、基準教育とみなされていること、脳科学と関係づけることである (詳細は第1章を参照されたい)。筆者は主に応試教育との対立的な側面と3つの要素説に基づいて「素質教育」の概念化を試みる。もちろん、応試教育との対立的な側面と「3つの要素説」とは重なる部分が少なくない。例えば、応試教育との対立的な側面としての最も特徴的なものは学習者の「主体性」を重視することである。

　さて、前述したように、素質教育は80年代の半ばに応試教育を批判するために提起されたものであり、後者と対置される教育理念であると理解されることが少なくない (崔　1999)。そのため、まず、応試教育とは何かについて触れておく必要がある。

　応試教育は文字どおり、「応試」(受験) のための教育である。つまり、応

試教育の「価値志向」は「受験に対応して、選抜されるため」にあり、その教育内容は「受験に対応する知識を教授した上で、知識内容の唯一性」を強調しながら「教育の規則と学習者の自らの発展規則」を無視するものと素質教育推進者からは批判されている (素質教育調査研究チーム　2006,p.7)。

　以上のように、「応試教育」に基づいた教育理念はある意味では「教科学力観」と重なるものが多く見られる。ここで言う「教科学力観」とは、「近代国家によって形成された学校において」、「古典的な学術領域」からの影響を保ち、近代科学の学術領域を「中軸とする『教科』が成立して、それを単位としてカリキュラムが構成される」ものである (金子　2006,p.13)。また、その基本的な目的は「こうした教科の教育内容を学習者に習得させる」ことであるという (金子　2006,p.13)。このように、「教科学力観」においての習得内容は「教科学力」を中心とし、習得方法は子どもの「主体性」を目的としていないことがうかがえる。そのため、素質教育は前述した「習得内容」および「習得方法」に関して、応試教育に対する批判を中心として行われている。これは、90年代以降、世界各国の教育改革で問題になってきた領域でもある (藤田 1997、2006)。

　以上により、「応試教育」という理念は欧米の「教科学力観」とつながる面を持ち、学力の視点から見ると、日本の「伝統的な学力観」と似ていると言える。同時に、以下に示すように、中国における応試教育には独自の特徴もあり、それは少数の学習者にしか向けられていないと指摘されることが多い点からもうかがわれ (梁　1997;鐘　2003;素質教育調査研究チーム　2006)、不平等問題との関連で問題提起しうる面があると考えられる。

　一方、素質教育は学習者の役割を教育の中心に位置づけている。つまり、学習者の「主体性」を重視することが素質教育の要素の1つとなる。例えば、素質教育の推進者は、従来の応試教育における教師を主役とした教育を批判している (楊　1995;燕　2002;鐘　2003)。しかし、こうした「主体性」の重視という理念は決して中国で新しく生まれたものではなく、その起源を知るには、欧米の教育史に目を転じなければならない。

　欧米、特に米国においては、1920年代に教科重視の弊害を是正するために、

生活科重視の教育実践が始められた (ラヴィッチ 2008) が、ここでは学習者は主役として教育の中心に位置づけられたのである。つまり、主体性を前提にした教育理念を形成したことになる。伝統的な学力観とこうした新しい学力観との根本的な相違点は、こうした学習者の主体性に対する認識にあると思われる。

　例えば、金子 (2006,p.13) によると、伝統的な学力観は産業社会の発展につれて、それを支える大量の労働者、あるいは技術者が必要であるために、効率的に学習者を育成し、産業社会に送り出せるようにすることにその基盤があったと言う。そのため、学習者を1つの主体としてみなすのはなく、授業の産物であると見たといっても過言ではない。こうした学力観に基づいた教育は学習者の主体性を重視せず、教師・学習者の関係には教師が教育の主役であり、また、教育方法に関しては教え込みや機械的訓練のような反復暗誦が多いと言われてきた。また、近代社会、特に学歴社会になってから、こうした学力観は受験能力を育成する上でより顕著に見られるようになった。教育実践のプロセスにおいては、知識伝達的な学習者観によるものであり、学習者の主体性を取り戻そうとする、デューイによって提唱された生活科などの教育実践が生まれた (Dewey 1916)。この意味では、新しい学力観は「実践」学力観と呼びうる。いずれにせよ、素質教育は中国においての新しい学力観に相当し、「主体性の重視」は素質教育の1つの重要な要素として理解されている (楊 1995；燕 1996；鐘 2003)。

　また、前述したように、「伝統的な学力観」における教育実践では、その習得の結果は「教科学力」に収斂することが多い。しかし、こうした学力は21世紀に適応するには不充分であるという批判が少なくない (恒吉 2006；金子 2006；佐藤 2006)。

　そのため、21世紀に適応しうる「学力」を育てなければならないとして、各国の教育改革では「教科学力」を超えたものを求めるようになっている。例えば、PISAで提唱されたような学力観の捉え直しや21世紀のグローバル化、情報化、知識化などの進む社会にて必要な批判能力、コミュニケーション能力、協調力などの能力が取り上げられている。「学力」の中身が問われ

るようになっているのである(日本比較教育学会編 2003)。

中国の「素質教育」にも同じような動きが見られる。つまり、「素質教育」では従来の「応試教育」が象徴する「教科知識」を批判し、その代わりに、「全面的な発展」を取り上げている。しかし、「全面的な発展」の意味する中身は時代によって変わってきている(詳細は第1章を参照されたい)。ここで簡潔に言えば、最初の徳、知、体、美、労(道徳、知育、体育、美術、労働)の全面的な発展を論じた議論に、「PISA学力」をも加え、特に国際競争力を意識した「実践能力」と「創造能力」が強調されるようになっている。そのため、「全面的な発展」の中身は、中国に本来にある認識の上に、国際的社会で通用しているような「学力」を加えたものであると考えられる。

最後に、「素質教育」と「応試教育」との相違はもう1つあると思われる。それは前述したように、中国の応試教育は少数の学力が高い者を対象としたことである(柳 1992)。これに対して素質教育は「すべての学習者へ」が謳われている(燕 2002;鐘 2003;朱 2008)。この「すべての学習者へ」は冒頭で述べた「素質教育」の第3の要素であるが、「すべての学習者へ」が提唱されたことにより、「素質教育」の実現は、「教育機会の平等」と直結するようになっている。

以上のように、「素質教育」の概念は「主体性の重視」、「全面的な発展」、「すべての学習者へ」の3つの要素をめぐって展開すると捉える。こうした3つの要素には2つのメカニズムが包含されていると考えられる。

第1に、「主体性」の重視と「全面的な発展」は、教育の質に関わるものである。なぜなら、「主体性」の重視は学習者を従来の受動的な勉強から主体的な勉強に転換させるものであるからである。さらに言えば、学習者が勉強の主役としての役割を果たすようになっている。これが具体的な学習活動のプロセスにおいては、授業スタイルの転換や教師・児童・生徒の役割転換などの面に表われる。それに加えて、「全面的な発展」は、学習の習得結果と関わるものである。つまり、従来の「応試教育」が受験の能力を育てることに主眼を置くのとは違って、「素質教育」は、学習者の徳、知、体、美、労を育てることに向けられており、さらに、近年では、「実践能力」と「創造能力」

などをも加えるようになっている（教育部　2001；朱　2008）。そのため、学校で育てようとする能力は上級機関に対応するような受験能力にとどまらず、生活に必要な生きるための能力まで求めるようになっている。それ故に、「主体性の重視」という教育手段を通じて、「全面的な発展」という教育目的を実現しようとする内在的なロジックが読み取れる。こうした教育の目的を実現しようとすることは教育の質を高めることと重なっている。

　第2に、「素質教育」には平等に関するメカニズムが含まれている。なぜなら、前述の第3の要素としての「すべての学習者へ」ことは平等と関わることであるからである。さらに、「すべての学習者へ」という内実は時代の変遷につれて、形式的な平等から実質的な平等へと変換していることが読み取れる。例えば、前述したように、「すべての学習者へ」ことを強調する「素質教育」は、応試教育の学力が高い少数の学習者に目を向けてきたことには批判的である。但し、この時点での「すべての学習者へ」ということは、単に形式的な平等という意味だけに終わっている。しかし、2001年の『基礎教育の課程改革綱要』においては、「学習者のニーズ」に応じて、適切な教育を与えることを提起した（教育部　2001,p.11）。そのため、素質教育が求める「すべての学習者へ」ということは、児童・生徒の個人的な差異を考慮した上で行われる、実質的な平等を意味するものとなっている。そのため、素質教育を実現することは、教育における不平等を是正することを前提としているように思われる。この意味でも、素質教育を論じる際には、平等という視点から考察する必要があると考えられるのである。

　さらに、「素質教育」の概念を定義する場合には、もう1つの要因を考慮する必要がある。それは、「素質教育」が適用される教育段階である。なぜなら、「素質教育」そのものにせよ、素質教育の教育政策にせよ、「氾濫化」という特徴が指摘されているからである（呂　2003；楊　2006）。言い換えれば、どの段階にも何にでも素質教育を当てはめる、「素質教育」の「万能化」ということである。その最も注目すべき理由は、以下に見るように、教育政策の中で、素質教育はすべての教育段階に適用されるとされたからである。

　実は、素質教育が提起された初期には、それは、基礎教育の段階のみに適

用されていた。例えば、『中国の教育改革と発展綱要』の中では、「基礎教育は国民の素質を向上させる基本工程である。…中小学校は「応試教育」から全面的に国民の素質を向上させる軌道へ」と記されている (中共中央・国務院[7] 1993) [8]。そのため、この時点における素質教育は、基礎教育段階に適用するものであった。しかし、『中共中央・国務院による「教育改革」を深化し、素質教育を全面的に推進する決定』(1999) (下記『決定』と略記) では、素質教育の展開はすべての教育段階を含むこととなっている。『決定』によると、「素質教育は幼児教育、中小学教育、職業教育、成人教育、高等教育などの各教育段階に貫かれるべき」であるとされた (国務院 1999) [9]。

こうして、素質教育の適用はすべての教育段階を対象にするようになったが、実際は、教育の各段階では、教育目的、対象者および教育の役割がそれぞれ異なる。例えば、初等教育 (小学校) では、教育対象は「すべての児童」であるのに対して、高等教育では「選ばれた一部の青年・おとな」を対象とするものであり、教育目的においては、初等教育では「国民共通の基礎教育」であるとされているのに対して、高等教育では「高度な学問的・実践的知識を伝達するもの」とみなされている (志水 2002,p.2)。そのため、初等教育、あるいは義務教育と高等教育の間では、「量」と「質」の優先順位が異なるように見える。例えば、義務教育は教育の量と質を同時に満たすものとはいえ、量を保障する前提として質を高めることが必要であろう。その半面、高等教育においては、量の保障というより、質を優先することに視点が置かれていると思われる。そのため、素質教育を実践する場合には、どのような教育段階にあるのかによって、「量」と「質」に関しては優先順位を調整する必要が出てくる。したがって、素質教育を研究する際に、どのような教育段階を対象にするのかを明確にする必要がある。筆者は本研究の素質教育を基礎教育段階にある義務教育に限定することとする。

以上により、本研究における「素質教育」の概念は、義務教育の段階における児童・生徒の「主体性の重視」、「全面的な発展」の実現、「すべての学習者へ」という3つの要素を表わす教育理念であると定義する。言い換えれば、素質教育は義務教育における「質」と「平等」を同時に実現させようとする教

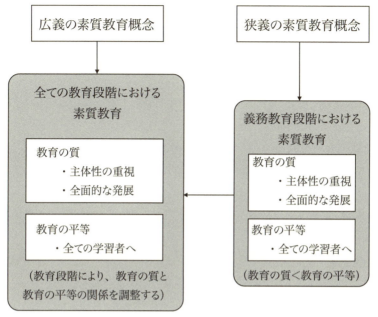

図序−1　素質教育の概念

育である。素質教育の概念を表記すれば上図となる。

　上記の**図序−1**は素質教育の概念を「広義の素質教育概念」と「狭義の素質教育概念」とに分けて示した。広義の素質教育概念は、すべての教育段階を対象とするものである。また、「主体性の重視」、「全面的な発展」と「すべての学習者へ」という3つの要素を含む。つまり、教育の質と教育の平等を同時に「素質教育」の概念に含め、両者とも重要な存在であるため同時に確保することが望ましいが、両者に矛盾が生じた場合はその優先順位が教育段階によって調整されなければならない。例えば、高等教育の段階においては、「教育の平等」より「教育の質」を優先して考えることが可能である。一方、「狭義の素質教育概念」にも「広義の素質教育概念」のように3つの要素があり、「教育の質」と「教育の平等」とが同時に考慮される。しかし、「教育の質」と「教育の平等」の関係においては両者のバランスを取ることが重要とはいえ、「教育の平等」が優先的な価値として理解される。また、義務教育段階を対象と

する。本研究においての素質教育は、「狭義の素質教育概念」を指すもので
ある。

2.2. 「教育機会の平等」について

　教育機会の平等という理念が提唱されたのは近代社会になってからのこと
である (Coleman　1966)。周知のように、近代社会以前には、教育そのもの
が特権階層、貴族などの少数の権力者によって独占されたものであったが、
やがて生産力の向上に伴い教育知識を有する労働者が大量に必要とされるよ
うになり、そこでは国民を作り出すための教育が重要な役割を果たしてきた
のである。そのため、教育が普及し、結果として、近代社会の産物としての
義務教育が出現した (天野　1992；藤田　2005)。これは、教育機会の平等を
問う上で最も重要な出来事とも考えられるが、興味深いことは、教育機会の
不平等の萌芽はこうした教育における平等という土台の上に生まれたと言わ
れることであろう (小内　2009)。

　さらに、1960年代のアメリカでの「教育機会の平等」[10]をめぐる社会的議
論はこうした問題を考える上で示唆に富む。ジェイムズ・コールマン
(Coleman) はアメリカの人種差別の制度的撤廃に大きく貢献したブラウン判
決後の早い時期に、合衆国政府始まって以来の大規模な全国的抽出調査を委
託され、その後、通称『コールマンレポート』と呼ばれている分析を発表し
た (Coleman et al. 1966)。コールマンらは同『レポート』の中で、「教育機会の
平等」(equality of educational opportunity) という概念についての多様な解釈を考
慮した結果、「学校への支援 (input)」と「学校教育の効果」をめぐって5つの
ポイントを指摘した (Coleman　1975,p.25)。すなわち、①学校に対する支援
の特徴、②学校での児童・生徒の社会的構成、③学校の無形的な特徴という
学校への入口に関わる事柄、④学校がもたらす背景と能力が同じ個体に対す
る結果の平等、⑤背景と能力が異なる個体に対する結果の平等という学校の
出口、「結果」に関わる事柄である[11] (Coleman　1966,pp.13-15)。特に、④に
おける結果の平等に注目することによって、児童・生徒に対する多様な支援
のあり方を検証することとなった (Coleman　1975,p.25)。このように、コー

ルマンら (1975) はこうした学校の入口、インプットされるもの、と「結果」を同時に研究視野に入れ、平等の実現は何か特定のプロセスだけでなく、「勉強にとって効果 (effect) がある基本的な要因 (elements)」のすべての中に含まれるとした (Coleman 1975,p.25)。それ故、「教育機会の平等」は教育システムに入る機会の平等、学習過程における機会の平等、教育結果の平等および将来的な機会の平等 (これも一種の結果の平等とみなされる) など、広範囲に拡張されて理解され、「教育機会の平等」の概念を広げた (ハウ 2004；宮寺 2011)。

こうして、「教育機会の平等」には「機会の平等」と「結果の平等」の両者が含まれると考えられよう。一方、「機会の平等」の内実を問うと、「形式的機会平等」と「実質的機会平等」とに分けられる。例えば、異なる小学校では同じ名称の教科が行われていても、その実施状況を検討する際に、形式的にしか推進しない小学校が存在すると、実現されるのは「形式的機会平等」であり、「実質的機会平等」ではないと考えられる。

だが、リベラル・デモクラシーの伝統において、「機会の平等などの一定の条件が満たされるなら、分配の不平等も道徳的に容認される傾向」もまた指摘されてきた (ハウ 2004,p.26)。つまり、機会の平等の条件が満たされると教育結果の不平等を見過ごす傾向があるということである。しかしながら、前述したコールマンらの研究は「教育機会の平等」を定義する際に「機会の平等」に限定的な従来の「消極的な定義」に対して、「結果の平等」にも注目した「積極的な定義」を問題にした。そして、人種などの集団に軸を置いたことは、当時の個人主義的なアメリカ的な考え方に対して「決定的な意味で先進的」であったという (カラベル・ハルゼー 1980,p.26)。とはいえ、コールマンらは「個人」についての大規模統計調査によって集団の特徴を把握しようとしたものの、「個人」を問題にしなかったため、教育の内容や課程を詳細に分析することはなかった。それが故に、彼らのレポートが、学校無用論を想起させたとの批判もされたのであろう。

したがって、本研究では、学校の中で行われる「機会の平等」、特に「実質的機会の平等」を「教育機会の平等」の概念と同じく積極的に定義する必要が

あると考える。そのため、筆者は本研究で「実質的機会平等」が「教育機会の平等」の中心だと考える。同時に、「結果の平等」をも意識する。確かに教育結果の平等を追求するには、学校内外の不平等な要因（社会構造・階層など）のすべてを取り除かなければならないという「実現不可能な実質的な平等」を意味する（宮寺　2011,p.274）面もあろうが、教育結果の平等を実現しようとするが故に、より平等問題が推進される面もある。

　したがって、筆者は「素質教育」の概念との関連で、「教育機会の平等」という概念を「広義の教育機会の平等」と「狭義の教育機会の平等」とに分けて設定する。また、義務教育の特殊性を考慮しながら、教育段階をも概念設定の次元に加える。つまり、「広義の教育機会の平等」の概念は「機会の平等」と「結果の平等」を射程に入れ、またすべての教育段階をはじめ、社会構造までに広げる。一方、「狭義の教育機会の平等」は義務教育段階においての「教育過程の平等」での「実質的機会平等」であることに注目したい。よって本研究では「狭義の教育機会の平等」に注目する。また、本研究では中国の小学校を研究対象とする。

3. 本研究の意義

　本研究の意義は、素質教育が応試教育化するプロセスを、教育実践のレベルにまで降りて検討することにある。

3.1. 素質教育の研究

　素質教育の研究については、次の3点から考えることができる。「素質教育」の理念、次いで素質教育政策、そして、素質教育の実践への貢献からである。

　第1に、「素質教育」の理念に関する研究は、前述したように、主に素質教育が提起された80年代から1993年頃までに盛んとなる。この時期の素質教育についての研究は、主に「素質」とは何か、素質教育とは何か、また素質教育を応試教育や「全面的発展の教育」などの関係から概念を設定しようとした（趙　1999；鐘　2003）。この時期の研究は主に理論レベルに収斂でき

序章　はじめに　17

るものであり、学校現場の実践に関する研究は極めて少ない。

　その後、1993年の国務院によって公布された『中国の教育改革と発展綱要』では、中国の教育改革において応試教育から素質教育への転換[12]を呼びかけたため、素質教育は、区域的な実践の段階に入った（王　1999；楊　2006）。しかし、こうした時期の研究は成功事例の賞賛あるいは紹介が主流であった。

　その後、2001年に教育部が『基礎教育改革決定』と『基礎課程改革綱要』を相次いで公布したことから、素質教育の実施は全土に普及されるようになった。これにより素質教育の実践的な研究は盛り上がりをみせ、その結果、全体的な特徴としては、素質教育の「授業の質」をはじめ、教育の質全般を高めることに寄与することが目指されるようになった。各師範大学で設立された「課程研究センター」の研究がこうした意味での代表と言える。しかしながら、こうした研究においては、教育の平等を素質教育と分離して考えられがちであった。しかし、教育の「平等性」は教育の重要なテーマであり、本来「質」と「平等」の双方を研究視野に入れる必要がある。そのため、本研究はこうした「平等性」の視点から素質教育を研究することによって、素質教育研究に新たな知見を与えることを目指すものである。

　第2に、素質教育の政策に関しては、「素質教育」の展開に際して直面した難局を打破するために、素質教育の政策のあり方に対する反省的な研究が行われてきた（袁　1999；唐　2002；楊　2006、2007、2010）。これらの研究は素質教育政策の実施について社会構造と教育制度の両側面から捉えていることが特徴的である。例えば、袁（1999）は「重点学校」（行政配分に恵まれた学校）の政策、入試政策などの詳細な分析を通して、素質教育の実施に横たわる問題が現存の教育政策の不平等や社会構造の不平等に由来すると指摘し、素質教育政策において、この面における行政の継続的な支持が必要だという結論を出した。しかし、袁の研究では学校現場の実施実態について綿密な調査を行わなかったため、素質教育における「教育機会の過程」つまり、プロセスの研究までには至らなかったのである。このように、素質教育政策と教育の実際の場を結ぼうとする研究、素質教育政策がどのように教育の場において展開しているかを分析した実践性の高い研究はきわめて稀な存在である。本

研究では素質教育政策がいかに学校現場によって受けとめられているかを明らかにしようとするだけではなく、素質教育政策が「意図せざる結果」をもたらしたことをも考察し、教育社会学の潜在的カリキュラムの概念などを参考にして、素質教育政策の潜在的な課題を根本的に問うことを試みた。

　第3に、素質教育の実践に関する研究は、2001年の新しい課程改革の実施につれて、増加するようになっている。にも関わらず、呉 (2009) が指摘するように、中国の新しい課程改革に関する教育学的研究は多くの蓄積があるが、社会学の視点からの研究はきわめて少ないのである。また、これらの研究は、学校現場の実態を描きだすものがあるとはいえ、素質教育政策に焦点を当てた実証的な研究とは言いがたい。それに加えて、本研究のように異なる地域の小学校を同時に比較するという視点に立った研究は特に少ない。だが、教育機会の平等を考える際には、異なる社会的コンテクストでそれを考えることは重要である。したがって、本研究は、素質教育の政策を検討しながら、その現場での実施実態を視野に入れ、それらの比較を通じて、素質教育の実践に関する教育社会学的研究に貢献することができると考える。

3.2.　中国における教育社会学研究

　呉 (2009) は中国における教育社会学の発展を促す3つの問題を提起し、それらを「指導方針」、「学科性質の選択」、「研究次元」の3つの面から指摘した (pp.8-10)。この問題提起は筆者の関心と重なるため、ここに示す。

　まず、呉によると、中国における教育社会学には、「中国固有の特色がある」という教育社会学の設立と「国際的な教育社会学」の設立との間の対立があり、両者ともそれぞれの欠点を有するという。前者は外国の教育社会学に対して基本的に「排斥的」なスタンスを持ち、後者は「中国の本土」に対する研究、特に「教育現場」にある教育問題に対して部外者の立場に立った研究である。そのため、両者を統合した「中国に相応しい教育社会学」の確立は重要な課題となっている (呉　2009,p.9)。

　本研究は「中国に相応しい教育社会学」という呉の問題提起を踏まえて進めていく。まず、筆者は教育社会学の視点から素質教育を検討し、素質教育

が21世紀の教育方向として定められたにも関わらず、中国における教育社会学が素質教育の問題を看過しがちであることを問題視する。素質教育は中国の1つの「本土化」の教育理念であると考えられるが（燕　2002；鐘　2003）、それをより「国際的な教育社会学」へと統合する必要がある。

　いずれにせよ、前述した2つの立場に立っている研究者のいずれにとっても素質教育を分析するツールを見つけることが課題となっている。具体的には、カリキュラムの構成と伝達を通じて考察する。

　カリキュラムの社会学は英国で1960年代の新しい教育社会学の隆盛によって発展してきたものである。それは、「教育知識を文化的支配ならびに社会的統制の手段と見なす」立場をとっている（田中　1996,p.7）。つまり、カリキュラムの編成においては「知識」を選別する時点で不平等なメカニズムが含まれたと考えたのである。さらに言えば、知識の選別は「誰に」とって最も有利なのか、最も価値があるのかを考えなければならないことを示唆した。そして、カリキュラムと階層とが繋がることが問われるようになっている。また、カリキュラムの伝達においての不平等は教師と生徒とのミクロ的なレベルの相互作用によると考えられていた。

　本研究では、カリキュラムの伝達に焦点を当てている。また、地域格差を視野に入れ、中国の社会的背景を考慮した。孫（2004）が指摘したように、中国の教育の不平等は、「城・郷二元制」と「地域格差」に還元されることが多い。したがって、筆者は中国の現状を踏まえて、「城・郷二元制」と「地域格差」という社会構造に着目して、カリキュラムにおける「教育機会の平等」を検討することによって素質教育を捉えていく。これも、「中国に相応しい教育社会学」を意識している捉え方である。

　次に、呉（2009）はまた、中国の現状の教育社会学は、「規範学科」にするか、「事実学科」にするかに関して矛盾した状態にあるため、「現実に基づき、事実を掲示し、実践に向けるようになっている」ことを指摘した（p.8）。つまり、実践と理論・研究が乖離し、それを再統合することが必要なのである。この点、筆者は呉に同意する。つまり、筆者は実証的な研究を通じて、素質教育の実施実態（事実）を明らかにし、また、その根本的な問題を指摘しながら、

その解決施策 (規範) を示唆する。

最後に、中国における教育社会学におけるマクロ、ミドル、ミクロレベルの研究は、それぞれ独立していると批判されている (呉　2009)。そのため、3つの次元を貫く研究が必要となっている。筆者もまたこうした関心を共有し、素質教育政策というマクロ的な問題を「教室」の中というミクロ的な視点から中間のミドルレベルにある学校の運営にも結びつけ、さらに社会構造および文化的要因を考察する。こうして、教育社会学におけるこの3つのレベルを貫くものを探りたいと考えている。

もう一点付け加える必要がある。それは、前述したように、教育社会学の視点から素質教育を論じる研究は稀に見られる。しかし、素質教育は1980年代の後半から中国の教育における最大の課題といっても過言ではない。さらに、素質教育の重要性は中国政府によって繰り返し強調されているにも関わらず、素質教育の研究は理想に走り過ぎた側面が少なくなく、必ずしも現実に基盤を置いたものではないように見える。そのため、教育社会学の視点から「事実」を明らかにすることが素質教育の研究にはなおさら必要ではないかと考える。言い換えれば、教育社会学の視点から素質教育を体系的に研究することによって、潜在的に起きていることを含めた考察をすることが中国の教育社会学の研究に貢献すると考えられる。

したがって本研究は、従来の中国の教育社会学が看過しがちな素質教育の研究を通じて、中国の教育社会学における指導方針、学科内容、研究レベルという3点に同時に貢献できると考える。

3.3.　日本における学力の研究

本研究は学力の研究とも共有点があると考える。素質教育は学力の観点から見ると、日本の「新しい学力観」と類似するものである。すでに指摘したように、素質教育の成立は応試教育の批判からきたものである。つまり、従来のペーパーテストで計りやすい学力 (旧学力) とは一線を引くものである。素質教育の含意は少なくないが、近年は「創造能力」や「実践能力」を重視することが典型的な例と言える。これには、市川 (2001) の主張する第2と第3

序章　はじめに　21

の学力と重なるものが多い。例えば、第2学力としての「価値判断力」、「討論力」や第3学力としての「自発的な学習意欲と知的好奇心」、「コミュニケーション力」などである (p.210)。そのため、本研究では学力観の視点から日本の学力の研究との関連にも目を向けていく。

　日本の学力における「不平等」に関する先行研究は多様な視点から論じられている (苅谷　2000、2001、2004；耳塚　2007；志水　2004；金子　2004；山田 2004；須藤　2010)（詳細は先行研究を参照されたい）。例えば、苅谷 (2000、2004) は異なる階層からきた生徒には学習時間の格差を通じて、学力差が生じることを明らかにした。また、山田 (2004) と須藤 (2010) は、授業方法と学業達成との関係を明らかにした。ここでは、学力格差と階層差の関係に光を当ててきた。同時に、問題が階層差に還元されている面もあるように見える。また、研究方法においては、質問紙記入方式 (記述式アンケート) を使っていることから、学力評価は「旧学力」に基づくものであるように見える。一方、志水らは「効果を上げた学校」に対する一連の研究に取り組んできた (鍋島 2003；志水　2005、2008)。これらの研究は「学力低下」の対応策を考慮しながら、フィールド調査、つまり質的な調査方法を併用していることが特徴である。しかし、志水らの研究は新しい学力観に基づく教育実践を踏まえたものではなく、学校の中から「効果のある学校」を構成する要素を抽出して、その特徴をまとめているものである。また、カリキュラムの構成と伝達の過程を捉えようとはしていない。しかし、小内 (2009) が指摘したように、新自由主義に基づいた教育改革では、学校におけるカリキュラムの内容による格差が発生していることが考えられる。だが、日本の教育社会学的研究においてはこうした新しい社会環境下におけるカリキュラムの構成と伝達によって生じた「不平等」を検証した研究は少ない。

　今日日本でも、90年代からの日本経済の低迷のため、地域格差の拡大が問題となっている (橋木　2010) が、戦後ながらく、日本の経済が高成長したために、日本は比較的平等な社会だという認識が存在してきた。そうした中で、明らかな地域格差が認識されている中国に比べると、地域格差の要因を考慮した研究が相対的に少ないように見える。したがって、中国の地域格差

22

を考慮しながら、素質教育の実践における「教育機会の平等」を問題にする本研究は、関接的にではあるが日本の学力の研究に問題提起をすることが考えられよう。一方、恒吉(2006、2008)は国際比較という視点から日本型の学力モデルの特徴と仕組みに対して洞察的な示唆を示した。例えば、恒吉(2008)は今日揺れている日本の教育システムの中、日本型学力のシステムを分析し、日本教育の特徴と課題を指摘した。本研究はこうした問題意識に関連し、中国版の新しい学力、素質教育をめぐる展開のプロセスを分析することを通して、日本の学力の改革に示唆を与えうるのではないかと思われる。

4. 先行研究の検討

先行研究では素質教育と「教育機会の平等」に分けて検討を進め、その到達点および限界を見ていく。まず、素質教育について検討する。素質教育に対する先行研究は中国と日本に分けて検討する。

4.1. 中国における素質教育に対する先行研究

中国における素質教育の検討は、素質教育自体の理論研究、素質教育の実施に関する研究、素質教育政策の研究をめぐって具体的に行われている。

素質教育の理論研究は主に以下の4つの側面から取り上げられている。第1は、「素質」の概念、構造、特徴、分類などについて、第2は、「素質教育」の概念、構造、特徴などについて、第3は、素質教育と関連する教育理念との関係について、第4は、素質教育が依拠している理論についてである。詳細は第1章の内容を参照されたい。ここでは、その主要な研究成果に簡単に触れたい。

素質教育という用語は応試教育を批判するために、1980年代の半ばに作られたものである。素質教育という用語は「素質」と「教育」という2つの単語を組み合わせたものである。そのため、理論形成の最初は「素質」をめぐる研究が重要なテーマとされ、特に、「素質」の概念、構造、特徴などについての研究が行われた(燕 1990；唐 1990；李 1997；呉ほか 1990)。これ

らの研究は「素質」のもともとの意味を超えて、「狭義」、「中義」、「広義」というレベルで「素質」の含意を問うものであった（詳細は第1章を参照されたい）。こうした「素質」概念の研究が深まり、「素質」の分類、特徴、構造などが論じられ、それが土台となって、素質教育自体についての概念、構造、特徴などが、中国の学者によって論じられるようになった（燕　1996；柳　1997；楊1995；陳　1999）。

　また、素質教育をさらに理解するために、素質教育と応試験教育の関係（劉1988；張　1993；王　1996；崔　1999；呉ほか　1999；鐘　2003；柯　2010）、素質教育と「全面的な発展」との関係（朱　1997；李　1997；黄　1998）、素質教育と基礎教育改革の関係（唐　1991；高　1998；鐘　2000）などについての研究も行われるようになった。もちろん、研究者の視点は多種、多様である。例えば、素質教育と応試教育の関係に関しては鐘（2003）が既存の研究を踏まえて、教育対象、教育目的、能力育成、教授方法、評価手段、授業内容、教育期限という7つの視点から論じた。崔（1999）は、歴史的な視点から、素質教育と応試教育との対立を指摘した。さらに、柯（2010）は言語ロジック学の視点から、素質教育と応試教育の対立関係をさらに強調した。一方、素質教育と「全面的な発展」との関係については、李（1997）が「重複説」、「深化説」、「相違説」を提示した。素質教育と基礎教育改革の関係に関しては、唐（1997）が基礎教育改革、特に授業改革が、素質教育を実現するための重要な場であることを指摘した。さらに、第4の素質教育が依拠している理論を明らかにする研究、例えば、燕（2002）は、哲学にあるマルクスの「人的発展理論」を論じた。燕（2002）は「人間本位」理論から「素質教育」の理念に理論根拠を与えた。さらに、顧（1996）は素質教育を「主体性教育理論」から論じた。そのほかにも、柳ほか（1997）は素質教育の3つの要素として、「主体性の重視」、「全面的な発展」、「すべての学習者へ」を提示した。以上の研究によって、中国における素質教育の理論はほぼ形成された状態に至った。そして、2001年の新しい課程改革を実施し始めてからは、「知能多元理論」（劉2005）や「創造教育」（孫　2002）などの教育理論を素質教育に結びつける研究も始まった。

以上のように、「素質教育」の理論研究においては「平等」という視角から行った研究は管見の限り、とても少ない。柳（1992、1997）のように、「素質教育」の3つの要素の中にある「すべての学習者に向ける」ことは「平等」の理念と繋がることが指摘されることはあったが、「平等」は「素質教育」の理念の中心価値としては意識されていない。したがって、筆者は「素質教育」の理念は少なくとも「質」と「平等」という2つの重要な価値を有するものであることを指摘したい。そのため、教育社会学の視点から「素質教育」の概念を再構築する必要がある。

一方、数は少ないが、研究調査に基づき、素質教育の実施状況を明らかにしながら、関連対策を示す研究がある（北京市西城区教育研究センター小学校数学研究室 1998；何 2002；丁・周 2003；素質教育系統調査研究チーム 2006；王 2007；楊 2011；許 2011）。例えば、丁・周（2003）は広東省における素質教育の現状と制約条件について60校を超える学校を対象にして行政者および教師に対して質問紙調査を行った。そこでは、教師たちが素質教育の実施に賛成することや素質教育の実施においては応試教育問題が最も困難なものであるなどの結論が導き出された。許（2011）は地元の21個の農村中学校に対して行った素質教育の実施に関する質問調査を基に、「教科知識の伝達を重視し、教育常軌管理を軽視した」、「教師が教えることを重視し、学生の学びを軽視した」、「『応試教育』を重視し、学生の能力発展を軽視した」、「画一教育を重視し、個人の差異を軽視した」などの問題を指摘した上で、教師研修を強化することなどの対策を提言した（p.19）。しかし、こうした研究は量的な手法を使い、概してサンプルが少ないため、その結論の有意性はどこまで有効かが疑問であろう。

素質教育の実施状況に関する研究では、2006年の教育部の素質教育系統調研組（素質教育の系統調査研究チーム）による素質教育に関する系統的な調査研究プロジェクトに注目する必要があろう。このプロジェクトは教育部をはじめ、人事部、社科院（社会科学院）、団中央（中国共産主義青年団）が共同して実施したものである。そこでは、国務院の行政者の指示を受けて、国営新聞社である「人民日報」をはじめ、「新華社」など数社のメディア・新聞社が素質

教育についての討論を行っている。本調査は、これまでなかった素質教育についての全面的かつ系統的な研究調査であったと言える。教育部は7つの専門部門による研究チームを作り、「義務教育均衡発展」、「基礎教育課程改革」、「生徒募集の入試に関する制度改革、」「素質教育の実施と学校の全体的な変革」、「小中学校学科におけるカリキュラム教学改革」、「『素質教育』の理論と政策、基礎教育国際比較」など多岐にわたる研究調査を行った (pp.1-2)。

　その主な研究成果は、素質教育の実施における成果と問題点を指摘した上で、関係する政策についてアドバイスしたことであった。素質教育を実施するに当たって主なポイントは4つの点に集約された。第1点目は、「『素質教育』は党および国家の重大的な施策であり、立法化されたことにより新たな発展段階に入った」、第2点目は、「『素質教育』の観念は日々人々の心に浸透し、各地域・各部門の積極的な探索・支援と生き生きした実践に展開されている」、第3点目は、「『素質教育』は肝心な節目を乗り越え、学校教育には積極的かつ重要な変化が生じている」、第4点目は、すべての民族の科学文化素質は大幅に高められるようになっており、わが国の現代化の推進と『和諧』(調和を取れた社会) の構築に対する着実な基礎を作り出した」という成果の指摘である (pp.3-8)。

　同時に、素質教育を推進することにおける主要な問題をも指摘した。すなわち、「応試教育」の圧力によって「進学率」を一方的に追求する傾向が普遍的に存在している。また、社会環境の劇的な変化のため、学校教育および伝統的な教育方法はこの変化に適応するこができていない。そして、教育の社会構造に潜む素質教育の推進を拒む要因に対しては、関連する法制度の整備はまだ整っておらず、政策を推進することには各々の体制的な障害がある。一方、素質教育における仕事の目的、進める目標、推進の戦略に関する「総体的な仕事のアドバイス」を指摘した上で、行政者の責任、教育構造、道徳教育の建設、「健康第一」の遂行、入試評価制度と雇用制度の改革、基礎教育課程改革の推進、教師の能力の向上、教育通信化の推進、地域ごとの改革、査察と教育の質の保障に関する体制の強化という教育政策に関するアドバイスを提出した (pp.22-36)。

素質教育の体系的な調査研究という本プロジェクトにおける注目点は、素質教育の実施に立ちはだかる難題を認識し、素質教育を推進することに、「国民の素質を高めることを宗旨として、すべての児童・生徒に向かう、すべての学校をよい学校にすること、教育の公平・公正を促す」という価値理念を強化したことである (p.22)。これによって、従来の「素質教育」における盲点であった教育「平等」に対する研究に示唆が与えられたと考えられる。にも関わらず、「平等」という視角からの素質教育に関する実証研究はこのような大きなプロジェクトの中においても触れられなかったのである。

これについては、王 (2007) の論文を注目する必要がある。王は「音楽の課程」の実施状況に着目し、広東省をはじめ、9つの省にある33の中学校に対して研究調査を行った。研究は「中学生の学習状況」、「教師の質の状況」などをめぐって、教育学の視点から課程の実施において「教育の質」、「教科書の編纂」、「資源の不足」、「応試教育」の問題が存在することを指摘した上で、必要な解決策を提言した (p.2)。王の研究は、教育学の視点に立って「課程実施」の実施状況を見ることにより収得した実証研究による知見が素質教育の実施に重要な示唆を与えたものと考えられる。しかし、王の研究は教育学の視点から「課程実施」に着目するため、結果として、素質教育の課程の実施における「平等」の研究は等閑視されたままである。したがって、中国の本領域の先行研究において、筆者の提唱するところの素質教育の実施におけるカリキュラムの構成と伝達について「教育機会の平等」の視点から研究に取り組むものは皆無に等しい。特に、研究方法に関しては、質問紙調査法を用いる研究が大半であり、質的研究の方法を使用するものは少ない。

最後は、素質教育政策の実施に関する研究である。特に、素質教育政策の実施に関する研究である (蒋 2001；楊 2006、2007；王 2006；韓・楊 2007；張 2008；罗 2009；白・牛 2010；傅 2011)。これらの研究は素質教育政策の実施の中で生じた問題点を指摘し、関連対策を提示するものである。論者それぞれは着目視点が異なるが、素質教育政策の施行に当たって生じた偏りの要因分析に関する研究が最も多い。例えば、蒋 (2001) は素質教育政策の施行過程にある「政策取替え、政策誇張、政策架空」という問題を指摘しな

がら、その要因を社会要因と政策内要因とに分けて考察した上で、素質教育政策の権威を再構築するなどの提言を行った (p.40)。その後、張 (2008) は政治、経済、文化などの側面に関わる制度環境の要因を分析した。また、罗 (2009) は学歴社会の存在、現状の教育と制度の融通の利かなさ、政府責任の欠落という3つの点から素質教育政策の施行にて生じた偏りの要因を指摘した。一方、素質教育政策の施行がその有効性を失うことに関して、政策の問題点に着目し、素質教育政策における目的認識の欠落、非規範、形式化という問題を指摘しながら、素質教育政策の施行に対する認識を強化することなどの提言を述べた研究もある (楊　2006；韓　2007)。また、楊 (2007) は教育政策の施行管理の視点から素質教育政策における施行上の問題点を指摘し、「教育政策の施行メカニズムを改革すること」、「教育政策の施行過程の指導を強化すること」、「教育政策の施行評価を規定すること」、「教育政策の施行対する責任制度を強化・改善すること」という4つの提言をした (pp.35-36)。

　一方、本研究が参考しうる実証研究として、王 (2006) と楊 (2007) の研究には注目すべき点がある。王 (2006) は、素質教育政策の施行にて生じた偏りの主要な現象、要因、対策をめぐる分析を行い、楊 (2007) は農村地域を研究視野に入れ、素質教育政策の実施において見られる「主体者不在、環節欠落、手段単一」という問題点を指摘しながら、「県」レベルの施行モデルを作り出すことを試みた (p.27)。

　いずれにせよ、前述した研究はその着眼点が異なるとはいえ、素質教育政策の実施がうまく行かない現況を認め、また内容の展開に関しては、素質教育政策の施行に内在する問題の指摘、要因の分析、関連する提言をすることについては両者とも触れている。

　最後に、素質教育政策に関する研究においては金・唐 (2004) によって編集された『中国素質教育政策の研究』という著書に注目すべきであろう。この著書は素質教育政策を集大成した研究と言えよう。本書は「素質教育の全面的な実施の背景において、素質教育の実施が絡む現状の要素並びに歴史上の要素を分析し、素質教育の実施における政策上の保障および素質教育にとって必要な支持系統を探ったものである」(p.7)。さらに、本書は「素質教

育政策の形成に影響を与えた歴史を手がかりとして、素質教育政策を支える理論の分析とその国際比較とを通じて、素質教育政策における社会的需要の調査と分析を行っている」と同時に、中国の「教育体制の中に存在する障害をあぶり出し、素質教育政策の創造的な内容とその道筋」とを提示したのである (金・唐編　2004,p.7)。また、このような研究目的を明らかにするために、研究調査は二段階に沿って展開された。その1つでは、「教育行政のレベルにある省、市、県の行政者に対するインタビューを通して、教育行政部門の素質教育に対する政策要求とアドバイス」を収集するものであった。もう1つは、「学校の次元においては小中学校の校長および教師に対してインタビューを行うことによって、学校現場にとって必要な政策要求とアドバイス」を聴取した。これらを踏まえて教育政策に関する研究会などを行ったのである (金・唐編　2004,p.7)。

　さて、このような調査は重要とはいえ、学校現場の教育政策の実施の実態に関わる具体的な教授活動に焦点を当てていなかった。しかし、素質教育が提唱されてからは、その実践の場は学校であり、教室である。それを理解するためには、学校現場の実態を教育制度の最小の単位として捉えるべく教室およびそれと関わる学校の日々のあり方を把握することが欠かせない。とはいえ、袁の研究は重要な示唆を提示してくれた。例えば、袁 (1999) は「重点的な中学校」と「非重点的な中学校」の資源状況および中学校における効果と利益に対する分析を通じて、二種類の中学校間に存在した学校格差を問題にした。加えて、教育の平等に関して、均衡発展という政策提言を出したのである。これはその後の「義務教育における均衡発展」という教育政策を作り出すことに重要な理論的根拠を提供していると考えられる。しかし、袁の研究は社会構造に生じた教育の「不平等」を指摘したとはいえ、本研究が問題とする「教育機会のプロセス」における平等に着目するものではない。

　次に、日本における素質教育の先行研究について検討する。

4.2.　日本における素質教育に対する先行研究

　日本における中国の素質教育に対する研究はそれほど多くないと考えられ

る[13]が、以下に概念の理解、中日の比較、教育改革に関連してまとめる。

まずは、「素質教育」の概念を理解するための研究である（劉　2004、2005）。例えば、劉（2004）は、「素質教育」の教育学概念の定着の経緯について考察した。そこでは、「素質」についての意味合いの変化と「全面発達」との関係が問われた。また、劉（2004）は「素質教育」の概念を検討した。それは、主に「素質」の意味合いの変化について論じた上で、素質教育の多義性と言う特徴を指摘した。

中日比較の視点から素質教育を検討したものもある。これらの研究は学力の視点から、関係要素について中日比較を行い、考察を加えた。例えば、徐（2010）は日本のゆとり教育と中国の素質教育・課程改革との比較を行った。具体的には、中国の「総合実践活動」と日本の「総合的な学習の時間」との比較、および中日における「学力論争」を通じて行った。特に、本研究との関連においては、中日の教育改革における「教育格差」の問題提起には重要な意義があると思われる。また、田（2000）は「経済の高度成長期における中日の教育政策」の比較を行った（p.101）。特に、日本の「経済界の要望」に応じる教育政策の「能力主義」と素質教育の相違点を指摘した。一方、徐（2001）は日本の学力論の変遷と中国の素質教育論に対する比較研究を行った。徐の研究は素質教育の本質と学力の概念の本質部分を指摘したことを通じて、素質教育と学力とを比較する土台を提供している。

最後に、2001年の新しい課程改革の実施は素質教育の理念を具体化させたものであるため、日本でも教育改革の視点から素質教育を検討する研究が多い。これについては主に以下の3つの側面に集約することができる。第1に、これらの研究は主に、素質教育に関する教育政策の内容を通じて、教育改革の動きおよび施策を紹介するものである（一見　1999、2000、2001、2003；費2000；張　2002；南部　2004＝2010；李　2010；項　2010；岡田　2011）。例えば、一見（2001）は、中国の中学校におけるカリキュラム改革の動向を建国（1949年）から現在まで四段階に分けて考察した。それに加えて、「素質教育を目指すカリキュラム改革」においての5つ[14]の焦点を取り上げた。また、南部（2004）は、現在中国の教育改革の概況を紹介した。具体的には、学校教育体系、教

育政策、学校教育の規模、素質教育の実施などに言及した。張 (2002) は素質教育の意義および位置づけを強調した上で、「教師の専門的力量の内実とその形成」を考察しながら、その政策化に必要な条件を提示した (p.59)。第2に、上記の研究以外にも、中国の新しい課程改革を基に、具体的な教科と結びつける研究がある。これらは、教科変遷の視点から捉えるものである (山崎・趙 2000；劉 2000；菊池 2005；杜 2005；麻・福田 2007；朴・伏木 2008；戴 2010)。例えば、麻・福田 (2007) は美術教育課程の変遷について考察した。これに対して、杜 (2005) は中国における新算数と数学の教育課程の動向と内容に関して検討した。第3に、素質教育の実施を検討しようとする実証研究である (劉 2002；北村・林 2007；2008；賈 2011)。例えば、北村・林 (2007) および付・林 (2008) の研究はそれぞれ中国の貴州省および黒龍江で自身の授業モデルを観察し、そのモデルの開発、実施、評価などについて検討したアクション・リサーチ的なものである。一方、劉 (2002) は上海市での事例研究では、関心が学校にあるのではないため、授業にまで踏み込んで観察することはしていない。

　一方、日本での素質教育に対する研究の特徴は、中国の研究を「紹介する」ものに限られる傾向があることであろう。それ故に、素質教育に対する理解は不十分であるものが少なくないように見える。例えば、「素質教育」の概念はほとんど、応試教育の対立概念として捉えられている。しかし、「素質教育」の概念は中国の先行研究においては、少なくとも、6つの視点から捉えられている (趙 1999)（詳細は第1章を参照されたい)。

　また、日本におけるこれまでの素質教育に対する研究は教育学の視点から検討されることが主流であり、テーマとしても、教師養成やカリキュラムの改革などが注目されてきた。そのため、教育社会学の視点から素質教育を検討する研究は少なく、体系的に、素質教育政策の実施を学校の内部、特に授業に注目してそのプロセスを問う研究は見当たらない。

　以上のように、中国と日本においての主な素質教育の先行研究を対比検討してきた。その結果、素質教育の先行研究については、4つの課題を指摘できよう。第1に、素質教育の研究は理論研究については膨大な取り組みがあ

るものの、実証的な研究がきわめて少ないため、過去30年間にわたって「実質」的な進歩が見られなかったとの批判がされている（楊　2006；叶　2010；柯　2011）。第2に、素質教育に関して、要因を考慮したような体系的な研究が少ない（袁　2005；楊　2006）。特に、素質教育の現状研究では教育段階を分けて考えることが少なく、特定の教育段階に絞っての体系的な研究がなおざりにされていると言える。なぜならば、義務教育、高等教育及び職業教育ではそれぞれの役割や性質はかなり異なるため、教育段階に分けて検討する必要があるが、それらが混同して語られているからである。こうした研究状況が生まれた要因は素質教育という用語を「万能化」したことに関係があると考えられる。第3に、素質教育の政策の課題をマクロに論じたものや紹介したものはあるものの、それが教育のプロセスとしてどのような課題を持つかの研究は行われてこなかったことである。現存する研究は素質教育政策がうまく行かないことを前提にして、関連する政策を指摘し、提言する研究が多い。その反面、素質教育政策の実行、特にその教室における展開のプロセスを明らかにする研究がきわめて少ないのである。第4に、素質教育に関する研究は教育学の視点からの研究が圧倒的に多く、「教育社会学」の視点から素質教育を検討する研究が少ない。そのため、特定的な教育段階について、教育社会学における「教育機会の平等」に関連した蓄積を参考としながら、素質教育政策の実施、特にその展開のプロセスを明らかにする研究が必要であると考えられる。本研究ではこうした穴を埋めることを目指している。

　他方、「教育機会の平等」に関する先行研究についてはその実情に合わせて、主に中国と日本に分けて検討したい。

4.3.　中国における「教育機会の平等」の先行研究

　「教育機会の平等」に関する実証研究については、前述したように、高等教育、基礎教育、マイノリティ教育に分けて検討したい。

　教育段階別に見た場合、高等教育の段階における「教育機会の平等」に関する研究は最も蓄積が多い領域であると思われる（賀　2003；文　2005；李　2006；劉　2006；楊　2006；丁　2006；王　2008；張・楊　2009；王　2009）。こ

れらの研究は視点が多様であるが、いずれも中国における教育政策・制度の視点（賀　2003）、階層の視点（劉　2006）、文化資本の視点（王　2009）から問題視し、高等教育における「教育機会の平等」に対する影響要素を明らかにしたいという問題意識が共通している。例えば、賀（2003）は大学入学制度と学費徴収の視点から高等教育の「教育機会の平等」に対する影響を論じ、李（2006）は高等教育財政政策においての入学機会に対する影響を指摘した。また、楊（2006）と丁（2006）は高等教育を拡大してから、重点大学（名門大学）における農村地域からの生徒の比例が低くなっていることを検証した。劉（2006）は高等教育の機会分配の中における社会階層のメカニズムを明らかにし、王（2009）は文化資本の多寡によって重点大学に入学するか、一般的な大学に入学するかが左右されるという結論を提示した。

　一方、基礎教育における「教育機会の平等」に対する研究はわずかな存在である（劉・布労戴徳　1995；李　1999；安・邬　2002；周　2003；向　2004；余　2004；譚　2008；李　2009）。これらの研究は教育資源、階層、課程設置などの視点から基礎教育における「教育機会の不平等」を検証している。劉・布労戴徳（1995）は1992年と1993年の調査データに基づき、武漢市における5つの中学校の卒業生をサンプルとして都市の教育機会分配の個人的差異およびその制約要素を明らかにした。その結論としては、当時の中国の社会条件で、「教育機会」に影響する家庭の主な要因は、「経済や物質の生活条件ではなく、文化資源と生活の精神的質」にあるとした（p.107）。安・邬（2002）は劉たちと同じく都市にある中学校の卒業生を対象としたが、安たちは重点中学校と一般中学校との比較を通じて、経済資本、文化資本、社会資本が「教育機会の平等」の階層差異に果たした役割とそのメカニズムを指摘した。侯（2006）は家庭的背景が「教育機会の平等」に与えた影響を論じた。これらの研究は、着目点が違うように見えるが、階層と「教育機会の平等」との関係に焦点に当てたことは同じであると言える。

　また、義務教育における「教育機会の不平等」に目を向ける研究もある。周（2003）と向（2004）は義務教育における教育資源の配分という制度の視点から義務教育における「教育機会」が不平等の要因であるという結論を提示

した。それに続いて李 (2009) はより広範な視点から「教育機会の不平等」の要因を指摘した。彼は、具体的に父親世代の社会階層、教師の教学行為、教育資源および社会文化という4つの次元から「教育機会の平等」に与える影響を論じた。このような研究で「義務教育」を対象として「教育機会の平等」を研究視野に入れたことには重要な意義があると考えられる。

さらに、課程の視点から「教育機会の平等」の問題を論じた研究にも注目すべきである。李 (1999) と余 (2004) による教育社会学の視点から課程を見る研究は重要な意義を持つ。李 (1999) は、課程の構成内容に関する都市中心の問題が実際の農村生活とは離れていることを通じて文化再生産の現象が生じていることを指摘した。余 (2004) は城・郷の差異に焦点を当て、課程の教学および評価の過程にある文化再生産の状況を考察することによって、農村の児童・生徒が習得した知識は将来の低い社会地位に就かざるを得ない可能性があることを指摘し、このような差別的な配分は法律によって正当化されているという結論に到達した。さらに、ミクロ的な視点から、教室における教師と児童・生徒とのコミュニケーションの考察を通じて、教師は児童・生徒の階層的背景に基づいて差別的に対応することを明らかにした。これは、階層に恵まれた児童・児童は学校の文化により適応しやすい一方で、学校が社会の不平等を再生産する要因となるという結論に至った。

最後は、「マイノリティ」の視点から「教育機会の平等」を検討した先行研究である (孫 2001；龔 2006；胡 2011)。中国でのマイノリティ研究は主に少数民族出身の児童、生徒および農民工 (出稼ぎ) の子どもを対象とする研究である。なお、ジェンダーの視点からの農村の女子児童・生徒および少数民族の女子児童・生徒に対する研究もある。これらの研究は現行の教育制度にはマイノリティの児童・生徒にとって、不利なものがあることを明らかにし、現行下の教育制度の改革の必要性あるいは関連する対応策を指摘した。このような視点に立っての研究はきわめて少ないが、「教育機会の平等」の研究に新たな刺激を与えうることが予想され、意味深い研究と言える。

以上のように、中国における「教育機会の平等」に対する研究は、多岐にわたってその重要性を示唆するものがあるとはいえ、素質教育の視点から「教

育機会の平等」の問題を論じることほとんどなかった。

　なお、以上の中国における「教育機会の平等」に関する先行研究を踏まえると、3点の特徴があげられる。第1に、「教育機会の平等」を検討する研究は高等教育に集中する傾向がある。したがって、義務教育における「教育機会の平等」の研究は少ない。第2に、義務教育における「教育機会の平等」を取り上げたとしても、多くの場合、「教育機会の平等」における「教育機会の起点」の平等を意味していると考えられる。それ故に「教育機会の過程」の平等に関する研究はほとんどなされていない。第3に、「教育機会の過程」の平等に関連する研究はあったとしても、カリキュラムの構成内容あるいはミクロな次元に限定した教師・生徒の相互行為の視点、いわゆる、新教育社会学の理論に依拠したものであり、その帰結は文化再生産に繋がるものが多い。欧米の理論枠組みを中国の教育現象に適用する傾向があり、中国の社会的コンテクストを前提に「教育機会の過程」に焦点を当てた研究は少ない。

　以上により、筆者が関心を持つ研究課題は中国の既存研究においてはほとんど看過された問題である。しかし、これらは正に素質教育の研究にとって、無視できない課題であろう。第1に、前述したように、素質教育は中国の教育の方向性を示すものであり、その理念や理想像などについて多く語られてきたにも関わらず、実際にどのような姿で、教室においてそれが展開されているのか、進行形としての素質教育の実施事態は明らかされていない。この実態を明らかにすることによって、素質教育の実施に内在する難局を新たな視点から浮き彫りにする手がかりが得られると考えられる。第2に、現在の中国は「和諧社会」（調和を取れる社会）を作ることをめざしたいのである。そのため、公平、公正、平等な社会を作り出すことが重要な前提となろう。したがって、孫（2004）が指摘したように、「社会平等」を実現するための有効な手段としての「教育機会の平等」の重要性を無視することができない。したがって、中国の教育改革において最も重要なテーマと言える素質教育の実践の中にて「教育機会の平等」の研究は不可欠であろう。

　次に、本研究に関連した日本における「教育機会の平等」、特に学力と関連する「教育機会の平等」の先行研究に触れる。

4.4. 日本における「教育機会の平等」の先行研究

　日本における「教育機会の平等」に関する先行研究は主に学力格差と階層との関係をめぐって行われていると考えられるため、ここで筆者は、日本における教育社会学の研究者たちの研究成果に焦点を当てて検討したい。

　日本においては、本研究との関連でいうと、新しい学力観に基づく教育改革、すなわち1940年代の新教育運動が関係するとはいえその影響力および規模に配慮し、2000年以降の「ゆとり教育」をはじめとする近年の教育改革を取り上げるのがよいと思われる。なぜならば、教育社会学の研究者は学力論争に目を向ける傾向があるからである（今井　2009；山内・原　2010）。そのため、筆者は2000年以後の教育社会学において関係する研究成果を取り上げよう。

　日本の学力研究における全般的な特徴は、「学力論争」と「学力調査」に焦点を当てて展開されている点にあろう。また、その核心的な焦点はほとんど「学力低下」に結びつくものであろう。「学力低下」といっても、教育学と教育社会学においては、根本的な分析ロジックが異なると思われる（今井2009）。例えば、教育学においては学力が上がるか下がるかが中心的な課題であることに対して、教育社会学においては、誰の学力が上がるかまたは誰の学力が下がるかが中心的な課題とされてきた。言い換えれば、教育学においては「学力」そのものを研究対象として捉えるが、教育社会学は「学力を持つ個体」、つまり「児童・生徒」を研究対象として捉えることが重要視される。そのため、教育社会学は、児童・生徒の学力を形成する要因、あるいはそれによって派生された学力格差を、主としてその児童・生徒の階層性に求めることが多いと思われる（苅谷　2000、2001、2004；耳塚　2007；志水　2004；山田　2004；須藤　2010）。

　もちろん、これらは、論者によってその研究視点が異なるものである。例えば、苅谷（1999、2001）は日本の階層化社会は、「ゆとり教育」を通じて、意欲格差の社会の形成に結びついていると主張した。そのため、苅谷の研究の図式では「受験競争のプレッシャーの低下→学力の格差の拡大→教育機会の拡大→社会の不平等の拡大」と解釈される（山内・原　2010,p.22）。しかし、

別の立場として例えば、橋本 (2010) によると、「家庭環境や地域特性」のような社会構造そのものが社会の不平等の拡大要因であると考えられる (p.363)。さらに言えば、両者の違いは「教育変動」と「社会変動」との関係にあるものと言える (橋本　2010)。

　教育改革が社会変化を引き起こすという教育の役割に関する楽観論は、1960 年代には、イリッチ (1977) の「脱学校論」やフレイレ (1979) の「非抑圧社会の教育学」などの批判が進むにつれて、1970 年代には教育悲観論へと変わっていった。それ故、「教育変動は社会変動に従属」するに過ぎないという評価が社会科学系の研究者の一般的な認識となっていったという (山内・原編　2010,p.22)。したがって、苅谷の言った「日本では、学校が階層の再生産する装置であるとの見方」が、日本において「定着しているとはいいがたい」という批判も寄せられている (山内・原編　2010,p.20)。

　こうした批判を別として、苅谷の「公立学校にしか頼れない生徒の学力の変化」を見ることで、公立学校の役割を論じることは評価されるべきものであろう (苅谷　2004,p.144)。また藤田 (2005、2006、2010) や志水 (2005、2008) などの研究では、日本の教育改革を推進するにつれて、公立学校の役割の重要性が強調されるようになっている。特に、志水 (2005、2008、2009) の「効果のある学校」論は公立学校での「学力低下」または学力の階層間の縮小などに対応する施策を提示している。志水らは学力調査とフィールドワークを通じて、スクールバスモデルと名づけた 8 つの要素[15] を説明しながら、要素どうしの関係を示した。志水らの研究においては質的な研究方法の使用、特に、学校の「ブラックボックス」を開こうとする点が本研究と一致している。

　さらに、授業改革レベルまで目を向けた山田 (2004) と須藤 (2010) の研究がある。例えば、山田 (2004) は、教育課程行政で規範化された教育方法は「実際の教室場面ではどのようなものとして受容され、いかなる効果をもたらしているか」について実証的なデータを検討した (p.99)。そして、新学力観に基づく授業方法と旧学力観に基づく授業方法と学業達成との関係について分析した。その 1 つの結論は、「伝統的な学力観に基づく授業実践は、階層間格差の縮小」に寄与する可能性があることである (山田　2004,p.123)。山田の

こうした授業方法に対する類型は本研究では参考となった。さらに、須藤 (2010) は山田の研究をさらに発展させている。例えば、須藤は新・旧学力観に基づく授業方法は学業達成との関係を分けて考えるべきものとせず、両者の授業方法の組み合わせと学業達成の関係を検討した。何より、学校内においての「内的事項」を考慮しただけではなく、学校外、特に教育制度などの「外的事項」をも研究視野に入れたものであった。須藤のように学校内・外の「事項」を同時に研究に取り入れる発想は筆者と一致している。

　これは以下のヤング (1971) の主張にも合致していると言える。ヤングは、「教育社会学の今後の中心的な課題は、カリキュラムの背後にある選抜や組織の原理を、一方では学校や教室における制度的、相互作用的状況に、そして他方ではより広い社会構造に関連づけることである」としている (Young 1971b,p.24)。同時に、山田 (2004) と須藤 (2010) の研究手法は量的な研究方法を使ったため、大きな傾向を捉える上では成功しているが、教室での教師・児童・生徒とのやり取りのプロセスを捉えることができていない。山田 (2004) は、統計的な手法を使って、特定の教育方法 (それぞれ新・旧学力観に基づく教授法) と学業達成水準との格差の関係を検討した。新学力観に対する研究を教室のレベルにまで光を当てたことは本研究にとって参考にしえたことは少なくないが、具体的な授業過程を捉えていないため、その研究方法に限界が見られた。山田 (2004) も、質問紙調査の限界を自ら指摘し、「質問紙調査の手法では、〈教育〉は分類する上でたいへん困難な対象」であるため、「〈教育〉を把握するためにはさらなる工夫 (例えば授業場面の観察・分析) が必要」であるとしている (p.124)。

　最後に、前述のコールマンは、「教育機会の平等」の概念形成、その実現のための施策などについて少なからぬ業績を残した (Coleman 1966、1968、1975)。しばしば、コールマンレポートは、「学力の大部分は階層要因あるいは知能指数で説明され、学校要因によって説明される部分はきわめて小さいという分析結果」が示された (須藤 2010,p.30) ものとして理解され、その後の研究でも、学校の有効性を問う視点が強まった (Mosteller et al. 1972; Jencks et al. 1972)。これ以後も、「学校無力論」は根強く、これが「学校効果」に関する

研究の「勃興」に寄与したとされている (志水 2008,p.77)。しかし、コールマンらの分析は実験設備や図書環境および教師数などのような「外的事項」によるものであり、教育方法や学習内容のような学校の「内的事項」の「効果推定」がほとんどなされていないため、「学校要因の効果を過少評価している可能性」があるとも指摘されてきた (須藤 2010,p.12)。例えば、Downeyほか (2004) は学期中と休暇中の学力の変化を通じて、学期中の方が、児童の学力格差は縮小しているとするなど、「学校無力論」に対しての反論もなされてきた。

ここまでは、「教育機会の平等」について中国と日本を中心に、一部アメリカの先行研究を検討してきた。中国の場合は社会構造というマクロの視点から「教育機会の平等」の関係を明らかにすることに焦点を当てたのに対して、日米の場合は学力と階層・人種との関係について明らかにしてきた。但し、学業達成の評価に使うデータは旧学力 (ペーパーテスト) に基づいたものが使われている。言い換えれば、新しい学力の実施状況に対しては焦点が当てられていない。

しかし、冒頭で指摘したように、1980年代からの教育改革の施策はほとんど新しい学力観に基づいたものである。そのため、学校での実施プロセス、特に、「教育過程の機会平等」に注目しなければならない。教育の選抜機能は、「層別移動」にとっても、未だ有効な手段であることに変わりはなく (竹内 1995)、教育は単に社会の不平等を再生する装置としてだけではなく、社会の不平等を是正するための有効な手段である側面も持つ (ハウ 2004)。したがって、こうした視点から公教育の役割を問うことは重要に思われる。特に、義務教育制度の弾力化や新しい学力観に基づく教育改革を背景にして、義務教育における公教育の役割を問う必要がある。そして、その際には、公教育の公共性や平等性などの間で生じるジレンマなどに注目しつつ (苅谷 2008,p.76)、公教育の役割、特に、義務教育における「教育過程の機会平等」が変容してゆく教室でのプロセスに関する研究がより重要になると考えられる。だが、これまでの先行研究は、旧学力を対象にした量的な研究が多く、こうした意味でも、新しい学力観に基づいた教育改革の背景を考慮した上で、

新しい学力観に基づく教育実践を教育社会学の視点から、プロセスを浮き彫りにしながら問う必要があると考える。

5. 方法論

5.1. 研究方法

　本研究は、冒頭で述べたように、素質教育が現実の教育の場で展開される時に、「教育機会の平等」との関係で、どのような問題が提起されるのか、素質教育の実践の「プロセス」に注目し、「社会現象の自然な状態をできるだけに壊さないようにして、その意味を理解し説明しようとする探求の形態を包含する」(Merriam　2004,p.8) ものとして、質的方法を用いている。

　質的調査法においては、「エスノグラフィ」、「現象学」、「グラウンデッド・セオリー」、「ケース・スタディ」などのような多様なアプローチがあり、それぞれに長所があると指摘されている (Denzin & Lincoln　1994；Merrian 1998；Patton　1990；Tesch 1990；Lancy　1993)。

　本研究は、いくつかのケース・スタディを組み合わせながら比較する手法を用いている。それは、上記の研究方法が教育改革の研究において、「プログラムを評価し、政策を伝達する」ことに対して有効性があると指摘されたからである (Merrian　2004,p.61)。つまり、本研究は、新しい課程改革という背景の中で素質教育の政策が学校現場でいかに実施されたかを検討するため、単独事例よりも、社会的条件の異なる(本研究では地域差を考慮)ケース・スタディの使用の方が本研究の研究目的を遂行する上でより有効であると思われる。

　なお、ケース・スタディの「ケース」は、ここでは「境界のあるシステム」を指すと考える (Stake　2006,p.102)。そのため、ケース・スタディは「ある人のユニットや境界付けられたシステム」に対する「集約的な記述と分析」という点で優れたものであると理解される (Merrian　2004,p.26)。したがって、本研究で考えるケース・スタディを簡単にまとめると、「1つの統合されたシステム」である (Stake 1995,p.2)。

そして、ケース・スタディの特徴としては「一貫性」と「持続性」を有するものと考え (Stake 2006,p.103)、データ収集においては、「一貫性」と「持続性」を重視することから、1つの学校に対して2004-2010年の間に数回の調査を行った。これによって、学校が素質教育の施策を実施することには「実質性がある」か否かを考察することが可能となると考えた。なお、複数事例を用いるアプローチは、集合的ケース・スタディ (Robert & Stake 2006)、クロス・ケース・スタディ (multicase) または比較ケース・スタディ (comparative case studies) などと呼ばれている (Merrian 2004) が、本研究では、3つの事例を比較することから、比較ケース・スタディという名称を用いる。

それに加えて、本研究ではケースの時間軸による変化を捉えるために、授業ビデオを用いた分析法を同時に併用した。授業ビデオ研究法 (video study) はスティグラーらがTIMSS 1995年において点数が高かった日本の数学授業の分析にビデオを用いて分析したのが知られているが (Stigler & Hiebert 1999)、その後、HiebertらはTIMSS 1999において同じ授業ビデオ研究法を用いて7ヶ国の比較を取り入れた。こうした授業ビデオ研究法は、時間の経過に伴う変化の追求や授業細部までの観察、分析のリサイクルの可能性、質的研究法と量的研究法の融合 (integration) などに有効性を持つとされている (Hiebert et al. 2003,pp.5-6)。例えば、時間の経過に伴う変化の分析においては、調査以前の授業のあり方をも観察することが可能となり、また授業細部までの観察においては、授業において教師も気付かない事態 (accident) を捉えることができる。そのため、筆者は素質教育の実施の変化を考察するために、授業ビデオ研究法を部分的に使うこととし、調査以前の学校での算数授業ビデオに対しても、分析を行った。

5.2. サンプリング

本研究のケースを選ぶ際には、「有意 (purposive) 抽出法」、あるいは「目的的 (purposeful) サンプリング」を用いた (Merriam 1998=2004; Doetz & Lecompte 1994；Miles & Huberman 1994；Patteon 1990)。その際、中国における教育の社会的条件の違いを軸とし、都市と農村部の事例を取り上げた。また、こうし

た事例における素質教育の実践の展開を見ることを通じて、サンプリングの多様性の最大化（maximum variation）（Merriam 2004,p.92）を目指した。

　前述したように、素質教育は新学力観を代表する理念であり、一定の先進性を持つものとして、各地に先進的な事例が見出され（柳 1997；叶2010；教育部 2001、2010）、全土に広がる兆しもある（王 2000）。本研究の目的は、中国の地域格差を考慮した上で、素質教育の実施における「教育機会の不平等」を解明することであり、本研究では、異なる社会的条件の中で、素質教育の先進的な公立小学校をサンプルとして用いた。

　中国は改革開放以降、経済的発展を国家戦略としたストラテジー（strategy of gradient）を取ったため、全国的経済レベルは向上しつつも、地域格差を広げる結果を招いている（丁 2004；楊 2006）。上海市知力開発研究所課題組（1996）は、地方の経済的レベルと義務教育のレベルなどの環境指標に基づいて、中国の30ヶ所の省（区、市）を、A～Eという5つの地域レベルに分けている[16]。同時に「義務教育における均衡発展」という施策が行われ、地域間における均衡発展と地域内における均衡発展が目指されている（袁2005；楊 2006；王2011）。

　本研究では、都市部であり、先進的な地域としてのA区の上海市の小学校と、B地区のN省L市の小学校を調査した[17]。L市は「地方の市」の中では平均的な特徴を持つものとして位置づけられる（詳細は第4章を参照されたい）。さらに、中国に現存する「二元性」社会制度は、都市部と農村部にてそれぞれに異なる社会構成原理に基づいて構成されている（詳細は第2章を参照されたい）。そのため、都市部と農村部における小学校の双方を研究視野に入れる必要があり、L市の農村小学校を研究対象として選んだ。

　以上により、本研究では社会的条件の異なる3つの公立小学校、上海市のS校、L市における都市部のG校と農村部のH校を取り上げている。下記の表は学校の概況をまとめたものである。

　表序－1のように、本研究では、先進地域における大都市の上海市、非先進地域のL市の都市と農村部においての異なる3つの素質教育の先進例を取り上げた。3つの小学校はいずれも素質教育に関して先進的であるとされて

表序－1　調査学校の概況

学校名称	地域	地域特性	学年	学級規模（人）	家庭背景
S小学校	上海市 （A地区）	先進地域 （都市）	5-4	30 ～ 35	都市中堅層 帰国子女（僅か）
G小学校	N省のL市 （B地区）	非先進地域 （都市）	6-3	55 ～ 72	都市中堅層 普通の通勤・通学圏 内の貧困層
H小学校	N省のL市 （B地区）	非先進地域 （農村）	6-3	45 ～ 55	当地の農村住民 外来の出稼ぎ農民

いるが、社会的条件は異なる。上海市のS小学校は学級規模や家庭環境、地域の側面から見ると相対的に恵まれた存在であることが分かる。G小学校はその家庭背景から見るとより多様である。つまり、恵まれた家庭の方がより多い（校長インタビュー）ものの、富裕層から貧困層の家庭までが網羅されているようである。また、G小学校の学級規模はとても大きいが、これは学校選択の結果である。H小学校の学級規模は上海市より大きいが、G小学校よりは小さい。これは、農村における小学校児童の数によるものである。G小学校の子どもの出身は全体的に恵まれない家庭が多いことが推測できる。

5.3.　データの収集法

　本研究での調査期間は以下の通りである。上海市のS校においては2005年5月20日の予備調査と2008年5月26日～6月3日の本調査である。G校においては2005年から2010年の調査期間中に、3回の調査を行った。そこでは、2005年5月10～18日および2008年11月10～21日の本調査が2回行われた。最終回の調査は2010年6月9～10日の二日間を利用し、G校の先生と副校長および教科のチームリーダの先生に追加インタビューを行った。最後の農村H校は2005年5月4～6日の本調査と2008年12月8～12日の本調査の2回である。

　また、本研究の調査方法は、以下の4つからなる。

　第1に、観察である。主にサンプルとして選定した学校の算数授業や「本校課程」の授業を観察した。例えば、算数授業における教師の活動や役割、

序章　はじめに　43

授業の特徴、教師と子どもの相互作用に着目した。基本的にデータ収集は感受概念を用いた。感受概念とはフィールドワークのはじめに大まかな方向性を掴む概念、つまり問題を検討する上で重要な手がかりとなる概念である（佐藤　1992,p.80）。この概念を踏まえて、見聞きしたものを可能な限り集め、網羅的なデータ収集を試みた。フィールドにおけるメモを基にフィールド・ノーツを作成した。教育現場で筆者が考えたことや感じたことを記載し、分析の際に利用した。フィールドにおける筆者の立場は、「完全なる観察者」「参加者としての観察者」（佐藤　1992,p.133）に最も近い。教師と児童のやり取りを教室の後ろで観察した。但し、休憩の時間を利用して、子どもとの話し合いや質問の答え、ゲームなどをした。また、筆者の休憩場所は教師の研究室にあったため、教師とふれあうチャンスが多かった。こうして、子どもと教師との交流関係を形成した。

　第2に、インタビューである。学校の教師をはじめ、校長、保護者、子ども、および支援をしている大学の研究者、行政の担当者に30〜60分のインタビューを行った。以下の**表序−2**は教師インタビュー対象者リストである。

　表序–2は教師に対するインタビューリストである。しかし、ここでは1点付け加えることがある。つまり、教師の中には録音を拒否する人がいたため、その場合は、その場で可能な限りメモを取るように努めた。終了後可能なかぎり忠実に文章を起こした。

　また、保護者のインタビューは食卓で行ったことが多いため、自然な話し合いの環境を壊さないように録音を行わなかったが、ポイントを可能な限り記憶し、筆者の関心に関わる点については繰り返し質問を行った。そして、終了後に、記憶に基づいて文章を作成した。保護者に対するインタビューリストは**表序−3**にまとめた。

　他方、質問項目は素質教育に対する理解と教師の意識の中にある変化を中心として、あらかじめ設定しておいたが、観察を通じて想起された疑問点や確認したい点については、調査の終わる前に改めて質問し、インタビューを行った。また、インタビューの種類に関しては非構造化、半構造化、構造化という3つの種類を併用した。

表序－2 教師インタビュー対象者リスト

学校	仮名	教科	性別	年齢	業務経験	家族（親族）の社会的地位	人間関係（教師同士）	応試と素質の捉え方	学校適応度
S	SA	数学	男	30代	11年	中	良い	素質的応試	良い
	SB	数学	女	20代	3年	高	良い	素質的応試	良い
	SC	数学	女	30代	15年	中	一般	素質的応試	一般
	SD	数学	女	30代	11年	低	良い	素質的応試	良い
	SE	数学	女	20代	6年	中	良い	素質的応試	良い
	SF	数学	女	40代	20年	高	一般	素質的応試	一般
	SG	本校	男	30代	10年	低	良い	素質	良い
	SH	本校	女	30代	10年	高	良い	素質	良い
	SI	英語	女	20代	6年	高	良い	素質的応試	良い
	SJ	国語	女	20代	5年	中	一般	素質的応試	一般
G	GA	数学	男	20代	2年	中	良い	素質的応試	良い
	GB	数学	女	30代	12年	高	良くない	素質的応試	良くない
	GC	数学	女	20代	3年	高	良くない	素質的応試	良くない
	GD	数学	女	30年	10年	中	一般	応試	一般
	GE	数学	女	40代	18年	低	一般	応試	一般
	GF	数学	女	40代	22年	低	一般	素質的応試	一般
	GG	本校	女	30代	11年	中	良い	素質的応試	良い
	GH	本校	女	20代	5年	高	良くない	素質的応試	良くない
	GI	国語	女	30代	10年	高	良くない	素質的応試	良くない
	GJ	国語	女	20代	7年	中	一般	素質的応試	一般
H	HA	数学	女	40代	25年	低	良い	両者超え	良い
	HB	数学	女	30代	15年	低	良い	両者超え	良い
	HC	数学	女	30代	14年	低	良い	両者超え	良い
	HD	数学	女	30代	12年	低	良い	両者超え	良い
	HE	数学	女	40代	20年	低	良い	両者超え	良い
	HF	数学	女	20代	5年	低	良い	両者超え	良い
	HG	本校	女	40代	21年	低	良い	両者超え	良い
	HH	国語	女	30代	11年	低	一般	両者超え	一般
	HI	国語	女	20代	2年	低	良い	両者超え	良い
	HJ	国語	女	30代	16年	低	良い	両者超え	良い

序章　はじめに　45

表序－3　保護者インタビュー対象者リスト

学校	仮名	性別	年齢	学歴	職業	学校文化	学習支援	応試・素質の捉え方
S	SPA	男	40代	博士	自営業	向	ある	素質
	SPB	女	30代	修士	公務員	向	ある	両方
	SPC	女	40代	大卒	自営業	向	ある	両方
	SPD	女	30代	専門学校	専門主婦	向	ある	両方
	SPE	男	30代	大卒	管理職	向	ある	両方
G	GPA	女	30代	大卒	公務員	向	ある	応試
	GPB	女	20代	大卒	自営業	向	ある	応試
	GPC	女	30代	修士	自営業	反	ある	応試
	GPD	男	30代	高卒	無職	反	なし	無関心
	GPE	女	30代	大卒	教師	向	ある	応試
H	HPA	男	20代	高卒	農業従事者	反	なし	無関心
	HPB	男	30代	中卒	農業従事者	反	なし	無関心
	HPC	女	20代	中卒	農業従事者	反	なし	無関心
	HPD	女	20代	高卒	農業従事者	向	あり	応試
	HPE	女	20代	中卒	農業従事者	反	なし	無関心

　第3に、文献資料の収集である。サンプルに選定した学校の学校要覧、学校通信、そのほか公式に出されている資料、国家と地方で発行された公式文書を可能な限り収集した。

　第4に、ビデオの分析である。教師と相談した結果に基づいて、その学校に現存する素質教育授業のビデオを選んだ。そして、フィールド・ノーツに加えて、これらのビデオを合わせて検討の対象とした。

5.4.　フィールドの位置づけおよびデータの限界

　前述したように、本研究で選んだ小学校はすべて素質教育の実施において地域の先進小学校である。そのため、平均的な事例というよりは、啓蒙的な存在(Creswell　1998)であると考えられる。つまり、中国においての、「成功例」としての資質を備えている。地域格差を考慮すると、上海市の小学校とN

省のL市の都市と農村の小学校とを比較することは、中国における素質教育の実施においての現状把握および要因の追求、特に、「教育機会の平等」の考察に有意義であると考えた。

　しかし、中国全体としての学校は多様であり、地域間の格差もきわめて大きく、今回のサンプルはA地区とB地区の中から、3つの学校の事例を通じて得られたものであり、その知見は安易に中国全体に一般化することができない。また、インタビュー、文書資料、各地域の予備調査資料、撮影したビデオを用いてある程度補完を試みたが、限られた期間の調査であることも本研究の限界の1つであろう。だが、実際に素質教育がどのように展開しているかを教育の平等を視野に入れながら考察した先行研究がきわめて少ない中で、限られた範囲のものであるが、素質教育の観点から社会的条件の違いを考慮した学校の比較は、一定の示唆を持つものと思われる。

　なお、本研究では、研究データおよびモデル校の意味について以下の点に注意しておきたい。第1に、本研究では、先進地域の都市部のS校、非先進地域の都市部のG校と農村部のH校を取り上げたが、アクセスの問題や学校がどのような情報を筆者に開示したかによって、それぞれ得られたデータの量が左右された。

　特に農村部では、素質教育を行うリソースが不足していることが学校関係者にも認識されていた上に、学校の内部に入って研究調査を行った質的な研究方法に慣れていなかった。そのため、本研究で求めたように、素質教育の実践を観察対象とされることに対する抵抗も強く、調査対象にすることに関してなかなか承諾が得られないというアクセスの問題が大きかった。このように、H校は他二校に比較すると、指導状況が入手できないなどの調査上の制約があった。これが、S校、G校とのデータ量の差となっている。第2に、同じ素質教育のモデル校として扱われている三校であるが、その実践内容や実施体制には本論文で示したように、かなり差がある。つまり、モデル校であることの意味が地域によって異なっており、地域格差を映し出していることにも注意する必要があろう。

5.5. 義務教育に着目する理由

　また、本研究では小学校を対象としているが、義務教育に着目する理由は中国における義務教育の制度の変化と「教育機会の不平等」を考察するという研究目的からくる。

　第1に、中国の義務教育の制度は1986年の「中華人民共和国義務教育」の公布によって設立されたものであるが、その特徴としては、「弾力化・弾力的運用」に基づいた「地方負責、文級管理」（地方が責任を持ち、地方の各レベル政府の管理）という基本的な原則によるものであるとされる（楠山　2010,p.50）。また、義務教育制度を設立してからの数十年間の中では、義務教育における変化も見られた。例えば、義務教育の目標の変化や義務教育における地方分権などである。こうした社会要請に応じるために、基礎教育の段階に向けて行った新しい課程改革や義務教育における均衡的な発展が提出されたのである。そのため、こうした新しい動きの中では、義務教育における素質教育の実践を見る必要があると思われる。

　第2に、『基礎教育の改革と発展に関する決定』によると、義務教育の担い手は「以県為主」（県レベルが主体）とあり、国家と省レベルが積極的に関与する方針が打ち出された（教育部　2001）[18]。さらに、従来の地域格差や学校格差を縮めるために、教育部によって『義務教育における均衡発展をさらに推進する若干の意見』が公布され、省の政府と市または県の役割をさらに強化したのである。義務教育の財政構造の構築に省政府が役割を担うことが示されているが、義務教育の資金の拠出を県に委ねることは変わらなかった。以上のように、義務教育の教育制度においては、地方分権と中央主権という正反対の組織原理によって編成され、弾力的に運営されている。しかし、これらの施策が結局期待通りの役割を果たすかどうかを見極める必要があるであろう。

　一方、前述したように、本研究の研究目的は素質教育が展開される中で、教育機会の過程の不平等に関わるプロセスを考察することである。そのために義務教育の段階を研究対象にすることは、意味を持つことになろう。なぜなら、中国において、義務教育の焦点が「量」の普及の完成から「質」を高め

ることへと転換されたことによって、教育過程における「教育機会の平等」がより問題とされる状況となっているからである。また、民主化における義務教育の核心的な原則の1つは平等であろう。そのため、教育過程における不平等を追究することによって、義務教育を通じて公的教育の役割を問うよい機会が得られるであろう。

5.6. 教科選択の根拠

　本研究で取り上げた教科は素質教育と応試教育の関係から選択した。

　前述したように、「素質教育」は応試教育を批判するために提唱された教育理念である。そのため、実践においては、応試教育は素質教育の推進における強力な障害として理解されてきた（素質教育調査研究チーム　2006）。だが、本研究が示唆するように、学校現場では実際には応試教育的だとされる要素と素質教育的だとされる要素が混在し、それらがどのように存在しているのかを見極めることは意味があろう。そのため、応試教育と馴染み易い教科の実践と素質教育と親和性がある教科の実践を同時に考察する必要がある。その際、応試教育と親和性を持つ教科は従来の受験科目に目を向けることが自然であろう。特に、「算数授業」は必修、かつ、重要な受験科目であるため、従来研究者や教師が力を入れてきた教科でもあり、応試教育と素質教育との間で矛盾を抱える最も深刻な教科であると考えられる。つまり、算数授業を切り口として分析することによって、素質教育をめぐるプロセスを抽出することにメリットがあると考えられる

　一方、地域格差や学校格差は筆者の重要な関心の1つである。『基礎教育改革綱要（施行）』によると、「素質教育に適応するような新しい基礎教育課程体系」を設けるために「基礎教育課程改革」が強力に推進されている（教育部2001,p.5）。さらに、「学校は国家の課程と地方課程を実行するのと同時に、地域の社会、経済発展の具体的な状況を踏まえ、本校の伝統と優位点、児童・生徒の趣味と需要と結びつき、学校に相応しい課程を開発あるいは選択することが必要である」と指摘されている（教育部　2001,p.5）。したがって、素質教育の実施は「本校課程」にも寄与していることが読み取れる。

「本校課程」（school-based curriculum development, SBCDと略記）は、1973年英国で開かれた教育研究核心中心（CERI）のシンポジウムによって提出された概念である。中国における「本校課程」に対しては多種の概念があるが、本研究では「本校課程」は「学校の教師を主体として、具体的な国家課程と地方課程が実施されることを前提に、学校の児童・生徒のニーズに対して科学的な評価を行い、かつ、当地のコミュニティと学校の課程資源を十分に活用し、学校の運営理念に基づいて開発された、児童・生徒が選択できる多様な課程」であるとの教育部の定義を用いる（教育部　2002,p.200）。この定義を通じて、「本校課程」は地域や学校の資源に依拠することが求められることが鮮明に読み取れるため、筆者が研究目的とする地域格差・学校格差の考察に役立つものであることがうかがわれる。特に、「児童・生徒の趣味と需要」とが結びつくことから、素質教育の「学習者本位」の理念が反映されていることを読み取ることができる。さらにいえば、「本校課程」は「素質教育」の理念に基づいて作られた課程とも考えられよう。以上により、筆者は「算数科」と共に、「本校課程」教科を観察対象として選んだ。また、後者に関しては、その実施科目の名称は学校により、異なることがある。つまり、上海市のS小学校においては「文博教育」と称されることに対して、L市の都市部のG校には「国語の世界を歩こう」と名づけられ、農村部のH校は「国語の作文」と呼ばれる。

6. 本書の構成

本書は序章と終章を含めて、8つの章から成り立っている。

序章に続く第1章では、素質教育を理解するために、昨今の素質教育の理論研究を概観している。具体的には、「素質」をはじめ、「素質教育」の概念、構造、特徴、または「素質教育」理念と緊密関係を持つほかの教育との関係（応試教育など）、素質教育が依拠している理論について取り上げている。

第2章では、素質教育を進めている一連の政策を中心として検討する。素質教育政策の内容を踏まえながら、素質教育の政策レベルにおける意図を検

討しながら、その実現を図ろうとする施策を体系的に提示する。要するに、第1章と第2章は素質教育を理解するための基盤作業として行うものである。

第3章から第6章までは実証的な部分である。第3章は事例研究を通じて、上海市のS小学校を研究対象とし、素質教育政策の実施をめぐって、先進地域における素質教育の実施のプロセスを提示するものである。具体的には、素質教育と応試教育とそれぞれ親和性を持つ「算数科」と「本校課程」の実施に焦点を当て、素質教育と応試教育との関係を明らかにしながら、こうした実践に必要な条件 (学校内・外)、要因 (社会構造・社会文化) を指摘する。

第4章では、N省のL市におけるG小学校に関する事例研究を通じて、非先進地域における都市型の素質教育の実施モデルを提示する。具体的な作業は第3章と同じものである。

第5章では、N省のL市の農村におけるH小学校を研究対象として事例研究を行う。第3、4章の作業と同じく、非先進地域における農村型の素質教育の実施モデルを明らかにしていく。

第6章では、素質教育の実施における「教育機会の不平等」のメカニズムを提示する。具体的には、上述した3つの小学校に対する比較研究を行うものである。つまり、先進地域における都市型の素質教育の実施モデル、非先進地域における都市型の素質教育の実施モデルと非先進地域における農村型の素質教育の実施モデルを通じて、カリキュラムの構成・伝達に存在する差異を明らかにし、それを取り巻く条件・要因について検討する。その上で、関連する素質教育政策の内容を踏まえながら、考察を行う。

最後に、終章では以上の実証分析にて明らかにしたことをまとめ、関連する示唆を提示し、今後の課題を述べる。

注

1. 素質教育の含意については、後ほどの概念の定式化を参照されたい。ここで簡潔に言えば、新しい学力観という意味である。
2. 本研究にて提起した「教育機会平等」という概念は、義務教育の教育過程における「教育機会平等」である。これについては後述の概念の定式化にて再び触れたい。
3. 「第3の教育改革」の背景には1980年代以降、知識化社会やグローバル化の進行につ

れて「産業構造・仕事世界の再編・変容」、または「国際的な経済競争」などの激化のため、「人材育成や教育の向上」が世界各国の関心事となっていることにある（藤田ほか2010,p.7）。

4. 例えば、『中国教育改革と発展綱要』においては「小中学校は『応試教育』から国民の素質を全面的に高めようという軌道に転換しなければならない」と明記したことによって、素質教育は法律上の拘束力を持つこととなっている。（国務院　1993）。また、『中共中央国務院は教育改革を深化させ、全面的に素質教育を推進することに関する決定』の公布によって、素質教育を全面的に実施し始めたているとされている（中共中央国務院　1999）。そして、2006年に新しく修正された『義務教育法』の総則の第3条には「義務教育は必ず国家の教育方針を貫くべきであり、『素質教育』を実施する」と明確に規定されたため、素質教育が法律化されている（全国人民代表大会常務委員会2006）。一方、素質教育は中国の国家のリーダーによっても提唱されている。例えば、中国の国家主席胡錦濤は2006年の中共中央政治局の第三十四次の集合研究会にて「素質教育を全面的に実施する際には、その核心としてどのような人間を育てるか、いかに人間を育てるかという重大な問題を解決すべきである」と指摘した。

5. 〈http://baike.baidu.com/view/486179.htm〉、2012年6月25日入手。

6. 「全面的な発展」とは、徳育、知育、体育、美術、労働などを全面的に発展させることである。その詳細は第1章を参照されたい。

7. 以下は国務院と略記する。

8. 〈http://baike.baidu.com/view/486179.htm〉、2012年6月14日入手。

9. 〈http://www.chinalawedu.com/news/1200/22598/22615/22793/2006/3/he7396032197360029150-0.htm〉、2012年6月14日入手。

10. 筆者はここで「教育機会の平等」と訳したのは、「平等」と「均等」と区別しようという意図がある。「均等」は同一性を重視し、差異性を含めない。一方、「平等」は差異性をも視野に入れるからである。

11. 例えば、①は、児童・生徒の一人当たり費用、図書館、校舎など②学校での黒人と白人の児童・生徒の構成状況③教師は児童・生徒に対する期待感、児童・生徒の趣味など④個人に対して同じ投入すると、教育機会の均等は結果の均等とみなされる⑤マイノリティは支配の主流民族や宗教の集団と同じ教育結果を取得する。

12. 〈http://baike.baidu.com/view/486179.htm〉、2012年6月14日入手。

13. CINIIで素質教育のキーワードを入力すると、69本の論文しかない（2012年8月26日の検索結果）。

14. ①徳育、知育、体育、美育と労働技術教育（五育）の関係②顕在カリキュラムと潜在カリキュラムの関係③分科カリキュラムと総合カリキュラムの関係④学科カリキュラムと活動カリキュラムの関係⑤必修科目と選択科目の関係（一見真理子　2001「素質教育」の推進に取り組む―中国における初中カリキュラム改革の動向―『内外教育』,p.3）。

15. ①気持ちのそろった教職員集団②戦略的で柔軟な学校運営③豊かなつながりを生み出す生徒指導④すべての子どもの学びを支える学習指導⑤ともに育つ地域・各種学校間連携⑥双方向的な家庭との関わり⑦安心して学べる学校環境⑧前向きで活動的な学校文化である（須藤　2010,p.26引用）。

16. A区分に属する地区は北京、上海、天津であり、B区分の地区は遼寧省、江蘇省、浙江省、広東省、C区分の地区は吉林省、山東省、黒龍江省、福建省、海南省であり、D区分の地区は、山西省、安徽省、湖北省、湖南省、河北省、河南省、四川省、陝西省、内モンゴル自治区、新疆、広西省であり、E区分の地区は、寧夏、甘粛省、雲南省、貴州省、青海、チベットである。

17. N省の研究行政者からできる限りN省の名前を掲示しないでほしいという要求があっ たため、これ以上の詳細した記述は遠慮したい。

18. 〈http://www.edu.cn/20010907/3000665.shtml〉、2012年6月18日入手。

第1章 素質教育の検討

　本研究は、素質教育の実施によって中国の義務教育に生じたと思われる新たな教育機会の不平等とそのメカニズムを明らかにすることを目的とする。

　本章では、本研究で焦点となっている「素質教育」自体について理解する必要があると思われ、以下に「素質」についての概念、特徴、構造、種類を整理した上で、素質教育の内実を考え、素質教育の構造、特徴などを分析する。

　以上の目的に沿って、第1節ではまず「素質教育」における「素質」に関する先行研究を見る。

1.「素質」の研究について

　序章で指摘したように、素質教育という言葉は80年代の半ばごろに作り出されたものであるが、素質教育の出現根拠については見方が分かれているようである。例えば、肖 (2000) は1985年の『中共中央関於教育体制改革的決定』という行政文書においての「民族の素質を向上させる」(p.18) を素質教育の出現の根拠として考えられるとする一方、素質教育の「素質教育の概念、含意および関連理論の研究チーム」(2006) は1987年に柳斌が九年義務教育の教育各科目の大綱 (指導要領) の研究会において「教育は社会主義公民の素質教育」(p.4) だと述べたのが最初であるという見方を示している。また、呂 (2003) は1988年『上海教育』(中学版) (一月談) という雑誌に発表された「素質教育は中学校の教育の新目標」(言実　1988) というタイトルの素質教育の最初の刊行物を、素質教育の出現の根拠とみなした (p.38)。しかしながら、

上述した素質教育という言葉が使われたとはいえ、この場合の「素質教育」は単に文字どおりにそれを捉えたものに過ぎず、具体的な教育原理や、内実などに言及していなかったことを指摘する研究者もいる（肖 2000,p.18）。にも関わらず、この時期に「素質」あるいは「素質教育」が提唱され始めたことを指摘することはそれなりの意義があるであろう。こうして、「素質教育」という言葉の中身は80年代の末から研究者によって提唱され、徐々に体系化されるようになってきたと思われる。

さて、先行研究を見る限り、「素質教育」が語られてきた当初は、理論領域における素質教育を理解すべく、まず、「素質」とは何かについての議論から始められている。その際、序章で触れたように、「素質」という言葉について研究者は主に3つの層に分けて検討している。すなわち、「素質」の概念を (1) 狭義、(2) 中義 (中間レベル)、(3) 広義として捉えているのである (唐1990；楊 1995；李 1999；鐘 2003)。したがって、以下では「素質」という概念を3つの次元に分けて検討していく。

1.1. 「素質」の概念

「素質」という言葉の狭義の概念は主に生理学と心理学とで使われるものである。例えば、「素質」という言葉は『現代漢語辞典』の解釈によると、「①事物の本来の性質②素養③心理学においては、人間の神経系統と感覚器官上にある先天的な特徴」である[1]。そして、『辞海』の解釈によると、素質は「人の先天的な身体的特徴であり、主に感覚器官と神経系統的な特徴」である[2]。つまり、「素質」の基本的意味は「事物の主要な成分あるいは質」である。こうした「素質」の辞書的な意味に対して、心理学ではそれを「先天的な神経系統と感覚器官」にある自然的な属性に注目していると考えているとされる (李1997,p.10)。

さて、このような生理学と心理学において捉えられてきた「素質」という概念は「自然的な属性」を注目しているという意味で「古典的な概念」であるが故の限界があるとみなされている (楊 1995；李 1997)。なぜなら、先天的な面を重視した「素質」概念と「教育」が相容れないように見えるからであ

る。つまり、「先天性」を重視する「素質」は生まれつきなものであるため、教育を通じて習得することができないものである。

そのため、「先天」的なものであるかもしれないが、教育との関係においては「素質」の「潜在性」あるいは「発展性」という側面が指摘されるようになってきた。こうした「素質」の「潜在的な」可能性は「素質」の中義[3]的な概念として捉えられているのである。そのため、中義にある「素質」という概念は「現実性」がなく、「可能性」しか捉えることができないという問題があるとの指摘もされている（李　1997,p.10）。

一方、「素質」の広義の概念は、狭義の概念に欠けた「現実性」を持っている。広義の「素質」は、後天的な環境の中で教育（社会実践）を通じて形成されるのである（楊　1995,p.35）。例えば、民族の素質、道徳の素質、教師の素質などである。そのため、このような広義な「素質」という概念は、その後の素質教育の形成の基盤になっていると思われる。なぜなら、広義な「素質」の含意は狭義な「素質」の「先天性」という限界を超えているだけでなく、中義的な「現実性」がないという限界をも超えているからである。何より、広義な「素質」は後天的な環境の中で形成されることであるため、「素質」は「教育」を通じて育成することが可能であるとされる。したがって、広義な「素質」は「素質」と「教育」との結びつきに正当性を与えるものであると考えられる。

以上により、「素質」の概念は、3つの層から形成されるものであり、「素質」の分類を行う基盤となっている。次に「素質」の種類を見ていく。

1.2.　「素質」の種類

「素質」の種類については、研究者によって、分類がさまざまであるが、先行研究において、3つの基本的な「素質」（「社会的素質」、「心理的素質」、「自然的素質」）については共通して認識されている（唐　1990；李　1997；燕　2002；劉　2001；鐘　2003）。実は、このような分類法は前述したように、「素質」の3つの層の「概念」に基づいて作られたと考えられる。例えば、「素質」の「狭義」レベルにあたる概念は神経系統、脳、体の構造などの「自然的素質」を指すものである。「中義」の概念に当たる「素質」は性格、興味、態度などの「心理

的素質」を指すものである。「広義」的概念に当たる「素質」は道徳的素質、政治的素質、審美的素質などの「社会的素質」を指すものである。この3つの分類およびその具体的な内容を**表1-1**にまとめた。

表1-1は先行研究の「素質」の種類に基づいてまとめたものである（唐1990；燕 1996）。この表を見ると、「素質」は「内層」、「中層」、「外層」に分けることができることがわかる。そして、「自然的素質」、「心理的素質」、「社会的素質」によって構成されている。その上に、さらに細かく分けることができる。例えば、神経器官、生理器官などのような「自然的素質」を指すものがある。また、認知、趣味、動機、価値観などの「心理的素質」も含まれる。さらに、道徳品質、信仰などは「社会的素質」としてみなされる。しかし、教育を通じて、育てようとする「素質」は、中層、外層にあるものであろう。なぜなら、「内層」にある「自然的な素質」は生まれつきのものだからである。さらに、ここで留意すべき点としては、後の分析する、現行の新しい課程改

表1-1　素質の種類

レベル	カテゴリー	素質の種類	内容	形成要素
外層	社会的素質	政治的素質	立場、観点、信仰	後天的要素
		思想的素質	思想方法、認知方法	
		道徳的素質	道徳品質、道徳行為	
		キャリア的素質	科学知識、技能・技術	
		審美的素質	審美眼、鑑賞能力	
中層	心理的素質	認知、才能	認識能力（理解力、創造力）等	先天的要素と後天的要素との組み合わせ
		ニーズレベル、モチベーション	興味、動機、価値観、信念等	
		気質、性格	態度、行動様式、意志等	
内層	自然的素質	自然・生理的素質	体の構造と機能、神経系統、脳等	先天的要素

出典：①燕国材「談談素質教育的幾個問題」『河北教育』1996年第4期、p.8②唐迅「現在素質論的教育哲学思考」『教師教育研究』1990年第3期、p.49を参考した上で筆者が加筆したものである。

革は「中層」の「情感、態度、価値観」などのような「素質」にも注目していることがうかがえる。

　また、各素質間の関係や素質そのものに関する特質などに基づいて「素質」の特徴を分類する研究もある。以下では「素質」の特徴を見てみる。

1.3.　「素質」の特徴

　先行研究における「素質」の特徴についてはその分類方法が異なっている。例えば、舒・蒋 (1997) は「素質」の特徴を10の方面から取り上げた。一方、楊 (1995) と鐘 (2003) は6の方面から論じてきた。あるいは、舒・蒋 (1997) は「素質」そのものを超えて、誰が素質を持つべきかという素質とその主体の関係、つまり、すべての国民を一定の素質を持つべきであるという全民性 (すべての国民) を取り上げた。このような特徴は素質の特徴というより、素質教育の特徴であるとするのがより適切であろう。それに対しては、楊らは「素質」の3つの層の性質および各素質間の関係をまとめた (楊1995；李1999；鐘2003)。

　ここでは楊らの「素質」の特徴を参考にして、「素質」の3つの層の性質と各素質間の関係をめぐって6つの側面から論を展開していく。つまり、「先天性と後天性の統一」、「安定性と発展性の統一」、「内在性と発展性の統一」、「素質のすべて性」、「各素質間の統一性」、「素質の発展性」という6つの側面からである (楊　1995；燕　2002；李　1999；鐘　2003)。以下には、これらの6つの側面についてそれぞれに検討する。

　第1に、「先天性と後天性の統一」に関しては、「先天性」と「後天性」の両方の関係から捉えるものである。前述したように、「素質」の概念には、「狭義」と「広義」の大きな区別があるということを取り上げた。また、「素質」にある「先天的な遺伝性と後天的な習得性」は矛盾するものではなく、弁証統一的な関係にあると考えられることも指摘した (楊　1995, p.36)。先天的な「素質」は後天的な「素質」の形成に重要な基盤を与えると考えられるのである。

　第2に、「安定性と発展性の統一」に関しては、やはり「素質」概念の「狭義」と「広義」の関係からきたものである。「狭義」の概念にある「素質」の特徴は

自然的な素質であるため、「安定性」を持つ。一方、「広義」の素質は後天的な環境の中で形成されることが可能であるため、発展し変化するものである。にも関わらず、「素質」の特徴は「安定性」と「発展変化性」を弁証統一的に捉えるものとされる。その要因は第1の特徴で取り上げたように、先天的な「素質」は後天的な「素質」を形成する土台を提供していることにある。そのため、「素質の相対的な安定性と発展変化性の弁証統一」は「素質」の第2の特徴であるとされうる (楊 1995,p.36)。

　第3に、「内在性と発展性の統一」に関しては、第1と第2と同じように「素質」を「狭義」と「広義」の概念から捉えるものである。ここでは、「素質」は内在性と現実性とを統一したものであるとされる (楊 1995；燕 2002；鐘 2003)。前述したように、「狭義」な概念は「内層」の「自然的素質」を指すものであるため、「狭義」な概念は内在的なものであり、固定的なものである。これに対して、「広義」な「素質」の概念は、「外層」の「社会的な素質」を指すものである。また、このような「社会的な素質」は後天的な習得を通じて、形成される。

　さて、第3の特徴はこれまでの単に「内層」と「外層」の関係から捉えたものだけではなく、「内層」、「中層」、「外層」という3つの層の関係に基づき捉えるべきものであると理解される点にある (楊 1995；燕 2002)。「素質」の種類を取り上げた時に指摘したように、「素質」は「自然的素質」、「心理的素質」そして「社会的素質」が含まれている。そして各「素質」はさらに各種の要素に分解しうる (表1-1を参照されたい)。

　第4に、「素質の多様性」に関しては、1つの「素質」と多様な「素質」は弁証統一的な存在であるとされる点にある (楊 1995；柳 1997；鐘 2003)。つまり、単体の「素質」は多様な「素質」を形成する単位要素である。一方、多様な「素質」は単体の「素質」の形成に土壌を提供している。

　第5に、「各素質間の統一性」は第4の特徴と関連するものである。それは、「素質」の多様性という特徴である。つまり、「素質」は1つのシステムであり、各種の「素質」は多様な素質を構成する要素である。そのため、「素質」には、単なる1つの「素質」ではなく、多様な「素質」を含めるべきである。さらに、

第1章 素質教育の検討　59

各「素質」は独立した存在ではなく、相互に作用しており、各「素質」は連鎖している存在であると理解される（楊　1995；燕　2002；鐘　2003）。

　第6に、「素質の発展性」においては、「素質」は時間軸を持っていることである。つまり、「素質」は現在を表わすだけのものではなく、未来発展の可能性もある、ということである（楊　1995；鐘　2003）。以上が「素質」の6つの特徴である。

　これまで検討してきた「素質」の概念、種類、特徴以外にも本研究に関連のあるものとして、「素質」の構造に関する研究があるため、次に「素質」の構造について検討していく。

1.4. 「素質」の構造

　「素質」の構造については、段階を分ける研究と分けない研究もある。さらに、伝統的な要素に基づく研究がある一方、多元知能という現代的な要素を取り入れようとする研究もある（劉・趙　1996,pp.15-16）。こうした多様性にも関わらず、先行研究は、「素質」の構造については主に3つのモデルと5つの説に分類できる（鐘　2003,pp.20-21）。そのため、ここでは鐘（2003）の分析枠組みに沿い、「素質」の構造に関する論を進めたい。

　第1のモデルは主に「徳、知、体、美、労」（道徳、知育、体育、美術、労働）によって段階を分けるものである。ここでは、「体育」は生理の段階であり、「道徳、知育、美術」は心理の発展につながっているとされる。「労働」は各種類の「素質」を総合的に運用するものであるため、実践の段階であるとされている（劉・趙　1996；鐘　2003）。しかし、ここで留意すべき点としては、例えば、「体育」は生理の段階とはいえ、体の臓器のように、生まれつきのものではないため、「体育」は後天的に習得することができるともされていることである。

　第2のモデルは主体性素質の段階説である。それは、人の主体性の素質を「生理的素質の段階、心理的素質の段階、文化的素質の段階」というものである（鐘　2003,p.21）。これは、主に、前述した「素質」の概念の3つの層に基づいたものである。

第3のモデルは、二元構造モデルである。「経験領域」と「活動領域」を横の座標とみなしながら、「心理操作領域と心理能力」を縦の座標とみなすものである（劉・趙　1996,p.16）。また、横の座標にある「経験領域」は前述した道徳、知育、体育、美術、労働である。「活動領域」は具体的な実践活動のことである。例えば、政治活動、交流活動、認知活動、職業活動などである。縦の座標にある「心理能力」は認知、情感、技能などである。このようなモデルは、単に「素質」の構造を論じるものではなく、それを実現しようとするあり方を提供してくれるものである。

「素質」の構造を論じる主張には、この3つの段階説以外にも、5つの段階説があり、「要素説」、「構成説」、「発展説」、「能力説」、「統一説」がある。この5つの説は前述した「素質」の種類の見方とつながる。また、「素質」の特徴ともつながる。鐘(2003)はこの説について多数の研究者の説をまとめた(表1-2)。

この説では、表1-2のように、「素質」の構造は「素質」の種類、特徴の延長線上にあるものと見られる。特に、各種類の「素質」の特質と関係性を捉えたものである。

これまで、「素質」の概念、種類、特徴、構造について検討してきた。そ

表1-2　素質構造に関する5つの説

類別	人の素質の構成に関する具体的な主張
要素説	●道徳、知育、体力等の多様な要素
構成説	●自然生理的素質 ●社会文化的素質 ●心理的素質
発展説	●心理・知育の全面発展（観察、思考、創造、実践能力等） ●心身の発展（生理と心理的素質の統一） ●個人と社会の調和的な発展（思想の形成、能力、品質等）
能力説	●能動的な組み合わせ（その中の1つの要素に変化があれば、全て的な素質の変化に影響を与える） ●能力と見なされるもの
統一説	●「質」と「量」という構成要素の統一 ●静態的なものと動態的なものとの統一

出典：鐘志賢　2003『深呼吸―素質教育を進行している』教育科学出版社、p.21から引用。

れを見ると、「素質」はもともと生理学・心理学にある「自然的素質、心理的素質」という「先天」的なものから「社会的素質」という「後天」的に形成されるようなものも含まれていることがわかる。言い換えれば、「素質」は「後天」的環境の中で教育を通じて習得しうるものとなっている。このことが、「素質」と「教育」とが組み合わさった「素質教育」という言葉に正当性を与えているように見える。しかし、「素質」概念の多義性のため、「素質」と結びついた「素質教育」の概念もまた、複雑さを持つことが推測されるであろう。次節では「素質教育」そのものをめぐって検討していく。

2. 素質教育について

前節では素質教育の検討に先駆け、「素質」の概念がどのように中国で語られてきたかを見てきたが、本節では「素質教育」の概念自身を中心として考察を展開していく。具体的には、素質教育の概念、特徴、構造を明らかにする上で、「応試教育」、「全面的な発展教育」などのような、素質教育と緊密な関係を持つほかの教育理念との比較を行いながら、素質教育を推進しようとした中国の教育改革、「基礎教育課程改革」との関連性を明らかにしていく。最後に、素質教育が依拠する理論を検討していく。まず、素質教育の概念を見てみよう。

2.1. 素質教育の概念

「素質教育」は従来からある単語ではなく、80年代の半ばごろ中国の教育研究者によって作り出された言葉である（陳 1999）。つまり、「素質」と「教育」というもともとにあった2つの言葉を組み合わせたものである。しかし、前述したように、「素質」は多義的概念であるため、素質教育の概念も複雑にならざるを得ないことがうかがわれる。そのため、素質教育の概念は現在まで必ずしも統一されていない（趙 1999；鐘 2003；素質教育の概念、含意および関連理論の研究チーム 2006）。

だが、素質教育の概念の詳細は別として、それがいくつかの特徴を持つこ

とは指摘しうる。以下に6つの側面に集約して論じる (趙　1999；鐘　2003)。

　第1に、「応試教育」を批判する側面である。「素質教育」は対立概念としての「応試教育」と相反する概念として提唱されたものである。そもそも素質教育に含まれるような要素と「応試教育」とが矛盾することは建国時からすでに指摘されていた (崔　1999,p.22)。そうした中では、素質教育の提唱は「応試教育」を是正するためのものだという背景がある。

　第2には、素質教育に期待される役割に関わることである。「素質教育」の理念が教育政策の文書に取り入れられた時点では、「素質教育」という用語の代わりに「労働者の素質」、「国民の素質」、「全民族の素質」という用語が用いられていた (詳細は第2章を参照されたい)。そのためか、素質教育の概念は国民教育として理解されている。これは、素質教育においては「国民の素質」と「国民性」とが基本的に類似したものとして捉えられていることを意味している。したがって、素質教育は国民教育を指すと考えられる。

　第3に、「素質教育」と似ている理念として、「全面的な発展」との共通性も認識されている。つまり、素質教育は全面的な発展の教育と同等なものと認められる。実は素質教育が提唱される前に、「全面的な発展」という教育理念が中国には存在していた。これは次章で検討するように、50年代には「学習者の各能力の育成」は中国の教育の目標であったことから由来する。それはその後の「全面的な発展」という理念につながっていると考えられる。よって素質教育に期待される役割が「全面的な発展」とつながることは不思議ではないであろう。

　第4に、素質教育の要素に基づいて素質教育の特徴を捉える立場がある。これは楊 (1992、1997) によって提起された素質教育の3つの要素の理念と重なっていると思われる。つまり、素質教育は人間の能動的な発展、全面的な発展とすべての人間の発展とが組み合わさったものであると理解される。この3つの要素説における人間の能動的な発展は、従来の教育過程における人間を無視することに対して、人間が主導的な存在であることを示した。特に、能動的な発展の主張は、人間の主体性を育成する必要性をも反映している。また、「全面的な発展」の推進は、従来の教育は受験の能力しか育てないと

いう弊害を批判し、「徳育、知育、体育、美術、労働」（徳、知、体、美、労）の全面的な発展を求めている。特に、その過程において一部でなく「すべての人間」の発展が強調され、従来の教育は少数者に向けられていたという教育現状を問題視し、「すべての人」が教育の対象になるという「平等」の理念を素質教育の概念と結びつけた。以上のような、素質教育の3つの要素に基づく素質教育理解の考察もある（鐘　2003,p.22）。

　第5に、素質教育が基準教育としばしばみなされている。つまり、素質教育は人間すべての発展に結びつくものと理解され、素質教育はすべての児童・生徒が達成するべき標準として考えられている。

　第6に、素質教育を脳科学と関係づけて考える人々もいる。そこでは、脳科学の視点から見て素質教育は右脳と関係しているとされる（孫　1997；劉2001）。

　以上のように、研究者個々の考えや社会的背景が異なるため、素質教育の定義については着眼点が違うように見えるが、大きくいくつかの傾向が見られた。そのため、以下ではそこで見られた典型的な定義を取り上げながら検討する。

　素質教育が提起された初期においては、素質教育は単に潜在的能力と全面的な発展という視点から定義された。例えば、以下のようなものである。

　　　素質教育は、児童の心身の潜在能力を開発し、新しい世代の然るべき公民にあるべき素質を身につけさせ、全面発展させることを基本的な目的とする（江蘇省小学校素質教育検討会　1991）[4]。

　　　素質教育は科学的な教育手段を通じて、人間が生まれつき有する素質を十分に引き出し、人間の持つさまざまな素質のレベルを向上させ、全面的に、十分に、かつ調和的に発展させる教育である（劉明　1992）[5]。

　また、その発展につれて、教育対象という要素が加えられた。以下の定義はそれである。

素質教育は人間の発展と社会の発展のニーズに合わせ、すべての児童・生徒の基本的な素質を向上させることを目的とし、児童・生徒の主体性と能動的精神を尊重し、人間の知恵の潜在的能力を開発することを重視し、人間の健全な個性を形成することを目指す（楊銀付　1996,p.36）。

以上のように、すべての児童・生徒が教育対象となることは「素質教育」の概念が平等とつながる接点を提示していると言えよう。さらに、柳(1997)は「素質教育」を3点にまとめた。つまり、すべての児童・生徒の心身を発達させることを目的とする。すなわち、国民の思想道徳、科学文化、労働技術、身体素質を向上させることを旨とする基礎教育であるとする主張である。よって、素質教育では3つの要素を踏まえる。1つ目は、すべての児童・生徒に向けること。2つ目は、児童・生徒の徳、知、体、美を全面的に発展させることである。3つ目は、児童・生徒を能動的に発展させることである(pp.10-12)。その後、柳の主張した3つの要素をめぐって、さらなる展開が見られた。例えば、以下の2つの定義はそれである。

　素質教育は時代の発展と人的発展のニーズに合わせ、すべての児童・生徒の基本素質を全面的に向上させることを主要な目的とし、児童・生徒の主体性を活かすことを基本的な実施精神とし、潜在能力の開発と健全な個性の発展を重視し、創造能力と実践能力の育成を根本的な特徴とする教育である(鐘志賢　2003,p.24)。

　素質教育とは、すべての学習者の総合的素質を育成し、高めようとする教育である。そこでは、人間・社会の自然的、調和的発展を目指して徳(徳育)、知(知育)、体(体育)、美(美術教育)、労(労働)を全面的に発展・育成させることを目標とし、党と国家の教育方針を全面的に貫くことを根本とするものであり、教育の質を全面的に高めることを主たる特徴とするものである(素質教育の概念、含意および関連理論の課題研究チーム2006,p.5)

第1章　素質教育の検討　65

　以上の概念は、「素質教育」について時の経過を考慮しつつ整理したものである。これらを通じて、素質教育は、最初の潜在的な素質（第1と第2概念）を引き出すという概念から「すべての学習者」の「全般的な発展」を育成するものになり、その上、「学習者の個性の発展」を重視しながら、「創造能力と実践能力」を重点的に育成しようとするものに発展したことが見られる。このような素質教育の概念は行政の政府文献にて取り上げられた素質教育の概念と一致している。例えば、1999年の6月13日公布された『中共中央国務院の教育改革を深化させ、全面的に素質教育を推進することに関する決定』によると、素質教育は「創造能力と実践能力」の育成を重点とすることが提起された[6]（詳細は次章を参照されたい）。さらに、素質教育の概念、含意および関連理論の課題研究チーム (2006) による定義は、政府によって推進されている「和諧社会」（調和の取れた社会）[7]という社会的価値観を反映しながら、教育の「質」を重視するようになっている。このように、素質教育という概念の内実は社会の変化につれて、新たな変化が加えられてきたことが読み取れる。

　これまで、「素質教育」の概念について検討してきた。次は、素質教育の基本的な特徴を見てみよう。

2.2.　素質教育の基本的な特徴

　素質教育の特徴は研究者によって表現が多様であるが、その目指すところは「主体性」、「全体性」、「全面性」、「基礎性」、「発展性」に集約することができる (楊　1996；李　1999；鐘　2003)。

　「主体性」は素質教育実施の「核心と魂」と言われる (鐘　2003,p.28)。この「主体性」の提唱は、主に「応試教育」の弊害に対峙する視点からのものであると思われる。例えば、「応試教育」の弊害としては、学習者は受動的な学習を行うことが指摘されている。概念においては、授業する際に、教師は教え込むことを主な授業手段とするため、学習者は受動的に知識を受け入れるしかないのである。このような教育観によって育てられた学習者は「創造力、想像力」などが足りないといわれている (鐘　2003,p.32)。そのため、素質教育においては学習者の「主体性」を重視することによって、学習者の勉強意欲

やモチベーションを高めることができると考える。同時に、自ら知識を探求することができるようになるのである。このような学習者の「主体性」を重視することは、素質教育の三要素の1つとして捉えられている（柳1997,p.22）。

「全体性」ということは、これも「応試教育」の弊害を克服するために提唱されたものである。「応試教育」では学習者のすべてに向けることではなく、その中の「少数に向けられている」ことを批判してのことである（楊 1995；柳 1997；教育部 2001；鐘 2003）。ここでは、「少数」が誰を指すのかに注目する必要がある。これは筆者の論点と緊密につながるものだからである。

「応試教育」における「少数」は、授業達成度が高い学習者を指すものである。それは、「応試教育」においては、「進学率」を追求するために、教師は進学の可能性が高い学習者に力を入れる傾向があるということである。そのため、進学が難しい学習者は犠牲になっていると言われている（教育部 2001）。一方、素質教育は理論的には、「すべての学習者」に向けて行われることになっている。つまり、「すべて」の学習者に平等な教育機会を与えるものとして理念化されているのである。しかし、素質教育を実施する場合にそれをすべての「学習者」に向けることができるか。もし、素質教育が実際の実践において、その理念通りにすべての「学習者」に向けることができない場合には、それが実際は向けられる「少数者」は従来の「少数者」と同じであるのか、それとも別のものに変わるのかは、本研究の関心の1つである。

いずれにせよ、ここで述べられている「全面性」ということは、すなわち、「素質」の種類と関連しているものである。先に、「素質」には「社会的素質」、「心理的素質」、「自然的素質」が含まれることを取り上げた。「全面性」は上述した「素質」を全面的に発展させることを指すものである。この「全面性」をさらに拡張するならば、「道徳、知育、体育、美術、労働」についての「全面的な発展」を求めることにある。これは、素質教育の概念の三要素の「全面的な発展」と重ねて考えられる。

そして、「主体性」、「全面性」、「全体性」は、新しい課程改革を貫くものである。これについては次章の新しい課程改革についての教育政策の内容を

第 1 章　素質教育の検討　67

踏まえながら、詳述したい。

　「基礎性」は、素質教育における「基礎的な素質」を重視することである。つまり、日本の「基礎学力」に相当する「基礎知識、基本的な技能」を重視することである。これはその後の新しい課程改革の目標として取り上げられる。

　「発展性」は「基礎性」と相対するものである。「基礎性」が「基本的な知識」と「基本的な技能」を重視することに対して、「発展性」は、学習者の「潜在的な能力」、「創造的な能力」、「実践的な能力」などを重視している。すなわち、学習性に対しては、発展的に見ることを指す。つまり、すべての学習性は潜在的な能力に係るため、その潜在的な能力を引き出し活性化させなければならない。こうした中、「主体性」と「基礎性」はほかの特徴の基礎だと考えられる (楊　1995,p.36)。

　以上は素質教育の特徴について取り上げた。さて、これまでは素質教育そのものの研究について検討してきたが、次節では、素質教育と関連する教育理念に視点を広げて検討してから、その依拠している理論について考察したい。

3.　素質教育の周辺

　本節では、素質教育と「応試教育」、「全面的な発展」、基礎教育との関係を検討しながら、素質教育が主に依拠している理論である、「人的な発展理論」(Human development theory)、教育学的「人間本位」理論および心理学的「主体性教育理論」を取り上げる。

3.1.　素質教育と「応試教育」との関係

　前述したように素質教育は「応試教育」の弊害を是正するために提唱された面がある。そのため、素質教育の概念や特徴などについては、「応試教育」と相対するものが多い。したがって、素質教育を理解するに当たって、「応試教育」と素質教育との関係を明らかにする必要がある。

　「応試教育」の定義については「素質教育」同様、統一的な見解はないが、

先行研究において「応試教育」が「進学率の追求」を過度に推し進めることに対する批判、または「減負」（負担を減らす）の必要性に対する認識は一致している。特に「進学率の追求」に対する弊害への批判が目立つ。「応試教育」に対する批判は、主に、教育対象、教育目的、能力の育成、教授法、評価手段、教育内容、教育期限をめぐって展開されてきた（楊　1995；鐘　2003）。

「応試教育」の教育対象は前述したように、「少数」、つまり、成績がよい少数の学力上位層であると批判されてきた。逆に、素質教育は「すべての」学習者に向けられることが謳われ、これは「平等」の理念とつながるものである。また、「応試教育」の目的は知識の伝達、つまり、知育偏重になっているともされている。一方、素質教育は、前述のように知育だけではなく、道徳、美術など、「全面的な発展」を目指すものと理解されている。

こうした能力観の違いは教育の目的の相違と関連している。「応試教育」が知識習得能力に偏るものであるとされるのに対して素質教育は人間の発展にとって役立つすべての能力を育てるものであるとされている。教授法においては、「応試教育」は暗記や機械的な訓練を主な手段として用いるとされることに対して、素質教育では啓発式、探求式の学習方法を使って、つまり、学習者が自ら学ぶという授業方法を推進しているとされる。さらに、評価手段においては、選抜の基準としての成績しか重視しない「応試教育」に対して、素質教育は学習者を多様な基準に基づいて評価を行うとされる。教科内容に関しては、「応試教育」は教科内容そのものに偏るのに対して、素質教育は総合的な授業活動を行い、学習者の日常生活に結びついていることを重視する。最後の教育期間においては、「応試教育」は学校教育に限られるのに対して、素質教育は生涯教育を行うとされる。そのため、前述した素質教育の教育内容においては、日本の「生きる力」に相当する「生存能力」を育成する内容が近年加えられている。以上の内容を**表1－3**にまとめた。

以上の「素質教育」と「応試教育」の対比（表1-3）を通じて言えることは、素質教育と「応試教育」とは教育目標、教授手段、教育対象などが対極的に理解されていることであろう。これは、崔（1999）が指摘したように、「素質教育」と「応試教育」は異なる、しかも相対する教育理念に基づくものである

第1章　素質教育の検討　69

表1-3　「応試教育」と素質教育との比較

	応試教育	素質教育
教育対象	少数の教科学力ができる学習者	すべての学習者
教育目的	教科知識の習得	全面的な発展（徳育、知育、体育、美術、労働など）
能力育成	教育知識の習得能力と順応性を育成する	各能力の育成、特に創造能力など
教授方法	暗記や繰り返しの機械的な訓練を中心とする	啓発式、探究式等のような教授法
評価手段	上級学校への進学選抜のため、ペーパーテストの成績が唯一の判断基準となる	発展性評価、多元的評価、評価主体の多元化
授業内容	内容が難しい、教科の体系に偏りがある	授業内容の簡単化、学科の体系の緩和、総合的な授業活動の重視、学習者の経験・実際生活とのつながり
教育期限	学校教育に限られる	生涯教育

出典：筆者が作成したものである。

とされてきたことによる。

　さてここでさらに、本研究では研究対象を主に学校の授業観察に置くため、素質教育の理念に基づく授業の基本的な特徴を明らかにする必要がある。

　素質教育の授業の基本的な特徴を授業対象、授業目標、教師と学習者の関係、授業のプロセス、授業方法、授業環境に大別して検討することができる（呉　1995；米　1998；李　2001；劉　2001；鐘　2003；王　2010）。

　授業対象については、応試教育と違って、素質教育の授業は学習者「すべて」に目を向けるとされる。これは、前に取り上げたように、応試教育では成績が上位の学習者に目が向けられる傾向があるとされたため、素質教育ではすべての学習者に向けられることが強調されたのである。また、授業目標に関しては、「知識」の習得だけではなく、「能力、態度」なども含めた全面的な「素質」を育成するとされている。授業関係においては、従来の教師・学習者の「従属」的な関係ではなく、教師・学習者の間に平等な関係を築くことが一般に唱えられる。すなわち、授業過程においては、学習者の主体性を十分に引き

出すものであるとされる。教師の役割としては、学習者を助け導くことである。授業方法においては、従来の教え込みや暗記、いわゆる機械的な訓練をするものではなく、学習者の学習意欲を引き出すような啓発的授業方法、探究的な授業方法などを実施することが奨励されている。授業環境に関しては、学習者の日常的な生活と結びつきやすい題材を取り上げ、学習者がすでに保有する経験や知識と関連する授業環境を作り出すものである。上述したような素質教育の理念に基づく授業の特徴は、新しい課程改革にて提唱されている授業理念と一致している。この点については、次章の新しい課程改革の節を参照されたい。以上のように、素質教育の特徴には、素質教育の理念に基づくもの、「応試教育」と対立するものの双方が見られる。また、このような特徴は新しい課程改革の理念に貫かれたものと考えられる（詳細は第2章を参照されたい）。

　さて、前述したように、素質教育においては「全面的な発展」が強調されているが、これは、「全面的な発展教育」との関係が深いと考えられる。よって、次節では、素質教育と「全面的は発展教育」との関係に焦点を当てて取り上げる。

3.2.　素質教育と「全面的な発展教育」との関係

　「全面的な発展教育」（全面発展）は建国時からすでに存在した教育理念である。但し、その内容に関しては時代によって大きな違いがあったと思われる。大きな変化の境目は、80年代である。80年代までは、「全面的な発展教育」の内容は「徳、知、体」（道徳、知育、体育）という3つの側面に集約されたものであったのに対して、80年代以降、その内容は「徳、知、体、美、労」（道徳、知育、体育、美術、労働）となったと言われている（燕　1990、1996；張　1992；李　1997；呂　2003；鐘　2003；朱　2008）。「全面的な発展教育」の教育理論はマルクスの「人的全面発展」説に基づいたものである。このような「人的全面発展」説はその後の素質教育が依拠する理論にもなっている（詳細は次節を参照されたい）。では、素質教育と「全面的な発展教育」の関係を見てみよう。

　素質教育と「全面的な発展教育」の関係については、以下に李（1997,pp.13-

15) の分類にしたがい「重複説」、「深化説」、「相違説」に分けて考える。

　例えば、李 (1997,p.13) によると、「重複説」においては、素質教育と「全面的な発展教育」は方向、目標、内容が一致していると考えられる。つまり、「全面的な発展教育」の目標は「道徳、知育、体育、美術、労働」に関するすべての能力を育成することであり、しかもこれらを踏まえて総合的な「素質」を高めることである。素質教育の目標は人間の総合的な「素質」を育成し、すべての能力を高めることにあるため、素質教育と「全面的な発展教育」は教育理念を共有している。また、「全面的な発展教育」には素質教育が含まれている。したがって、「素質教育」という新しい概念を提唱する必要がないのである (李　1997)。

　しかし、同じ「重複説」といっても、ほかの見方も存在する。それは、素質教育の理念が提唱する問題に関しては前者と違う立場に立っている。こちらの論者はまず、「素質教育」を提唱することを主張している。そして、「素質教育」と「全面的な発展教育」の両者の関係に関しては、「素質教育」は「全面的な発展教育」の目標であり、「全面的な発展教育」は「素質教育」の手段と方法であるとみなしている (張　1992；燕　1996)。

　一方「深化説」の見方は、素質教育は「全面的な発展教育」を超えるものであるとする。すなわち、「全面的な発展教育」は実際的な能力を育成することにある。これに対して「素質教育」は「潜在」的な能力の開発も射程に入れるものである。「潜在」的な能力は「実際的な能力の源流と土壌」である (鐘 2003,p.55)。また、マルクスの見方によると「全面的な発展教育」の実現は、共産主義の社会によって実現されることに対して、素質教育は「個人的な成長」に注目し、学習者の全員に現在の基礎の上に最大の発展を求めている。そのため、然るべき実現性を持つ。さらに言えば、「素質教育」は従来の理想としての「全面的な発展教育」と違って、実現できる段階に降り立つものである (呂　2003；楊　2006)。この点については素質教育の研究に関する特徴についてさらに検討したい。素質教育と「全面的な発展教育」とは相互に補完しあう関係を持っていると考えられる (李　1997,p.13)。

　「相違説」は主に実施時期の違いを指摘している。すなわち、「全面的な発

展教育」の実現は学校教育に限られる制約時間内のものである。他方、「素質教育」は個人的な発展を目指すため、学校教育だけではなく、生涯教育にわたるという長期的な発展につながるものである。そのため、「素質教育」は「全面的な発展教育」の構成部分の基礎となるものであり、両者を同じものとして捉えることはできない (李 1997,p.13)。その上、前述したように、「素質教育」は現実的にはより融通が効くものであるとされる (唐 1991,p.6)。

　以上は「素質教育」と「全面的な発展教育」との関係についての先行研究に触れ、両者の共通点、相違点または関連性に主眼を置いて論じてきた。前述したように、素質教育と「全面的な発展教育」との相違点に関しては、論者によっては素質教育がより融通性を持つという特徴、素質教育は現実性を持つとされている。だが、理念を離れて実際に素質教育がこうした特徴を実践の場で示しているかの研究はなされてこなかった。だが、素質教育の概念に組み込まれたこうした現実性を検証することは、理念的にも、実践・改革の観点からも欠かせない。本研究ではこうした認識に基づき、素質教育が実践の場でどのように展開されているかを考察する。また、素質教育の礎は基礎教育の段階にて行われる。したがって、「素質教育」と「基礎教育改革」の関係についての研究も中国ではしばしば論じられてきた (趙 1999；呉 2001)。こうした視点から、基礎教育、特に、「義務教育」における素質教育を考察することも筆者の研究対象となっている (詳細は序章の方法論を参照されたい)。

3.3. 素質教育と「基礎教育改革」の関係

　素質教育と基礎教育改革の関係において、素質教育という教育理念は中国における基礎教育改革の発展への道筋を提供するものである (唐 1991；高 1998；鐘 2003)。これは基礎教育段階における受験勉強の弊害についての現状批判に由来したものである。

　素質教育と「応試教育」の関係について論じたように、「応試教育」は「進学率を追求する」ことを目的として、学習者にとって学習の負担が大きい教育病理であることが指摘されてきた。つまり、「応試教育」では学習者の「主体性」を無視し、知育以外の能力を軽視し、「応試教育」によって育てられた人材

第 1 章　素質教育の検討　73

はこれからの国際社会に適応させることができないと批判されているのである (柳ほか　1997；燕　2002；鐘　2001)。そのため、基礎教育の改革は素質教育に転換しなければならないと言われてきた。こうした文脈で語られる素質教育には、「国民の素質」を向上させるという目的があるため、これは、基礎教育の基本的な目的と一致している。したがって、素質教育を実施するのは、基礎教育に係るすべての中小学校にて行われなければならないとの主張がされてきた (高　1998)。

　然るに、中国の中央集権的な教育制度において、基礎教育において従来と異なる原理で行われる素質教育を実施するためには、「基礎教育改革」が行われなければならない。そして、「基礎教育改革」を行うためには、課程改革がその主要な手段であると言われたのである (鐘　1995、2001)。このような論理によって、課程改革は素質教育を実現するための最も重要な手段であると考えられた。言い換えれば、素質教育の実現が課程改革を後押しすることになったのである。素質教育が提唱されてから、特に、90年代においては課程改革が基礎教育改革の重要な手段としてみなされるようになった。なお、課程改革の必要性は1985年の『教育体制改革』の中に提起されて以来、その後の教育政策の中でも相次いで取り上げられてきたのである。

　この流れに乗って、2001年には中国は第8次の「基礎教育課程改革」の実施に踏み切った。これが新しい課程改革と呼ばれるものである。新しい課程改革では素質教育の理念に基づいて、新しい課程改革の体系を作り出した。そこでは、教育目標、教育構造、教育評価などをめぐって改革が行われている。新しい課程改革の特徴を要約すれば、従来の応試教育の教育理念を是正し、素質教育の教育理念を展開するということである。さらに、「すべての学習者」に向けること、「学習者の主体性」の重視、「学習者の全面的な発展」を実現することである。さらに、授業改革は素質教育を実施する上で欠かせない道程であると言われている。そのため、授業改革では、「教師・学習者の役割転換」、「教師・学習者の関係の転換」、「権威の緩和」など、素質教育の理念に基づく授業の特徴 (前節を参照されたい) への転換が求められた。

　以上のように、素質教育の理念を実現するために、「基礎教育改革」を行

うことが求められ、そこでは新しい課程改革が展開されている。新しい課程改革を実施する上で授業はその実践の場であり、教師と学習者はその主役である。そのため、素質教育を実効性のあるものにするためには、「授業改革」は避けて通れない。そのためには授業において、具体的にどのような形で課程改革が展開されているのかを見る必要があり、これを踏まえて本研究では小学校における授業の観察を行ったのである。

　ここで指摘しなければならないのは、素質教育実践の機会は基礎教育の段階において最も多いことである。しかし、中国政府によって『教育改革を深め素質教育を全面的に推進することに関する決定』(国務院　1999) が公布されてから、素質教育の実施は基礎教育の段階に限らないものとなった。素質教育は幼児教育、職業教育、高等教育にも広がり、学校教育のみならず成人教育、生涯教育にても導入され、教育のすべての段階に拡大されている。にも関わらず、基礎教育が素質教育の主たる実践の場であることが政府および研究者によって強調されている (柳　1997；鐘　2001；教育部　2001)。

　本節では素質教育とその関連している教育理念との関係を明らかにした。素質教育の理念をより立体的に捉えるためには、「応試教育」、「全面的な発展教育」、「基礎教育改革」との関係をよりよく理解する必要がある。「応試教育」の教育病理を是正することは素質教育の提唱に現実的な正当性を提供し、「全面的な発展教育」は素質教育の理念に対してある意味では理論的な根拠を与え、「基礎教育改革」は素質教育の実現に実践的な土台を提供した。ここで指摘すべきことは「全面的な発展教育」は素質教育の理念の提唱における唯一の理論的根拠ではなく、素質教育が依拠する理論はほかにもいくつか存在している。次は素質教育が依拠しているこれらの理論を取り上げよう。

3.4.　素質教育が依拠している理論

　素質教育が依拠している理論としては、主に哲学領域での「人的な発展理論」、教育学領域での「人間本位」理論および心理学領域での「主体性教育理論」があげられる (燕　2002；鐘　2003)。そのほかには政治家によって提唱された理論、例えば、「鄧小平理論」、中国の社会発展の価値観を表わす「持続的

な発展戦略」などである（肖　2000,pp.63-68）。本研究は、主に哲学、教育学、心理学にある素質教育が依拠している理論を取り上げる。なぜなら、このような理論は歴史的な蓄積があるため、政治家の思想や社会発展の政策にも反映され、当代の思想を支えるものとなっているため、その実効性をさらに検討する必要があるからである。

3.4.1.　「人的な発展理論」

　まず、哲学者によって提唱されている「人的な発展理論」を見てみる。「人的な発展理論」は直接マルクスの「人的学説」から由来したものである（燕2002,pp.67-70）。そこでは「人間の本性」、「人間の全面的な発展」、「個性の自由的発展」という３つの側面からさらに論じているが、それにしたがって以下に整理をする。

　マルクス主義によると、人間の本性は自然本性と社会本性とによって構成されている。しかし、人間の本性は動物の本性とはまったく異なっている。例えば、人間の自然本性には社会的本性という側面が加えられ、しかも社会本性は人間の本性の中心的な存在となっている。これは「人間の本性は個人の固有的な抽象物ではなく、それは自然本性と実際にあるすべての社会本性との合計」であることによる（マルクス　1965,p.5）。そのため、マルクス主義における人間の本性は、「自然本性を基に社会本性を中心とした２つの本性の有機的な組み合わせ」であると言える（燕　2002,p.68）。

　「人間の全面的な発展」については、「教育を通じて、人間の全面的な発展を促す」ものにて、古今を問わずに人間が共通して追い求めている理想である（燕　2002,p.69）。マルクス主義においては、それは「体力と知育の協和的な発展」、「人間の才能と品質の多方面の発展」、「個人発展と社会発展の統一」という３つの側面がある（燕　2002,pp.69-70）。このような「人間の全面的な発展」は建国時からの「全面的な発展」という教育理念と一致している。つまり、「道徳、知育、体育、美術、労働」の全面的な発展を求めるのである。

　「個性の自由な発展」に関しては、カール・マルクスとフリードリヒ・エンゲルスは、「すべての人は言うまでもなく、全面的に自らの才能を発揮す

る権利を有している」と指摘している (マルクス 1983,p.614)。そのため、「全面的な発展と個性的な発展」が統合されるようになっている (燕 2002,p.70)。「個性の自由な発展」は学習性の「主体性」の育成とつながることが考えられる。

以上は中国において素質教育との関連で問題とされる「人間の全面的な発展」についての主な見方である。次は、「人間本位」論を見てみる。

3.4.2. 「人間本位」理論

「人間本位」理論の源流については意見が分かれている。1つの見方としては「人間本位」理論は必ずしも外国から伝わったものではないとするものである (燕 2002)。他方、「人間本位」理論は欧米からの「人間本位主義」を参照したものであるとする見方もある (鐘 2003)。前者の「人間本位」思想は孔子の教育思想に遡ることができるとされる。

さて、今日問題になっている素質教育理念は前述のように1980年代の半ばから生まれたものである。また、最も重要な特徴として、素質教育が「応試教育」という教育弊害を是正するために提唱された社会的背景があることはすでに述べた。「応試教育」が今日的な形で問題になるのは近代以降の話である。そのため、本研究では、今日的観点での素質教育に焦点を当て、「人間本位」の理論については後者が主張している欧米の「人間本位主義」について取り上げる。

「人間本位」という教育理念は60年代から70年代にかけて米国で流行し、「人間の潜在的な発展と自己実現を強調し、教育は心理的に健康で、創造性がある人を育成し、すべての学習者は自らの最高の状態に達する」ことであるとされている (鐘 2003,p.54)。そこには、素質教育によって主張されている個人の潜在能力の重視、全人教育の達成、学習者は学ぶ主体であること、個人の差異を尊重すること、すべての学習者に目を向けることなど共通点が多い。この共通性が、素質教育が欧米の「人間本位」を踏まえているとされる所以である。然るに、両者が同一であるとされているわけではなく、素質教育は「人間本位」の理論を発展させる特性を持つと言われる (鐘 2003)。ここでは、鐘 (2003) の主張を基に、両者の比較を**表1－4**にまとめている。

第1章　素質教育の検討　77

表1−4　素質と欧米の「人間本位」の思想の比較

	素質教育	欧米の「人間本位」思想
目的	「応試教育」の是正、 発展への適応	社会危機を克服する
潜在能力の開発	潜在能力の開発、 後天的な素質の育成	人間の内在的な潜在 能力の重視
社会・教育条件	潜在能力は学習者の本能以外に、 社会・教育条件とつながる	学習者の本能論
教師・学習者の関係	学習者の主体性を認め、 教師の主導的な役割の強調	学習者中心
個人・集団の関係	個人的な発展、 個人と集団の発展統合	個人の潜在的能力の 発展と人格の完成

出典：鐘志賢　2003『深呼吸—素質教育を行う』教育科学出版社、p.54の内容を参照した上で筆者が
整理作成した。

　表1−4で取り上げたように、鐘(2003)によると、素質教育には欧米の「人間本位」理論を参照した部分があると同時に、さらにそれを発展させた側面も見られるという。例えば、素質教育の目的としては、「応試教育」の是正をはじめ、人間と社会の発展がつながる。欧米の「人間本位」という思想の目的は社会危機を克服することであり、そのため、欧米の「人間本位」の思想は暫定性があるのに対して、素質教育の理念は持続性を持つとされる。また、個人と集団の関係においては、欧米の「人間本位」という思想は個人のレベルにとどまるものであり、素質教育の理念は個人を超えて、集団にもつながり、両者の統合的な存在であるとされる。以上のように、素質教育の理念は、欧米の「人間本位」の思想を、さらに発展させ、より広範に捉えていることが分かるという。
　次に、素質教育が依拠している心理学領域の理論を見る。

3.4.3.　「主体性教育理論」

　主体性を強調している教育思想は昔から知られている。例えば、古代ギリシャのソクラテスの「産婆術」（助産術）は対話を通じて、相手の意識を生み出すことを助けたことで、相手の矛盾や行き詰まりを自覚させたとされる。

ここでは、相手が自ら真理を導くことは主体性を育成ことにつながると言えよう。本研究の文脈においては、20年代のアメリカの教育家のデューイの子ども主義の影響が指摘できよう。

中国において「主体性」が提唱されたのは80年代の初まり（顧　1981；顧・黄　1982）である。主体教育の理論に対する研究は主に3つの側面をめぐって、展開されている。つまり、徐（1995）が指摘したように、学習者それぞれの主体性、教育活動の主体性、教育系統の主体性についてである。

主体性が重視される理由としては、教育現場においては、学習者の主体性が無視されることがありがちだとされるからある。よって、学習者の主体性を引き出さなければならないというのが近年主張されている。この点は素質教育の理念と一致しているところがある。すなわち、現行の受動的だとされる教育弊害を是正しようという教育目的があるからである。にも関わらず、中国における「主体性教育」では、教師の主導性を完全に否定することはなく、この点は欧米の子ども中心主義と徹底的に違うことである（顧　1999）。

「主体性教育」と素質教育はどのような関係にあり、前述の議論のように、なぜこの2つの教育理念は統合されるようになっているのかに答えなければならない。それは、両者が人的な発展の目標に関しては一致しているためである。つまり「主体性は人間の本質的な属性であり、学習者の素質の発展は学習者の主体性発揮から切り離すことができない。学習者の主体性を引き出すことで素質発展の中心的な問題を克服する事ができる。すなわち、主体教育は素質教育の根底をなすものである」ということである（徐　1995,p.44）。そのため、主体教育は素質教育実施の重要な施策となっている。その後の中国の教育改革は学習者の主体性を引き出すことに注目するようになっている。例えば、『基礎教育課程改革要綱』における教育の目的と授業のプロセスにおいては、学習者の「主体性」を引き出すことが繰り返し強調されてきた（教育部　2001,p.7）。また、「主体性の育成」は柳（1996）が指摘した素質教育の三要素の1つと一致していることが分かる。

素質教育が依拠している理論をいくつか取り上げた。これ以外にもあるが、そのほかの理論は政治的色彩が強いと言えよう。例えば、鄧小平の「3つの

視点」という理論に素質教育が依拠しているとする学者がいる（顧　1999；柳　1997）。あるいは、素質教育を社会的背景から捉える研究がある。例えば、「教育理論の発展」の視点から捉えるものである（肖　2000，　pp.84-91）。しかし、これらの理論は筆者の視点から見れば、素質教育理論の社会・政治的背景として扱うべき性質のものである。

4.　まとめと考察

　本章では素質教育を理解するために、「素質」の概念や素質教育の概念、または素質教育が依拠する理論を検討した上で素質教育の周辺、「応試教育」、「基礎教育」、「全面的な発展」との関係を明らかにした。さらに、素質教育研究の焦点について考察を行った。これまで検討してきたように、素質教育という理念は「素質」の多様性による複雑な存在である。そのため、素質教育の概念に関してはすべての人々に納得させることができる定式を提示することは不可能である。とはいえ、「素質教育」は「応試教育」と相対化されたものが多いことは否定できないであろう。特に、素質教育をめぐって検討した結果、素質教育の最も核心的なものは、「人間」ないし「学習者」を教育の中心に戻らせることにあることがわかる。例えば、「人的な発展」理論や主体性の理論はすべて、このような前提に基づいて作り出されている。

　さらに、「いかなる人間」を育てるかに関しては、「全面的な発展」という人間像が作り出されているのである。どのようにして、このような人間を育てるかという問いに答えるには、「学習者」の主体性を育成することが必然的な帰結となるであろう。なぜなら、「学習者」の主体性を育成することによってこそ、教育は個体のレベルに焦点を当てることができるからである。この場合、個体それぞれの間には、「教育」資源の均等配分という問題が発生するようになる。そのため、「すべての」学習者に目を向けなければならないことは素質教育の重要なポイントとなっている。以上により、筆者は、前述した柳（1997）が提唱した素質教育における「主体性の重視」、「全面的な発展」、「すべての学習者へ」という3つの要素を踏まえながら、素質教育の概

念を提示するためには、少なくとも「教育の質」と「教育の平等」の二次元から配慮する必要があると考えられる（詳細は序章を参照されたい）。そのため、教育社会学の視点から素質教育の実践を検討する必然性もある。

　前述したように、本研究の目的の1つは、学校現場では素質教育政策をいかに受け止めているかを考察することである。そのため、素質教育の実施においては素質教育に関する教育政策の考察が不可欠なものとなる。したがって、次章は素質教育に関する教育政策を取り上げながら、各政策を取り巻く社会的背景を踏まえてその形成経緯と主な施策などについて考察を行う。

注

1. 『現代漢語辞典』　1998　商務印書館　p.1204。
2. 『辞海』　1987　上海辞書出版社　p.1222。
3. 素質という概念を論じる時には、中国の研究者は概念の構成そのものを3つの層に分けて考える。つまり、狭義、中義、広義ということである。ここでの中義の概念の捉え方としては、狭義的な概念と広義的な概念と相対したものである。つまり、狭義的な概念の「先天性」と広義的な概念の「現実性」の真ん中にある「可能性」という意味である。
4. 鐘志賢（2003）の『深呼吸―素質教育を進行している』の23ページから引用されたもの。
5. ibid.
6. 〈http://www.chinalawedu.com/news/1200/22598/22615/22793/2006/3/he7396032197360029150-0.htm〉、2012年6月14日入手。
7. 「和諧社会」は2004年中国共産党の第十六回四次会で公布された『党の執政能力の建設を強化することに関する決定』において打ち出されたスローガンである。その最大の目的は、中国における格差拡大の発生によってもたらされている社会不安を抑えるものであると理解される。

第2章　素質教育政策の検討

　本章では中国の素質教育に関する教育政策を考察することを通じてそれが形成されてきた経緯やそれを取り巻く社会的背景を明らかにしながら、政策において「素質教育」が何を意味してきたのかを問う。また、素質教育を実現するための具体的な教育政策の内容を考察する。そして、こうした政策を

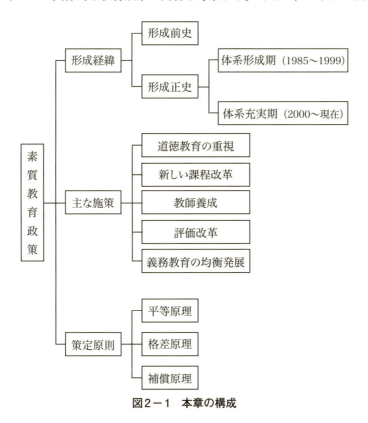

図2−1　本章の構成

82

策定する上で指摘しうる原理をめぐって検討していく。本章の内容は**図2－**
1にまとめている。

　本章の構成は図2-1のように、主に3つの部分によって構成されている。
つまり、素質教育政策の形成される経緯、主な施策および策定されるに当たっ
ての原理である。まず、素質教育政策の経緯を見てみよう。

---

1. 素質教育政策の策定経緯

　具体的な検討作業を進める前に、2点について指摘しなければならない。

　第1に、本章で検討しようとする教育政策の実行主体に言及したい。中国
における政策の策定に関わる主体は、中央政府機関と地方行政府機関とに大
別できると考えられる。地方行政府機関に関しては、さらに、省・市などの
ような下部行政機関もある。中国における「基礎教育の責任は地方に委ねる」
ことが『中共中央教育体制改革に関する決定』によって指摘されている（中共
中央　1985）。然るに、中国の政治体制における中央と地方との関係を見た
場合、地方は基本的には中央にしたがっている。中国の政治体制は憲法の第
3条によって「民主集中制」として規定されているが、中央と地方の実際の関
係は「多様な要素の制約」と修正を受けたため、規範とされた体制と実施体
制の間にはずれが生じている。すなわち、わが国においては、「実質的には
中央集権式の中央とそれに付随する地方からなる体制である」と指摘される
ものとなっている（張　2002,p.13）。なお、行政管理制度の視点から見ると、「中
央集権制」は、地方分権と相反するものであり、国家権利を中央政府に集中
するものである。このような制度を有する国家では、地方の各行政府は統一
的に中央政府の統率と監督を受け、中央政府の法令、政策、指示と命令を施
行しなければならない」のである（皮ほか　1986,p.93）。つまり、中国におけ
る現行の政治体制は「中央集権式の中央と地方の関係体制」であるため、地
方行政府は程度の差はあれ、基本的に中央政府にしたがう。したがって、本
研究においても、素質教育政策の検討に当たって中央政府による諸政策に焦
点を当てる。

第2章　素質教育政策の検討　83

　第2に、筆者が義務教育に着目する理由は、素質教育を実現するための施策の実施上の力点が、基本的に基礎教育段階にあることによるからである（詳細は序章を参照されたい）。中国での基礎教育の実施は幼児教育、小、中学校、高校が主体となる。これに対して、義務教育は小中学校の9年しかない。また、教育政策の策定では、基礎教育と高等教育とを分けて捉えられることが多いため、ここでは基礎教育の段階に着目する。

　以下に、具体的な内容を見る。

1.1.　素質教育政策の前史―「減負」をめぐる展開

　前章で指摘したように、「素質教育」という理念は、1980年代の半ばごろ応試教育（受験勉強）を是正するために提唱されたものである（柳　1992；李1997）。しかしながら、応試教育における「進学率の追求」と「負担過重」という教育問題はすでに建国の初期にも存在し（崔　1999,p.22）、こうした教育病理現象を是正するための教育政策が打ち出されてきた。そこで、筆者は建国から現在までの応試教育を是正するための、特に「減負」（児童・生徒の学業の負担を減らすこと）についての教育政策を、素質教育の政策として研究の視野に入れて、建国以来の「減負」の政策をめぐって検討していく。

　1949年10月1日に新しい中国が誕生したが、新中国の初期は戦争の廃墟から立ちなおるために、国の発展に必要な人材の育成および選抜は当時の中国の教育にとって切迫した課題となっていた。こうした中、人材を選抜することによって学習者の負担が大きくなるという問題もまた浮かび上がってきた。特に、教育部が1952年の全国統一大学入試制度の設立と翌年の「重点中学校」の設立という政策を打ち出してから、小中学校における進学熱の過熱と児童・生徒の負担過重という問題はより深刻になっていった。「重点中学校」政策の根本にあるものは、「優勢人材集約」という原理である。つまり、恵まれた中学校であるほど、資源を多く与えられ、このような政策は学校間格差を助長させていると言われた（袁　2005）。現在、「重点中学校」政策は廃止されたとはいえ、「学校選択」問題は依然として存在する（楊　2006；文2006；李　2010；鄭　2010；張　2010）。この問題に関しては、後程再度触れ

るが、上記の負担過重の問題を解決すべく、当時の中央の指導者をはじめ、各関連行政機関の担当者は「減負」問題に対峙せざるを得ないようになっていた。これに合わせて中央政府は一連の教育政策を打ち出してきたのである。また、「減負」についての教育政策は現在まで相次ぎ打ち出されている。例えば、教育部によって公布された最初の1955年7月の『小中学校の児童・生徒の加重負担を減らすことに関する指示』から2010年7月29日の『国家中長期教育改革と発展規劃綱要』の中で小中学校における課業負担を減らすことに至るまで強調されてきた。

　さて、「減負」は段階によって、その内容が明らかに異なると考えられる。そのため、以下では具体的な教育政策・規定を取り上げながら、「減負」の中身を検討していく。

1.1.1.　健康を考慮することに基づいた発想

　建国の初期、学業の負担過重が児童・生徒の健康に悪影響を与えるという問題には、中央の指導者や教育行政担当者も関心を寄せてきた。例えば、馬叙倫という中国の初代教育部部長（文部科学省大臣に相当）は1950年6月に主催した中国の第1次全国高等教育会議において、授業外の活動が多く、学業負担過重のため、生徒の健康に影響を与えていることを当時、毛澤東国家主席に報告したという。毛澤東は中国における児童・生徒の健康問題を非常に重視していたことから、同年の6月19日馬叙倫教育部部長への手紙の中で「健康は第1であり、勉強は第2である」、「学習と会議の時間は大幅に減らしたほうが良い」と指摘した（中共中央文献研究室　1983,p.381）。半年後、毛澤東は再び子どもの健康のため、「減負」という問題を解決した方がいいと提起し、翌1951年に周恩来は国務院の『各学校における児童・生徒健康状況を改善することに関する決定』についての討論の中で、「児童・生徒の健康状況を改善するためには、児童・生徒の負担を減らすことを仕事の重点に置かれなければならない」と指摘したという[1]。この指示を受けて、『各学校における児童・生徒健康状況を改善することに関する決定』（下記は『決定』と略記）が公布された。『決定』では、児童・生徒の日常的な学習と生活の時間とについ

第2章　素質教育政策の検討　85

て明確に定められたのである。例えば、『決定』の第2条では、「各級の学校は中央政府教育部の規定を守らなければならない、重複的で必要がない教材内容を削減し、教授方法を改善しなければならない。教師の授業活動は主に教育内容を明確に伝えること、児童・生徒に徹底的な理解を求めるべきことである。授業内容には練習問題を加えること、必要がない授業外の問題を与えないようにするべきことである」とされている (中央人民政府政務院[2] 1951)[3]。

　以上の発言および文献からは、生徒の健康を考慮した上で、「減負」という問題そして「減負」の解決方法などを提起する意図がうかがえる。さらに、教育における学習者の「負担過重」と政府の「減負」という関係は建国してから存在していることがわかる。崔 (1999) が指摘しているように、「減負」という教育問題は新しい中国の教育史を貫く課題であり、応試教育の弊害に対する認識は建国当初から存在していたのである。しかし、この時期においては「減負」の主な理由は直接応試教育を批判することではなく、その延長線上にある「健康」問題に目を向けることであることに留意すべきであろう。言い換えれば、この時期の「減負」は「進学熱」を是正する目的ではないと考えられる。しかし、大学入試制度と「重点中学校」の設置のため、受験における進学熱という教育問題が大きくなっていった。したがって、中央指導者をはじめ、中央政府には進学熱の過熱化を是正しようとする動きが見られるようになった。次に、具体的な内容を踏まえながら、進学熱の過熱化の是正に関しての流れを見てみよう。

1.1.2.　進学率を追求する教育の歪みの是正

　進学率の追求 (進学競争の過熱化) という教育問題は、当時の中国の現実とつながるものであった。前述したように建国したばかりの中国は廃墟から立ちなおるために、人材が必要であった。国を建設するための人材を選抜するために1952年中国全土で統一的な受験制度が施行された。しかしながら、教育資源が限られていたため、1953年教育部は重点中学校を作るという決定をくだした。それは学校のランキング作りという競争制度を国策として導入したことを意味する。これをきっかけに、中国では進学競争が過熱化した。

進学競争の過熱化という歪みを憂慮した毛澤東は「教材の内容を削減し、授業時間を減らす」というような発言を繰り返し行った(鐘 2003,p.7)。この時期、「減負」に関する政府の公式文書が相当数公布された。例えば、1955年7月には『小中学校の児童・生徒の加重負担を減らすことに関する指示』[4]が公布された。これは、「減負」に関する初めての正式な通達である。ここでは、具体的な「減負」の実施内容は授業内容、宿題、評価、学校外活動、児童・生徒の生活管理、学校管理という6つの面[5]について指示された。1963年1月の『小中児童・生徒の負担過重現象を克服することと教育資質を向上することに関する報告』は当時の進学率を過度に追求する教育の問題点を指摘した。したがって、この時期「減負」ということはそれまでの健康のためという理解が単純に拡大解釈されたこともあり、受験勉強偏重の教育を是正するために必要な取り組みとして理解され始めたと考えられる。つまり、健康のためにせよ、進学率追求を是正することにせよ、文字どおり、課業負担を減らすことが主な目的とされたのである。さらに言えば、「減負」の目的は非常に単純なものであり、さらなる上の目標には言及されなかった。しかし、前述したように、「減負」という言葉の内実は変わってきて、各方面の能力の育成、または「平等」の理念とつながるようになってきた。この点について考察するために、次は、関連教育政策や文書を通じて、「学習者の各能力」の育成という側面から検討していく。

1.1.3. 「減負」による学習者の諸能力の育成

1957年2月27日の公式文書『人民内部の矛盾を正確に処理することに関する問題』の中で、「学習者は徳育、知育、体育の面で十分に成長させ、社会主義の覚悟を持たせ、文化知識を有する労働者として育成する」[6]と指摘されていた。また、1964年3月10日毛澤東の『北京のある中学校校長による中児童・生徒の負担を減らすことに関する意見』に対する指示では、現在の学校は、授業が多すぎ、生徒にかなりのプレッシャーをかけているため、青年達を徳育、知育、体育などの面で活発にさせ能動的に行動させることにそぐわないと指摘されている。この2つの文書で提起された徳育、知育、体

第2章　素質教育政策の検討　87

育の育成は、知育を重視する現実の歪みを是正することに積極的な意義があることは言うまでもなく、素質教育によって提唱された教育理念の「全面的な発展」と共通項を持つと言えよう。さらに、学校の状況が「能動的な発展」に不利であるとの指摘には重要な意義があると考える。それは、素質教育の「主体性の重視」につながるものだからである。「進学率の追求」と「減負」は中国の教育における二極対立の矛盾を浮かび上がらせる形で語られてきた。そして、現在に至ってもなお、これらは中国における教育問題として認識されている。

　ここにおける、「減負」についての教育政策を見る限り、現在の「素質教育」の理念と重なっていることが多いと言えよう。それは、「減負」が進学率の追求を是正するためであったからである。「素質教育」という教育理念の提唱は応試教育の弊害を是正することが重要な一因であったことはすでに見た。さらに、上記議論が、「減負」を通じて、徳育、知育、体育などをすべての面を重視したことは、素質教育の教育理念の「全面的な発展」と類似する部分が多いと言える。最後に、学習者の「能動的な発展」に言及したことは、現在の素質教育の教育理念にある「主体性の重視」とつながる部分が多いと考えられる。このように、素質教育という言葉がなかった時代においても、以前からすでに素質教育が反映された教育理念が存在していたのではないかと考えられる。さらに、当時の中国では、例えば、全国の統一的な受験制度の設立、また重点中学校制度の設立が進められ、人材の早期育成に重要な意義があったと思われる。その結果として、中国を建設するための人材をより早く送り出すことに積極的な働きを果たしたことは無視できないという主張もされている（崔　1999；袁　2002、2004、2006）。

　1966年から、中国は周知のように文化大革命の時代に入った。そして中国の産業、教育など、いわゆる社会の各分野は致命的なダメージを受けた。教育分野では「読書無用論」[7]が流行していた。そのため、学校の正常な秩序が壊され、中国の教育システムが全壊したといっても過言ではない。中国の教育は停滞期を迎え、教育システムの回復は、文化大革命の終了を待たねばならなかった。

1.1.4. 「減負」の含意のより一層の拡大と平等の理念

　前述のように、1976年に文化大革命は終わったが、中国は文化大革命による混乱から回復しなければならない状況に直面していた。そこでは人材の育成が喫緊の課題となった。そのため、1977年には大学入試制度、大学院生の育成制度、学位制度が再び回復され、翌年、重点学校制度も再開された。それに伴って、「進学熱の上昇」と「減負」が再び浮上したため、問題点を指摘する政府文書が公布され、また政治家の発言も相次いだ。

　例えば、1978年4月22日鄧小平は「全国教育会議」における発言の中で、生徒の負担が大きいことを批判した。また鄧小平は翌年、進学率を追求するために、現行の教育は多数の生徒を無視しているとされる問題に対して、学級のすべての生徒に出来る限り正しい教育を行うという考えを打ち出し、学級の生徒に平等に対応する教育政策を示した。続いて、同年4月、当時の蒋教育部部長は、小中学教育はすべての子どもに平等に向けられるべきという発言を行った。1983年、教育部の何部長からは『中学教育資質を大幅に向上させるいくつかの意見』[8]の中で、「教育はすべての生徒に向ける」という思想を再強調した (教育部　1983)。これらの発言や文書は、「平等」の教育理念を支持したのである。これは素質教育の形成に重要なヒントを与えたと言えよう。ここに見られる「すべての子どもに向ける」という発言および教育政策は非常に重要なものである。それは、教育における「平等」の理念を反映しているからである。また、前述の素質教育の教育理念の「すべての子どもに目を向ける」と同じことであると考えられる。

　しかし、ここでは「すべての子どもに目を向ける」という目標を掲げたが、いかにこれを実現するかには言及していなかった。にも関わらず、提唱されただけでも重要な意義を持つことは否定できないであろう。また、「平等」の理念は、その後の「和諧社会」（調和の取れた社会）の建設と教育民主化に重要なヒントを与えたと考えられる。その上、21世紀になってから「平等」の理念とつながる教育政策を打ち出す基になっている。例えば、『義務教育における均衡発展』(国務院　2005) はそれに該当する。これについては後ほど詳しく取り上げたい。

第2章 素質教育政策の検討 89

　これまでの「減負」の中身の検討を通じて、結論から先に言えば、「素質教育」
の理念にある「主体性の重視」、「全面的な発展」、「すべての学習者へ」とい
う三大要素がすべて包含されていると考えられる。その後、「減負」につい
ての教育政策は相次ぎ公布された。1983年12月31日教育部は『全日制普
通中学は全面的に党の教育方針を貫徹し、断片的に進学率を追求する傾向を
是正することに関する十項の決定』[9](試行草案)の中で、「労働の予備軍の育
成を無視して、進学だけを追求してはならない。徳育と体育を無視して、点
数だけを重視してはならない」と規定した。これによって、学習者の全面的
育成の理念はさらに強調された。以上においては素質教育の言葉を具体的に
用いてはいないが、「素質教育」の理念の構築のために重要な役割を果たし
ていると考えられる。その後、「減負」関係の公式文書は相次いで公布され
ている。建国から現在までの「減負」という政策文書を表2-1にまとめた。
主な内容は過重な負担を減らすことであり、そのための具体的な指導方法が
指摘された。ここで留意すべき点としては、「減負」が現在まで解決されて
いない難題として依然として存在していることである。つまり、応試教育の
弊害が依然として存在していると政策関係者が意識していることである。
　以上は、「素質教育」の理念に対立する概念としての「応試教育」における「減
負」の検討であった。以上の検討を通じて、応試教育の弊害は以前から中国
で存在していたことがわかる。また、応試教育を是正するために一連の政策
が打ち出されてきた。さらに、「減負」をめぐる議論には、「素質教育」の理
念を彷彿とさせる教育政策や指導者の発言が見られた。また、応試教育にお
ける「減負」問題が生じたことは、「重点学校」や入試政策などと連動してい
たことが読み取れる。しかし、ここでは、こうした「効率性」を優先する教
育政策を作り出すそれなりの社会背景があったと思われる。つまり、建国か
らの中国は荒廃の中から立ちなおり、貧弱から脱出するために、人材を早急
に育成しなければならなかったのである。
　これまで取り上げてきた教育政策、関係文書、政治家の発言には素質教育
を思わせる理念が反映されてきた。だが、前述したように、「素質教育」と
いう言葉は1980年代の半ばごろに提唱されたため、前述の政策は、「素質

表2−1 「減負」に関する主な政策文書

公布年月日 公布機関	文書名称
1951年7月13日 政務院	『各級学校の児童・生徒の健康状況を改善することに関する決定』
1955年7月1日 教育部	『中小学校の児童・生徒の加重負担を減らすことに関する指示』
1955年8月31日 教育部	『小学校の夏休みの宿題を統一的に与えることを取り消すことに関する通知』
1962年4月13日 教育部	『高校3年の卒業学級の教育活動を強化することに関する通知』
1963年1月24日 教育部	『現在の中学校の教育活動に関するいくつかの意見』
1964年3月10日 政治家（毛澤東）	ある北京の中学校の校長から提出された児童・生徒の負担を減らすことに関する意見に対する毛澤東の指示
1964年5月4日 中共中央国務院	『中小学校における児童・生徒の負担過重の現象を克服することと授業の質を向上することのレポートに対する中共中央国務院から教育部臨時党組への指示』
1966年1月17日 中共中央	『児童・生徒の負担を減らすことに関する中共中央から教育部党組と高教部党組への3つの文書』
1983年12月31日 教育部	『全日制普通中学校は全面的に党の教育方針を徹底して、ひたすら進学率を重視する傾向を是正することに関する十項目の規定（試行）』
1988年5月11日 国家教育委員会	『小児童・生徒の過重の課業負担を減らすことに関するいくつかの規定』10
1988年5月11日 国家教育委員会	『全日制普通中学校が学校作りの方向を正し、一途に進学率を追求することを是正するための監督と評価に関するいくつかの意見』11
1988年7月5日 国家教委、全人代教科文衛委員会	『国家教委、全人代教科文衛委員会の印刷公布による重点をつかみ、総合的に整理し、ひたすら進学率を追求する傾向の克服を論じるという文書の通知』
1993年3月24日 国家教育委員会	『義務教育段階における児童・生徒の過重負担を減らし、全面的に教育の質を向上させることに関する指示』
1994年11月10日 国家教育委員会	『全面的に党の方針を徹底し、中小学校の児童・生徒の課業負担を減らすことに関する意見』
1995年3月17日 国家教育委員会 頒公庁	国家教育委員会弁公庁の『五省市の義務教育段階の児童・生徒の加重負担の状況に関する監督検査の総合報告』
2000年1月3日 教育部	『中小学校における児童・生徒の加重負担を減らす緊急通知』
2010年7月29日 教育部	『国家中長期教育改革と発展規劃綱要』

教育」の議論に直結した教育政策とは言えない。そのため、次に、「素質教育」
を明示的に志向した教育政策を検討し、素質教育の内実はどのように教育政
策の中で形成されてきたかを見ることにしよう。

1.2. 素質教育の教育政策について

　以下に、素質教育の教育政策体系の考察を、「形成期」と「充実期」とに分
けて検討していく[12]。そのため、まず、素質教育の教育政策の体系の形成期
を見てみよう。

1.2.1. 素質教育政策体系の形成期—基礎教育の量的普及期 (1985 〜 1999年)

　前節は、素質教育の前史、つまり、応試教育における「減負」に関する教
育政策を検討してきたが、ここでは、素質教育政策の形成期を検討していく。
ここで留意したいのは、素質教育政策の形成期は基本的に「素質教育」の理
念の形成期でもあったということである。それは、「素質教育」の概念が、
1985年以降の一連の教育政策によって、明確化されたと考えられるからで
ある。この時期には、素質教育の構成要素として各論者によって共通して認
識されている前述の「国民素質の向上」の三要素、または素質教育の重点項
目が提出された。3つの要素は前章で指摘した、(1)学習者の主体性の重視、
(2)全面的な発展の育成、(3)すべての学習者に向けられるということであ
る(柳　1997；燕　2002；鐘　2003)。また、素質教育の重点項目は「創造精神・
実践能力」を育成することにあったが、これに関してもまた、以下に具体的
な素質教育の政策を通じて形成されていく経緯を見る。

　1985年5月19日鄧小平は全国の教育関係者会議において、「わが国の国
力の強弱と現在の発展のエネルギーの多少は、これまでにも増して労働者の
素質および知識人の素質と数次第である」と発言した[13]。ここで「素質」とい
う言葉は、はじめて政治家によって提唱されたのである。しかし、この文章
を見る限り、「素質」は一般論ではなく、「労働者の素質」として理解されて
いたと考えられる。

　同年5月27日『中共中央の体制改革に関する決定』[14]が公布された。この

中で「教育体制改革の根本的な目的は、民族の素質を向上し、多くの優れた人材をつくることである」(中共中央)ことが明確に示された。ここでは、「素質」は「民族の素質」として打ち出されたが、「素質」という言葉が教育政策の中ではじめて提唱されたことに意義があると考える。その後、1986年4月12日に公布された『中華人民共和国義務教育法』(以下『義務教育法』と略記)の第3条は、「義務教育は必ず国家の教育方針を貫徹し、教育の質を向上することに努めなければならない。同時に、児童の品徳、知育、体育などを全面的に育成していく。義務教育は全民族の素質を向上するために、理想、道徳、知識、規律がある社会主義を建設する人材を育成するための基礎を作らなければならない」と規定している[15]。つまり、『義務教育法』は依然として「民族の素質」として「素質」を取り上げたが、「児童を全面的に育成すること」が法によって規定されたのである。さらに、素質教育を育成する土台として義務教育に期待がかけられたことがうかがえる。この規定からも、素質教育と義務教育との間の緊密性がうかがえる。これは、筆者が義務教育を通じて素質教育を考察するに当たっての1つの根拠である(詳細は序章の方法論を参照されたい)。

1988年5月11日国家教育委員会は『小学児童・生徒課業の過重負担を削減する問題に関するいくつかの規定』[16]を公布した。この中で教育計画、指導案、宿題、学校の評価、復習の材料、自習授業、休暇、落ちこぼれなどの10項目について具体的な取り組みが要求された。この規定を通じて、「減負」という政府の旨を改めて強化したことがうかがえる。

以上の政府文献では、直接「素質教育」の言葉が使われているわけではないが、「素質教育」の理念につながる議論を提起したという意味で、その土台形成に重要な役割を果たしたと考えられる。そして、これらに登場した「減負」、「民族の素質」、「全面的な発展」という言葉は、以後の「素質教育」理念のキーワードになっている。

1991年7月29日国家教育委員会によって『現行普通高校における教育活動計画の調整意見』と『普通高校卒業会考制度[17]の意見に関する実施規定』が公布された。「管理者と教師の教育観念と学校運営指導思想を着実に転換す

ることを重視し、高校教育は応試教育から児童・生徒の素質の教育に全面的に転換させ、さらに重点学校および進学希望児童・生徒の重視から児童・生徒の全体重視に転換させる」[18]ことが記された。これは政府の文書として、はじめて応試教育の言葉に触れたものである。その後、1993年2月12日中共中央国務院は『中国教育改革と発展綱要』（下記『綱要』と略記）を公布し、その第7条では、「中小学校の教育は『応試教育』から国民の素質を向上する軌道に転換させ、全体の児童・生徒に向け、児童・生徒の思想や道徳、科学知識、労働技能と心理的素質を全面的に向上させ、児童・生徒の生き生きとした活発な成長を促し、それぞれの長所を発揮させるべきである」と指摘されている[19]。ここでは、正式に「国民の素質」という用語を使い、その後に策定された一連の教育政策の中では「国民の素質」という用語が常用されるようになっている。また、素質教育という言葉を直接使ってはいないが、素質教育に相当する内容の教育と応試教育との対立的な関係づけが読み取れる。このように「素質教育」と応試教育を対立関係として捉えることは、その後も続いている。

　このような対立関係の認識は国家の政治指導者にも影響していると考える。例えば、1994年6月14日当時の李鵬国務院総理は全国教育会議で、「これまで長期間にわたって存在してきた単純に受験を目的とするような傾向を是正することを決心しなければならない。この好ましからざる傾向によって、学校は児童・生徒の徳育、体育を無視し、現実の社会から離れ、素質の全面的な向上を重視しない。この問題を真剣に解決しないと、子どもの将来に深刻な結果をもたらすだろう」と発言した[20]。同年6月17日李嵐清副総理は「現在、社会では教育改革に対する呼びかけが益々高くなっている。基礎教育は応試教育から素質教育の軌道に移し、徹底的に教育方針を貫徹して、全面的に教育の質を向上する」と発言した[21]。このように、応試教育と後の素質教育に相当する教育は対立的な存在であり、前者から後者への方針転換が様々な政策関連場面で明確に見られる。そのため、この間に提示された文献は教育の歪みを是正すると同時に素質教育への方向性を明確に指摘していたと言えよう。つまり、中国における教育の重要な問題としては、応試教育の是正

と素質教育 (その後もまだ用いていなくとも後の素質教育に当たるもの) の実現がある
とされ、素質教育が中国の教育改革の向かうべき方向であることが示された
のである。

その後、応試教育を批判しながら、「素質教育」への転換は、さらに推進
されており、一連の教育政策の策定や政治家の演説などが行われてきた。例
えば、1994年11月10日国家教育委員会が公布した『全面的に教育方針を
貫徹し、中小学校の課業の負担を減らすことに関する意見』[22]の中では「長
く行われてきた応試教育のパターンを克服し、中小学校の過重な課業負担を
解決するための重点を教育思想の転換、教育観念の再更新に向けている。こ
の問題をもたらした一番の由来は人材観、品質観に対する断片的な認識であ
る。以上の問題を解決するための根本的な出口は改革である」ことが強調さ
れている。このように、政策レベルにおいて素質教育を主体とする改革の動
きが様々な行政関係の文書・場面で連動して見られた。さらに、1995年3
月18日に公布された『中華人民共和国教育法』は「わが国の公民は法律によ
り、平等な教育を受ける機会を有する」、「教育を受ける権利と義務がある」
と規定した。そこでは「本法は教育事業を発展させるため、全民族の素質を
向上するため、物質文明と精神文明の建設を促すために公布された」と述べ
ている。次の年に出された1996年3月17日『中華人民共和国の国民と社会
発展「九五」[23]計画と2010年に向けての長期的目標綱要』では、「人材育成パ
ターンを改革し、応試教育から全面的に素質教育に転換させる」と指摘され
た。同年、1996年4月10日公布された『全国教育事業「九五」計画と2010
年発展企画』では「教育の根本的な任務は全民族の素質を向上し、徳、知、
体などの面において社会主義を全面的に発展させる建設者とその継承者を育
成することである」と強調した。

1996年4月12日李嵐清副総理は『中華人民共和国義務教育法』の公布10
周年に当たり、『基礎教育は国民素質の向上と新世紀を迎えるための人材を
育成するための地盤プロジェクトである』という題名の演説を行った[24]が、
この発言によると、「素質教育と応試教育は二種類の異なる教育思想がそれ
ぞれ反映されているという。応試教育は進学するための受験目的とし、受験

をめぐっての教育活動を展開しているため、断片的なエリート教育である。その弊害は第1に、教育の対象がごく少数の子どもに向けられている。第2に、教育の内容が知育教育に偏重され、徳、体、美、労などを軽視し、実践能力を無視し、青少年の健全な成長に悪影響を与えている。第3に、教育の規律と青少年の成長育成の法則に違反していることである」とする（李嵐清1996）。この発言には2点の意義があると考えられる。まず、基礎教育の段階で素質教育を実施することの重要さを強調したことであり、さらに従来抽象的に受け止められてきた応試教育について、その内容と弊害とをさらに明確に指摘したことである。

　翌年の1997年9月には煙台で全国中小学校素質教育の交流会が開催された。これは、素質教育の実施に当たって、重要な意味を持つ。李嵐清副総理の発言によると、教育方針を貫徹する過程には2つの重要な問題があるという。つまり、少数の児童・生徒に向けるか、児童・生徒全体に向けるかの問題と、児童・生徒の部分的な発展なのか、全面的な発展なのかの問題である。同様に当時の朱開軒教育部長の発言は義務教育の本質的な要求として「すべての児童・生徒は徳、知、体などの面で全面的に発展させる」こと、素質教育は「児童・生徒全体に向けて、基本的な素質を全面的に発展させることが基本的な目的である。人々の潜在能力を開発することを重視し、徳、知、体3つの面を生き生きと活発に発展させる」のが基本的な特徴であることを指摘した[25]。そして、柳斌[26]の発言では素質教育を推進するための具体的な方案が提出された。この会議によって、素質教育の具体的な目標と特徴が明らかにされたのである。

　こうした中、同年10月29日国家教育委員会は『中小学校において素質教育を積極的に推進することに関するいくつかの意見』を通達した。1998年教育部が制定し、国務院が許可した『21世紀に向ける教育振興行動計画』は『世紀を跨ぐ素質教育プロジェクト』を内容に含むものである。ここでは、全面的に素質教育を推進し、全面的に国民の素質と民族の創造能力を向上させることを明確に指摘している。1999年6月13日『中共中央国務院深は教育改革を深化させ、全面的に素質教育を推進することに関する決定』（以下は

『決定』と略記) が公布された。そして、この『決定』によって、素質教育は国家レベルの戦略に位置づけられた。以上検討してきた素質教育理念は『決定』の中で、再び強調されたのみならず、その具体的な対策が提唱されたのである。

そもそも、『決定』は政策の中でも素質教育を最も重要な位置に置くべきものと考えていた。『決定』によって、素質教育を実施する範囲はすべての教育段階であるとされた。つまり、前述したように、これまでの素質教育の実施は基礎教育の段階に限るものであったが、『決定』では、「素質教育の実施は、幼児教育、中小学校教育、職業教育、成人教育、高等教育および各級各類の教育を貫くべきものであり、学校教育、家庭教育、社会教育などの方面をも貫くべきものである」[27] (国務院　1999) としている。そのため、素質教育はすべての教育段階またはすべての教育形式 (フォーマル・インフォーマル) とつながるものとされるようになった。これは、基本的な教育理念としての広がりを持つ半面、このように内実を大幅に拡大することによって、もともと明確ではない「素質教育」という概念はさらに理解しにくくなるという恐れも生じたと言えよう (楊　2006)。

ここでは、「素質教育」の重要性が強調される一方で、その意味が多様に使われうるようになっている。それ故に、対応する政策や施策が一貫せず、素質教育の実施がスローガンのレベルにとどまる恐れがある。いずれにせよ、『決定』では従来の施策を改めて強調しながら、新しい施策を作り出した。例えば、従来の道徳教育の重視、教育の中央から地方への分権、入学制度の改革、課程改革、教師チームの育成などをさらに強化しながら、教育のIT化、資金調達、人事制度などのような新しい施策も取り上げた。その具体的な内容は第2節で詳しく検討したい。

『決定』ではまた、「素質教育を全面的に推進することはわが国における教育事業の1つの重大な変革であり、それは、全体的影響が社会の各方面に深く関わる系統的なプロジェクト」であることが指摘された (国務院　1999)。これによって、素質教育の実現は教育の領域を超えて、社会の全体に関わるものとされたのである。

第2章　素質教育政策の検討　97

　以上の素質教育の形成期における上述の政策文書を**表2−2**で示している。

　前述したように、素質教育は応試教育を是正するために提唱され、「国民素質を向上する」ことを目的とするとされた。さらに、「主体性の重視」、「全面的な発展」、「すべての学習者へ」という3つの要素を有している。以上のように、この時期は素質教育の内実が策定され、教育政策文書にて通達され、その具体的な施策が促された時期でもあった。

　具体的な施策の内容は第2節に譲るが、ここで留意しておきたいのは、この時期の中国の教育課題は「量」の拡大、つまり、義務教育の普及にあったということである。これに対して、2000年までは中国の「九年義務教育の普及という目標の実現が追求されてきた」ということが、2006年4月27日の第十回の全国人民大会常務委員会の第21次の会議における「国務院が義務教育の普及および素質教育を実施することに関する業務報告書」の中で周

表2−2　**素質教育の形成期に関する政策文書**

公布年月 公布機関	文書名称
1985年5月 中共中央	『中共中央教育体制改革に関する決定』
1986年4月 全国人民代表大会	『中華人民共和国義務教育法』
1987年10月 中共中央	『十三大報告書』
1993年2月 中共中央国務院	『中国教育改革と発展綱要』
1994年8月 中共中央国務院	『中共中央の学校の道徳をさらに強化することに関する若干の意見』
1996年3月 全国人民代表大会	『中華人民共和国国民経済と社会発展の「九五」計画と2010年に向けた長期計画』
1997年10月 (元)国家教委28	『現在の中小学校の素質教育を積極的に推進することに関する若干の意見』
1999年1月 国務院・教育部	『21世紀に向けた教育の振興行動計画』
1999年6月 中共中央国務院	『中共中央国務院の教育改革を深化し、全面的に素質教育を推進することに関する決定』

済前教育部長によって指摘されている。こうした量の拡大が行政の焦点となった時期に続き、質が問題になる時期が訪れる。周 (2004) が指摘しているように、「高いレベル、高い質で九年義務教育を普及するのはわが国が『普九』の仕事をほぼ完成した後に義務教育の健康的な発展を推進しようとする必然的な選択」[29] なのである。

また、義務教育における質の向上への転換期は中国の社会のイデオロギーの転換期とも重なっている。つまり、2004年9月は党の十六回の四次会に公布された『中共中央による党の執政能力の強化・向上に関する決定』[30] には、「社会主義的和諧社会を築く」という概念が提唱された。そこでは、「和諧社会」を作り出すことによって、「平等」、「公平」、「公正」という民主主義を反映する理念を重視することが謳われている。そのため、このような社会的流れに乗って、中国教育が向かうべき方向としての素質教育は、「平等」、「公平」や「公正」などという社会理念が教育政策の中にさらに取り入れられるようになった。このような背景を踏まえながら、次に、2000年以降の素質教育の主な動きを見てみよう。

1.2.2. 素質教育政策の充実期—基礎教育の「量」から「質」への転換 (2000 ～現在)

この時期の素質教育政策の特徴としては主として2点が挙げられる。

第1に、前述の義務教育の量から質への転換と連動する形で、基礎教育の段階における素質教育では「量」の普及から「質」を問うことへの転換が見られるのである。この「質」についての検討は、『基礎教育課程改革綱要』[31] (教育部 2001) を通じて検討するが、それは後述の新しい課程改革と重なる部分が多いため、その検討は第2節に譲りたい。

いずれにせよ、この時期の新しい課程改革は「素質教育」の理念をより具現化させ、素質教育が政策あるいは理論研究のレベルから実践レベルへと全面的に移行する段階に至ったと考えられる。

第2に、この時期、地域の格差によって生じた社会不平等を是正しようとする一連の動きが見られる。詳しくは第2節に譲りたい。

ここでは、2000年以後の主な素質教育政策を**表2-3**にまとめた。

第2章　素質教育政策の検討　99

表2-3　2000年以降の素質教育に関する教育政策

公布年月	
公布機関	文書名称
2001年5月29日 国務院	『中共中央国務院の基礎教育改革と発展に関する決定』
2001年7月27日 教育部	『基礎教育課程改革綱要』
2003年9月17日 国務院	『中共中央国務院の農村教育の業務をさらに強化することに関する決定』
2005年5月25日 教育部	『教育部の義務教育の均衡発展をさらに推進することに関する若干の意見』
2006年6月29日 全国人民代表大会	『中華人民共和国の義務教育法』(修正)
2010年1月4日 教育部	『教育部の科学発展観を定着させ、義務教育の均衡発展をさらに推進することに関する意見』
2010年4月27日 教育部	『教育部の基礎教育改革を深化させ、素質教育をさらに推進することに関する意見』
2010年7月29日 教育部	『国家中長期教育改革と発展規劃綱要』

　表2-3は2000年以降に公布されている素質教育に関する中央レベルの教育政策文書である。素質教育に関する内容は次節で検討するが、ここで留意すべき点としては、これらの教育政策では、「基礎教育改革」をさらに推進し、「格差」を是正しようとする意図が読み取れることである。基礎教育においては特に、「質」と「平等」の両方が重視されるようになっていることがわかる。例えば、2001年の『基礎教育課程改革綱要』と2010年の『教育部の基礎教育改革を深化し、素質教育をさらに推進することに関する意見』などの公布が教育の「質」を高めようとしている。一方、2003年の『中共中央国務院の農村教育をさらに強化することに関する決定』、2005年の『教育部の義務教育の均衡発展をさらに推進することに関する若干の意見』や2005年の『教育部の科学発展観を着実にし、義務教育の均衡発展をさらに推進することに関する意見』などの公布は「格差」の是正を通じて、教育の「平等」を推進しようとしているものと言える。

これまで、素質教育についての教育政策の検討を通じて、素質教育が形成される経緯を見てきた。その際、素質教育はその射程範囲を広げながら、初期の「民族の素質」から「国民の素質」へと変遷する様子が見られた。これらの教育政策を見ると、応試教育を是正しながら素質教育を実現していくことは、21世紀の中国の教育全体の発展方向であるとされていることがわかる。また、素質教育の内実は「主体性の重視」、「全面的な発展」、「すべての学習者に向ける」という3つの要素を有しながら、「創造能力の育成と実践能力」を育成することが強調されるようになっている。また、義務教育の段階においては「均衡的な発展」という理念を素質教育政策に加えている。「素質教育」の概念はこうして社会の変化と密接に関連してダイナミックに変化してきた。こうして発展してきた「素質教育」の概念だが、教育としての素質教育は単なる抽象論ではなく、具体的な教育政策として教育の内容を影響を与える必要がある。そのため、様々な素質教育関連政策が進められることになるが、それらを次に検討していく。

2. 素質教育の具体的な施策

第1節では、「素質教育」の理念としての発展経緯を見てきた。本節では、その理念を軸とした教育政策の中身を踏まえながら、素質教育を実現するために取られてきた具体的な施策を検討する。管見の限り、素質教育の施策は、特に基礎教育段階においては、道徳教育の重視、課程改革、教師養成、入試改革・評価、均衡発展という5つの側面をめぐって展開されていると考えられる[32]。そこで、次に、5つの側面をそれぞれに検討していく。

2.1. 道徳教育の重視

道徳教育を重視しているのは、建国当時からの中国教育における特徴の1つであると思われるが、本研究は素質教育の施策としての視点から道徳教育を捉えるため、90年代からの素質教育政策において道徳教育がどのように関わってきたのかを検討する必要がある。

道徳教育を重視する素質教育政策といえば、まず、『中国の教育改革と発展綱要』(以下は『要綱』と略記)(国務院　1993)を取り上げなければならない。前述したように、『要綱』は中国の20世紀末から21世紀に跨る綱領の集大成である。『要綱』の第4項目にある第28条と29条にて道徳教育の重要性が強調され、28条では、学校道徳の根本的な任務、または、その具体的な教育内容に触れている。

　学校道徳教育の根本的な任務としては「マルクス・レーニン主義をはじめ、毛沢東思想および中国の特色ある社会主義理論を使って児童・生徒を教育し、正しい政治方向を堅持することを主体とするものである。社会主義のもとで理想、道徳、知識、紀律を身につけた若人を育成する」としている(国務院1993)[33]。また、上述した学校道徳の任務はその後に公布された道徳教育に関する政策においても貫かれている。その上、『要綱』では以下の内容を明記した。

　　　青少年に対して党の基本路線の教育、愛国主義、集団主義と社会主義思想教育、近代史、国情教育を強化し、児童・生徒がマルクス主義の立場、見方、方法論を使って現実的な問題を認識できるように導き、工・農の団体における実践と結びつく道を歩かせ、科学的な世界観および国民のために奉仕する人生観を身につけるよう促す…児童・生徒に対しては中国の優秀な文化伝統教育を重視する。小中児童・生徒に対しては文明的な行為を養成する教育を重視する[34]。

　以上の任務と教育内容はその後の道徳教育の土台となっていると考えられる。特に、「優秀な文化伝統教育」、「文明的な行為を養成する教育」を重視することは、小学校の教育実践の重要な柱となっている[35]。後述する、本研究の上海市のS校の学校実践でもこれは示されている。

　また、29条では、道徳チームを養成することを重視するとした。『要綱』は中国の教育発展における綱領を集大成したものであり、その後の中国の教育発展の方向を示す政策文書でもあり、『要綱』が公布されてから道徳教育

を強化するために一連の政策が打ち出された。特に、翌年の8月31日学校の道徳教育を強化し改善するために、『学校道徳教育の活動をさらに強化し改善することに関するいくつかの意見』（以下は『意見』と略記）（中共中央1994）が公布された。『意見』は25項目からなり、主な内容は道徳教育の重要性、その背景、具体的な施策である。その中の、第8条「中国民族の優れた道徳的な伝統教育を展開する」では、学習者の年齢に応じて教材を作ることを指摘した（国務院　1994）[36]。これによって、学校の教材作りに政策の根拠を与えたと考えられる。これもその後の新しい課程改革の政策理念へとつながり、児童・生徒の多様性を重視する課程理念を支持したものである。

また、第12条には道徳教育は「異なる教科の特徴に応じながら、各教科間」の結びつきを指摘した（中共中央　1994）[37]。この原理は、後述のように、その後の新しい課程改革によって具現化されている。また、道徳教育は「すべての教科」と結びつくということは中国における課程改革の1つの特徴であると言えよう。さらに、『意見』では道徳教育が法制によって保証されることなどが指摘された。つまり、『意見』を通じて、道徳教育の重要性がさらに強調されるようになったのである。

道徳教育は社会の「系統工程」でありながら、「学校教育」、「家庭教育」、「社会教育」と緊密に結びつくことが述べられている。『意見』によって、道徳教育における実践の施策などをより体系的に展開していることがうかがえる。そして、その後の道徳教育は『意見』を基準として推進されている。

ここで1つ指摘しなければならないのは、道徳教育と素質教育の関係である。なぜなら、これまでの教育政策の中では、道徳教育の重要性は指摘されてはいるが、素質教育との関係は明確に指摘されていなかったからである。すなわち、従来、道徳教育は素質教育を明確に実現するためのものではなく、道徳教育と素質教育との関係では、道徳教育が主導的な存在であると考えている。しかし、『意見』では、こうした関係を逆転させているように見える。例えば、『意見』の第9条では、「時代の発展、社会の進歩、社会主義市場経済体系の新しい要求および切迫的な需要としての素質教育に応じるために、児童・生徒の育成促進・自強自立（自ら強く自立）・艰苦創業（苦労満ちた創業）

第2章　素質教育政策の検討　103

の精神を重視する…」とされた(中共中央　1994)[38]。ここでは、道徳教育が、「素質教育に応じるため」という表現が導入されたのである。素質教育の実現が、道徳教育の最終目的の1つとして捉えられているのである。

　また、素質教育が主となるこの関係は、1997年10月29日に公布された『当面積極的に小中学校における素質教育を実施することに関するいくつかの意見』によってさらに強化されるようになった(国家教委　1997)。『当面積極的に小中学校における素質教育を実施することに関するいくつかの意見』の第8条では、前述した『学校道徳教育の活動をさらに強化し改善することに関するいくつかの意見』を貫くことが強調されている。「道徳教育活動を確実に改新し強化する」(国家教委　1997)[39]とされ、具体的には愛国主義、集団主義などの実践が推進された。特に、「教学は生活労働、社会実践と有機的に結びつくものであり、児童・生徒に優れた道徳資質を養い、正しい世界観、人生観、価値観を身につけるようにする」ことが強調された(国家教委　1997)[40]。

　このように教学活動と生活労働を社会実践に結びつけることは、その後の新しい課程改革および素質教育に関する政策の中でさらに強調されている。例えば、1999年6月13日に公布された『教育改革を深め、全面的に素質教育を推進するに関する決定』(国務院)の中では、道徳教育とほかの科目との関係を指摘した上で、「『素質教育』を実施するには、道徳教育、知育、体育、美術教育などを教育活動の各節に有機的に導入すべきであるとしている。学校教育は単に知育を強調することではなく、道徳教育をさらに重視し、体育、美術教育、労働技術教育の社会実践を強調し、教育の各方面に総合的に浸透させ、調和的に発展させ、児童・生徒の総合的な発展および健康的な成長を促すべき」としている(国務院　1999)[41]。素質教育の「総合性」を重視していることがうかがえる。

　道徳教育は各教科の中に組み込まれ、児童・生徒生活と社会実践との関係を強化することが強調されていると共に、道徳教育における「学校、家庭、社会共同参与」という連携面を提示した(国務院　1999)[42]。このように、教科の「総合性」の重視や児童・生徒の生活と社会実践との関連性の強調、また学校教育をはじめ、家庭教育、社会教育などとの結びつけていくことなど

がその後の新しい課程改革の実施に受け継がれている。

　素質教育の実行に当たっての道徳教育の重要性は新しい課程改革の綱領の政策文書として2001年5月29日に公布された『基礎教育改革と発展に関する決定』によって、さらに強調されている (教育部　2001)。例えば、第3項18条にて道徳教育の実行性、主導性などが指摘され、「愛国主義、集団主義、社会主義教育や中華民族の優れた伝統」などが依然として重視され、「思想品質や道徳教育」は教科を超えるだけではなく、教育のすべての過程に貫かれていることが強調されている (教育部　2001) [43]。さらに、同『決定』は学習者それぞれの特徴に対応しつつ、道徳教育の内容を調整し充実させるべく、道徳教育方法を改新することなどを求めている。さらに、小学校の段階においては行為・習慣の養成を手がかりとして、社会公共意識教育を重点的に進め、実際の状況に応じて故郷を愛することなどを指摘した。一方、中学校の場合は、「国情教育、法規教育、紀律教育、品格教養」を強化している。高校の段階においては、マルクス・レーニン主義、鄧小平思想に関する基本観点の教育を重視する (教育部　2001) [44]。特に、中華民族の優れた伝統の重視や小学校段階の実状を踏まえて故郷に対する愛着心を養うことなどを通じて、愛国心を育てることは、学校現場で受け入れられているように見られる (詳細は第3章を参照されたい)。

　以上のように、道徳教育の実践が学校教育のすべての部分に浸透し、社会実践とも結びついていくべきだとされていることがうかがえる。これは、学校現場で素質教育を実現させようとする場合には、学校での道徳教育の実施は重要な役割を担うべきだとされていることを意味している。そして、本節で取り上げた道徳教育に関する教育政策の内容を見る限り、道徳教育と素質教育、および課程、という三者の内在的な関係が認められる。つまり、素質教育を実現するために、道徳教育の重視は1つの施策であり、道徳教育の重視は各教育の実施課程において実現されるものとされているからである。言い換えれば、三者は有機的に一体となり、内在的に結びついていると思われる。そのため、素質教育を見るにせよ、道徳教育を見るにせよ、課程を通じて行わなければばないことがわかるであろう。これが本研究にて、素質教育に

焦点を当てるにあたって、新しい課程改革を通じて道徳教育を見ようとする所以である。この問題については本研究の研究方法を参照されたい。

次に、素質教育に関連する教育政策文献を踏まえながら、素質教育のもう1つの重要な施策としての新しい課程改革について見てみよう。

2.2. 新しい課程改革について

前節では素質教育の施策の1つである道徳教育重視を取り上げた。また、道徳教育重視の実現は課程を通じて実現されることを指摘した。そのため、本節では新しい課程改革を中心として取り上げたい。

新しい課程改革は素質教育を実現するための重要な施策でありながら、「素質教育」の理念を具体化する媒体である。言い換えれば、新しい課程改革は素質教育を実現するための直接的な手段とも言える。素質教育の実施が学校という場で行われるから、新しい課程改革は素質教育を実現するための最も具現化された手段といっても過言ではない。

実は、課程改革は中国の建国からの教育改革の重要な手段でもある（鐘 2001；張 2002；雷 2010）。そのため、建国からいくつかの課程改革を行ってきた。その段階区分の仕方に関しては異論もあるが、現在は8段階の分け方が一般的に認められている（雷 2010）ため、ここではそれに沿って新しい課程改革を検討していく[45]。

中国では、素質教育は課程改革を通じて実現されるという主張が1985年から現在まで依然として存在している。例えば、1985年の『中共中央の教育体制改革に関する決定』では、「教育思想、教育内容、教育方法において、児童・生徒自らの生活能力、考える力を育成することが不足であり…、課程内容が古い、教育方法が硬い、実践部分が重視されていない、専攻設置が狭い」などと課程に現存する課題を指摘した（中共中央 1985）[46]。その上で、「教育体制に着手し、系統的に改革を行う」ことを提唱している。具体的には、管理体制、教育構造、労働人事制度や課程改革などを通じて行うことである。特に、「教育思想、教育内容、教育方法」の改革が指摘されている（中共中央 1985）[47]。

これらは、素質教育における課程改革を実施する準備段階であると考えられる。なぜなら、第1節に述べたように、80年代は、素質教育の萌芽期であるため、当時の教育施策は素質教育の準備段階に過ぎないと考えられるからである。にも関わらず、1985年の『決定』は中国のその後の教育の方向性を示したため、『決定』によって提唱された教育施策は現在まで続いている。『決定』によって示された課程改革がその後の一連の教育政策によって推進されている例として、1993年の『要綱』は、第31条にて「教育思想をさらに転換し、教学の教育方法や内容を改革する」ことを強調しながら、「教育内容の更新や課程構造を調整」することを指摘した (国務院　1993) [48]。これは2001年の新しい課程改革における内容構成と構成間の調整に一定の方向性を与えたものである。

　その後、1997年の『小中学校にて素質教育の実施を積極的に推進するためのいくつかの意見』[49]を推進するため、『素質教育を推進するために小中学校教育内容を調整し教育過程管理を強化する意見』が公布された (国家教委1997)。この政治文書は、「調整の原理と要求」、「素質教育の基本理念の樹立と教育課程の最適化」、「業務推進組織やリーダーの設定」という3つの項目によって構成されている。具体的には、教科の課程においては教育内容の削減、教育内容の簡易化を行うことが示された。と同時に、児童の「観察、分析、手作業能力を高めること、児童の自主参与精神および創造能力を育成すること」を目的として各地域の現状に応じて活動課程の実施をさらに強調している (国家教委　1997) [50]。これは2001年の新しい課程改革における課程構造の内容と一致している。特に、「素質教育の基本概念を樹立し、教育課程を最適化する」の項目は、教師に「すべての生徒」に向けることを強調し、「全面的な発展」という観念を促すことを求めた。また、義務教育は「すべての児童・生徒の生涯学習能力、生存や発展の能力を育成するための基礎」を与える教育であるという役割を指摘した (国家教委　1997) [51]。その上、「教育課程を最適化するための基本となるものは児童・生徒が積極的に学習課程に参与すること、自ら学ぶことができること、学習の主体となることである」と指摘した (国家教委　1997) [52]。これらは素質教育の骨子としての「全面的な発展」と

「すべての子ども」に向けること、「主体性」を具体化したものであると考えられる。これによって、素質教育の実現が新しい課程改革の具体的な施策に通じることが教育政策の中で明確に指摘されたことがうかがえる。

また、それ以降、こうした動きがさらに強調されていると言える。例えば、素質教育にとって重要な文献としての『教育改革の深化、素質教育を全面的に推進するための決定』[53]の第14条では、「課程体系、構造、内容を調整して改革する。新しい基礎教育課程体系を設け、国家課程、地方課程、学校課程を設立する」ことが指摘されると同時に、「学科体系を強調する現状を改善すること、教育内容の更新、児童・生徒の実際手作業能力を重視する」など従来強調されてきた課程改革の内容を改めて提唱した（国務院　1999）[54]。その続きとなる『基礎教育改革および発展に関する決定』では、「教学教育改革」を積極的に推進することを呼びかけたのである（国務院　1999,p.7）。上述した一連の教育政策は新しい課程改革を行うための下敷の役割を果たしたと考えられる。

新しい課程改革を正式に登場させた教育政策文書は、2001年7月27日公布された『基礎教育課程改革要綱（試行）』である（以下は『要綱』と略記）（教育部2001）。よって『基礎教育課程改革要綱』を踏まえて新しい課程改革の内容を詳しく検討する。

まず、新しい課程改革実施の流れを見てみる。それは教育部と地方と共同で行われているものである。具体的には、2001年の前半には自己申告の原理に基づき、27の省（自治区、直轄市）における38の区（県、市）の義務教育段階での実験地域を決めた。そして、同年の6月教育部は実験地域での行政者および学校のベテラン教師を対象として教師研修を行った。これについては、後ほど詳しく検討する。同年の秋からは、義務教育の各科目の新しい指導要領と教材が38の実験地域で使われるようになった。同時に三級[55]の課程管理の具体的な取り組み、課程評価、受験制度の改革が検討され始めた。2002年秋、研究地域の範囲はさらに拡大され、省レベルの実験地域でも開始され、全国の実験規模は各学年の10%〜15%までに広がるようになった。さらに、2003年の秋には、35%にまで到達した（王　2001,p.11）。2004年

秋になると課程改革はさらに広がりを見せ、義務教育段階の課程計画、各教科の指導要領、および関連する行政文書が公布されるようになった。また、新課程を履修する生徒数は全国の65％〜70％になった（王 2001,p.11）。2005年の秋になると、小中学校における新1年生に対しては原理的に新しい課程改革を実施することとなり、新しい課程改革の実施の流れが始まった。

　次に、『要綱』の具体的な内容を見てみよう。2001年からの課程改革は『綱要』によると、6つの目標をめぐって展開された。その内容は次の通りである。①「過去の詰め込み型の教育が強調される傾向を是正し、主体的な学習態度を積極的に身につけることを強調し、基礎知識と基礎技能を習得する課程では、学びが出来る能力と正確な価値観を育てる課程とされた」（教育部 2001,p.4）。『要綱』の内容から分かるように、課程の機能は単純な知識の詰め込み教育から児童・生徒の主体的な学びができ、生きることができ、立派な人間になるように導くべく変化させている。そこでは、児童・生徒の態度、価値観が重視されている。これは三位目標といわれる「知識と技能、過程と方法、態度情感と価値観」を表わすものである（張 2002,p.6）。②この課程改革は、課程構造の改革である。「課程構造が学科本位で、種類が多く、統合性の不足が強く指摘されている現状を変えるもので、9年間一貫した種類の課程と時間の配分を全面的に再編成する。総合学習活動の科目を立てることにより、地域や児童・生徒によって異なる育成のニーズに適合させうるようになり、課程には均衡性、総合性と選択性が齎される」（教育部 2001,p.4）。過去には科目の体系が重視されてきた一方、子どもの経験が無視されたことから、子どもの認知経験の育成にそぐわないものであったとされている。したがって、課程改革では課程の総合性が強調された。総合学習は目玉であり、子どもの創造能力と実践能力を育成するものとされた。そのことによって、学校教育と社会発展のつながりが強くなると『綱要』は述べている。③課程内容の改革については、「課程の内容が煩雑で、難しい、偏っている、これまでの古い教材知識を重視するという現状を変えて、課程の内容は児童・生徒の生活、現代社会および科学技術の発展とつながるものとする。子どもの学習の関心と経験に目を向ける。生涯に必要な基礎知識と技能が精確に選ば

れる」（教育部　2001,p.4）とされた。④『綱要』は課程の実施に対して、具体的な要求をも打ち出したのである。「受動的な学習である暗唱、機械的なスキル訓練という現状を変え、児童・生徒の主体的な学習的への参加、探究、作業、情報の収集と処理、新しい知識の習得、問題の分析と解決および交流と協働という能力追求」を提唱した（教育部　2001,p.4）。⑤評価においては選抜の強調され過ぎた実状を変え、児童・生徒の発展、教師の向上、教育実践を促す機能を活かす。⑥以前の集権的な課程管理の状況を変え、国家、地方、学校の三段階管理を実施し、地方、学校および生徒に適切なものにするとされた。これは、いわゆる教育管理における地方分権を意味する。

　以上、課程改革の目標を見れば、規制緩和と地方分権ということが主体であることが分かる。そして、素質教育を実現するための教育観は従来の応試教育と徹底的に異なるとされ、新しい学力観への転換が目指された。

　また、このような方針はその後の教育政策によってさらに強化されていると見られる。例えば、2010年に公布された『基礎教育改革を深め、素質教育をさらに推進するための意見』（以下は『意見』と略記）によって上述した新しい課程改革の内容が改めて強調されている（教育部　2010）。この『意見』では、基礎教育課程改革の重要性をさらに指摘し、その主な任務を明らかにした。その上、基礎教育課程改革の保証体制を作ることが強調されていた。この『意見』は14条からなり、基礎教育の課程体系をさらに完備させ、教育課程法案を全面的に導入し、特に、教学改革を大きく推進したことが強調されている。さらに、「教学改革」は「課程改革の核心部分」としてみなすべきことを指摘しながら、新しい課程改革の理念を授業の中で着実に貫くようにすることを指摘している。そのため、教学改革の重要性をさらに強調しながら、「素質教育」の理念を教学改革においてさらに実現していくとしている。これにより、授業改革の実施は素質教育の実践において重要な役割を果たしていることがうかがえる。これを踏まえて、本研究では、筆者が「授業改革」を重要な観察対象として設定したのである。

　ここで、指摘しておきたいことは、理論界においては、新しい課程改革の実施に対して論争があったことである。20世紀の90年代末から21世紀の

始まりまでは新しい課程改革の賛否について激しい論争が行われていた。その代表としては上海の華東師範大学の鐘氏と北京の北京師範大学の王氏との論争が挙げられる（王　2006；黄　2009）。

　鐘は新しい課程改革の理念の推進派であり、他方、王は新しい課程改革の批判派である。つまり、鐘は「改革派」の代表であることに対して、王は「慎重派」の代表である。論争の核心は、前者が学習者の主体性の重視や実践・創造的な能力を育成すべきであるという新しい課程改革の正当性を語るのに対して、後者は「知識を軽視する」こと、すなわち「アカデミックな学力」を軽視することとした点にある。言い換えれば、新しい課程改革によって、「知識を軽視する」可能性があるため、「学力低下」を招きやすいというのである。これは日本の「学力論争」と共通点があると考えられる。つまり、その中心的な争点は「学力低下」に結びつくことである。しかし、こうした部分的批判があったとしても、中国の教育政策の内容を見る限り、日本のように「指導要領」の内容の揺らぎは見られなかった（市川　2002；苅谷　2003；恒吉2004、2006）。そのため、2001年の『要綱』に提唱された新しい課程改革の施策は、現在まで依然として強力に推進されている。

　本節は、素質教育を実現するためのもう1つの重要な施策である新しい課程改革に関する教育政策の経緯について検討し、その上で新しい課程改革の実施内容について明らかにしてきた。例えば、新しい課程改革は課程構造や教育内容、評価または教育管理などにおいては大きな変化がうかがえる。また、こうした変化は「素質教育」の理念に近づくものである。そのため、新しい課程改革の実施においては「素質教育」の理念が最も具体化されていると考えられる。

　前述したように、素質教育政策においては素質教育を実施するためにいくつかの施策がある。本節で検討された道徳教育の重視と新しい課程改革のほかに、教師養成、入試改革・評価改革、義務教育における均衡発展についての施策がある。そこで、次に教師養成について見る。

第 2 章　素質教育政策の検討　111

2.3.　教師養成

　前節は新しい課程改革、「素質教育」の理念を新しい課程改革に関する行政指針によっていかに具現化させるかについて概観した。本節では教師養成について検討していく。

　教師養成は新しい問題ではなく、中国の建国以来、存在してきた問題である。教師の質という問題は中国の教育発展にとって重要な課題としてたびたび提出されてきた(教育部　1985、1999、2001、2006、2010)。素質教育の実現においては、教師養成が1つの重要な施策として考えられている。

　本章の冒頭で指摘したように、ここでの素質教育に関する教育政策の検討範囲は1985年の『決定』から現在までの一連の教育政策を包含するものである。そのため、まず、1985年の『決定』を見てみる。『決定』では、「合格した安定的な教師のチームを数多く作り出すことは、義務教育の実施、基礎教育のレベルを向上するための根本的な施策である」と指摘されている(中共中央　1985)[56]。そこでは、教師の地位の向上、教師に対する資格検定、教師研修、施設利用、研究機関との連携など多岐にわたって教師育成のあり方について指摘されている。加えて、教師養成の重要性は1993年の『中国の教育改革と発展綱要』によってさらに展開されている。第5項のタイトルは「教師チームの育成」であり(国務院　1993)[57]、39条から46条までは、前述した第5項に含まれている。具体的には、1985の『決定』に続き、教師地位の向上、教学の質の向上、教師研修の体制を強調している。そのほか、教師の支給制度、人事制度、福祉、奨励制度なども言及されている。その上、「教師チームの道徳教育を強化すること」が1994年の『学校における道徳教育の実施をさらに強化するための改革に関するいくつかの意見』の中で指摘された(中共中央　1994)。

　その後、素質教育の三大政策の綱領[58]1997年の『当面の中小学校における素質教育の積極的実施に関するいくつかの意見』では、師範大学は「学校経営の原理、育成目標、基本的な教学理論、課程構造、教育内容および教育方法を通じて、教学能力を高めるという面における改革を行う。このためには、素質教育のニーズに応えうる新しい教師を中小学校に送らなければなら

ない」とされている (国家教委　1997) [59]。これは、具体的な課程の視点から教師養成を求めていることがうかがえる。

　また、『教育改革をさらに深め、全面的に素質教育を推進するに関する決定』でも、教育養成に言及している (国務院　1999)。第3項のタイトルとして「構造を最適化し、素質教育における質が高い教師チームを全面的に作らなければならない」と示されているところがある [60]。第3項は素質教育を推進するために、教師チームを育てることの意義、具体的な施策、また教師管理および教師資源の合理的配置などについて指摘しているところである。その続きとして、『基礎教育改革と発展に関する決定』(教育部　2001) では、第4項にて「教師教育体系を完備し、人事制度の改革を深め、小中学校の教師チームを大きく育てる」ことを述べている [61]。ここでは、質の高い教師チームを育てることは素質教育の「核心」であることを改めて提唱している。教師教育の体系化は前掲した師範大学を通じて教師の人材を育てることではなく、師範大学を通じて「開放的な教師教育体系」を作り出すものであるとされた [62]。また、「世紀に跨る園丁プロジェクト」という教師研修計画が打ち出された。その上、教師人事制度の改革や教師および校長の管理体制の完備をさらに強調している。

　次に、2001年7月27日に公布された『基礎教育課程改革の要綱 (施行)』(教育部) において、第8項のタイトル「教師の育成および研修」が、師範学校および教師研修高等機関の役割を改めて明確化した (教育部　2001,p.12)。つまり、師範学校およびほかの教師研修高等機関にて教師研修を実施することをさらに強調している。また、教師継続教育の重要性もさらに強調されている。例えば、「基礎教育課程改革の目標および内容によって、育成の目標、専攻の配置、課程構造、教授法の改革を調整する。小中学校における教師継続教育は基礎課程改革を核心に置いて行う」(教育部　2001,p.12) とされている。そして、教師研修計画については、「地方行政は有効かつ持続的な教師研修計画を策定し、教師の研修機関が新しい課程改革の実施を主要な任務として行う。教師の研修と新しい課程改革の実施は同時に推進しなければならない」ということを指摘している (教育部　2001,p.12)。なお、教育部は5年ごとに

教育の研修計画を作ることとした。

　教師研修についての体系的な仕組みは図2−2を参照されたい。そこでは、中央と地方にある教師研修機関がその主体となるため、中央が提示する課程改革の理念は、このような教師研修システムを通じて学校現場で実行されると考えられる。具体的な教育研修機関の仕組みは以下の図2-2の通りである。

　また、教育研修については、研修の対象は原理的には幹部研修と教師研修とに大別される。新しい課程改革の中心は教師の研修であるため、『教師研修を先行させ、研修を受けた者を、教育現場に入らせる。この研修を受けなければ教育現場に入ることができない』という規定が『基礎教育課程改革綱要（試行）』には設けられた（教育部　2001）。研修の内容は新しい課程改革に関する指導思想、教育理念、改革目標および関連する政策資料、各科目の指導要領の解釈である。具体的な方法としては教育部が研修の調査・要綱作成を担当する大学（例えば、北京大学、北京師範大学、首都師範大学、華東大学など）を指定し、このような研究機関からの研修のモデルを省レベルの行政官や教師に伝える。同様に、省レベルの機関は下部機関にこれらを伝達するのである。新しい課程改革を円滑に進めるために「教師に対する訓練、研修を必須とする（研修を受けずに仕事ができない）」という原理を作り出した。そのため、新し

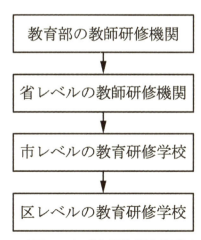

図2−2　中国における教師研修（教師培訓）システム

い課程改革に参加する学校の教師は上述した関連機関を通じて、教師研修を
受けることとなっている。

　本節では素質教育を実施するために、その1つの施策としての「教師養成」
についての政策の内容を踏まえながら検討を進めてきた。次に、素質教育が
最初提唱された重要な根拠としての応試教育の是正とつながっている評価改
革について検討していく。

2.4.　評価改革

　評価改革では、素質教育を実施する際の入試改革を最も重要な問題として
取り上げている。それは、素質教育をうまく推進することができない根本的
な要因として応試教育を象徴する入試制度が想定されているからであり、さ
らには、それが応試教育の弊害を是正しようとする時に、それを拒む元凶と
考えられているからである。そのため、90年代からの教育政策においては、
評価改革の中では、入試改革は素質教育を実現するための施策としてたびた
び言及されている。

　例えば、1997年10月29日『小中学校における素質教育の実施を積極的
に推進することに関するいくつかの意見』が公布された (国家教育委員会
1997)。同『意見』は進学制度の改革を提案したが、特に、9年の義務教育が
普及している地域では、「小学校から中学校の入試を免除」し、日本の学区
入学に相当する「就近入学」の制度を導入することによって、中学校の入試
による「学習者の試験の負担を減らす」こと、大学入試の場合は「知識と能力
がともに重要」であることが打ち出された (国家教育委員会　1997) [63]。このよ
うな施策においては、「受験緩和」という政府の意図がうかがえる。その後
の『教育改革を深化し、素質教育を全面的に推進することに関する決定』の
公布によって、生徒募集制度と評価制度がさらに改革されるようになってい
る (国務院　1999)。

　また、大学入試制度と素質教育との関係を明確に指摘したものもある。例
えば、『教育改革を深化し、素質教育を全面的に推進することに関する決定』
は「大学入試制度を改革することは中小学校における素質教育の実施を推進

するための重要な施策である」(国務院 1999) [64]と主張し、大学の入試制度に関する具体的な施策を指摘した。例えば、「高等学校」の学校運営の自主権を拡大することとし、毎年2回の受験を行うというものである。その際、大学入試科目の設定は「能力と総合的な素質」に対する評価に重点を置くこととなっているというようなものである(国務院 1999) [65]。このように、大学入試の場合は、従来のペーパー成績(伝統的な学力)を評価することだけではなく、能力や総合的な素質(新学力)を評価の対象とするべきだとされるようになっている。

　一方、『教育改革を深化し、素質教育を全面的に推進することに関する決定』は義務教育が普及している地域においては、中学校への入学試験を廃止し、高校の段階は、高校の会考[66]制度を改革することが支持されている(国務院 1999)。このような動きは2001年『基礎教育課程改革要綱(試行)』によって、さらに強化されている。そこでは、これまでの「中学校の入学試験を免除」する上に、中学校から高校への入試制度についても負荷軽減が導入された(教育部 2001,p.10)。すなわち「試験の内容は社会の実際と学習者の生活経験とを結びつけることを強化し、学習者の分析能力、問題解決の能力」を重点的に評価することとされたのである(教育部 2001,p.10)。大学入試制度に関しては「基礎教育課程改革」と結びつき、「中学校における素質教育の実施」はもとより、「学習者の能力と素質」を考察することを強化することが主張された(教育部 2001,p.10)。

　こうして、これまでの教育政策における評価制度の改革を見る限り、入試制度は応試教育を是正し、「素質教育」の理念へと近づくようになっている方向で実施されてきた。言い換えればその際、入試制度の改革に伴って、試験内容においても学力観の変容が見られる。そのため、受験生にとっては従来の応試教育における「伝統的な学力」の勝負における選抜だけではなく、「新しい学力」の選抜勝負にも関わることが考えられる。

　次に、義務教育における均衡発展を見てみよう。

2.5. 義務教育における均衡発展

　義務教育における均衡発展は、21世紀後の中国の教育における重要な課題であり、これもまた、素質教育を実現するためのもう1つの重要な施策であると思われる。

　例えば、『義務教育における均衡発展をさらに推進することに関するいくつかの意見』の中では、「各地は全面的に素質教育を推進」することを「義務教育における均衡発展の根本的な任務」とすることを明記した (教育部2005) [67]。このように、義務教育における均衡発展の最終的な目的は「素質教育」の実現を支えるものとして読み取れる。

　義務教育における均衡発展が提唱される背景には主に2つの側面が考えられる。つまり、社会の不平等に対する現状認識の高まりと中国における経済の発展という実情である。孫 (2001) が指摘したように、「城・郷二元制」という社会構成によって、中国に地域格差がもたらされ、90年代以後は貧富の差が激しくなっている (p.37)。そのため、社会の「不平等」や「不公正」に関する社会現象がたびたび露呈し、益々拡大する傾向が見られる。例えば、「城・郷の収入の差」は「1997年の2.4倍から2008年の3.4倍」になっており、「毎年平均3.3%」の増加が見られるとする論者もいる (蘇・宋 2010,p.106)。このような社会環境の中では、社会のサブシステムとしての教育の領域においても不平等問題を無視することができず、特に、こうした「不平等」の問題は義務教育の構成にある「平等性」と「公益性」と相矛盾する存在であると指摘されるようになっている (謝 2003；田 2004)。そのため、義務教育における「不平等」の是正は中国の教育にとって、きわめて切迫した問題となっているといっても過言ではない。むろん、過去において中央政府に教育の不平等を是正しようとする視点が無かったわけではないが、『義務教育における均衡発展』のような教育政策を打ち出すことによって均衡発展を明確に提唱したのははじめてであると言えよう。

　2つ目は、義務教育の均衡発展という理念の提唱は、中国の経済が発展するにつれて、教育に対する投資という財政的な余裕が出てきたことが考えられる (謝 2003；楊 2008；王 2011)。前述したように、これまでの中国の教

第2章 素質教育政策の検討 117

育は、義務教育において量の拡大という課題と向き合ってきたが、これから
は質の向上に対して力を入れなければならないとの認識が深まったのである
(教育部 2005、2012)。

こうした教育の意義づけの転換期に当たって、素質教育を実現するための
教育における質の向上に関しては前述した新しい課程改革は1つの手段で
あった。同時に、平等[68]を教育の視野に入れるのもその1つの手段だと考え
られる。

ここでは、なぜ義務教育における均衡発展が、素質教育の一面として提出
されたのかが非常に重要な課題であろう。この問いに答えるためには、まず、
なぜ義務教育の均衡発展そのものが提唱されたかを検討する必要があると考
えられる。この問題について中国の社会構成の特徴、教育構造の特徴や教育
管理の特徴および格差の是正という4つの側面をめぐって展開していく。

2.5.1. 中国の社会構造および教育構造の特徴

中国の社会構造の特徴としては「城・郷二元構造」がある。伝統農業と現
代的な工業が並存しながら、遅れた農村と先進的な都市が存在しているので
ある。但し、世界でこうした二元的な構造は単に中国だけにあるものではな
く、発展途上国には共通する問題であるといわれている(肖 2005)。しかし
ながら、ほかの国には人口流動の制限がない一方、中国は、制度的(人為的)
に農村人口が都市に流動することを制限し、その実現は戸籍制度をめぐって
強化された一連の分化制度の策定に関係している。

戸籍制度は建国初期に作り出されてから90年代まで絶えず強化されてき
た。肖はその強化の背景には3つの要素があると指摘した。すなわち、「重
工業を優先するという強制的に追い越せ戦略」、「高度に集中的な計画体制」、
「人口規模の迅速かつ膨大な増加」ということである(肖 2005,p25)。都市と
農村の分化の拡大は、様々な制度設計とつながり、14種類の制度が存在す
るとされる(郭 1998、1990；劉 1998、1990)。すなわち、戸籍制度のほかに、
住宅制度、食料供給制度、副食品制度、燃料供給制度、生産資料制度、教育
制度、年金制度などである。もちろん、こうした「城・郷二元構造」の内実

118

は社会の発展につれて変わらないものではない。孫が指摘したように、これらの制度を主導する要因に関して、従来の「政府主導型の二元構造」から「市場主導型の二元構造」への転換が見られる (2007,p15)。また、近年、中国政府はこうした二元構造を変えようとする「城・郷の一体化」(rural-urban integration) という政策を策定した。このことによって、二分化の実態がさらに顕著になると考えられる。こうした諸政策にも関わらず、中国の現状において、依然として「城・郷二元構造」は強力に存在していると指摘されている (肖 1990；劉 2005；孫 2007)。したがって、こうした社会的背景を踏まえて、中国における教育制度の構造特徴を検討する必要がある。

(1) 教育制度の構造的特徴

　教育制度の構造的特徴については、都市・郷鎮の教育資源の配分と教育管理権限を中心に整理していく。

　まず、城・郷の教育資源の配分から見てみよう。これは、主に義務教育の段階における投資の差異をめぐって展開されている。義務教育における城・郷への教育投資の差異に関しては学校を経営する上での物理条件である投資の差異、教師投資の差異などに表われる (周 2007；司 2011)。教育投資については、ここでは言及しないが、要約すると、義務教育における教育投資の原理は、都市部が郷と村より教育資源が多く、両者間に偏りがある。また、競争力のある学校には通常の学校より多く投資される。すなわち、教育資源がもともと恵まれた地域や恵まれた学校に集中する。このような偏った教育資源配分体制は、建国初期から存在したものである。建国初期の中国は資源がきわめて不足であったため、限られた資源を相対的に基盤があるところに投入しなければならない状況にあるとされ、この分配の仕方は建国の初期およびその後もしばらくはその役割を果たしたといわれている (袁 2006)。しかしながら、社会の発展につれて、このような体制の弊害が露呈するようになってきたものの、この体制に有効な調整あるいは改善が行われていないため、公平性を欠いた分配体制のままとなっている (徐 2004；朱 2010；柴 2011)。

第2章 素質教育政策の検討 119

　さらに、この体制のため、恵まれた学校であるほど有利になるという教育における不公平の問題が生じる。例えば、重点学校[69]という政策はその代表的な例である（楊　2005；袁　2006）。しかし、教育の質を向上するためには、恵まれた学校を発展させることだけではなく、すべての学校を発展させなければならない。したがって、義務教育における均衡発展は21世紀の中国教育にとって重要な課題として提唱されているのである（楊　2005；袁　2006；張　2011）。

(2) 教育の管理権限について

　中国の建国初期、中国の基礎教育における管理体制は旧ソビエトの中央集権的管理モデルを模倣していた（鐘　2005；劉　2009）。しかし、この中央集権制度は地域の活性化に悪影響を与えたため、80年代からは地方分権化への動きが見られた。もちろん、このような地方分権という動きは教育領域に限るものではない。正確に言えば、政治における地方分権は教育よりも先行したのである。ここでは本研究に関係する、教育の管理権限を、教育政策における教育分権についての内容を踏まえながら検討していく。

　教育における地方分権は80年代から一連の政策を通じて推進されている。例えば、1985年の『決定』（中共中央）は、当時の社会および経済の実情を考慮するために、全国における教育の達成目標によって、地域を3種類に分けたのである。「人口の四分の一を占める都市、沿海の各省および経済が発展した地域、および少数の発展した内陸である。こうした地域においては、大半の地域にて初級中学校を普及させ、そのほかの地域でも1990年ごろには量・質による初級中学校を完成させ、普及させている」（中共中央　1985）[70]。これは、経済的に恵まれた地域を指しているが、第2種類の地域としては「全国の人口の半分以上を占める中等的な発展状態にある鎮および農村である。この類の地域においては、まず、質・量において小学校教育を普及させ、同時に、積極的に条件を整え、1995年ごろまでには中等段階の普通教育および職業教育と技術教育を普及させようとしている」[71]。そして、第3種類の地域としては「全国人口の四分の一を占めた遅れた地域である。こうした地

域では、経済発展につれて、いろいろな手段を使って程度こそ異なるが基礎
教育を普及させる。この類の地域における教育の発展は国家ができるだけ援
助する」(中共中央 1985)[72]。

　このように、『決定』は、経済および社会の状況を考慮した上で教育にお
ける異なる達成目標を定めて、3種類の地域を分けたのである。さらに、基
礎教育の管理は基本的に地方政府が責任を負うという原理にもしたがったの
である。つまり、基礎教育の財政の支出は地方政府に委ねられているのであ
る(中共中央 1985)。そのため、前述の重点学校と同じ原理に基づいて進め
られ、恵まれた地域ほど、基礎教育に対する投資が多いということになる。
その後もこのような地方分権の体制は続いており、基礎教育を超えて、高等
教育までにも広がっている。

　例えば、『中国における教育改革と発展要綱』によると、「中央は高等教育
に対してはさらに簡政放権(政府機関を簡素化し、分権する)、省(自治区、直轄市)
にある教育の決定権および中央部分に所属している学校の統一企画という権
利を拡大していく」としている(国務院 1993)[73]。また、『決定』によると、
第11条では「さらに簡政放権が広がっている。省級の人民政府発展および
本地区の教育の権力および統一企画の度合いを強めることとなり、教育は当
該地域の経済社会発展と密接に結びつくことになっている」ということであ
る(国務院)[74]。

　こうした分権は高等教育だけではなく、職業教育までに広がっている。さ
らに、基礎教育における地方分権はより強化されるようになっている。例え
ば、前節にて触れたように『基礎教育課程改革要綱(試行)』では、基礎教育
において「三級管理」という学校管理体制を作り出した(教育部 2001)。「三
級管理」とは「中央、地方、学校」という体制のことである。ここで、もう1
つ指摘すべきこととしては『農村教育をさらに強化することに関する決定』
においては、「県を主として」の農村義務教育管理体制を主張したことであ
る(国務院 2003)[75]。具体的な内容としては「国務院の指揮に基づき、地方
政府が責任を負い、レベルを分けて管理する、県を主とする」という農村義
務教育体制である(国務院 2003)[76]。また、「県レベルの政府は本地域におけ

る教育発展企画、経費の管理、校長および教師の人事などについて直接責任を負うこと」としている (国務院　2003) [77]。このような義務教育における「県を主として」の制度は、義務教育の財源は従来の義務教育の「郷」行政府が責任を負うことから、1つの格上げの行政府、「県政府」に委ねるものとなっている。この意味では、分権というより、財権には集権化する動きがうかがえる。とはいえ、前述した教育政策を通じて、1985年からの中国における教育の管理制度は依然として分権を維持していると考えられる。

　しかしながら、分権の流れの中、いかに地域の格差を縮小し、均衡発展を達成するかが諸教育政策の中で論じられている。こうした主張は、主に2つの時期—準備期と本格期—に分けられる。準備期としては2005年の『義務教育における均衡発展をさらに推進することに関するいくつかの意見』(以下は『均衡発展意見』と略記) が公布された前の時期である (教育部　2005)。その具体的な施策は、恵まれない学校の内容充実、農村地域の教育を考慮すること、「弱勢群体」(恵まれない子どもの集団) に関心を払うことである。本格期としては、『義務教育均衡発展をさらに推進することに関するいくつかの意見』(以下は『均衡発展意見』と略記) を公布してからのことである (教育部　2005)。

2.5.2.　義務教育における格差是正について

　義務教育における格差を是正するための政策は、「薄弱学校」(特別支援学校を指す) の内容充実、農村地域の小中学校における質の向上、義務教育における均衡発展という3点に集約することができる。まず、「薄弱学校の強化」について見てみよう。

(1)「薄弱学校」の内容充実

　「薄弱学校」の内容充実に関しては、1986年の3月に公布された『中学校の地方改革における中学校の募集方法を普及させることに関する通知』[78]で「薄弱中学校の内容充実を図る」として提唱されたのが最初である (国家教育委員会　1986)。しかし、ここでは単に「薄弱学校」の内容充実の言葉に触れただけであり、具体的な施策を取り上げなかったのである。「薄弱学校」の内

容充実について詳しく論じた教育政策は『大中都市における薄弱学校の内容充実を強化し、義務教育段階にあるすべての小学校を改善することに関する若干の意見』[79]である（以下は『意見』と略記）（教育部　1998）。

　『意見』には、「薄弱学校」が生じた要因や特徴などが取り上げられている。例えば、その発生要因としては「学校を経営する条件が良くない」、「学校のリーダチームが強くない」、「教師チームが弱い」、「児童・生徒の質が良くない」などがあげられてある（教育部　1998）[80]。一方、「薄弱学校」の特徴としては「学校の管理が良くない、教学指導の質が低い、社会的な評判が低い、児童・生徒が行きたがらない、保護者が信用できない」がある（教育部　1998）[81]。そのため、その弊害としては「義務教育の段階においての教育機会の平等を実現することができない、学校選択においての費用を高く徴収しても根本的に解決することができない、素質教育を全面的に推進することができない」とされているのである（教育部　1998）[82]。以上により、「薄弱学校」の問題を解決するためには、教師チームの育成をはじめ、評価制度の改革、学校の条件の改善や生徒募集制度の改革など10項目の意見が取り上げられた。

　これらの一連の施策を通じて、義務教育段階のすべての学校を良くすることや学校間格差を是正する意図がうかがえる。また、「薄弱学校」の内容充実に関しては、その後の一連の教育政策によってさらに強化されるようになっている。例えば、1999年の『中共中央国務院は教育改革を進化し、素質教育を全面的に推進することに関する決定』の中では、「薄弱学校」の教育チームの強化を再び提起している（中共中央国務院　1999）[83]。

　一方、格差を是正するためには、大中都市の小中学校の中の「薄弱学校」の内容充実にとどまらず、農村地域にある小中学校の質を高めることも素質教育政策の中に取り入れたのである。次は、農村地域における小中学校の質を高めることに目を向けよう。

(2) 農村における義務教育の発展

　前述したように、教育の格差を是正するためには、「薄弱学校」の内容を充実すると共に、農村教育を発展させることも含まれていた。農村教育の発

第2章 素質教育政策の検討　123

展を求めて「教育公平」と「社会公正」とにつなげる教育政策は『国務院農村
教育の取り組みをさらに強化することに関する決定』[84]（以下は『決定』と略記）
である（国務院　2003）。『決定』においては農村教育の取り組みに関する重要
性の指摘、義務教育の成果と質の向上、農村教育改革の深化、管理体制の改
善、恵まれない学習者に対する就学制度の改善、教師の質を高める、IT化
の実施、農村教育の事業の支援という8つの側面をめぐって論じられてきた。
『決定』の内容を踏まえると、農村における基礎教育に関する施策について
は主に4つの特徴があげられる。

　第1に、政府が教育の責任を負うようになっている。つまり、農村教育に
関しては従来の「農民が営むこと」から「政府が営むこと」へと移行されたの
である（蘇　2004,p.22）。それによって、中央、地方と地（市）レベルの行政府
に移転支出（transfer payment）を増やすことによって財政が苦しい「県」の教育
経費支出能力を高めることが可能になる。具体的には、「県」レベルの行政
府は義務教育費を増加し、義務教育の経費の全額を予算に入れることができ
る。省レベルの政府は管轄区内におけるすべての県の財政能力を考慮し、財
政が困難な県に対して移転支出を増加することを行う。ここで指摘しなけれ
ばならないことは、県政府が義務教育経費を負担する主体であることである。

　第2に、教育の質を確保するために、教師の招聘（募集）制度を全面的に実
施していることである。つまり、農村教育の質を確保するために、教師の質
に達していない人を雇用することはできない方向付けである。

　第3に、農村における児童・生徒は教育を受ける機会が確保されるように
なった。これについて2つの側面が考えられる。まず、農村における子ども
の貧困による不登校などを防ぐために、「両免一補」（「両免」は雑費の免除、教
科書の費用の免除であり、「一補」は寄宿生の生活費を援助する）を実施している。そ
の上、200万人以上といわれる「農民工」（都市に出稼ぎ農民）の学齢期にある
子どもはより平等な教育機会を与えられるような政策が取られている。

　第4に、農村小中学校にeラーニングを普及させるものである。在学5年
間を使って、農村における中学校はメディア教室を持ち、小学校は衛星によっ
て学習を行う授業センターを持ち、学習ソフトとそれを映す設備が備えられ

ている。ここで、留意すべき点としては、eラーニングに対する費用投入は地方行政府が主体となって行うことである(国務院 2003)。

以上、教育格差の是正について「充実期」にある都市に存在する「薄弱学校」の内容充実や農村における義務教育の発展をめぐって検討してきた。これらの一連の施策を通じて、義務教育における教育の「質」と「平等」が追求されていることが読み取れる。次は、教育格差を是正するための「本格期」を見てみよう。

(3) 義務教育における均衡発展

義務教育における均衡発展は『義務教育における均衡発展をさらに推進することに関するいくつかの意見』(下記は『意見』と略記)にて提起された(教育部 2005)。『意見』は6つの部分からなっている。主な内容は以下通りである。①義務教育における均衡発展の重要性を指摘すること、②学校間における学校運営の条件格差を是正すること、③農村地域および城・鎮における教師養成、④すべての学校の教学の質を高めること、⑤恵まれない児童・生徒が義務教育を受けることを確保すること、⑥査察評価体系を作り出すことである(教育部 2005)。

前述した6つの側面をめぐってその具体的な内容を取り上げながら、検討すると以下のようになる。

第1に、均衡発展の重要性を指摘する部分には、まず「義務教育の均衡発展の指針として社会主義の『和諧社会』を作り出すことに重要な役割を果たすことを十分に認識する」ことが指摘された(教育部 2005)[85]。これによって、義務教育の均衡発展は教育の目標だけではなく、社会理想を実現する手段であるとされたことがうかがえる。その上、義務教育の重点は「すべての学校がよくなり、すべての児童・生徒の健康的な成長をさらに着実に進め、「城・郷」間、地域間、学校間における格差の拡大傾向を確実に止め、農村地域および城・郷における薄弱学校の経営条件を積極的に改善する」ということが指摘された(教育部 2005)[86]。このように、社会構造によって生じた「城・郷」の格差、地域間の格差、学校間の格差を是正することを通じて、すべての児

童・生徒の質の向上を目指すことが読み取れる。そのため、「平等」の理念がさらに重視されていると考えられる。

第2に、学校の経営条件の格差是正は、「薄弱学校」の内容充実、資金調達、「就近入学」（地区入学）という3つの側面から展開されている。しかし、ここで指摘すべきことは、「薄弱学校」を定義する前提はこれまでの「格差」原理に基づいたものであるということである。なぜなら、「薄弱学校」という概念は地域内（特に省の単位）において作り出されたものだからである。その根底には前述した義務教育分権の問題と関連するものがある。

例えば、『意見』によると、省レベルの行政部門は国家の関連規定と当地の実際の状況とに応じて、義務教育における学校の経営条件に関する基本要求を策定し、各県（市、区）はこのような基本要求に達していない「薄弱学校」に対して時間限定で改造計画を制定する。そのため、「薄弱学校」という内実は地域によって異なるものである。例えば、Aという先進地域にある学校では「薄弱学校」であっても、非先進地域では、「薄弱学校」といえない可能性がある。そのため、1つの問題が生じる。それは、前述で指摘したように、中国における各地域あるいは各省の間には格差が存在し、前記の概念は、各省の実情に応じて作られたものであるため、地域内あるいは省内においては一定の機能を果たしているかもしれないが、地域間にある格差を是正することに役立つとは考えにくい。

さらに、『意見』の中で「県は各教育経費の統一的な企画を強化して農村学校や城・郷にある薄弱学校に精力的に取り組み、資金投入も行う」と指摘された（教育部　2005）[87]。このように、「薄弱学校」を改善するための資金調達に関しては、「県」のレベル行政府に依拠していることがうかがえる。前述した義務教育資金の拠出と同じように、「県」行政府は「薄弱学校」を改善することに必要な資金を拠出する。すなわち、資金調達を「県」レベルの行政府に依拠するため、当初の義務教育の重点である「城・郷間、地域間、学校間」における格差を是正することと矛盾しているように見える。さらにいえば、このようなやり方を通じて、義務教育における「すべての学校」や「すべての児童・生徒」をよりよくするという見解には吟味すべき余地がある。なぜなら、

ここでの「すべて」はもともと同じスタートラインではなく、階層別ライン
が存在するからである。この点についてこれからの章の中にて再び提起した
い。

第3に、農村地域および城・郷における教師養成に関しては、農村地域と
城・郷における「薄弱学校」の教師チームを養成する。その具体的な実施の
原理としては、関連教育政策を「薄弱学校」に集中させることである。例えば、
城・郷の教師は農村の学校に赴任すること、「同一区域における同類教師の
給料は基本的な同じ」ことであるなどである (教育部　2005) [88]。そのほかに
教師研修費用の増額や教師のeラーニングの教育を推進することも取り上げ
られている。

第4に、『意見』は「有効な体制を作り、すべての学校の教学の質を高める
ことに努める」[89]としている (教育部　2005)。ここでは、「全面的に素質教育
を推進し、教育の質を向上させることは義務教育の均衡発展おける根本的な
任務」[90]であることが指摘された。具体的には、課程の実施、査察評価体系
と教学指導体系の構築、eラーニングを義務教育における均衡発展に寄与す
るものとしている。しかし、新しい課程改革と同じ問題が存在していると考
えられる。例えば、IT化に必要な設備の確保が重要な課題となっている。

第5に、貧困層の教育が課題となっている。『意見』では、「各項目の政策
を着実に行い、経済的に恵まれない階層の児童・生徒の義務教育を受けるこ
とを確実に保証する」こととされている (教育部　2005) [91]。具体的には、「各
地域は貧困家庭出身の児童・生徒を援助する国家政策を着実に行う」ことが
指摘された (教育部　2005) [92]。例えば、行政府は農村の義務教育に必要な教
科書を購入すること、貧困層の児童・生徒に対する生活援助を行うなどであ
る。さらに、ここで指摘しなければならないことは、農民工 (都市への出稼ぎ
農民) の子どもの教育を教育政策に入れることは非常に意義があるというこ
とである。これによって農民工の子どもに対する差別的な扱いを是正できる
ようになった。例えば、農民工の子どもの学費の徴収は都市の子どもと「同
じように扱う」[93]政策が提起された。さらに、障害者の義務教育にも触れら
れている。それによって貧困層の子どもの権利が教育政策によって保障され

るようになっている。

　第6に、査察評価体制を設けるものである。具体的には、教育均衡発展の実施状況を把握するために、査察評価体制が設けられた。また、この体制の運営主体は、主に、国家の督導団[94]をはじめ、各省、自治区、直轄市の人民政府の査察部門である。そして、県レベルの教育行政部門を主な運営主体に指定した。最も重要なことは、義務教育における均衡発展の実施状況が地方の行政者の業績とつながるようにしたことである。

　以上にて『意見』における6つの項目の内容を検討してきた。ここで特記すべきことは、均衡発展を実現するためには、格差に基づく原理を踏まえたものが必要とされていることである。例えば、前述したように、教育における格差の是正は地域間、地域内（城・郷）、学校間にある格差を是正することを指すものである。いずれにしても、義務教育における均衡発展に対する具体的な施策は地方政府が責任を負うこととなる。特に、県行政府はその責任の主体である。そのため、義務教育における格差の是正は地方の状況に対応しながら実施されている。すなわち、県行政府単位で行われていることである。そのため、地域格差を是正することを通じて、全体的な格差を是正しようという狙いがうかがえる。このような体制は理論的には明快であるかもしれないが、実践的なレベルに降りると、逆効果を招く可能性がある。すなわち、次の2つの問題をはらんでいると筆者が考える。第1に、局部の調整は成功したとしても、全体的な格差是正の視点から見ると、以前から存在している格差がそのまま保持され、あるいは拡大されるという恐れもある。第2に、局部の調整も成功せず、地域間、地域内の格差がさらに拡大することである。本研究は上記の問題を先進的な地域にある小学校と非先進地域にある小学校における素質教育の実践状況の観察・検討を通じて、この点を検討する。

　その他の問題として『意見』は教育政策の中での恵まれない児童・生徒の扱い、さらには、その査察体系について取り上げる。『均衡発展意見』の公布は中国の社会理念の転換が進んでいることがうかがえる。すなわち、「平等」あるいは「公平」の追求が教育領域にて取り組まれていることがわかる。

本節では、素質教育政策における素質教育を実現するための施策を検討してきた。しかし、これらの施策が役割を果たしたかどうかは素質教育政策の原理と対比して考えることが必要となる。そのため、次節では素質教育政策に基づく原理を見てみよう。

3. 素質教育政策が基づく原理

上述した素質教育政策は主に3つの原理に基づき策定されていると考えられる。それは、「格差原理」、「補償原理」、「平等原理」の3つである。まず、「格差原理」について見てみよう。

3.1. 格差原理

ここでの「格差原理」というのは、中国の教育政策を策定する際に、地域格差の現状を認識した上でこれらに弾力的に対応するものである。例えば、前述したように、1985年の『中共中央の教育体制改革に関する決定』では、中国の経済と文化に存在する不均衡の実情に基づき、全土を3つの地域に分けた。その上で各地域に応じてそれぞれ異なった義務教育の内容と要求を提起したのである (中共中央 1985) [95]。こうした「格差原理」はすべての教育政策でも貫かれ、2000年以降の教育の「質」と「平等」を追求しようとする政策の中にも、反映されている。例えば、2001年の『基礎教育課程改革綱要』では「本校課程」を策定する際にこのような原理を取り入れたと考えられる。学校は「所在地の社会・経済発展の具体的な状況に応じて自校の伝統と優位点、児童・生徒の興味とニーズとの結びつきを基に自校に適応する課程を開発し、あるいは選択」することが求められている (教育部 2001,p.11)。

一見すると、前述した内容は魅力的なものであろう。学校の実情に応じ、地域の優位点を活かすなどを通じて、学校の多様性を発展させることにもつながるであろう。しかし、中国の現状と義務教育の管理制度を踏まえてこれを検討すると、この施策の根底にあるのが「格差原理」である。前述したように、「城・郷二元制」という社会構造に基づいた中国の現実は地域格差が

第2章 素質教育政策の検討 129

激しいのであり、むろん、ここの地域格差は「城・郷」という次元だけでは
なく、地域内、地域間という次元まで及ぶものである。こうした地域格差の
前提にある義務教育の制度は基本的に「地方責任制」であり、正確に言えば、
末端にある行政府が(郷・県)責任を負うものである。そのため、義務教育の
経費を調達するのは、地方政府の財政力に関わる。つまり、義務教育の投資
は財政力が恵まれた地方政府と恵まれない地方政府とで差が生じる。なお、
こうした「格差原理」は前述した格差を是正しようとする各施策に関わって
いる。そのため、「薄弱学校の内容充実」、「農村教育の発展」、「恵まれない
児童・生徒の教育」に関する施策は実施段階に至ると地方の経済的実力と緊
密につながらざるを得なくなっている。以上により、素質教育政策を策定す
る前提の1つは「格差原理」を踏まえることにあることがうかがえる。次に、
「平等原理」を見てみよう。

3.2. 平等原理

　前述したように、義務教育の施策は「格差原理」という前提に基づくもの
である。とはいえ、こうした「格差原理」が存在しても、実際には「平等」理
念と連動している。なぜなら、前述した一連の弾力的な対応は、1つの戦略
であるからである。「格差原理」を通じて、学校格差が生じたとしても、ま
ずは、先進地域や先進学校を作り出す。こうした先進地域あるいは先進学校
は後進地域あるいはそうした地域の学校を支援することを通じて、全土のレ
ベルを向上させていこうという政府の期待がある。この戦略は改革開放の鄧
小平の「先富論」(先に一部の人々は金持ちになる)と合致している。つまり、全
土の教育状況はどうであれ、とりあえず一部の地域あるいは一部の学校の教
育の質の向上を図る。次に、こうした地域あるいは学校にはモデル効果を発
揮させる。すなわち、先進的な地域あるいは学校は後進地域や学校を支援す
ることを求めている。こうした戦略は『国務院の農村教育の仕事をさらなる
強化することに関する決定』の「対口支援制度」によってより強く反映されて
いる(国務院　2003)。

　ここで言う「対口支援」というのは、簡潔に言えば、経済の発展地域が遅

130

れた地域を援助することである。現在中国では、こうしたやり方は各領域にわたって実施されている。例えば、災難援助、経済援助、医療・教育援助などがあげられる。教育の領域においては、主に以下のような対応関係がある。「東部地域の学校は西部の貧困地域の学校を支援する」、「大中都市の学校は本省(自治区、直轄市)にある貧困地域の学校を支援する」ことである(国務院 2003)[96]。

さらに、中央政府は民族自治区における農村地域の教育を支援する。このように、先進的な地域にある学校は後進地域の学校を支援するという連鎖ができている。なお、こうしたやり方の最終の目的は、中国の教育全体のレベルを高めることであり、「すべての学習者」に質がよい教育を与えるという素質教育の目標と一致し、教育における平等を実現しようとするものである。

前述したように、素質教育政策を策定する原理には「平等原理」と「格差原理」がある以外に、「補償原理」がある。次は「補償原理」を見てみよう。

3.3. 補償原理

教育政策における「補償原理」は簡潔に言えば、教育資源が恵まれない地域、学校および集団に資源が傾注されることを指す。例えば、前述した『国務院の農村教育管理をさらに強化することに関する決定』によって提起された農村地域の子どもに対する「両面一補」政策である(国務院 2003)。あるいは、『教育部の義務教育均衡発展をさらに推進することに関する若干の意見』においては、経済的に恵まれない子どもの義務教育を保障するための施策を提起した。例えば、国家は貧困家庭の子どもに対する援助政策などを取り上げ、国の教育資源を西部の農村、貧困の県、少数民族地域に多く投入することである。

また、『国務院の基礎教育改革と発展に関する決定』にて提起された第2期の「国家貧困地域における義務教育プロジェクト」は正にそれである(教育部 2001)。この「国家貧困地域における義務教育プロジェクト」はこれまで国家の専用資金が最も多く使われたプロジェクトである。このような「補償原理」に基づいた教育政策は「資源配布の点では不平等であるが、公平を目指すも

のである」と言われた (褚・楊　2008,p.14)。しかし、ここで留意しなければ
ならないのは、「補償原理」を行っている主体は必ずしも中央政府とは限ら
ない。地方行政府もある意味では、その負担を負うものである。そのため、「補
償原理」の実施は地方行政府の経済的実力が影響している。

　本節では中国における教育政策の策定における原理を、「格差原理」、「平
等原理」、「補償原理」であるとした。しかし、一見合理的に見えるこれら3
つの原理はその実践のありようによってきわめて異なる結果をもたらすこと
が推測される。この点について次節にて再び論じたい。

4.　まとめと考察

　本章では、主に素質教育政策を中心に検討してきた。具体的には、教育政
策の内容を踏まえて、素質教育の教育政策を策定していく経緯、素質教育を
実現するための施策を明らかにしながら、素質教育政策が準拠する原理を明
らかにした。本節では、以上の内容を踏まえてまとめと考察を行いたい。

　まず、第1節では、素質教育に関する教育政策の経緯を検討した。それは、
主たる2つの段階に分けてまとめた。第1の段階は、素質教育の前史である。
つまり、素質教育が批判している応試教育に生じた「減負」という問題につ
いての教育政策を検討してきた。結論からいえば、応試教育によって課業負
担過剰という問題が生じたため、「減負」という対策が建国時からの中国の
教育史にて連綿と続いていると考えられる。また、この「減負」という理念は、
まずは、児童・生徒の健康を考慮することから、各能力の育成、すべての児
童・生徒のためという教育目標とつながっている。それ故に、「減負」とい
う理念は現在の素質教育を支える理念と整合する部分が多い。そのため、「減
負」という教育政策を素質教育政策の前史として本章では取り上げた。第2
の段階は教育政策において正式に素質教育を取り上げられた時期である。そ
れはさらに2つの段階に分けられると考えた。つまり、義務教育における「量」
の拡大期、もうひとつは「質」を高めた時期である。「量」の拡大期における
一連の教育政策においては、最初は「労働者素質」、「国民素質」が取り上げ

られ、素質教育の名前を直接使わずに始められたが、その後素質教育の名前が正式に教育政策の文献に出現するという経緯を辿った。さらに、この時期の素質教育の教育政策には「主体性の重視」、「全面的な発展」、「すべての学習者へ」という素質教育の理論界で取り上げられた3つの要素を視野に入れたのと合わせて、前史にて取り上げた上述の「労働者素質」、「国民素質」要素も含まれている。同時に、第2節にて触れた「道徳教育の重視」、「教師養成」、「評価制度の改革」などの関連する施策を取り上げた。

　他方、義務教育における「質」を高めた時期は、2000年の「2つの基礎」を実現してからのことである。この時期の「素質教育」の理念は学校教育の「質」を高めることと「平等」の理念のさらなる強化と考えられる。そこでの具体的な施策は「新しい課程改革の実施」と「義務教育における均衡発展」ということであった。ここで指摘すべきことは、これまでの素質教育には「平等」という理念がないわけではないが、この時期の「平等」は社会構成の最小の単位としての「個人」にとどまっており、社会構造の問題に対してはほとんど提起されていなかったことである。例えば、素質教育は、「すべての児童・生徒」を教育の視野に入れたことがうかがえるが、いかに「すべての児童・生徒」に高い質の教育を与えるかについての具体的な指摘がない。このような穴を埋めた主なものが2000年以後に打ち出された基礎教育の「質」を高める教育施策であろう。つまり、新しい課程改革の実施は教育の質を高めること、「義務教育における均衡発展」の実施は「すべての子ども・生徒」によりよい「質」の教育を与えることとされたのである。これらによって、人的な発展と平等の理念は素質教育の実施の段階に入ったと考えられる。また、素質教育の教育政策を見る限り、前章で検討した素質教育の学習者の「全面的な発展」、「すべての学習者へ」、「主体性の重視」という3つの要素は素質教育政策を貫くものであると考えられる。さらに、素質教育を通じて、ターゲットにしようとする能力は「創新 (innovation)・創造能力」、「理解能力」、「実践能力」などである。つまり、ユネスコによって推奨されている21世紀に生きるための能力と似ているものである。日本の新しい学力と重なる部分が多い。

しかし、ここでは看過することができないことがある。すなわち、前節で取り上げた「格差原理」、「平等原理」、「補償原理」は実践現場では、制約を受け、相互作用によって逆効果をもたらす可能性があることである。

　一見すると、3つの原理は「合理的」に見えるかもしれない。「格差原理」は中国の現状を考慮した結果であり、「平等原理」は民主的な理念あるいは一種の理想的な環境を追求するものであり、「補償原理」は結果としての「平等原理」を実現するために機能するように見える。しかし、現実としては、「格差」をさらに拡大するという深刻な問題が含まれているかもしれない。言い換えれば、教育における「すべての学習者」に良い教育を提供するという「平等」の実現と逆行にする危険性がある。なぜなら、前述したように中国の義務教育は「地方責任制」だからである。そのため、義務教育における素質教育の実施は地方の経済力と緊密に関わるものである。例えば、義務教育をはじめ、「薄弱学校」(特別支援学校)の内容充実やマイノリティ教育などを支える財政的な基盤は「県」行政府にある。しかし、地域の格差が激しいという中国の現実においては、こうした義務教育における「地方責任制」は両刃の剣の存在である。このことは、地域の活性化を推進し、教育における多様性を実現すると同時に、教育格差を拡大させる危険性があり、「平等」を実現することに対して逆機能が生じることも予想される。

　本研究ではこうした問題意識を念頭において、前述した中国社会の背景を踏まえながら、学校現場の素質教育の実践状況の分析を通じて教育の平等との関連を実証的に検討していく。特に、地域格差を踏まえながら、異なる3つの小学校におけるカリキュラムの伝達のプロセスに着目し、「教育機会平等」という視点から考察する。そのため、次章は上海市のS校の事例を通じて、先進的地域における素質教育の実践モデルを検討していく。

注
1. 〈http://www.cnki.com.cn/Article/CJFDTotal-RMJY195109018.htm〉、2012年3月28日入手。
2. 中央人民政府政府院は現在の共中央国務院に相当する。
3. 〈http://www.xj71.com/2011/0930/632006.shtml〉、2012年3月28日入手。

4. 〈http://mall.cnki.net/magazine/Article/RMJY195508009.htm〉、2012年3月28日入手。

5. 6つの指示は詳しくは以下の通りである。1、教材の量と授業の進度を把握すること2、学校外の宿題の加重負担を減らすこと3、日常の成績の考察を強化し、試験制度を改善すること4、授業以外の活動を改善すること5、休憩の時間を守り、学生の睡眠時間と休み時間を保証すること6、学校の管理者は授業活動、宿題、試験、授業の内容と量、授業の進度、課外活動、休みの時間などをよく理解し検査すること。

6. 〈http://www.cctv.com/special/756/1/50062.html〉、2012年3月28日入手。

7. 「読書無用論」は文化大革命の時に生まれた社会的病理である。つまり、知識の習得は意味がないということである。しかし、ここで留意すべきことは、当時生じた社会的問題「政治闘争」の結果であったと考えられる。一方、現在では、中国の学歴過剰の現実の中、就職難という社会問題が生じたため、「新読書無用論」は再び唱えられるようになっている。特に、農村の地域にある学生は「受験離れ」という現象が見られる。

8. 〈http://mall.cnki.net/magazine/Article/GWYB198318017.htm〉、2010年11月12日入手。

9. 10項目の規定は1、全面的に党の方針を徹底し、進学だけを目的として、労働の予備軍の育成を無視してはならない。徳育、体育、基礎知識の能力を育成することを無視して、点数だけを重視してはならない。中学校を無視して、高校だけを重視してはならない。2、学校の仕事を正しく指導して全面的に評価する。国および地方共に試験の序列は付けない、進学の指標を指定してはならない、進学率によって、教師に奨励や賞罰を行ってはならない。3、学校は指導要領の計画通りに課程を設ける。4、学生の政治思想教育を強化する。落ちこぼれの学生を軽蔑し、無断退学させ、もしくは転学させてはならない。5、学生の過多の学習負担を減らす。勝手に課程の内容を増やすことや早く課程内容を終わらせてはならない。課外宿題の量は中学校の場合は毎日1.5時間、高校の場合は2時間に制限する。6、学生の睡眠、休憩、課外の文化スポーツ、科学技術の活動の時間を保証する。7、学生の日常の生活状況をさらに把握する。頻繁に試験を行ってはならない。8、学校の正常な授業活動の秩序を保証する。学校は全日制の補充学級を作ってはならない。9、各教育研究機関は受験に対する模擬試験や受験目的の予想問題作成、復習資料の発行を行ってはならない。10、各教育部門や学校は上に述べた規定を厳守しなければならない。

10. 〈http://china.findlaw.cn/fagui/p_1/88441.html〉、2012年3月28日入手。

11. ibid.

12. 素質教育の研究においては、素質教育の政策形成についていくつかの分け方があると思う(康　1999;王　2000;王・張　2004;潘　2002;周・張　2009;劉　2010)。詳細は序章を参考にされたい。本研究の対象は義務教育、特に小学校に着目したため、筆者には上述した分け方と重なるところも、異なるところもある。つまり、筆者が基礎教育の実施状況によって時期を分ける必要がある。そのため、第3期は教育の目的における「量」の普及の段階から「質」を追求するという基準に基づいて分けている。すなわち、第3期は義務教育が実現された2000年をその起点として用いている。

13. 〈http://gjs.ncepu.edu.cn/Html/Resource/ResourceDetail_101917.htm〉、l2010年11月12日入手。

14. 〈http://baike.baidu.com/view/1824843.htm〉、2010年11月12日入手。
15. 〈http://www.moe.edu.cn/publicfiles/business/htmlfiles/moe/moe_619/200606/15687. html〉、2012年3月26日入手。
16. 〈http://www.people.com.cn/item/flfgk/gwyfg/1988/206002198801.html〉、2012年6月14日入手。
17. 中国における一種の選抜・評価制度を指す。
18. 〈http://www.110.com/fagui/law_116576.html〉、2012年6月14日入手。
19. 〈http://baike.baidu.com/view/486179.htm〉、2012年6月14日入手。
20. 〈http://wuxizazhi.cnki.net/Article/ZONE199404001.html〉、2010年11月12日入手。
21. 〈http://www.cnki.com.cn/Article/CJFDTotal-ZONE199404002.htm〉、2010年11月12日入手。
22. 〈http://www.people.com.cn/item/flfgk/gwyfg/1994/206002199416.html〉、2010年11月12日入手。
23. 中国では、5年ごとに政府が将来計画を立て、今後5年間の政治や経済の発展の方向性をきめる。『九五』計画はその中の1つである。
24. 〈http://www.yxedu.net/show.aspx?id=30938&cid=154〉、2010年11月12日入手。
25. 〈http://wuxizazhi.cnki.net/Article/DDJY709.022.html〉、2010年11月12日入手。
26. 教育部の元部長であるが、行政レベルで、素質教育を提起した第一人者である。
27. 〈http://www.chinalawedu.com/news/1200/22598/22615/22793/2006/3/he7396032197360029150-0.htm〉、2012年6月14日入手。
28. 1989年、国家教育部、省・自治区・直轄市教育庁・地区・市教育局は各レベルの教育委員会と名称が変わったが、1998年、また再び従来の名称に戻った。
29. 〈http://www.npc.gov.cn/wxzl/gongbao/2006-05/24/content_5350139.htm〉、2012年3月28日入手。
30. 〈http://baike.baidu.com/view/2808339.htm〉、2012年3月28日入手。
31. 〈http://www.moe.edu.cn/publicfiles/business/htmlfiles/moe/moe_309/200412/4672. html〉、2012年3月28日入手。
32. 筆者が素質教育の政策をレビューしたことを通じて導かれた結論である。
33. 〈http://www.edu.cn/zong_he_870/20100719/t20100719_497964.shtml〉、2012年6月14日入手。
34. ibid.
35. 〈http://baike.baidu.com/view/486179.htm〉、2012年6月14日入手。
36. 〈http://www.edu.cn/jywx_9332/20100121/t20100121_443625.shtml〉、2012年6月14日入手。
37. ibid.
38. ibid.
39. 〈http://www.hzedu.net/Template/govManage3.aspx?id=730〉、2012年6月14日入手。
40. ibid.
41. 〈http://www.chinalawedu.com/news/1200/22598/22615/22793/2006/3/he7396032197360029150-0.htm〉、2012年6月14日入手。

136

42．ibid.

43．〈http://www.edu.cn/20010907/3000665.shtml〉、2012年6月18日入手。

44．ibid.

45．その原因としては、第8回の課程改革は「素質教育」を実現するために実施されているからである。

46．〈http://www.edu.cn/zong_he_870/20100719/t20100719_497960.shtml〉、2012年6月18日入手。

47．ibid.

48．〈http://www.edu.cn/zong_he_870/20100719/t20100719_497964.shtml〉、2012年6月14日入手。

49．〈http://www.hzedu.net/Template/govManage3.aspx?id=730〉、2012年6月14日入手。

50．ibid.

51．ibid.

52．〈http://www.hzedu.net/Template/govManage3.aspx?id=730〉、2012年6月14日入手。

53．〈http://www.edu.cn/zong_he_870/20100719/t20100719_497966.shtml〉、2012年6月14日入手。

54．ibid.

55．旧来、中央集権的であった管理方法が、新しい課程改革では中央から地方の学校に分権された。

56．〈http://www.edu.cn/zong_he_870/20100719/t20100719_497960.shtml〉、2012年6月14日入手。

57．ibid.

58．楊（2002）が指摘した三大政策は『中国教育改革と発展綱要』（中共中央・国務院1993）、『現在の中小学校の「素質教育」を積極的に推進することに関する若干の意見』（国家教委 1997）、『中共中央国務院の教育改革を深化し、全面的に「素質教育」を推進することに関する決定』（中共中央・国務院 1999）である。

59．〈http://www.hzedu.net/Template/govManage3.aspx?id=730〉、2012年6月14日入手。

60．〈http://www.chinalawedu.com/news/1200/22598/22615/22793/2006/3/he7396032197360029150-0.htm〉、2012年6月14日入手。

61．〈http://www.edu.cn/20010907/3000665.shtml〉、2012年6月18日入手。

62．ibid.

63．〈http://www.hzedu.net/Template/govManage3.aspx?id=730〉、2012年6月14日入手。

64．〈http://www.chinalawedu.com/news/1200/22598/22615/22793/2006/3/he7396032197360029150-0.htm〉、2012年6月14日入手。

65．ibid.

66．20世紀80年代以後、大学への進学率は高校を評価するための唯一の指標になったため、高校では進学率を追求する現象がますます激しくなる。このような教育問題を是正するために、国家教育委員会（教育部）は1990年6月6日『普通高校における卒業試験制度を実施することに関する意見』を公布した。そのため、水平試験と選抜試験を分けるようになっている。つまり、大学入試の成績は学習者を唯一の評価基準ではなく、

第 2 章　素質教育政策の検討　137

卒業試験の成績は学校を評価する根拠、あるいは個人の就職、軍入隊などの評価根拠
となっている。

67.　〈http://baike.baidu.com/view/2996450.htm〉、2012年6月18日入手。
68.　平等、公正、公平は同じ概念ではないが、共通点がある。楊(2006)が指摘している
　　ように、公平は「均等」という意味が強い、平等は制度などを指すことが多いのに対して、
　　公正は社会の環境を指すことが多い。そのため、教育においては、中国では平等とい
　　うより、公正がよく使われる。しかし、筆者は教育制度、特に政策に対して考察を行
　　うことを目的とするため、「平等」を取り上げる。
69.　袁(2005)によると、重点学校という政策は廃止されたとはいえ、優秀学校として相
　　変わらず存在している。そのため、こうした優秀学校は、かつてと同様に資源分配に
　　恵まれた状態は変わらないのである。
70.　〈http://www.edu.cn/zong_he_870/20100719/t20100719_497960.shtml〉、2012 年
　　6月14日入手。
71.　ibid.
72.　ibid.
73.　〈http://baike.baidu.com/view/486179.htm〉、2012年6月14日入手。
74.　ibid.
75.　〈http://www.moe.edu.cn/publicfiles/business/htmlfiles/moe/moe_1778/200710/27725.
　　html〉、2012年6月18日入手。
76.　ibid.
77.　ibid.
78.　〈http://wuxizazhi.cnki.net/Article/RMJY1986Z1005.html〉、2012年6月14日入手。
79.　〈http://baike.baidu.com/view/2993541.htm〉、2012年6月14日入手。
80.　ibid.
81.　ibid.
82.　ibid.
83.　〈http://www.chinalawedu.com/news/1200/22598/22615/22793/2006/3/
　　he7396032197360029150-0.htm〉、2012年6月14日入手。
84.　〈http://www.moe.edu.cn/publicfiles/business/htmlfiles/moe/moe_1778/200710/27725.
　　html〉、2012年6月14日入手。
85.　〈http://baike.baidu.com/view/2996450.htm〉、2012年6月18日入手。
86.　ibid.
87.　ibid.
88.　〈http://baike.baidu.com/view/2996450.htm〉、2012年6月18日入手。
89.　ibid.
90.　ibid.
91.　ibid.
92.　ibid.
93.　実は、中国では戸籍制度があるため、戸籍の所在地で学校に入学するという制度がある。
　　そのため、農民工の子どもは都市の学校に就学する権利を持っていない。その上、学

校は学費のほかに「転学料」という費用を農民工の子どもに課する時期があった。

94. 教育督導（査察）は教育査察機関あるいは視察員は国家の教育方針、政策、法律・規定に基づいて下位の機関に対して監督、検査、評価、指導などを行うものである。2009年公布された『国家教育督導条例』（請求意見稿）によると、教育督導を総合督導と専門督導に分けている。

95. 〈http://www.edu.cn/zong_he_870/20100719/t20100719_497960.shtml〉、2012年6月14日入手。

96. 〈http://www.moe.edu.cn/publicfiles/business/htmlfiles/moe/moe_1778/200710/27725.html〉、2012年6月18日入手。

第3章　先進地域における上海市の事例

　本研究は、現存する地域格差が大きい中国の現状を踏まえ、小学校が素質教育政策を推進するに当たり、地域間差異化、特に格差が形成されていく過程に焦点を当て、「教育機会の不平等」のメカニズムを明らかにしながら、義務教育における公教育の役割、特に「公共性」と「平等性」を問うことを目的とする。そのため、本章では、まず、素質教育の先進地域としての上海市のS校の事例を取り上げる。S校の事例を通じて、先進地域における「先進都市型の素質教育」の実践モデルを明らかにする。

　以下、これについて詳細を述べる。第1節では問題設定を行い、第2節ではS校のプロフィールを紹介する。第3節では、「応試教育」で重視される「伝統的な教科」（算数）の実践を明らかにした上で、第4節では、その対極に位置すると思われる素質教育を実現するために教育課程に設置された「本校課程」の「文博教育」[1]の実践を明らかにしていく。第5節では、こうした素質教育の実践を踏まえて、いかなる成果がもたらされたかを検討する。第6節では、こうした素質教育の実践を支える条件を解明し、第7節では素質教育の実践の要因を明らかにしていく。最後に、第8節ではまとめと考察を行う。

1.　本章の問題設定

　第2章で述べたように、今日の中国の教育政策においては、義務教育における「均衡発展」、つまり地域格差、教育格差の是正は重要課題となっている（教育部　2005）。これに関連し、本研究の目的の1つは、実践現場において、地域間格差に応じたカリキュラムの差異化が事実上、格差化と結びつきうる

様相を、素質教育の事例調査を通して考察することである。具体的には、素質教育をめぐる政策レベルの理念と学校の実践との一致やズレがどのように生じ、どの部分で格差化が起きているかを明らかにすることによって、素質教育と地域間格差の問題を新たな視点から再考察することを目指す。

　行政レベルでの「素質教育」の理念と学校の実践との関係を考察する前に、2つの問題について改めて説明する必要がある。つまり、カリキュラムの伝達・構成に着目する理由と教科を選択する理由である。詳細は序章の方法論ですでに扱っているので、ここでは、簡単に触れることにする。

　まず、カリキュラムの伝達・構成に着目した理由は、2点に集約する。第1に、教育改革において教室のプロセスを知ることの大切さが指摘されてきたにも関わらず、学校の中のプロセスがブラックボックス化されてきたことである(柴野　1981,p.1)。人によって異なるカリキュラムを受けることを通じて、学習経験をもまた左右されることが指摘されてきた(田中　2001)。第2に、素質教育の実施とカリキュラム改革との関連性を解明することの重要性である。素質教育の実施はカリキュラムの改革によるものとされている(燕1996；柳　2000；劉　2001；袁　2006；朱　2007)。特に、2001年からの新しい課程改革の実施は「素質教育」の理念が具体化されたものと言える。そのため、カリキュラムは素質教育を実現するための重要な媒介物であると考えられる。

　一方、本研究での教科選択の理由について(詳細は序章を参照されたい)は、主に教科の性質にこだわった結果である。本研究で検討しようとする教科は、「算数科」と「本校課程」の教科である。序章で指摘したように、素質教育は応試教育を批判するために提起されたものである。そのため、応試教育と完全に離れて素質教育を検討することが不可能なことである。それ故、素質教育の実践を見るために、応試教育の性格が強い受験教科を見る必要がある。その反面、素質教育を検討する際に、素質教育と結びつけられやすい教科も検討する必要があり、本研究では「素質教育」の理念を推進するために設立される「本校課程」を取り上げる。

　以上の内容を受け、本章では、先進地域における都市型の素質教育の実施

モデルとは何かをメイン・クエスチョン（以下　MQ）とする。しかし、この
MQを明らかにするためにより具体化した問いが必要であると考えるため、
いくつかのサブ・クエスチョンを設定する。サブ・クエスチョンは以下SQ
と表示している。SQ1を素質教育先進地域の上海のS校における、「算数科」
での素質教育の実践のあり方と設定した。この問いに応えるために、「算数」
の授業に注目した。

　序章で本研究では、素質教育を(1)学習者の「主体性の重視」、(2)「全面
的な発展」の育成、(3)「すべての学習者」に向けられるという3つの要素を
持つ教育実践だと定義した。中国においては、素質教育は教育政策の1つの
軸になってきたため、原則として、以下検討する授業はすべて、少なくとも
建前上は素質教育の実践として実施されている。しかし、その中には、前述
した素質教育の定義に照らし合わせ、素質教育の特徴を持たないものも含ま
れている。表向きは素質教育の実践を表明しながら、実際は素質教育の要素
を持たない、ないしそれが部分的にしか見られないのはなぜか。本研究は、
都市と農村の地域差を考慮した学校のフィールドワークを通して、この問い
を考察し、それによって、冒頭で述べた問いに接近したいと考えている。こ
れを行うに当たって、素質教育を表明している顕在的な素質教育のカリキュ
ラムだけでなく、指導案、授業、教師インタビューなどを基に、素質教育の
推進を阻む潜在的なカリキュラムの検討を通して、表向きの素質教育とは別
の要素、具体的には、応試教育的要素がいかに介在するかを見てみよう。

　そこで、学校カリキュラムの2つの次元、すなわち、公的に支持され明示
される (manifest) 次元と潜在的意図されていない (hidden) 次元に応じて、そ
れぞれ「顕在的 (manifest) なカリキュラム」と「潜在的 (hidden) なカリキュラム」
と呼ばれるが (柴野　1981；恒吉　1992)、本研究では、「顕在的なカリキュラム」
は「公的な教育機関である学校によって意図的に組織化された学習経験の総
体」であるとの定義を用いる (Musgrave　1979,p.193)。

　一方、「潜在的なカリキュラム」は様々な側面に適用され、生徒同士の関
係に注目し、生徒が教室で学級生活に適応するために、一般的な社会生活に
必要な態度や規範を学んでいる中で潜在的なルールや力 (権威) があることを

指摘したジャクソン (1968) の研究に始まり、その後、教師や生徒の関係にとどまらず、環境や人間関係をも含まれるようになっている (Giroux 1978)。さらにマクロのレベルまで広げる研究、例えば、学校における社会再生産の視点から学校体系の「潜在」的なカリキュラムの意味を捉える研究もされている (Illich 1970; Apple 1979)。また、恒吉 (1992) は、日米文化比較の視点から「潜在的なカリキュラム」の役割に注目している。このように、「顕在的なカリキュラム」は、公に明言的意図的に組織化 (顕在的) されたところが特徴的であることに対して、「潜在的なカリキュラム」は語られなくて「潜在的」なものであるが実際は顕在的カリキュラムと同様に影響力を持つものとされる。

　以上により、本研究では上述した「顕在的」と「潜在的」という概念を援用し、素質教育に焦点を当て、先行研究や政府の文献をはじめ、筆者の調査データなどに基づいて本研究の分析概念としての「顕在的な授業構成」と「潜在的な授業構成」を提示しようとする。序章で指摘したように、学力観の視点から素質教育と応試教育は日本の「新・旧」学力観に相当するものである。また、両者は対立的な関係として捉えられることが多く、応試教育を批判するために、素質教育が打ち出された経緯がある。また、素質教育は一連の政策を通じて、強力的に推進されている (第2章を参照されたい)。そのため、素質教育は国家によって意図的組織的に推進されていると言えよう。

　中国は中央集権の体制であり、学校は中央政府の政策を反映して、顕在的には素質教育を意図的組織的に推進しようとしていることが、本研究の観察データでも裏付けられる。特に、授業においては、教師は意図的に素質教育によって推奨された授業方法や教育理念を実現しようとしている。こうした、素質教育で表向きに意図されている特徴が見られる授業を推進する授業構成を、本研究では「顕在的な授業構成」と呼ぶ。それに対して、当事者 (教師など) が必ずしも意図せずに実際は行われている授業 (応試教育を反映され、素質教育に対して推進する場合も阻害する場合もある) 構成を「潜在的な授業構成」と呼ぶ。特に、本研究では「潜在的な授業構成」においては素質教育にとって、阻害するような側面に注目する。素質教育をうまく推進できないのは応試教育 (特

第3章　先進地域における上海市の事例　143

に受験競争）が強力的な存在からであると指摘されたことが多い中で（柳
1997；鐘　2003；教育部　2010；叶　2011）、受験競争のコンテクストの中、素
質教育の実践を見る意義はあろう。

　「顕在的な授業構成」と「潜在的な授業構成」においては具体的な構成項目
がある。本研究では主に授業改革の視点から構成項目を設定した。なぜなら、
新しい課程改革は素質教育を具体化しようとしたものであると思われ、また、
こうした中で、授業改革は最も肝心なものであるといわれている（楊　1995；
燕　1999；鐘　2001）。また、こうした認識は政府の文献の中にも反映されて
いる。例えば『基礎教育課程改革綱要（試行）』においては、応試教育が求め
る暗記や機械訓練のような教授法や、教師が主役となることなどを批判し、
素質教育を推進するに当たって、教授法と教師と児童・生徒の関係などの変
革を求めている（教育部　2001,p.7）。なにより、筆者は研究調査のデータに基
づき、「授業スタイルの変化」、「教師・児童の役割転換」、「教師権威の緩和」
を抽出した。

　ここで、1つ指摘しなければならないことがある。つまり、「顕在的な授
業構成」の項目の設定は「変化」という発展のプロセスを求める単語が使われ
た。そのため、本来は「変化」前の観察が必要であろう。しかし、筆者は「変
化」前の授業観察ができなかった。にも関わらず、筆者は敢えて「変化」の言
葉を使いたい。その理由は、新しい課程改革の実施時間および調査学校から
のフィードバックの内容にある。

　中国での新しい課程改革（素質教育を推進するため）は2001年から始められ、
現在まで続けている。そのため、ここでの「変化」は新しい課程改革が実施
された前と相対したものであると思われる[2]。また、こうした変化は学校の
調査資料でも示される。例えば、上海市のS校には2002年において「児童
は授業の主役」という授業改革に対応する内部資料がある[3]。さらに、校長
をはじめ、教頭、教師に対するインタビューにもこれに関連した点を確認し
た。これに対して、L市の都市部のG校は、2004年から新しい課程改革を
実施始めた上に、「新しい課程改革に応じるための教師訓練」という内部資
料の中では、「授業スタイル」や「教師・児童の役割」などの変化を求めてい

る[4]。

　L市の農村部のH校は2005年から新しい課程改革を実施し始めたが、3校の管理者や教師に確認した内容によると、新しい課程改革の前には筆者が調査した3校はいずれも、応試教育的な教育実践を行っていた。こうした変化は先行研究でも指摘され、例えば、叶 (2005) は12校の小中学校に対する調査の結果、新しい課程改革の実施によって授業においての授業スタイルや教師・学習者の役割の変化が程度の差があれ、見られたという。また、同じような結論は、様々な研究者や政府レポートがたびたび指摘した (顧　2006；韓　2005；徐　2006；教育部　2006)。

　以上を踏まえながら、筆者は自らの調査データを分析した結果、素質教育の授業の実践における「顕在的な授業構成」には「授業スタイルの変化」、「教師・児童の役割転換」、「教師権威の緩和」という3つの項目がある。一方、「潜在的な授業構成」に関しては応試教育に特徴的なものに注目し、素質教育で批判されている「効率性の追求」、「教科学力の重視」、「教師権威の再構築」という側面を有している。

　また、この2つの概念は筆者が分析するために、便宜上に作り出したものであり、実際の授業には、明確な引き線がなく、両者は絡み合いながら行われている。そして、観察調査を通じて、「授業スタイルの変換」、「教師・児童の役割転換」、「教師権威の緩和」の3つの柱があると考えた。

　さて、「潜在的な授業構成」には教師が意図せざることだが、素質教育を阻むような授業の要因も含まれ、本研究ではこうした、「応試教育」の志向が認められるものに注目する。もっぱら、同じ授業で両者が見られる。例えば、「顕在的な授業構成」としては学習者が授業の主役であり、新しい課程改革で賞賛された授業方法を積極的に使うことなどが特徴の授業が考えられるが、そこにおいて、「応試教育」と結びつけられた特徴をむしろ示す授業構成、つまり、従来の[5]「教科学力」の習得を重視した授業効率性の追求や教師統制が強いなどの特徴を示すことが考えられる。そのため、「効率性の追求」、「教師権威の再強化」、「教科学力の重視」という3つの視点から「潜在的な授業構成」を考察する。

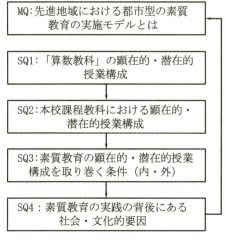

図3-1　本章の問題設定

　上述した内容を踏まえて再び問題設定に戻りたい。問題設定は以下の通りである。つまり、SQ1は、「算数科」の顕在的・潜在的授業構成とは何かということである。これに対して、SQ2は「本校課程」教科における顕在的・潜在的な授業構成とは何かを設定した。SQ3はSQ1とSQ2のような素質教育の実践を行うためにいかなるサポート条件を有するかを設定した。SQ4は上述した素質教育の実践を行う要因を社会・文化の側面から問うものである。これらは**図3-1**としてまとめられる。

<研究データ>
　中国の政治家および行政の担当者から中国の基礎教育改革が形式化しているという問題が指摘されてきた(王　2002；周　2006)。そのため、教育課程改革を行う際に、素質教育の実施するに当たってそれが本当に実質的に行政の意図した路線で実践されているかどうかを分析することに意義がある。また、こうした行政路線の実質化は本章で問題としている学校によるカリキュラムの差異化を考える上でも重要な論点であろう。したがって、筆者はS校の改革を考察する際に、データの連続性を考慮した上で、2005年5月20日の予備調査の授業観察のデータと2006年・2007年の授業指導案および

2008年5月26日〜6月3日の本調査のデータを併用した。2006年・2007年の指導案は義務教育研究の先進性で知られる華東師範大学大学の指導のもとで、S校の算数教師の研究グループによって作られたものである。

前述した『綱要』によると、新しい教育課程改革を推進する際に、こうした研究機関の参与は奨励されている (教育部 2001)。そのため、各地域の師範大学は新課程の展開において、重要な役割を果たすことが期待されている (叶 2006)。華東師範大学の課程研究グループはこうした時代の流れに乗って、設立されたのである。華東師範大学の研究グループは、上海市の学校現場との連携を通じて、新しい課程改革の理念およびモデルを推進することに重要な役割を果たしたと思われる[6]。S校の校長によると、S校は、華東師範大学との連携を2002年から始めているという[7]。

ここで、データの限界にも言及する必要があろう。まず、2005年の調査は予備調査であったため、算数授業の全体を追う形での観察はできなかった。このデータ上の限界を補うために、当時入手した4つの授業ビデオの分析を加えた。また、2008年の本調査の時に入手した2006年・2007年の指導案を併用したが、指導案に基づいた授業を観察しなかった。こうしたデータの限界を補うために、2008年の本調査の際に、指導案を作成した教師に対してインタビューを行った上で、これらの教師の授業を観察した。したがって、2006・2007指導案と2008年の実際の授業との一貫性があるかどうかをある程度類推することが可能である。

こうした観察や指導案と共に、教師をはじめ、学校の管理者、行政者、保護者、コミュニティの担当者などの広範な関係者に対してインタビューを行った。また、インターネットを通じて前述した関係者に対して数回のメールインタビューを行った。

本節は問題設定について説明を行ったが、次節は、調査対象としてのS校の考察に移る。

2. S校の位置づけ

前節では、本章の問題設定を述べたが、本節ではまず、S校が所在している上海市とS校の概況を紹介する。さらに、S校の事例が中国においてどのような位置づけにあるのかを明らかにしていく。これによって、S校の事例が示唆することを考えたい。

2.1. 地域—上海市について

前述したが、本研究は中国の地域間格差を考慮しながら行った。以下にS校が所在している上海市の地域特徴に触れながら、教育の特徴を明らかにしていく。

2009年現在、上海市は中国の人口の1%を占め、常住人口は1,900万人である。財政の収入は全国の12.5%を占める。2008年には、上海市のGDPは10,529ドルに達した[8]。こうした上海市は中国における教育先進地域としても知られている。

上海市における教育の主な特徴としては、2点に集約することができる。つまり、経済的に恵まれたこと、および教育の特権を持つことがあげられる。

第1に、上海市は経済に恵まれ、教育レベルは全体的に高い。義務教育段階の入学率は2009年において、99.99%であり、高校段階の入学率は97%になり、高等教育段階の進学率は83.3%に到達する[9]。高等教育段階の進学率から見ると、トロー (1976) が指摘したユーニバーサル段階に入っていると言えよう。また、一人当たりの教育費に関しては、2009年のデータによると、小学校は1400元であることに対して、中学校は1600元であり、全国の平均的な額より大幅に上回っていることが指摘されている (傅 2011)。また、2008年の前学期から、上海市で義務教育の「教材および練習ノート」の免除という政策が実施され始めている。本当の意味での義務教育が始まったと言える[10]。以上からもわかるように、上海市の教育は経済に恵まれた地域における先進性を持つものである。これは、序章で触れたように、上海市の教育は中国でモデルとして理解されることがある。

第2に、上海市の教育の特権性は主に法律・法規の作成権と教育改革の実践の先進性に表われている。上海市は教育改革の先駆的実験地域であるため、その「先進性」は教育の法律・法規の作成に関する政策レベルおよび教育改革の実践レベルという二次元における特権として適用されている。政策レベルに関しては、上海市は教育に関連した地方の法律・法規をつくる「特権」を与えられている。つまり、上海市は全国の教育の立法より先に教育の法規を作れるのである。

例えば、1985年7月、『上海市における義務教育の普及に関する条例』という議案が市人民代表大会の第8回4次会議で議決された。これは、地方の人民大会によって立法されることによって、全国に先駆的に義務教育の制度が推進されている例である。それに対して、翌年の1986年には「中華人民共和国義務教育法」が公布され、全国における義務教育を実施するための制度が作り上げられた。こうした時間軸を見ると、上海市は義務教育の実施は全国範囲の実施より一年早かったということがわかる。つまり、上海市は教育の法規・規定を作る際に、国のレベルより先行することができるということである。また、こうした先進的な法規・規程は、全国が関連する法規・規程を作る上で、青写真としての役割を果たすことも意味している。

なお、教育実践においても上海市は先駆的な存在である。例えば、教育課程改革の例を取り上げると、上海市は「教委」[11]からの委託を受け、1988年から「素質教育」の実施を探り始めている。そのため、上海市の課程改革は、第1期課程改革(1986～1997年)と第2期課程改革(1997年～現在)の実践時間は全国的な実践時間(2001年)より先に実行された。このため、上海市の教育は全国のモデルとなる存在として位置づけられているのである(傅 2007)。したがって、上海市での素質教育の実践を考察することは、中国全体の教育改革の動向を知る上でも、不可欠になっている。

2.2. S校について

本節では、本論文の調査対象校の1つであるS校について概観する。2008年現在、上海市には672の小学校があるが、S校はその中の1つである。S

校は、上海市の金融中心地である浦東区に位置する公立小学校である。現在
において、児童数は1000人弱であり、教師数は99人である。学級は29学
級であり、学級規模は30〜35人である。S校の児童は主に学区内から募集
されている。そのほか、才能を持つ児童や帰国子女のための特別募集枠が作
られている[12]。また、S校は5年制の学制を有している[13]。学校では設備が
完備されており、テレビスタジオ、コンピュータ室、ダンスルーム、美術室、
IT科学技術活動室、運動室、文化工作室などがある。S校は上海市で複数の
研究の研究拠点学校に指定されている。例えば、上海の小中学校の課程カリ
キュラム研究拠点学校、華東師範大学義務教育普及教育の研究拠点学校、上
海教師トレーニングセンター「校長トレーニングセンター」などである。S校
は、上海行為規範の先進小学校としての賞をはじめ、46個の賞をもらいな
がら、教師は国家をはじめ、市、区のレベルの賞を62個受けている。児童
は国家をはじめ、市、区レベルの賞を計366個もらっている。しかも、校
長のインタビューによると、経済的に豊かな地域の小学校であるため、S校
の児童は中産階級以上の家庭出身者が多く、保護者が主に管理職、企業家、
公務員など、高学歴を有したものであるという[14]。これは以下の**表3−1**の

表3−1　PTAのメンバーの学歴構成

年度	2005年度						2006年度					
学歴	各学年人数						各学年人数					
	一	二	三	四	五	合計	一	二	三	四	五	合計
高校	0	0	0	0	1	1	0	0	0	0	2	2
専門学校	0	1	2	1	1	5	0	1	1	2	0	4
大学	4	5	4	4	4	21	5	4	5	4	3	21
修士	1	0	0	1	0	2	0	0	0	0	1	1
博士	1	0	0	0	0	1	1	1	0	0	0	2
性別(男性)	1	1	4	3	1	10	3	2	2	4	3	14
性別(女性)	5	5	2	3	5	20	3	4	4	2	3	16
総計	6	6	6	6	6	30	6	6	6	6	6	30

出典：S校学校資料より作成したものである。

PTAの学歴構成からもうかがえる。

　表3-1はS校の2005年度および2006年度のPTAのメンバーの学歴構成である。示したようにPTAメンバーに関して2006年度の場合は、父親14人、母親16人である。2005年度は30人の中、父親10人、母親20人である。また、30人の中には2005年度と2006年度は大卒以上の学歴の所有者はそれぞれ24人に到達し、全体の80%になっている。表3-1はS校のPTAメンバーのデータであり、保護者全員の学歴ではないとはいえ、S校の保護者の中で高学歴の方が多いことがわかる。また、S校は恵まれた小学校であることは教師インタビューおよび学校参考資料のガイドライン[15]からも確認した。

　こうした社会的構成を見た場合、S校は中国全体の中では相対的に経済的に恵まれた学校であると言える。こうした都市中間層の学校で、素質教育を積極的に推進してきた先進地域の都市型素質教育の一例としてS校を取り上げる。

　S校は積極的に素質教育を推進してきたが、学校のパンフレット[16]と2008年の5月28日の上級機関の査察における校長の講演内容[17]を踏まえて、具体的に見てみよう。

　まず、S校のガイドラインによると、S校の学校理念は「全員発展、総合発展、主導発展、個性発展、生涯発展」である[18]。前述（第1章を参照されたい）したように、従来の「応試教育」が「少数」の一部の児童に向けた教育だったこと、児童の「主体性」を無視する教育であったこと、「アカデミックな意味での学力」のみを重視してきたことを批判するために、素質教育の推進においては、基本的な3つの要素を主張している。つまり、児童・生徒全体を対象にすること、全面的な能力を発展させることと主体性を育成することである（柳　1997）。このうち、S校の学校理念の「全員発展」は、素質教育がすべての子どもに向けられていることと一致している。また、学校が掲げる「総合発展」は、素質教育が全面的な発展と結びつけられていることと対応している。さらに、「主導発展と個性発展」は、素質教育理念の「主体性の育成」が反映されたものである。また、S校の学校理念の「生涯発展」はおそらく素質教育が生涯にわたって行われるとされることからきたものであろう。第1

章で見たように、教育のスパンの側面から考えてみると、「応試教育」は「学校教育」の段階に限定されることに対して、素質教育は生涯にわたって行われるものとして理解されているからである。

それに加えて、S校の学校資料によると、学校経営の主旨に関しては「優質な教育環境を作り、道徳が高尚でかつ専門性の高い教師陣を作り、全面的な素質を有し、創造能力がある児童を作る」[19]とされている。この学校経営の主旨における教師に関する内容は素質教育の施策の1つとしての「教師養成」とつながることがうかがえる。その「全面的な素質を有し、創造能力がある児童を作る」の部分は素質教育の重点事項である「児童の創造能力」の重視と一致している。また、S校の経営目標は「多元的に統合させ、整体的に優等させ、調和的に発展させる」[20]であり、すでに第1章で紹介した素質教育の政策を推進した「均衡的な発展」の理念と一致している。

こうして、S校の理念、経営の趣旨、また学校の経営目標は、忠実に中央政府をはじめ、上海市の「素質教育」の理念を反映していることがわかる。すなわち、「素質教育」の政策理念が、S校の公的な部分に関しては、中央—地方—学校という一本化したつながりとなって現われていることがうかがわれる。言い換えれば、S校の学校の建前は忠実に「素質教育」の政策理念を反映しているのであるが、それは、中国における教育プロセスを制度化する過程の特徴によると思われる。

中国の教育プロセスを制度化する過程においては、「顕在的な制度化」と「潜在的な制度化」に分けることができると言われる（李　2001；羅　2009）。つまり、「顕在的な制度化」は「人間の行為を正式な制度体系と社会関係の中に取り込むことであり、いわゆる正式な規則、法則などである」（羅　2009,p.35）。一方、「潜在的な制度化」は「人間の行為を非正式な制度体系と社会関係の中に取り込むことであり、いわゆる、習慣、倫理道徳、観念、信仰などである」（同上）。中国における教育システムの制度化過程は顕在的な規約を持つことが特徴的である（羅　2009）。それは、「国家が上から下への方式を通じて、発展、効率、法制、正義などが制度の目標として定めた上で、制度化過程を通じて目標を実現しよう」とする（羅　2009,p.35）。そのため、中央の意志（教

育政策) が上から下へのルートによって伝達されると考えられる。

　新しい教育課程改革の政策理念が教育現場に降りる過程を一例として取り上げる。第2章で紹介したように、新しい課程改革を行うに当たって、その中に「教師研修」(教師培訓) という規定がある。『基礎教育課程改革綱要』によると、「不培訓、不上崗」(教師研修を受けないと、授業が出来ない) とされている (教育部 2001)。そして教師研修の枠組みとしては国家、都市、区レベルにある関連する教師訓練機関を通して、一本化して実施されている (第2章の図2-2を参照されたい)。これを羅 (2009) は「国家が上から下へ」という改革を進めてゆく方式であると分析している (羅 2009,p.35)。したがって、中国の素質教育政策はこうした「上から下へ」の過程を通じて行われている、S校の公の学校文書に国の素質教育政策の意志が反映されていることは不思議ではない。

　さらに、前述したようにS校は上海市においての素質教育実践のモデル学校である。そのことが意識されていることは、学校の教師、行政機関の担当者および保護者のインタビューにおいても明らかである[21]。

　前述したように、上海市は素質教育改革の先駆的な地域であるため、上海市での素質教育モデルは国のレベルでもモデルとしての位置づけにある。これらの点から、S校は中国において素質教育の実践モデルケース的な学校であると言えよう。そのため、事例としてのS校は「代表性」、「啓蒙性」という資質を有している (詳細は序章の方法論を参照されたい)。それ故、本章の事例は中国における素質教育の先進的なモデルであり、安易に一般化はできないものの、先進例として、素質教育の実践的な枠組みを考察するためには、有効性を持つと思われる。

3.「算数科」における素質教育の実践

　前節はS校が中国全土では素質教育のモデル学校という位置づけにあることを明らかにした。本節と次節はS校の日常的な素質教育実践を描きだすものである。本節では、素質教育を実施するに当たってジレンマが生じると思

第3章　先進地域における上海市の事例　153

われる受験との関係において、「応試教育」で重視される「算数科」の授業を見る。その際、主に前述の「顕在的な授業構成」と「潜在的な授業構成」とに分けて進めていく。その前にまず、S校の2006～2007年の指導案に基づいてその内容は新しい教育課程改革の理念と一致するかどうかを検討する。

3.1. 指導案に関する考察

3.1.1. 指導理念

　まず、指導案について簡単に触れたいと思う。ここで使った指導案は筆者が本調査を行った時に、入手した4人の教師から2006年の8本・2007年の4本（合計12本）の算数指導案である。12本の指導案は2006～2007年にかけて、素質教育の先進的大学の指導を基に、S校の算数チームによって作成されたものである。また、これらの指導案は素質教育のモデル授業として構成されたものである。それ故に、その分析を通してS校においての素質教育の授業が理想形としてどのようなものを志向していたかをうかがうことができよう。具体的な案例は**表3－2**の通りである。

表3－2　指導案の内容

年月日	学年	教授内容
2006年9月12日	1年	「分類」（上）
2006年10月23日	1年	「数の射線における加減法」
2007年3月13日	1年	「上・中・下；左・中・右」
2006年9月26日	2年	「倍」
2006年11月21日	2年	「いくかの椅子」
2007年3月13日	2年	「三位数の整数計算」
2006年9月12日	3年	「一位数・十位数あるいは百位数」
2006年10月23日	3年	「一位数の割り算」
2007年3月13日	3年	「算数の広場（分数）一何分の一」
2006年9月26日	4年	「リットル・ミリリットル」
2006年11月21日	4年	「文章題の計算」
2007年5月22日	4年	「算数の広場―試合の回数の計算」

こうした指導案の作成について、指導大学の教員による以下のような話から、指導案の作成が新しい教育課程改革の理念に基づいて作成されたことがわかる。

　S校の算数チームの教師によって作成された指導案は、新しい課程改革の理念を基に作られたと思います。例えば、情景の導入、探求活動や児童の主体性の強調などはその具体化であると思います。にも関わらず、新しい改革の理念を強調しても、従来の教育の強みを無視することができないと思います。例えば、算数の授業の教科の特徴においては、練習や復習が依然として必要だと思います。
　　（2008年6月6日　華東師範大学A準教授に対するインタビュー）

　また、教員は上述のような華東師範大学との提携についてポジティブな評価を下していた。つまり、このような提携を通じて、教師の専門スキルを高めることが考えられるし、新しい課程改革の実施にノウハウを提供してもらうことができると考えていた。以下はS校の算数教師に対するインタビューである。

　華東師範大学のA博士のおかげで、新しい理念や教授法に出会う機会を提供していただきました。とても参考になりました。教師の授業や指導案の作成に不可欠の指導だと思います。特に、A博士は現場の状況がわかっていらっしゃると思います。
　　（2008年5月28日　教頭に対するインタビュー）

　最初のころには、どのように新しい課程改革の理念に基づく、指導案を作成するかがわからないと思いますが。インターネットによる調査学習や、参考文献の研究、特に、A博士の指導がとても重要だと思います。指導案の作成については、A博士からご意見をたくさんいただきました。何より、A博士が我々の実情を理解して、有効な指導方法を教えてくだ

第3章　先進地域における上海市の事例　155

さいました。

（2008年5月28日　SF教師に対するインタビュー）

　また、算数科のほかに、英語科目においては、上海外国語大学との連携がある。特に、学校の実情に合わせて先進的な教授法を使うことが算数科のように評価された。以下はその一例である。

　　実は、これまで研究者の話は学校の実情がわからなくて、机上の空論に過ぎないと思いましたが、上海外国語大学との交流を通じて、自校の授業に使われていることが多いようです。例えば、音楽の知識を通じて、児童の感覚に刺激与えることが英語の発音の習得にとても役立っていると思います。

（2008年5月28日　SZ教師に対するインタビュー）

　このように、教師は、素質教育を実践してゆくに当たって、ほかの素質教育の情報源と共に、大学の教員の指導を通じて、新しい課程改革の理念およびノウハウがS校に伝えられたと考えている。これは、行政に提唱された研究機関や学校現場との連携に沿ったものである。ここで留意すべき点としては、大学の指導協力者は、従来の教授法などを否定するのではなく、教科の特徴にあわせて、新しい課程改革の理念を基に、新しい教授法を使うことを助言している点である。また、この点については学校現場の教師インタビューからも確認できている。S校の教師の意識レベルにおいては指導案を作る志向としては新しい課程改革の理念に基づいたものであることは紛れもない事実であろうが、「実情」（教師インタビューより）に応じて従来の教授法を認める意識レベルでの構図がここで見られるのである。

　以下に、算数科においての具体的な指導案の内容を取り上げながら、新しい課程改革の理念が授業にいかに反映されたかを検討する。

3.1.2. 指導案の目標

　S校の教師は自分でインターネットで調べたり、互いに研究授業を見せたり、華東師範大学との提携を通じて、「素質教育」の理念を貫徹しようとする新しい課程改革の理念を反映した案を作り出そうとしていた。

　まず、指導案の授業目標を見てみよう。指導案の目標は新しい課程改革にて取り上げられた課程目標と一致している。前述したように、新しい課程改革の課程目標は「知識と技能、過程と方法、情感態度と価値観」という「三位一体」である。また、この「三位一体」という目標は日本の指導要領に相当する中国の「数学課程標準」（下記は「標準」と略記）の中にも提起されたのである（詳細は第2章を参照されたい）。S校の教師指導案は前述した新しい課程目標を表わそうとするものである。例えば　2006年10月24日に作成された1年生の指導案の授業目標を見てみよう。

教学目標
　　①認知目標
　　数の射線において加・減法の計算を構築し、さらに減法は加法の逆の計算ということを体験する。
　　②能力目標
　　子どもの言語表現能力を育成する。
　　③感情目標
　　子どもの自主探求およびグループ学習の意識を育てる。協働の楽しさを体験する。

　　　　　　　　　　　　　（2006年1年生の授業指導案から抜粋したもの）

　上述した授業目標は「認知目標」、「能力目標」、「感情目標」からなっている。この中で、「認知の目標」と「能力の目標」にある「数の射線において加・減法の計算」、「言語表現能力」という内容は「知識と技能」と「過程と方法」という目標を表わすものであろう。但し、「知識と技能」を重視するとはいえ、素質教育の目標に沿う場合、従来と違って、教師は単に児童たちを教え込む

第3章　先進地域における上海市の事例　157

ことだけではなく、児童たちが算数知識を習得するに当たって「体験」を重
視することが求められていることに注目しなければならない。また、「感情
目標」の内容を見る限り、標準の「情感態度と価値観」という目標を反映して
いる。例えば、指導案の「感情目標」においては、「児童の自主探求およびグルー
プ学習の意識」を育てるとある。さらに、指導案の「感情目標」には「協働す
ることの楽しさを体験」すると提起している。これらは、素質教育のすべて
の「標準」の児童の「情感態度と価値観」を育てる目標と一致していると考え
られる。

　また、このような「素質教育」の理念を反映する授業目標の内容はSA先生
の授業指導案だけにとどまることではない。入手した4人の教師の指導案に
共通して見られることである。以下の**表3－3**はほかの指導案の授業目標が
取り上げた内容によってまとめたものである。

表3－3　授業指導案における授業目標の内容

年月日	教師仮称	学年	教授内容	授業目標
2006年 9月 12日	SA	1年	「分類」（上）	認知目標： 1. 形、色、大小によるカラーカードを分類し、計数する。2. 分けてみることを通じて、色、形、大小による23枚のカラーカードの特徴を述べる。3. 異なる分類標準を最初に体験させながら、分類の標準の多様性を体験する。 能力目標： 1. 児童の手作業能力、観察能力、判断能力、言語表現能力、協力交流能力を育てる。 2. 楽しい算数の活動の中、積極的に算数の学習に参加する。
2007年 3月 13日	SA	1年	「上・中・下； 左・中・右」	1. 空間にある物体の相互位置関係を感知している。 2. 上・下および左・右は対応する概念ということを理解する。
2006年 9月 26日	SB	2年	「倍」	1. いくつかはいくつかの倍数であることを通じて、「倍」とは物事の関係を表すことを明確する。 2. 図を見て物事の関係に存在する倍数関係を乗法式によって表示する。 3. 学びの過程において、口頭の表現能力、観察および比較の能力を高める。 4. 算数の知識は生活からきていることを感受する。

2006年11月21日	SB	2年	「いくつかの椅子」	1.あまりがある除法の表現方法をさらに把握する。 2.あまりがある除法は実際の生活の場面を通じて算数問題を解決する。 3.あまりがある除法の表現方法における－1、＋1という算数問題を正しく答える。
2007年3月13日	SB	2年	「3桁の整数計算」	1.三位数の立式の加法の理論を理解し、正しく計算すること 2.自主探索を通して計算方法を求め、知識の形成しているプロセスを体験する。 3.探求過程に達成感を味わい、算数に対する学びの自信が高まる。
2006年9月12日	SC	3年	「1桁×2桁あるいは3桁」	1.乗法の定義を理解することである。乗法は、同じ数の足し算ということを使って、一位数は十位数と百位数をかけることをする。 2.暗算を使って、3×3、3×30から十位数の掛け算を計算する。 3.暗算を通じて、児童の類推能力を育てる。注：できる子の場合は、すべての方法を把握することを要求する上に、計算の理由を理解させる。一方、できない子の場合は、自分が最も好きな方法を把握する。
2006年10月24日	SC	3年	「1桁の割り算」（検算する）	1.練習を通じて、毎回あまりは除数より小さいことが分かる。商×割る数＋あまり＝割られる数という関係から除法の検算の仕方を把握する。 2.除法は一位数の計算方をさらに把握する。一位数の除法の計算・検算に熟練させる。 注：できる子の場合は、検算を多様な方法でやらせる。できない子の場合は除数＝商×除数＋あまりという方法を通して商を検算する。
2007年3月13日	SC	3年	「算数の広場（分数）―何分の1」	1.学生の操作、観察などの活動を通じて、分数を理解させる。また、何分のいくつに関する読み・書きができる。分数の概念を最初に立てる。 2.分数が生活からきたものであり、生活の中で使うことを最初に体験する。 3.まとめ能力および言語表現能力を初めて取り上げる。
2006年9月26日	SD	4年	「リットル・ミリリットル」	具体的な手作業活動を通じて、リットル、ミリリットルが分かる。リットル、ミリリットルの量感を最初に育てる。
2006年11月21日	SD	4年	「文章題の計算」	1.総合算式を使って、三歩の計算の文章題を習得する。また、（ ）を正しく使うこと。 2.樹の形の図を通じて文章題の計算方法を分析し、児童の分析能力を高めること。
2007年5月22日	SD	4年	「算数の広場―試合の回数の計算」	1.試合の回数とチーム数との関係を把握し、図を描くことができる。試合の回数に関する計算ができる。 2.グループ交流を通じて、問題を解決する最も有効な方法を探る。 3.観察・推断などの教授活動を通じて、算数問題の探索およびチャレンジを体験する。算数に関する考えるプロセスにあるロジック性を感受する。

第3章　先進地域における上海市の事例　159

　表3-3で示したように、指導案を作成した4人の教師は授業目標において
は、新しい課程改革に沿った目標を設定していることがうかがわれる。例え
ば、「知識と技能」、「過程と方法」、「情感態度と価値観」という目標を重視し、
このような目標を実現するためには、知識の構成が児童の生活とつながって
いる点や、児童の主体性を育てながら、児童の多様な能力を育成することを
目指している点である。下線の部分に表記したように、教師は授業のプロセ
スに目を向けるようになっている。また、授業スタイルに関しては探求学習
やグループ学習を強調している。したがって、指導案の授業目標から見るな
らば、「素質教育」の理念をはじめ、新しい課程改革の理念と一致している
と考えられる。指導案の授業計画の構成はこの点をさらに確認するものと
なっている。

3.1.3.　授業計画

　S校の指導案の授業計画のサブタイトルにもまた、「素質教育」の理念がう
かがわれ、特に、前述した算数の『数学課程標準』（以下は『標準』と略記）の内
容と一致したものが多い。『標準』の課程実施要領の指導部分においては4つ
の項目が取り上げられていた（教育部　2001,p.51-54）。つまり、1、児童・生
徒は生き生きとした具体的な情景の中、算数を習得する。それは、児童・生
徒の生活体験とつながっていて、ゲームや演出などの活動を通じて児童・生
徒の学習意欲を引き出すことを教師に求めている。2、児童・生徒の自律的
な思考および協働・交流が導かれることもまた強調されている。手作業実践、
自主探索、協働・交流は主要な学習活動として取り上げられた。教師は児童・
生徒の独立思考を導き、児童・生徒の発表を奨励することが求められている。
3、計算の見積もりを強化し、多様な答えを求めることを奨励する。4、生
徒の応用意識や問題を解決する能力を育てることもまた求められている。こ
こでは、教師は児童・生徒の既存の経験を活かしながら、児童・生徒の身近
な生活問題を解決することを重視している。以上の実施アドバイスによると、
授業スタイルの変化や教師・児童の役割転換に関しては、情景の設定（IT手
段の利用）、児童の主体性を育成しようとする学習活動（自主探求、グループ学習）

の採用などを使うことがよいとされている。要するに、特定の指導法による素質教育の児童の主体性を重視していることがうかがわれるのである。

S校の授業計画のサブタイトルだけを読めば前述した『標準』の指導内容と重なる部分が多い。例えば 2007年3月27日SB教師の指導案の内容を見てみよう。

①情景の創設
②自らの試み、協同探求
③多次元の練習・新しい知識の定着
④まとめ

(2007年SB教師の指導案から抜粋したものである)

「情景の創設」、「協同探求」は児童の関心・興味を引き出すために、授業の情景を創設することを意味する。また、その情景を作るために、IT技術を使用している点も『標準』が求める先進的方法に沿っている。授業計画にも素質教育で求められている探究活動や協働学習が指導案の中で取り上げられている。

指導案は、**表3-4**に示したが、授業計画の構成の項目にある分類は指導案のサブタイトルによって作成したものである。

表3-4　指導案における授業デザインの構成

年月日	学年	教師仮称	授業内容	授業計画の構成
2006年9月12日	1年	SA	「分類」	①情景的導入 ②自らの探求 ③運用・発展 ④まとめ・交流
2006年10月24日	1年	SA	「数直線において加減法をする」	①情景の創設 ②協同探求 ③比較分析 ④まとめ

第3章　先進地域における上海市の事例　161

2007年3月13日	1年	SA	「上・中・下；左・中・右」	①情景の創設 ②協同探求・新しい知識の獲得 ③練習・新しい知識の定着 ④まとめ
2006年9月26日	2年	SB	「倍」	①新しい知識の導入 ②新しい知識の探求 ③新しい知識の活用 ④新しい知識の強化
2006年11月21日	2年	SB	「いくつかの椅子」	①復習・導入 ②初歩的な感知 ③新しい知識の探究 ④まとめ
2007年3月27日	2年	SB	「3位数の加法」	①情景の創設 ②自らの試み、協同探求 ③多次元の練習・新しい知識の定着 ④まとめ
2006年9月12日	3年	SC	「1桁×2桁あるいは3桁」	①情景の導入 ②探求段階 ③実際的応用段階 ④まとめ
2006年10月24日	3年	SC	「1桁の割り算」	①復習導入 ②計算仕方の探求 ③応用 ④まとめ
2007年3月13日	3年	SC	「何分の1」	①情景の創設、問題を導く ②操作の感知、体験 ③理解の浸透、発展 ④まとめ
2006年9月26日	4年	SD	「リットル・ミリリットル」	①情景的導入 ②新しい知識の探究 ③練習 ④発展 ⑤予備問題 ⑥まとめ
2006年11月21日	4年	SD	「文章題の計算」	①復習準備 ②新しい知識の探究 ③練習の実施 ④復習
2007年5月22日	4年	SD	「試合の回数の計算」	①情景の創設・新しい内容の導入 ②グループ学習・新しい内容の探求 ③まとめ

出典：筆者は2008年6月2日入手したS校指導案より作成した。

162

　以上の授業目的と授業デザインの構成からS校の算数授業指導案は素質教育をはじめ、新しい課程改革の理念および算数標準に表記した仕方に沿っていることがうかがえる。つまり、児童の主体性の重視、授業方法の転換、多様な能力の育成などを表わす。また、授業デザインの設計には、同一性が見

表3－5　新しい課程改革の理念を重視する自己評価から抜粋した内容

年月日	学年	教師仮称	自己評価内容
2006年9月12日	1年	SA	この授業は新しい課程標準における「自主探索、協力交流、実践創造」という算数の学習方式が反映されていると思います。児童の既存の知識の背景から彼らに算数の活動法、算数の考えおよび方法を取得させています。児童の手作業、議論、探索分類の方法を使って、児童が本当の意味での取り組みを指導しました。「遊び」の中で知識を学びながら、能力を育成したと思います。
2006年11月21日	2年	SB	今回の授業は児童の主体的な発展に基づき、児童の実際的な生活とつなげて、情景を創設し、児童の興味を引き出すものです。また、児童の実践的な能力を育てるために努めています。授業デザインは「復習導入—初歩感知—実際応用—発展新しい知識」という4つのステップによって構成されました。授業のデザインは、授業が生活からきたものであることに依拠しています。児童が実際の生活の中で算数の使い方を体験しています。また、児童に既存の知識を基に現実的な問題を解決することを求めています。算数の勉強は児童の主体性・能動性・独立性を絶えずに発展させ、向上させます。「児童の発展に基づく」という新理念を表わしたと思います。
2006年9月12日	3年	SC	私は今回の授業目標を達成したと思います。何より、今回の授業の知識ポイントはすべて子どもをもとにまとめたものだと思います。私はただ計算の論理を教えただけです。児童の主体性をよく発揮させたと思います。
2006年9月22日	4年	SD	私は今回の授業において、先に知識を教えるではなく、1つの学び活動を設計しました。それは、教材の知識は児童の実践活動に転換していくことになります。児童は活動を通じて、知識を得るようになっています。また、児童に知識が問題を解決することに果たした役割を認識させました。この様な方法は児童に探索の空間を与えられるため、児童の主体性を育成することに役立つと思います。

出典：筆者は2008年6月2日入手したS校指導案より作成した。

られた。つまり、情景の創設、児童の探求、応用発展、まとめという4つの段階によって分けられている。

また、以上の指導案の作成は、教師の意図的な一面がうかがえる。それは、指導案に掲載した教師の自己評価に反映されている。

表3-5の下線に示したように、指導案を作成した4人の教師全員が児童の主体性を重視している。また、授業方法などを新しい教育課程理念を反映するようにした関連概念・活動が意図的に取り入れられている。新しい教育課程改革に基づき、忠実に教育政策の「素質教育」の理念を実践しようとしたことがわかる。

本節は、S校の12本の授業指導案に対する検討を通じて、指導案の作成には「素質教育」の理念を忠実に反映している特徴が見られる。指導案のレベルにおいては、基本的に行政の「素質教育」理念とのずれはない。具体的には、児童の主体性の重視、素質教育で提唱されている能動的授業スタイルへの変換が授業計画に示された。授業計画においては情景の創設、児童の探求、応用発展、まとめという4つの段階に分けられていた。

こうして、S校において、学校の文書に見られる理念レベル、および、指導案に見られる授業の計画レベルでは忠実に行政の素質教育を具現化していることがうかがわれる。だが、児童生徒の学習に直接影響を与えるのはその下の実践レベルであり、こうした指導案に反映された教育理念が実際にはどのような授業にどのような形で特徴づけたり、変容を迫られたりしているかを見る必要があるであろう。そのため、次節では、「顕在的な授業構成」について、前述した4つの段階に基づく観察を進めたい。

3.2. 観察による算数授業の「顕在的な授業構成」

前節では、授業指導案に対する検討を通じて、S校にとって、指導案のレベルまでが「素質教育」の理念を反映していたことを見てきた。本節では「素質教育」の理念が実際の授業においていかに実践されるかを検討する。つまり、素質教育の実践を教室のレベルで検証するものである。それは時間軸で展開していく。

3.2.1. 2005年の授業に対する観察

　ここでは2005年に調査を行った際に入手した調査データに基づき、「顕在的な授業構成」に着目し、主に「授業スタイルの変換」と「教師・児童の役割転換」、「教師権威の緩和」という側面から検討する。2005年の予備観察した算数授業とそれを補足する形で、当時入手したビデオ分析を併用する。

　2005年の時にS校はどのような授業を行っていたかを見るために2005年3年生の「交換法則」の授業場面に関する授業内容および授業場面を取り上げる。

　　具体的な授業をする前に、教師はまず、児童に足し算の交換法則の手続きで掛け算の交換法則を求めさせた。事前に準備した作業のプリントで具体的なステップを指示したのである。プリントによると、①具体的な例をあげる、②具体的な質問に応じて、小さい棒を使って表示する、③結論を出すということである。

　　　　　　　　　　　（フィールド・ノーツ　2005年5月28日3年生）

　授業プリントを見る限り、「小さい棒のような具体物」を用いた考えなど、素質教育を反映している『標準』に取り上げた「手作業実践」という授業スタイルである (教育部　2001,p.2)。

　以下はステップ2に求めた小さい棒を使って、作業する場面である。

　　教師が、「それでは、皆さんはグループで乗法の交換法則をどのように求めるかを討論してください。また小さい棒を使って試してください」と述べたのを受けて、児童たちは、早速作業に入った。あるグループは1人の男の子は小さい棒を使って、乗法の交換法則を体験し始め、この男の子はほかのメンバーの話を聞きながら赤い小さい棒は2列と3行、黄色い小さい棒が3列と2列をテーブルにおいた。ほかの1人の男の子と2人の女の子は時には「それ、それ」といったが、ほとんどじっと見つめていたのである。<u>教師は作業をしている児童の間で机間巡視を</u>

第3章 先進地域における上海市の事例 165

していた。また、出来ない子のそばで指導したり、小さい棒の使い方を
直したりしていた。そして、児童たちの進度を見てほとんどの児童が
終ったら、先生は手を叩いて、児童たちの注意を喚気させた。

（フィールド・ノーツ　2005年5月28日3年生）

　この場面にも、「授業のスタイルの転換」と「教師・児童の役割転換」を教
師が意識していることがうかがわれる。すなわち、教師は「手作業実践」、「自
主探索」という授業スタイルを使っているのである。例えば、児童たちは小
さい棒を使って、自ら「交換法則」のプロセスを求めることを促され、教師
は従来の指導者ということではなく、援助者への転換がうかがえる。例えば、
下線に示したように、机間巡視の時に、教師はできない子のそばに立って指
導したり、説明したりすることである。
　以下の授業場面は「顕在的な授業構成」に反映されている3つの側面、つ
まり、「授業スタイルの転換」と「教師・児童の役割転換」と「教師権威の緩和」
を具現化しようとした例である。手作業をしてから、教師は児童たちの発表
を求める授業場面である。

　　教師：誰かを前に呼びたいと思います、誰か前で発表してくれません
　　か？（先生は手を上げながら、児童の発表意欲に刺激を与える意図があるように見
　　える）
　　児童はほとんどが手を上げた。問題に答える場合にいつも積極的に手
　　を上げるAさんが席を離れて、「私、私…」といいながら手を高く上げた。
　（教師の要請に応える努力がうかがえる）
　　教師：Aさん！
　　Aさんは作業のペーパーと小さい棒を整理して、先生の前に持ってき
　　て、発表をはじめた。
　　Aさん：私が挙げた例は5つあります。5×6＝6×5…
　私の結論は被乗数と乗数の位置が変わっても積は変わらないというこ
　とです。

そして、アルファベットの表示方は a×b=b×a です。

　教師：皆さんはＡさんの結論に賛成しますか？（教師は全員の反応を見ながら質問をした）

　児童（数人）：賛成（声が高い子が数人いる）

　教師：よくできました。（教師は優しくいいながらＡさんに顔を向けた）

　教師：Ａさんの結論を説明してくれませんか、被乗数と乗数の位置と言いましたが、アルファベットの数式の中で、どのように表わしましたか？（教師は顔が再びＡさんに向いて質問を続けた）

　Ａさん：アルファベットの算式は数字の算式に変わります。（Ａさん席から黒板に上がって、黒板の式を見ながら発言した）

　教師：アルファベットの算式の中では？（教師は手を黒板の算式に指しながら続けてＡさんに質問を出した）

　Ａさん：a×b=b×a（Ａさんは手を黒板に指しながら説明を続けている）

　教師：積が変わらないということをどのように表わしましたか？（教師Ａさんに顔を向いて続けて質問をした）

　Ａさん：a×bの結果とb×aの結果は同じです。（手を２つの式を指しながら比較を行った）

　教師：具体的な例をあげてください。

　Ａさん：5×6の積と6×5の積は30ですから、積は変わりません。

　教師：どんな例であっても、左の積と右の積とは同じなのですか？（教師は全員に顔を向いて質問をした）

　児童（数人）：同じです。（児童は声が高くて答えた）

　教師：Ａさんはよくできたため、みんな拍手しましょう。（教師は先に手を叩いて拍手した。児童は教師のペースに合わせて全員を拍手し始めた）

　（Ａさんは微笑みながら自分の席に戻ってきた）

（フィールド・ノーツ　2005年5月28日3年生）

　この授業場面について、「授業スタイルの変換」に関しては、手作業やグループ探求を使っていた。また、「教師・児童の役割転換」を意識していること

もうかがえる。例えば、事例の下線のところで表わしたように、教師は直接に「交換法則」の結果を児童に教えるのではなく、児童の答えが導かれるようにしようとしている。結果に到達する「プロセス」を児童と一緒に完成するという素質教育の推奨する方向性が見える。「教師の役割転換」、つまり、授業の援助者と組織者の役割を果たし、児童の主体性を育てるとされる方法を用いようとしていることがうかがえる。

こうして、教師は生徒に例をあげて素質教育で求められる「考える」作業や教師が指導者として一方的に説明することなく、笑顔を作って、意識的にやわらかい口調で話すなどの教師役割転換と関連する「教師権威の緩和」を進めている。だが、こうした素質教育の「顕在的な授業構成」の特徴が見られる一方、括弧にある内容のように、教師本人の意図とは別に、「潜在的な授業構成」においては、教師が特定の行為を習慣的に求める「拍手」の場面や、よく「できた」という本来、正解に照らし合わせて「できる」「できない」という素質教育の図式には合わない前提が働いていることがうかがえる。こうした素質教育の本来発信するメッセージではない潜在的なメッセージが、児童に対して発信されていると思われるのである。

このような特徴は筆者が観察した授業だけの特徴ではなく、2005年に入手したビデオの授業でも同じである。授業構成の分析に授業ビデオを使うことはTIMSSの分析などでも活用されてきた (Stevenson & Stigler 1992；Hiebert et al. 2003)。

以下は、ビデオの分析を見てみよう。これらのビデオでは、授業ノーツで出てきたコードを用いて、場面を区切った。

2005年のモデル授業ビデオの分析に関しては、結論から先に言えば、形

表3－6　ビデオの内容について

番号	年	教師仮称	学年	ビデオの内容
1	2005	SA	3年	「未知数を求める」
2	2005	SB	4年	「統計図を描く」
3	2005	SC	5年	「平面図形の分類」

式としては確かに素質教育で求められていた「授業スタイルの変換」、「教師・児童の役割転換」、「教師権威の緩和」を指導案でも見られたように、対応しようとする様子がうかがえる。

　授業では、素質教育の図式にしたがって、具体物を使って、児童の手作業を求め、児童の探求、特にグループ探求を使い、児童の実践能力、考える力、協働交流能力を求めていることがうかがえる。どの授業も、素質教育で求められるIT、グループ活動を用いている（表3−7）。

　表3-7のように、教師たちは、「数学課程標準」によって推奨した「手作業実践」、「自主探索」、「協働交流」という素質教育の「顕在的な授業構成」を意図的に使っていた。その背後には、こうした授業構成が児童の手作業能力や協働交流の能力を育てようとの前提があることが教師との会話からもうかがえた。

　2005年の「交換法則」の授業同様、ビデオ撮影された授業でも「教師・児童の役割転換」も意識的に用いられている（表3−8）。

表3−7　授業ビデオにおける授業スタイルの変換場面

番号	学年	IT手段の使用	グループ活動の活用
1	3年	授業が始まったら、教師はプロジェクターに映した練習問題を児童に聞いた。	教師：ある数は8との積は608であります。この数はいくつですか。皆さんはグループでこの問題について議論してください。また、未知数を求める場合には、そのステップを考えてください。
2	4年	教師は全国の降雨図をプロジェクターに映しながら、児童たち「これはどのような図が分りますか」ときいた	教師：我が校の体育部はフットボールが3個、バレーボールが7個、バスケットボールが4個、卓球が12個、バドミントンが6個がありますので、どのような統計図によって表わせますか。グループで討論してください。
3	5年	教師はプロジェクターに以下の平面図を映した。	教師：どのように分類したらよいかをグループで討論してください。（教師は映した平面図（左）を指しながら、以上の発言をした。言い終わったら、児童の中に入って、机間巡視を行っている）

第3章 先進地域における上海市の事例　169

写真1：児童のグループ学習の場面　（探求的な発展）

表3-8　授業ビデオにおける「教師・児童の役割転換」関係場面例

番号	学年	教師・児童の役割転換
1	3年	教師：あなたは普段未知数を求めるときはどのように考えますか。 児童：どの関係式と関わりますか。 教師は：では、以下の問題はどのような関係式ですか。 （児童はすぐに答えできなかった） 教師は：これまでどのような計算方法を習ったのですか 児童：加法、減法、乗法、除法です。 教師：そうです。だからX×6＝906の中Xを求める場合はどのよう計算方法を使ったらよいですか。 児童：除法です。 教師：そうです。これは関係式です。
2	4年	統計図を描いたときに、教師は児童の中に入って、児童たちの完成状況を見ている。そして、時には、児童のそばに止まって、「色を塗る時に、きれいに描いてくださいね」と1人の児童のノートを指しながら、言った。
3	5年	・グループの討論の1分ぐらいに、机間巡視の教師は1人の児童が手を上げたことを見たら、児童のそばに足を止めて、児童の個別指導を行ったように見えた。教師は机の上にある児童の練習ノートを指しながら、「あなたはどのような基準によって分類を行っていますか」と児童に聞いた。児童は「私は平行線によって分類しました」と答えた。また、「ほかの分類基準はできますか」と続けて児童に聞いた。児童は「そうですね。先ほどの討論では李さんが辺によって分類されることを言いましたが」と答えた。教師は「そうですよ。まず、どのような平面図かもう一度見てください。そして、主に辺によって、どの種類を分けられるかを考えてね」と児童に教えた。

表3-8のように、教師は従来の授業の主役者から組織者、援助者になるように授業を構成している。授業の冒頭で徹底的に考えさせる問いを提示するのも特徴的な方法である。一方、児童は授業の主役者になり、「学習者の主体性」を育成しようとする「素質教育」の理念と一致することがわかる。例えば、3年生の事例の場合は、教師は直接児童に答えを教えることではなく、正しい答えに向けて児童を導くことによって到達することとなる。指導案においても、こうした素質教育が求める指導が組み込まれていたことを想起させる。

4年と5年の事例の場面において、教師は児童の個別指導を通じて、児童の援助者という役割を果たそうとしていることがうかがえる。例えば、「教師権威の緩和」が教師の褒め方や言い方に表われている（表3-9）。

表3-9のように、教師の言い方は優しく、児童たちを褒めている。特に、教室の規範や授業に集中できない児童に対しては、直接指名せず暗示的な言葉を使っている。例えば、表の3年の例を見ると、教師は「それぞれの児童は上の空に見えました」のように、一般化した言い方をして、個々の児童の注意喚起をしている。あるいは、児童ができないなら、「ほかのクラスメートに聞いてもらいませんか」という相談のような言い方が多い。

だが、ここでも、下線のところでは、「できた」、「頭がよい」というような、「顕在的な授業構成」のレベルにおいては、児童を競争させようという子どもを分別させる手段を使っている。これは「すべての学習者へ」という素質教育の目標に逆行するようなメッセージを同時に送っている。

以上は2005年の授業観察と授業ビデオに基づき分析した。教師が意識的に昔の教師主導的な伝達手段を変えて、児童が主役になり、教師は援助役になることを目指していることがわかる。このことは、教師インタビューからも確認された。例えば、教師はできる限り児童が独立して自発的に結論を導くことを求めている。結果が求められるだけではなくて、結論を出すプロセスの理解が重視されているのである。教師は授業の方向性を決めるポイントとなる部分ではいつも質問を出していた。また、探究学習や小グループ活動などのような新しい課程改革に適合した授業スタイルが採用されていた。

第3章　先進地域における上海市の事例　171

表3-9　授業ビデオにおける「教師権威の緩和」の場面

番号	学年	言葉の使い方	評価の手段
1	3年	・グループの活動の時に、「ほとんどの子どもは集中してやりましたが、子どもによっては上の空に見えたのですよ。私が言っている意味がわかりますね。」と教師は児童に言った。 ・「みなさんはよくできましたね。」 ・できない児童に「焦らないでください、あなたはできますよ。」	・私は5つのプレゼントを持ってきましたから、今日はよくできた子どもにあげようかなと思います。 ・一人の児童はよく先生の問題に答えため、教師は「呂さんの答えは正確ですか」と児童に聞いた。児童たちは「よくできました」と答えた。教師は「では、呂さんにプレゼントをあげるはずですね」と言った。
2	4年	・授業のベルが鳴ったが、一人の児童の祖父母は日本旅行に行ったため、日本のお土産を児童に配っていたところ、教師「授業が始まりますよ。子どもたちとお土産をシェアすることがよいですが、授業が終わってから、続けてくださいね」とこの子に言った。 ・統計図をよく描かれないようである。教師は「この統計図はよく見えないですね」と言ってから、指導をし始めた。終わってから、「間違いの中からも、知識を習得することはよいことですよ。印象深いですから」と続けた。	・「よくできました。」 ・「王さんの統計図はとてもきれいに見えますね。」プロジェクターに映しながら、みんなに聞いた。児童は「そうですね」と答えた。教師は「われわれは王さんのことを褒めなければならないですね。」と言ってから拍手をし始めた。王さんは微笑んで自分の席に戻った。
3	5年	児童のグループ討論が終わったら、教師は1人の子どもに聞いた。が、この子は答えができないようである。教師は「先ほどの討論はまだ覚えますか、できないなら、ほかのグループの子どもの助けをもらいませんか」とこの子に聞いた。	・教師はよく答えた児童に1つの紙で作った星を渡した。 ・「よくできました。皆さんは一緒に拍手をしましょう。」 ・「英さんは頭がよいですね。よくできました。」

　S校の探究学習はモデル校ということもあり、素質教育の授業実践の完成度が比較的高い[22]と考えられようが、児童の間でお互いに援助する場面がよく見られる。「違う」あるいは「そうだよ」などの声をそこで耳にすることが多かった。結論は小グループの中でまとめられ、教師は代表を呼んで前で発表させる。発表の内容の正誤の判断はほかの児童に任せる。異議がなければ授業を続けるが、異議がある場合は、異議がある児童に理由の説明を求める。全員の答えが一致するまで討論が続けられていた。また、小さい棒などのような「体験的な」学習道具が日常的に使われて、「授業スタイル」の変換

を伴っていた。これらは、「数学課程標準」の教学アドバイスにおいて、「学習者の独立な思考と協同交流を導く」（教育部　2001,p.65）という行政の意図と一致している。また、教師は言葉遣いを意識的に優しくし、褒める手段をよく使っていた。教師権威の緩和は、これもまた、素質教育において、求められる教師の姿勢である。これは、厳しいとされてきた従来の中国の教師に関して、教師権威の観点から一定の示唆を含むものであろう。つまり、児童の自主性の尊重、それに伴う教師の役割の変化、そして、それが関係する教師の権威のあり方の変化、それが素質教育に応じた授業が提起する課題である。

　以上のように、S校の算数の授業には行政の建前に沿って進められていると理解される。また、これも新しい傾向であることが校長をはじめ、教師たちのインタビューからうかがえた。

　S校の授業ビデオ、5つの授業観察から筆者が抽出した「素質教育」の理念を基に行っている授業の特徴は以下通りである（**表3-10**）。授業のノーツ（ビデオ）で、それぞれ3つのカテゴリーのもとに分類された場面を基に作成した。

　以上のように、表3-10は「授業スタイルの変換」、「教師児童・生徒役割転換」、「教師権威の緩和」を軸にしているが、これらは、「素質教育」の理念にある「学習者の主体性」の重視、「全面的な発展」を表わすものである。

　こうしたことから　2005年のS校の「顕在的な授業構成」は「素質教育」の理念に沿って進められていることがうかがえる。にも関わらず、授業全体を見る限り、前述の通り、教師は「効率」や「教科学力」を依然として重視し、「で

表3-10　「素質教育」の理念に基づく2005年の授業構成

特徴	授業スタイルの変換	教師・児童の役割転換	教師権威の緩和
表現方式	1. 手作業実践 2. グループ探求 3. 協力交流 4. IT手段の使用	1. 教師は援助者、組織者になっている 2. 児童は主役になっている	1. 言葉の使いかた 2. 褒め方 3. 教師と児童は平等にやり取り
役割	児童の実践能力、協力交流能力、自らの考える力などを育成する	児童の主体性を育成する	児童のモチベーションを高める

きる」か「できない」のか、「拍手を求めたり」、児童を競争させてよく「できた」一部の児童を賞賛するような評価や賞罰の仕方を採用している。何より、授業が終わる時に、教師は必ず「本日の授業では何を習いましたか」という質問を出し、また児童の答えは教科知識の習得に関わるものである。これらは本来の前述までの素質教育の目的とは必ずしも沿うものではなく、「顕在的な授業構成」においては、意図的に素質教育に沿いながら、「潜在的な授業構成」においては、それを暗に阻害するような要素を推進するという構図が見られるように思われる。この点に関しては 2008年の本調査データに基づき改めて検討しよう。

3.2.2.　2008年の授業に対する観察

　前節は2005年の授業観察を通じて、「顕在的な授業構成」においては、素質教育が求める方向性での「授業スタイルの変換」、「教師児童・生徒役割転換」、「教師権威の緩和」という変化が確認できるにも関わらず、「潜在的な授業構成」ではそれと逆行するような要素が存在することがわかった。

　本節は2008年の本調査のデータに基づいて、S校の授業実践を2005年以後、2006年と2007年の指導要領の路線に照らし合わせて見てみる。2008年の本調査で観察した授業は、一見すると、2007年と2008年の授業構成に沿うものである。そのため、指導案の検討の際に指摘した授業の4つの段階、「情景的導入」（情景引入）、「探究活動」（探究活動）、「応用発展」（運用発展）、「まとめ・交流」（総結交流）に基づいて考察していく。

(1)「情景引入」（情景的な導入）の授業段階

　本小節では2008年のS校調査を通して、前節に検討した2006～2007年時点の指導案との継続性を検討する。まず、2006～2007年のS校算数の指導案にも頻出した「情景引入」（情景的な導入）であるが、これは中国の学習指導要領にあたる「算数の新課程標準」（下記「標準」と略記）の課程実施の中で「児童・生徒は生き生きとした情景の中、算数を学ぶ」という指摘の具体化を目指したものであると思われる（中国教部 2001）。いわば、日常的な問

題から算数に接近し、あるいは児童に馴染みやすい生活の場面の例から導入する実践である（呉　2005）。

2008年時点においても2006〜2007年時点の指導案や授業観察に見られた授業の展開は継続し、こうした算数授業の展開型は現在まで続いている（2012年4月27日の教頭のインターネット・インタビュー）。

さらに2008年のS校の授業観察から具体的にその内容を考察した場合、「情景」の内容は以下のような例に見ることができる。例えば、児童に馴染み深い祭り（例：児童の日など）、場合によっては、全国あるいは上海市で行った政治、経済、体育に関する重要なイベントなどに関連している内容を取り上げる。また、筆者が調査を行った時期は2008年のオリンピック大会の開始の2ヶ月前であったため、それに関係づけて試合回数の計算などが求められてきた。

こうした実践は、児童にとって日常的に興味があるものを導入に使うことによって児童の関心を喚起しようとする特徴を持っている。

こうした実践の一例、2008年の5月26日の授業観察ノーツより抜粋したものを以下に示した。

　　　皆さんはこれまで印象深かった試合があるはずでしょう。実は2004年の中国の女性のオリンピックの最終回のバレーボールの試合は中国の国民にとって印象が深かった試合でした。彼女たちはたくさん輝いた業績を残したため、中国の誇りです。皆さんは彼女たちのように頑張らなければならないのです。今日の勉強の内容は彼女たちの試合回数を計算することです。まず、みなさんはこの試合に関するビデオの場面を見てください。見てからどんなコメントがあるかを聞いてみます。
　　　　　　　　　　　　（フィールド・ノーツ　2008年5月28日4年生）

こうした話題は児童にとって、日常的かつ興味がある話題であると教師に考えられているため、児童の興味を喚起しながら、算数の問題に接近することが可能であると考えられている。また、児童の愛国主義を育てる価値観の

第3章　先進地域における上海市の事例　175

教育としての意味もある。中国では道徳教育はすべての教科で行われること
になっているが、道徳教育と結びついた形で素質教育が展開される場面が多
いのは、第1章の教育政策の施策の節に指摘したように、中国版素質教育の
1つの特徴であると思われる。

　また、前述したように、上海はIT教育を推進してきたことで知られてい
るが、IT教育は『基礎教育の課程改革の要綱（試行）』の中でも素質教育を推
進する有効な手段として位置づけられている（教育部　2001）。これは、農村
地域も例外ではなく、農村部で素質教育を普及させるために書かれた『農村
教育のいっそうの強化に関する決定』においてもIT教育は強調されている（国
務院　2003）。IT教育という手段を使うことは、中国の素質教育のもう1つ
の特徴であると思われる。

　S校においても、児童の感覚に刺激を与えるため、ITを用いた映像や図表
を取り入れていた。こうした授業の段階を通じて、児童の興味を惹き起こそ

表3－11　情景的な導入の授業場面例

年月日	学級	教師仮称	情景的な導入の授業場面
2008年5月29日	1年2組	SE	今日われわれは、色の分類を勉強します。まず、自分の服の色を見てくださいね。われわれの服はたくさんの色がありますよね。誰か先生に自分がどんな色の服を着るかを教えてくれませんかなあー。
2008年5月28日	2年5組	SA	皆さんは「角」を知っていますか？実は我々の生活の周りには「角」がたくさん存在しています。例えば、壁のコナーもそうです。今日は「角」について勉強します。まず、前のPPTを見てください。「角」という学園があります。この学園の中、「角」はどこにあるかを知っていますか。
2008年6月4日	3年5組	SB	封筒の中に、3枚の異なる色の上着の紙と2枚の異なる色のズボンの紙があります。皆さんは封筒の中にある上着とズボンを取り出して、何種類の組み合わせの方法があるかを考えなさい。
2008年6月5日	5年3組	SD	6月1日という児童の日はまもなくきますが、この日皆さんのほとんどは両親と遊園地に行くでしょう。遊園地にはたくさんのゲームがありますね。ここでは我々はまず1つのゲームをやりましょう。私の手元に1つの羅針盤があります。この羅針盤を回してからどんな景品をもらえるかを当ててみましょう。

うとしていることがうかがわれた。筆者の研究調査中、ITの使用はS校では一般的に行われていた。こうしたITという教授手段はすべての授業に共通すると共に、前に述べた授業の4つの段階にわたって使われていた。前頁表**表3－11**は「情景導入」の具体的内容を示すために1～5年のいくつかの「情景導入」の授業場面をまとめたものである。

以上の表で示したように、S校では学年を問わずに、情景的な導入の段階については、教師たちは、児童の日常的な生活と結びつけて展開しようとしていた。また、ITを使うか、具体物を使うか、ゲームを行うなどの手段を通じて、児童の「体験」に基づいた学習を導こうとした。これらは、中国の「標準」が要求した「児童・生徒の経験を活かし、児童・生徒の興味を引き起こし、具体的な情景の中で算数の知識を理解すること」（国務院　2001）という指摘に沿おうとした結果であると思われる。こうして2006～2007年時点で見られた情景導入の傾向はS校において継続され、その内実は素質教育改革で推奨されている授業構成を反映しようとした内容であることがわかる。

(2) 算数授業における「探求活動」

次に、第2段階の「探究活動」[23] に目を移そう。「探究活動」段階は授業時間における比重の点でも、授業展開における位置づけにおいても、授業のメインであることが授業観察からも確認できる。こうした授業における比重の高さ故に、「探求活動」は授業改革の実践において軸であり、「教師生徒の役割」や「授業スタイル」および「教師・生徒の関係」のあり方を中心に、S校の「算数授業」における「探究」段階の授業を検討する。但し、これらの3つの側面は実際の授業ではお互いに絡み合いながら授業プロセスに存在し、並存していた。そのため、授業場面のデータを取り上げる場合には、同じ授業場面に基づいて分析を進めていくことが少なくないということを先に指摘しておく。

「探究活動」の段階は話題の導入に続いた「授業内容の習得」段階であるため、政府の理念がどのように具体化されるかが最も関わる授業段階であると考えられる。だが、『要綱』の具体的目標の実施部分では、「受動的授業、暗記、機械的訓練という現状を強調し過ぎることから学習者の主導的参与、意欲的

探究、積極的な作業に転換し、学習者の情報を収集し処理する能力、新しい知識を習得する能力、問題を分析し解決する能力、コミュニケーションおよび協働する能力を育てる」(教育部 2001) と指摘されている「教師と生徒の関係」については、従来の「教師主導」から「学習者主導」への転換が求められ、素質教育が賞賛している学習者の各能力を育てるようにとしていることがうかがわれる。

　また、素質教育政策は、授業方法に関しては従来の「受験勉強」と結びつけられがちな暗記、機械的訓練などを否定し、探究、作業のような素質教育に沿った方法を肯定していることは第1章で見た。さらに、教授過程の実施については「綱要」の指摘によると、「教師は生徒の質疑、調査、探求を導き、実践の中に学ぶことができるようにする。生徒は教師の指導を基に主体的、個性を持ちながら学ぶ」(教育部 2001) というように、生徒の個性、主体性などが強調されている。

　一方、「標準」の中には「学習者の意欲を引き出し、学習者に十分的な算数活動の機会を与え、学習者が自ら探究および協同・交流のプロセスの中、算数の知識と技能、算数の思想と方法を真に理解し、習得し、広範な算数活用の経験を得る」ことが指摘されている (教育部 2001)。

　これらの政府文献はそれぞれに言葉の表現方法が多少違うが、その背後で強調された教育理念は同じであろう。つまり、児童は授業の中心になり、その現実は従来の受験指導主導、教師主導のものと比較して、「教師生徒の役割」の転換、「授業スタイル」の変化が求められていると考えられる。

　授業改革が継続的に安定化するか否かは筆者の考察したい関心の1つであるため、2005年の授業の場面 (ノーツとビデオ) と2008年の授業場面とを比較した。その結果、2008年の授業場面は2005年の授業のあり方とあまり変わりがなく、算数活動やグループ学習等を通じて、児童の主役としての役割が継続していることがうかがえた。**表3－12**は2008年の「探究」の授業段階に分類した場面の中から、教師・児童の役割転換と授業スタイルの変化が同時に見られた場面である。それは、児童のグループ研究の授業場面に焦点をあって整理したものである。

表3－12　教師生徒の役割転換と授業スタイルの変化の授業場面例

年月日	学級	教師仮称	教師児童の役割転換と授業スタイルの変化の授業場面
2008年6月5日	1年2組	SE	T：カードを整理する前に、皆さんはどんな分け方したいと思いますか。まず、一人で手元にあるカードを使って、やってください。 (児童たちは、手元にあるカードを分ける作業に入った。教師は机間巡視しながら、児童の作業を見ている、3分ほどでカード分け作業が終わった。教師は児童たちに分け方を聞いた) T：皆さんはどんな分け方をしましたか、教えてください。 S：私は色によって、黄色いカード、青いカード、赤いカード、緑カードの四種類に分けました。
2008年5月28日	2年5組	SA	(全員が「角」を書く作業に入った) T：(1分ほどして) OK、全員が終わったでしょう。誰か自分が書いた「角」を持って、前に来て説明してください。 一人の女子児童が自分で書いた「角」の紙を黒板に貼り付けた。 T：ここに書かれた「角」は正しいですか。皆さんで討論して下さい。 (グループの討論が2分ほどだった。児童たちは、自分の意見を述べていた)
2008年6月3日	3年5組	SB	T：実は、この組み合わせは日常の生活でも多く使われています。例えば、杭州から上海を経由し、北京に行きたいなら、いくつの行き方がありますか。 (パワーポイントで表示する) 飛行機　　　バス　　　　特急電車 T：2人ずつ組んで話し合ってください。1人でできる人は話し合いをしなくてもいいです。直接手をあげて下さい。 T：話し合いが終わったら手をあげて下さい。 S：9つの行きかたがあると思います。まず、飛行機で行く方法が3つあります。
2008年6月3日	4年2組	SF	T：皆さんは図以外に、数字あるいはローマ字を使ってもいいですよ。もちろん図を描いてもいいです。自分が好きな方法を選びなさい。 T：出来た人は、4人グループで各自の方法について討論してください。 (教師は児童の中に入って、机間巡視をしている。未だ検討が終わっていない1人の児童の脇に立って後で君にも発表してもらうから、もっと考えてくださいと言った) T：それでは、4人で討論を始めて下さい。私は皆さんの方法はそれぞれ異なると思います。 (児童は4人のグループで議論し始めた。2分間ほどでグループ討議は終わった) T：どのグループでもよいですから前に来て皆に説明してください。 S：私は2年生の時に勉強した線図の方法を使いました。

			教師：ゲームをはじめる前に、黄色いボール、あるいは白いボールを掴む可能性はどちら大きいかを考えてください。 教師：ボールを掴むのは、1人3回までですが、グループの人数が少ない方は1人5回までできます。 教師の説明が終ってから、児童達はグループ単位で活動をはじめた。各グループには1人の代表がいる。代表はグループをうまく機能させるために、各自に担当する仕事を割り当てる。グループのメンバーは順番にボールを掴む係から記録係へと引き継いでいく。児童たちは、時々「黄色、白」と声を張り上げ、とても賑やかな授業場面であった。こうした授業活動は3〜4分ほど続いた。 教師：(手を叩いて)このゲームを通じて皆さんはどの様な結果を得ましたか。
2008年 5月 29日	5年 3組	SD	

　表3-12の授業場面、特に下線のところからうかがえたように、教師は指導内容を直接に児童に教えることではなく、「算数活動」を通じて、答えを自ら発見させようとする。そのため、作業やグループ学習および児童の発表が用いられていた。これらは、「素質教育」の理念が強調した児童が授業の主役になることと一致しているとされ、一定の素質教育的な「顕在的な授業構成」があることがここでも確認できる。

　次に、授業スタイルの変化に関してのもう1つの特徴を見てみよう。それは、「探究活動」においては、多様な答えが求められるということである。『標準』における課程実施の意見によると、児童の生活背景および考え方は異なるため、低学年(1〜3年)および高学年(4〜5年)を問わずに計算の仕方の多様化が求められた(教育部　2001)。したがって、S校は算数授業の中に、計算法の多様化を求めることが多い。当初の政策の目的において「多様な答え」を求めることは児童の「差異」に注目し、それぞれが貢献できることを探るという、素質教育で推奨されている、すべての子どもに向けた授業を行なことを意味する。それに加えて、「多様な答え」は素質教育の「創造能力」の育成と直結しているという教師の考えがあった。特に、「考える力」を育てようとする有効な方法であると認識されていた。

　　素質教育における「創造能力」の育成はとても重要だと思います。わが国にとって、最も足りないことがそれである。算数での「多様な答え」

は「考える力」を育成することに役立つと思います。

（2008年6月3日　SA教師に対するインタビュー）

　　ご存知と思いますが、わが国の基礎知識の習得は世界で抜群でしょう。私の一人の友人の児童は私が教えた子ですよ(笑)。正直、成績が普通な子だと思いましたが、アメリカに行ったら、学級で算数成績がトップ層になったようです。しかし、アメリカがすごいのが「創造能力」の育成だと思います。「多様な答え」は児童の思考能力を高めることができると思いますので、これは「創造能力」に不可欠なものでしょう。

（2008年6月3日　SD教師に対するインタビュー）

　算数授業での「多様な答え」の授業方法については教師が肯定的な評価を持っていた。また、「素質教育」における「創造能力」の育成についても賛成していた。

　では、「多様な答え」とはどのようなことか。以下では「多様な答え」を求めた具体的な授業場面を示す。

　　例えば、足し算の例では、13-9の答えを求める時に、グループの交流を通じて、討論した結果4つの答えが得られた。
　①　$13-9=12-1-1-1\cdots=4$
　②　$10-9=1$
　　　$1+3=4$
　③　$13-3=10$
　　　$10-6=4$
　④　$9+4=13$
　　　$13-9=4$

（フィールド・ノーツ　2005年5月26日3年生）

さらに、下記は2008年の授業の観察による「多様な答え」の授業場面を抜

第3章　先進地域における上海市の事例　181

表3-13　「多様な答え」の場面

年月日	学級	多様な答えを求める授業場面
2008年6月5日	1年2組	T：今日習った「分類」は具体的にいくつの基準が考えられますか。お互いに相談してください。 S：私は色分けによって分類しました。色分けにすると、4つの種類があると思います。赤、青、黄、緑という四種類があります。 S：私は形によって、分類をしました。正方形、三角形、円形という三種類があります。 S：私は、大きさによって分類しました。大きい方と小さい方という二種類があります。
2008年6月4日	3年5組	T：それでは、展示した肉料理と前菜を図形あるいはアルファベットによって表示しなさい。 S：肉料理はA1、A2、A3、A4によって表示され、前菜はB1、B2、B3によって表示されています。 そして、組み合わせの時に、まず、A1をきめて、そしてA1・B1、A1・B2、A1・B3のように表示します。 T：皆さんはほかの組み合わせを先生の代わりに表示しなさい。 （教師は児童の中に入って、机間巡視をする。巡視をしながら、先生は児童にポイントを教える） T：すべての内容を完全に書き終わったかどうか。 　　自分が書き終わってから書き忘れがあるかどうか。 T：皆さんの書き方が大体同じですね。 T：次は、飲み物を入れていかに組み合わせにするかを考えなさい。 （パワーポイントの表示により、ジュースとコーラを入れてきた） T：ローマ字によって表示すれば、 （児童は言いながら、教師はパワーポイントで表示している） A1－B1－C1　　A1－B2－C1　　A1－B3－C1 A2－B1－C1　　A2－B2－C1　　A2－B3－C1 A3－B1－C1　　A3－B2－C1　　A3－B3－C1 A4－B1－C1　　A4－B2－C1　　A4－B3－C1 （そして同じようにC2と取り替えれば） 最後は24種類の組み合わせを求められました。 T：ほかの式によって表示しなさい。また、この答えが正しいかどうかを検証しなさい。 （教師は再び、机間巡視を行っている） T：パワーポイントに表示した問題をいくつの方法で答えられるかを考えてください。お互いに交流しなさい。また、最も容易な方法を考えてください。 （子どもは交流し始めた） T：まだ終わっていない人は手を挙げなさい。よいしょうー、ストップしなさい。 T：まだ終わらない人がいますか？多分時間のかかる組み合わせの方法を選んだでしょう。だから、最も簡単な方法を皆さんに考えさせたいのです。 T：最も簡単な方法はなんですか？ S：算式の方法です。 S：まず、4×3＝12を計算します。そして、飲み物は2種類があるため、12＋12＝24 T：皆さんはよくできました。先生の難しい問題は皆さんを困らせなかったです。

2008年6月3日	4年2組	S：私は2年生の時に勉強した数直線の方法です。 1つのチームの試合数は1からのチームは5回の試合を行い　2からのチームは3回の試合を行い、こうした計算するように5＋4＋3＋2＋1＝15回です。 T：他の方法がありますか。 S：数字で表示することもできます。 1－2、1－3、1－4、1－5、1－6 2－3　2－4　2－5　2－6 3－4、3－5、3－6 4－5、4－6 5－6 1＋2＋3＋4＋5＝15です。 T：他にありますか。 S：5×6÷2＝15 T：劉さんの表示方は他の人と違うようですが、前に来て発表しなさい。 S：1→2、3、4、5、6 　 2→①、3、4、5、6 　 3→①、②、4、5、6 　 4→①、②、③、5、6 　 5→①、②、③、④、6 　 6→①、②、③、④、⑤ ○に表示した試合はすでに行ったから、計算するときに無視します。 　 5＋4＋3＋2＋1＝15回です。 T：実は、先生はもう1つの方法もあります。 （教師は次の授業を進めようとしたところ、1人の児童は自らの計算方法を発表したいという意図を示した） T：どうぞ S：5×5－2×5＝15

粋した表である。

　表3－13が示しているように、児童は自由記述あるいは式による説明についてどちらでも自由に選びながら答えることが認められている。また、児童は多様な解答を求められ、多様な考え方をすることが奨励されている。さらに、グループ活動を通じて、話し合いが行われ、これによって多様な考え方に達成することができると教師の間でも考えられている。

　本小節では「探究活動」を見てきた2005年調査と2008年調査の継続性と素質教育の「顕在的な授業構成」に沿う努力が継続していることが裏付けられた。

第3章　先進地域における上海市の事例　183

(3) 応用発展の段階

　次に、応用発展の段階であるが、応用発展としては、S校では、基本的な教育目標を実現する場合には、より高次的な問題提起を児童に与えていた。児童の高次元の考える力を育成する意図があると思われる。下記は3年生の「何分の一」という算数授業の応用発展の例である。

　　教師：今日は皆さんがよく勉強しましたので、ご褒美として微笑みの顔を持ってきました。（教師は微笑んで優しい口調で言いながらパワーポイントの投影している）

図3-2　パワーポイント内容

　　教師：赤の微笑みの顔の数は、全部の微笑みの顔の数の2分の1ですね？どうしてでしょうか？（パワーポイントの画面を映してから、教師は質問を出した）

　　児童：私は6つの微笑みの顔を1つの全体としてみなし、均等に二等分して、その1つの中は3つですので、赤い微笑みの顔の数は全部の2分の1です。（児童は顔を映したパワーポイントを指さしながら答える）

　　教師：今の2分の1とさっきのケーキの2分の1と何が違うのですか。（さっきの2分の1は前の授業に1つのケーキを2つに分けることをさす、筆者注）（教師は優しい口調で言った）

　　児童：さっきはケーキ1つを全体とみなしました。現在は6つの微笑みの顔を1つの全体として考えました。

　　教師：実際、われわれの生活の中で1つ物体を均等に分けることもでき、また一群れの物体を全体として均等に分けることもできます。（教

師は全員の反応を見ながらまとめをする)

（フィールド・ノーツ　2008年5月28日）

　素質教育の「顕在的な授業構成」に沿ってこの授業場面においては、教師が児童に身近な例で問題を出し、親しみやすく興味を持たせながら、実際の生活への応用も考慮している。また、教師の言葉遣いは児童にとって受け入れやすいことがうかがえる。授業のあり方は「探究活動」と変わらない。

　しかし、1つの点に注意を要する。これまでの授業段階は教室のすべての子どもに向けた授業であるが、「応用発展」という授業段階は上位の児童に向けた授業である。この段階に入る前に、先生は「次の問題は難しくなるから、自分ができそうだと思ったら、やってください。できない場合は怠け者にならないで、この前に勉強した内容をちゃんと復習してくださいね。」（フィールド・ノーツ　2008年5月28日）とたびたび児童に提起する。これらは、できる子の学びを伸びるようにという教師の意図があると思われる。これらは、『標準』の「異なる人は算数での異なる発展を達成すべき」という算数課程の基本的な理念（教育部　2001,p.1）、つまり、児童の個人差を認めながら授業を実践するという点に沿っている。

　だが、この時点で興味深いことが起きている。「すべての子ども」に向けた授業であるべきだという中国版の素質教育の機会均等の論理は、個々の差異に対応すること、そして、上位層のニーズの差異を強調することによって、上位層向けの発展的学習を正当化する論理としても機能しているのである。

　同時に、これは「すべての子ども」に向けるべきだとする「素質教育」の理念に沿って正当性を与えられている。この逆説的な点は教師のインタビューからうかがえる。

　　授業はすべての子どもに向けなければならないと思います。できない子だけに目をむけることは、できる子にとって、不平等だと思います。そのため、できる子にも力に入れなければならないと思います。

　　　　　（2008年6月3日　SD教師に対するインタビュー）

平等というと、すべてできない子だけに対応するとよくないと思いま
す。児童の個人差が確かに存在します。こうした個人差を無視すること
ができないのです。そのため、できる子に応じた授業内容を教える必要
があると思います。これは、彼らの権利だと思います。

（2008年6月3日　SA教師に対するインタビュー）

応用発展の授業はできる子に向けたものです。すべての子どもにふさ
わしい授業内容を教えることは平等だと思います。私はいつもこうした
バランスを考えています。

（2008年6月3日　SC教師に対するインタビュー）

以上のインタビューのように、応用発展の授業は「教育の機会平等」の理
念とつなげられながらも「個人差」の名のもとに「できる」児童への対応の差
異化が肯定されている。例えば、「できる子」と「できない子」のニーズを分
けて考え、「すべての学習者」の力を伸ばすという「素質教育」の理念のもと、
個人差を認めるという論理によって学力上位層への対応を差異化することを
も正当化しているように見える。そして、素質教育の公の論理自体は、実に
学力上層への差異化された指導を根拠付ける個別化の論理が含まれているよ
うに思われる。

(4) 授業の総括部分での特徴

最後に授業展開におけるまとめの段階においては、観察した授業の多くは
授業のポイントを再強調している。例えば、フィールド・ノーツによると、「今
日われわれは何を勉強しましたか」という問題提起が多かった。こうした確
認作業では、従来の教師主導と違い、教師が問題提起をしてから、児童の参
与を求めるなど、素質教育の「主体性」（燕　1999；柳　2002）を強調するとい
う教育理念で一般に求められている指導法である。

以上、S校における授業実施は児童の応用、実践、体験を実施の諸側面で
素質教育の「顕在的な授業構成」によって貫かれているように見える。その

際には、「教師・生徒の役割転換」、従来の意味での「教師の権威の緩和」、「授業スタイルの変化」という側面がうかがえた。S校の算数授業は、こうした形式を見る限りでは、政府が提唱している素質教育の特徴を忠実に備え、新しい課程改革に役立つ授業であることがうかがえる。

とはいえ、以上のことをS校の特徴のすべてであるとして安易に理解するのは不適切であると思われる。というのも、形式として実現されている素質教育授業の目に見える姿と共に、素質教育を促進させる意図では意識的には推進されていない「潜在的授業構成」が存在するからである。そして、この「潜在的な授業構成」を理解することなしには、本当の意味で、素質教育の実践での展開を語ることはできないと思われるからである。この「潜在的な授業構成」は従来の研究においては十分注目されることがなかった側面であると考える。すでに、今までの節で、「顕在的な授業構成」とは別に、「顕在的な授業構成」においての発言から、「できる」と「できない」の論理を教師が暗に用いていることがあり、特に、「できる」児童に対して「拍手」を求めたり、褒美を与えたり、競争的な関係の中で学力勝者としてその児童を肯定する評価が行われてように見える。また、これは教師が意図的に行ったことでもある。その要因は児童の年齢に求められることがうかがえた。以下は教師インタビューを通じて、この点を明らかにしたものである。

　実は、子どもたちは大人から褒められたいと思っています。特に、子ども同士の間では、他人が褒めたられたら、自分も褒められたいとより頑張ると思います。そのため、私は褒めるという手段を使って、子どもに刺激を与えたいと思います。

　　　　　　　　　（2008年6月3日　SD教師に対するインタビュー）

　子どもは基本的に負けたくないという気持ちが強いと思います。特に、できる子の間ではなおさらのことだと思います。

　　　　　　　　　（2008年6月3日　SB教師に対するインタビュー）

第3章　先進地域における上海市の事例　187

　以上のように、教師が児童同士の競争関係を作る妥当性は子どもの年齢に帰結されるようにうかがえる。特に、できる子の間ではこの論理がより機能しているという認識があると思われる。

　そのため、公の素質教育の論理自体に、「すべての子ども」を対象とする平等性と、その「すべて」という言葉の中の学力上層部のニーズに特に注意することによって、学力上層部への対応の差異化が正当化されうることが見られる。

　次節ではS校の「潜在的な授業構成」をさらに分析する。

3.3.　観察による算数授業の「潜在的な授業構成」

　前節では、素質教育の「顕在的な授業構成」について、S校の例を通して見た。そこにおいては、素質教育の公の目標に沿おうとする意識的な取り組みと、逆に評価の場面などに関連した「潜在的な授業構成」が見られた。本節では、この「潜在的な授業構成」を軸にした考察をしたいと思う。その際、「効率性の再構築」、「教師権威の再強化」、「伝統的な学力の重視」という3点から検討する。こうした3点を見る限り、「潜在的な授業構成」は教科学力の達成による統制にあると思われる。なぜなら、「潜在的な授業構成」は教科学力の育成に機能しているからである。まず、「潜在的な授業構成」の存在する要因を見てみる。

　S校は素質教育のモデル校であること、そして、顕在的には素質教育の政府方針に沿った授業が展開されていることを見た。公の期待においては、S校は素質教育のモデル校としての役割を果たすことにある。しかし、S校の観察からは、実際は素質教育の目標と矛盾する要求にもまたS校がさらされていることがわかる。

　S校は、恵まれた階層の家庭からの児童が多く、進学意識が高い家庭も多い。したがって、進学（受験）に求められる学力、進学を保証していくこともまた、S校が当然求められていることである。以下は教師と保護者のインタビューからその一端が見られる。

成績がよくないと、ほかの面においていくら業績があっても、結果としてはすべてが台無しになってしまうと思います。そのため、まず、受験勉強を確保することですね。さらに、素質教育を追求するものが無難でしょう。

（2008年6月3日　SF教師に対するインタビュー）

　いくら応試教育を批判しても、成績がよくないと、保護者をはじめ、社会が認めてくれないと思います。この矛盾を解決することができないと、教師は大変だと思います。

（2008年6月3日　SB教師に対するインタビュー）

　ここでいうことは適切がどうかわからないですが、中国の現状から見ると、応試教育は依然として強力に存在しています。この社会の波に応じないと、学校が社会からの認められることはなかなか難しいと思います。

（2008年6月3日　SD教師に対するインタビュー）

　以上、特に下線のところで示されるように、応試教育が依然として重要な機能をしていることが教師の中で認識されている。また、学力面で保護者や社会の期待に応えるためには、応試教育をやむを得ず受け入れ、応試教育と素質教育を同時に確保し追求する必要性が認識されていることがうかがわれる。また、両方を同時に確保することは保護者のニーズであると考えられている。以下は保護者からのS校に対する評価のインタビューである。

　S校に本当に感謝しますね。わが子はこの学校に入ってから、成績が上がった上に、性格も明るくなりました…

（2008年6月3日　保護者SPCに対するインタビュー）

　わが子はS校に入っていますので成績について何も言うことは無く、

人格や性格がよく育てられたと思います…

（2008年6月3日　保護者SPBに対するインタビュー）

　わが子は2年生から転校生としてS校に来ました。最初のころは、この学校に合わなかったらどうすればいいかを結構心配しました。が、数ヶ月後、われわれの心配は余計なものだと思いました。ありがたい話だと思います。わが子は成績がよくなり、学校活動なども積極的に参加したりします。

（2008年6月3日　保護者SPDに対するインタビュー）

　このように、保護者のインタビューによると、S校に来れば成績がよい、よくなることを前提として話していることが読み取れる。つまり、アカデミックな意味での学力が確保されることは当たり前のように考えられ、かつその前提が満たされた上でほかの(素質教育など)を評価するのである。

　以上の教師と保護者のインタビューからうかがえるように、S校は素質教育のモデル校となろうとも、従来通りないしそれ以上の「学力」と進学実績を求められているのである。

　以下に、こうした受験圧力のもと、素質教育モデル校としてのS校の実践に、応試教育の特徴が混在している様子を分析する。すでにS校の素質教育の「顕在的な授業構成」を軸にした前節までにその一部は見えていたが、本節はさらに、応試教育に軸を置いて、S校を分析する。S校に求められる応試教育の期待は、素質教育が本来提唱している内容とは必ずしも一致しない。そのため、顕在的な素質教育的特徴を作り出していく授業の特定の構成と、それとは論理的には矛盾するかもしれないが、実際は存在し、素質教育の「顕在的な授業構成」と関係し干渉し合う、「潜在的な授業構成」があるのである。

3.3.1.　「効率性」の再構築

　まず、「素質教育」の理念と沿わないものであるが、実際には行われている「効率性」の再構築について見てみよう。「効率性」を重視していることはS

校の様々な場面で見られた[24]。授業もその例外ではない。「効率性」の追求は、授業に関するあらゆる面に反映できると考えられる。例えば、授業に入る前の教室秩序の確保、授業中に問題の解答を求める際に、「誰が一番早いか」といった競争意識を刺激する技術がよく使われる。素質教育で求められる答えの多様性に関しては、従来型の1つの回答を求めてそれを評価することはしないものの（前節参照）、答えの多様性を求めながらも、その中で最もよい（＝効率的な）答えを決める場面にしばしば遭遇する。すなわち、答えに価値の優劣の順序をつけるのである。例えば、以下はその一場面である。

　　（教師は異なる色の紙で作った円形（大きな青い円と赤色の小さいな円）、長方形（黄
　　色）、三角形（赤）、正方形（緑）をそれぞれ黒板に貼り付けた）。
　　（児童は色による分類のほかに、形による分類をした。形の分類においては、児童
　　は円、三角形と四角形に分けて分類した。しかし、この時、1人の児童は、円と多辺
　　形という基準で上述した三角形、長方形を同じグループに分類した。教師はこのよう
　　な分類方法を正しいと評価した上で、次のように言い加えた）。
　　「王さんの答えは間違いがないと思いますが、実は三角形と長方形は
　　生活の中でよく使われると思いますので、皆さんはできるだけ、円、三
　　角形、長方形という分類にしましょうね。」
　　　　　　　　　　　　　　　（フィールド・ノーツ　2008年6月5日1年生）

　また、素質教育で重視されるグループ学習の場合においても、効率性の追求が見られる。グループ学習が行われる場合も、それは1回2，3分で終わらせられてしまい、その過程において児童の個別ミスがあるときにも無視されることが多い。次の授業場面は児童の個別ミスを無視した具体例である。

　　「三角のはかり方を知っていますか」と教師が質問してから3人の児童
　　に前に出てきてはかるように指示したが、1人の男の子は教壇に立って、
　　三角の物差しを黒板に上においたり、下においたり、はかりの手がかり
　　を見つけられなくなり、正しくはかりができなかった。教師はこうした

状況を見て、「できない子どもがいるようですが、一緒に黒板を見て、正しい測り方を見てみましょう」と発言してから、3人の児童全員を席に戻らせた。

（フィールド・ノーツ　2008年5月28日2年生）

　このように、教師は個別のミスがあっても、直接個人に教えることではなく、全員の授業問題として一斉指導にもどすことによって注意を喚起し、済ませていた。児童の個人レベルのミスを解決することはしていないように見えた。しかし、第1章で指摘したように、「素質教育」の理念の特徴の1つとしては、「平等」という視点を強調することにある。それらは、1人1人の児童のニーズに応えられる教育を提供することを本来意味する。つまり、児童の個人差を認めながら、「できる」子の能力を伸ばす授業と「できない」子の基本的な授業内容を確保し、「分層的な授業」（differential instruction）を同じ授業で実現させることである。そのため、教師インタビューからも時間に限られた授業の中で、すべての子どものニーズに応えるためには、時間の保証が課題となっていることがうかがえた。これが、新しい素質教育の文脈において、従来の論理としての「効率」を追求することにつながっているのではないかと思われる。理念としてはすべての子どものニーズに応えることが明快であるかもしれないが、現場に移す場合には、こうしたジレンマが生じることがうかがえた。以下はそのジレンマの一端をうかがえる場面である。

　授業の内容を自ら答えることができない児童の例である。教師は、児童自らの答えを導くことなく、その代わりに、教師が答えを教えることがしばしばあった。

　　教師：「どうやってこのような式を作りましたか」
　　児童：それは…
　　（児童はつまづいたため、直ちに答えることができなくなる。教師は説明しつづけた）
　　教師：「表のように、重複した試合があるから、さきほど見たように、

中国とロシアの試合とロシアと中国の試合は同じ試合でした。まず、重複の試合を取り除くことです」

（フィールド・ノーツ　2008年6月3日3年生）

　こうした授業場面では、教師は答えられない児童に対して個人的な対応をする時間的余裕がないことが見られた。児童自らの考えを導くという「素質教育」の理念が現実の授業を早く進めなくてはいけないという要請によって破綻する様子が見られた。

　また、このような授業場面は筆者が観察した授業にてたびたび見られることである。表3－14は、教師が個人的な対応ができなかった授業場面の抜粋である。教師が児童の代わりに答えを直接教える授業場面、あるいは、そのまま答えを無視する授業場面の例である。

　以下の表のように、教師が「すべての子どもに向ける」ことができない状況が見られる。これらは素質教育によって提唱した児童を平等に扱う理念と矛盾する。つまり、授業の「効率」を追求するためには、すべての児童のニーズに応えることを犠牲にしなければならない。

　また、「効率」の追求は授業あるいはほかの学校活動にも見られる。例えば、素質教育が求める児童の「主体性」を尊重するには、こなそうとする量が多く、授業の進度が速いという問題もある。休憩の時間には、児童にわからない問題があるなら、担当の教科の教師だけではなく、すべての教科教師に聞いてもよいことになっている。そのほか、教師の間では、情報交換がとても早い。筆者の観察では、自らの教室で出た授業時間内の問題は直ちにほかの教師に伝えられていた。そして、次の教師に注意を呼びかける。それにより、効率よく問題を解決できるようにしている様子がうかがえた。こうした、「学力」確保の努力は意識して取り組まれていた。

　そして、「応用発展」の段階に当てられる時間は非常に少ない。基本的には2～3分の間である。観察していると、児童が時間内に問題を完成できないことが多かった。こうした場合には、教師がいつも宿題として児童に残りの作業を与えていた。但し、強制的に完成させるのではなく、児童に完成す

第3章　先進地域における上海市の事例　193

表3-14　教師が個人的な対応ができない授業場面

年月日	学級	個人に対応できない場面
2008年 5月 27日	2年 5組	(教師はパワーポイントで直角を映した。また、事前に用意した三角定規を女子児童に渡した。この女子児童は正しくできなかったようで教師はまた言い続けた) T：1年生の時教えたはかり方をまだ覚えますか？ S：三角定規の直角を使って、はかります。 T：そして、(女子児童は教師の質問を答えられないため、無言になった。教師はこれ以上この女子児童に答えを求めることなく、自ら説明を始めた) T：定規の直角部の2つの辺とこの「直角」の2つの辺と平行あるいは重なる場合は「直角」といえます。 T：2つの辺はすべて平行しています。
2008年 6月 4日	3年 5組	T：まだ終わっていない人は手を挙げてください。 (何人かの児童は手を上げたが、教師は全員の終了を待つことなく、作業を止める指示を出した。) では、作業をストップしてください。 T：まだ終わってない人がいますが、多分時間がかかる測定方法を選んだのでしょう。
2008年 6月 3日	4年 2組	(教師は次の授業内容の説明に入ったが、1人の児童が自分の計算方法を発表したいという意思表示をした) T：どうぞ S：5×5-2×5＝15 　6つのチームは自チームを含めないと5つあります。したがって、すべてのチームは5回の試合を行うことになります(2×5について児童は説明できなくなった)。 T：2×5はどういう意味ですか。 (児童は依然として答えなかった。) T：授業が終わってから、また考えて下さい。それでは、先生の方法を説明します。
2008年 6月 5日	5年 3組	各グループの発表が終わってから、教師は答えが正しくなかった児童の説明を聞き始めたが、個人指導を行うのではなく、代わりに、全員に同じゲームを再度やってもらった。 児童全員が同じパターンでゲームを始めたのである。

ることが好ましいことを呼びかけたにすぎない。最後のまとめる段階はただ1～2分の時間だけを使い、時には授業のベルが鳴ったため、何十秒の時間内で授業のポイントを記述することを児童に求める場合もあった。

　以上、S校では、「効率性」の追求は授業の多くの面に現われた。しかしながら、「効率性」の追求は、「素質教育」の理念と矛盾している。例えば、前述した「個別ミスの無視」はその1つである。

3.3.2. 教師権威の再強化

前に触れたように、素質教育が求める新しい教師の役割、つまり、仲介者としての教師の役割は、教師・生徒関係においては従来の中国における教師の役割に比べて、権威緩和の一面を有している。一方、主に伝統的な学力を確保する場合と規範習得の場合においては権威の再強化がなされる側面もあるように見えた。それは、教師権威の直接的再強化と教師権威の間接的再強化に分けて考えられる。

第1に、教師権威の直接的再強化である。それを見るために、まず、以下の例を見てみよう。

> 4年生の2時限の算数授業で、児童の間で何かのトラブルが起こったようである。1人の児童は「先生、先生…」と何回も呼ぶが、教師は最初の時に無視した。だが最後に教師は何かを思ったようである。冷たい目線で、「君の発言は今日の授業内容と関わりますか」と児童に聞いた。児童は「関係が無いけれども…」と、まだ何か言いたいようなところが見られた。教師は「なら、休憩の時に言いなさい」。続いて教師は手を叩いて、児童の注意を喚起しながら、授業が前に進められていった。
>
> （フィールド・ノーツ　2008年6月3日4年生）

このように、教師は授業をスムーズに進めるために、教師の権威を用いることがしばしば見られた。また、こうした行為は意図的な一面がある。こうした点は次のインタビューから明らかになると思われる。

> 現在の子どもはいたずらっ子が多いですよ、教師と子どもとの平等的な関係を築くことが重要なことはわかりますが、時には、権威の側面を見せないと、何も聞いてくれないですよ。そのまま見過ごせば、授業さえもできなくなるかもしれませんよ、もともと授業の時間がないのに…
>
> （2008年6月3日　SF教師に対するインタビュー）

また、こうした視点は教師の中に共有されていると思われる。

　授業をうまく進めるためには、秩序の保持が何よりのことだと思います。しかし、それを実現するために、すべてのことを子どもの自律性に求めることは不可能だと思います。子どもはやはり子どもですから、わざと授業を壊すということではないと思いますが、授業中に、よく動く子はいつでもいますよ。この場合は、しっかりとやめさせないと、ほかの子も同じように落ち着かなくなると思います。

（2008年6月3日　SB教師に対するインタビュー）

　そうですね、現在の子どもは基本的に一人っ子のため、特にわが学校の子どもは普通の家庭より豊かな家庭出身が多いと思います。好きなものがあればすぐに手に入れると思います。そのため、わがままな一面があると思います。授業中に優しく扱うと、冗談だと思われるかもしれないですから、厳しくしなければならない時もあります…授業の推進にとって、それは有効な手段だと思います。

　筆者：有効な手段は厳しいことですか。

　教師：そうですね。

（2008年6月3日　SD教師に対するインタビュー）

　第2に、教師権威の間接的再強化であるが、それは、教師・生徒の役割の変化によって実現されると思われる。

　S校のグループ学習の興味深い機能としては、児童間の監督機能があるように思われる。例えば、フィールド・ノーツからの例である。教師が前に立って授業の内容を説明する際に、ある子の本が地面に落ちた。すると、このグループのほかのメンバーは責める眼差しで、この子を見た。また、答えが間違った場合は、グループのメンバーから先生より早く「違う」と否定された。さらにはグループ学習活動を展開する際にこの子がほかのグループのエリアに行こうとすると、グループリーダーに止められた。グループ活動が終わっ

てから結果を発表する時に、この子がほかのメンバーの交流結果をよく聞かないで答えようとした時には、グループリーダーは小さな声で「わからないなら、やめてくれない」と言った。児童相互の集団規制 (恒吉 1992) が学校の規範を延長する形での機能を果たしているように見える。つまり、観察を通じて、以前教師が果たしていた役割が、素質教育のもとで教師が背後に退くことを求められる。その結果、教師の直接統制のモデルではグループリーダーをはじめとした児童同士の相互の規制に、転化されていることがうかがわれた。こうした機能の転換は教師のインタビュー[25]によると、時間の節約に有効に働いていると思われていた。以下はその説明の一例である。

　　授業をスムーズに進めるために、秩序の保持が欠かせないことだと思います。ほとんどの子どもはよい子だと思いますが、やはり子どもですから、動きが好きな子がいつでもいますよ。(私は) 授業内容を教えることに精一杯のため、子どもがお互いの監督を通じて、いたずらっ子をある程度抑えられると思います。有効だと思います。また、たくさんの時間を節約することができます。もちろん、やりすぎの子の場合なら私は直接に干渉します。

　　　　　　　　　　　(2008年6月3日　SD教師に対するインタビュー)

　こうして、児童の相互規制を用いて規範・規律を強化する場合は、教師が直接統制しないため、一見、素質教育の「教師役割転換」、背後に退いた教師の役割に沿っているように見えるものの、実際は、素質教育が求める教師像とは裏腹に教師の権威が強調されることがしばしばあった。こうして、教師権威が直接的再強化されるだけでなく、間接的な再強化が見られた。つまり、素質教育推進のもと、前述のように授業時間内で教師の児童に対する言葉使いや授業中の教師と生徒の役割が変化している。だが、授業内容をスムーズに児童に伝達するために、教師の権威を強調する面もうかがえた。「効率的な」学力の保証を最優先する面も見られた。したがって、素質教育が実際の教育現場で推進されていく際には、S校のように素質教育モデル校であり、

第3章　先進地域における上海市の事例　197

中産階級の恵まれた条件の学校においてでも、自主的で自発的な学習と効率性の重視、集団におけるコミュニケーションと相互規制、教師の権威緩和と権威再強化という二律背反的構成を持つことがわかる。

3.3.3. 「伝統的な学力」の重視

　「素質教育」の教育観念に基づいた授業は前述したように、児童の関心、態度を重視する一方、児童の「教科学力」の重視も否定しない。以上、素質教育の「潜在的な授業構成」において、特に効率性の追求、児童の相互統制の問題、教師の権威の再強化について論じてきた。実は上述した項目は「伝統的な学力」が定着するために機能していると考えられる。

　次に「潜在的な授業構成」において、「伝統的な学力」の重視について見てみよう。S校において「教科学力」の重視は授業のすべてのプロセスに反映されていると言っても過言ではない。一見、「素質教育」の理念を具体化した授業でさえもそれは該当する。例えば、以下の授業場面を見てみよう。

　　　教師：実は、先生が表を使って、表示したいことがあります。
　　　教師：中国と中国はどうなりましたか？
　　　児童：二度、表示しました。
　　　教師：われわれは加法以外に、どのような算式を作れますか？
　　　児童：6×5÷2＝15（回）
　　　教師：どうしてこのように算式を作りましたか？
　　　（児童は直ちに答えができなくなったため、教師は説明し続けた）
　　表のように、重複した試合があるから、先ほど見たように、中国とロシアの試合とロシアと中国の試合は同じ試合でした。まず、重複の試合を取り除くことです。
　　　児童：6、5は何を意味しますか？なんで2で割られなければならないのですか？
　　　S：6はチームの数を表わします。5は試合の回数を表わします。試合のうち半分は重複しているから2分の1になります。

（新しい知識の段階が終わってから、教師は練習問題の段階に入った）

（フィールド・ノーツ　2008年5月26日4年生）

　以上は、教師と児童との質疑についての1つの授業場面である。この授業
場面に関して、一見すると児童に考えさせようとしているように見えるかも
しれないが、児童の独立した思考を支持しているとは言えないであろう。問
題の質問の立て方は教師によって管理されている。児童が自ら質問を出すこ
とはなく、教師は伝統的と批判されてきた方法で授業を管理している。特に、
児童ができない場合は、児童に投げ返すことなく、代わりに、教師から答え
を教えている。授業知識の伝達が最も重要な授業目標となっていることがわ
かる。また、上述した授業場面は稀なものではない。筆者が観察したすべて
の授業で見られたパターンである。特定の時期までに到達すべき授業目標、
習得されるべき教科学力があり、それに沿おうとすると、実際は児童の「考
える」作業を多く入れていると効率が悪いのである。

　また、グループ探究の場合は、前述したように、話し合いの時間をかなり
短く「○○分以内」に答えを出すと指示したこと、児童が出してきた答えが「正
しい」かどうかをチェックさせていた様子を記述した。こうした指導は、「教
科学力」の習得を意識したものであろう。特に、授業の最終段階にS校の教
師はまとめを行っていたと述べたが、このまとめを入れた授業構成は、「教
科学力」の保証をすることを意識した、典型的な例と言えよう。授業の最後
では、教師は「授業の成果」を押さえるために、まとめることが多かったが、
今日は「何を習ったのか」という質問に導かれて、児童に本日習得した内容
を再確認している。これは素質教育の推進する学力観ではなく、その時間に
習得すべき教科学力を想定してそれが「できた」かを問う、応試教育を支え
てきた学力観であると言えよう。

　前に述べた効率性の追求も同じような役割があると考えられる。効率性を
追求しないと、目標とした授業の内容を終らせる事ができない。「効率的」
な知識の習得のため、こなすべき内容をこなさなかった授業は、授業の質を
保証できたとは言えないとみなされているように見えた。そのため、授業中

に宿題として練習問題をよく出され、教師が指導のもとに児童が演習を繰り返して間違えないようになっていくことが期待されている。

　ここで、留意すべき点としては、「教科学力」の重視は単に授業内のことではなく、授業外、学校外までに延長している点である。例えば、進学を視野に入れ、S校に期待されている教科学力を上げる面での協働体制は重視されている。授業中にできない子に対応するために、S校は授業以外に随時対応する枠組みを作り出した。さらに、児童は学業の問題があれば、担任の教科先生のみに聞くのではなく、すべての教科の先生に聞くことが可能であり、こうした行為は奨励されている。筆者が行った調査の間に、たびたび児童が教師の教員室に訪ねる光景が見られた。以下は、1つの授業以外の時間帯に担当ではない教師が、授業がわからない児童のニーズに応える1つの場面である。

　　　休憩の時間、1人の男の子は教師の事務室に入った。探したい先生がいらっしゃらないようなので、「王先生はいらっしゃいますか」とほかの先生に聞いた。児童の担当ではない李先生は「王先生はちょっと出かけたところですが、何の用ですか」と答えた。児童は「実は先ほどの算数授業に関してわからないことがあったため、王先生に聞きたいのですが。王先生がいないなら、後ほどまた来ます」といったが、李先生は「算数の問題であるなら、私は教えますよ」といいながら、児童が書いた質問を読んで、児童と授業のやり取りをした。

　　　　　　　　　　　　　　　　　（フィールド・ノーツ　2008年6月4日）

　このように、児童は勉強について質問があれば、担任教科の先生のみならず、すべての教科の担当先生に聞くことが推奨される。また、児童同士の協働または児童と教師の学業の交流を奨励する。できる限り、児童の授業問題には直ちに対応するようにする。つまり、教科指導に関しては随時対応体制が取られているのである。この随時対応体制は、児童の「教科学力」を高めるという役割を果たすことが考えられている。

最後に、児童の学力の保証に関しては家庭からの協働・圧力を無視することができない。教師が児童の勉強状況を直ちに保護者に連絡する場面がたびたび見られた。筆者の調査の期間で、休憩室の中には、教師が保護者に電話をかけることがよくあった。内容に関しては、児童がよく把握できない授業ポイントを教え、勉強がわかるようになるために保護者に協力して貰うことである。ここで、指摘しなければならないのは、教師の時間が限られているため、保護者が代わりに児童の学力をカバーすることが期待され、またそれが重要な役割を果たしていることである。

　　私は本当にすべての子どものことを見守りたいですが、時間やエネルギーの制限からすべての子をカバーするのが無理な部分が確かにあります。幸いわが校の保護者のほとんどが子どもの勉強に対して関心があるので、協力してくれることがありがたいです。

　　　　　　　　　　　　（2008年5月28日　SB教師に対するインタビュー）

　こうして、S校では学力向上が求められていることを教師も自覚し、したがって、児童のしつけや「教科学力」に関しては、学校と家庭が連携した綿密な支援体制が成立している。さらに、「教科学力」の進度についていけない児童は家庭教師を雇うことは一般的であることが教師のインタビューから明らかであった。したがって、児童の「学力」の保証に関しては、授業内、学校内と学校外という、三重保障的な仕組みを持つことがうかがわれた。したがって、S校にとって、「伝統的な学力」の保証は対応すべき前提課題として依然として存在している。

3.4.　本節のまとめ

　これまで、S校の「算数」の授業実践を「顕在・潜在」という授業構成によって、明らかにした。「顕在的な授業構成」は「授業スタイルの変換」、「教師・児童の役割転換」、「教師権威の緩和」という側面から捉えた。一方、「潜在的な授業構成」は「効率性の追求」、「教科学力の強化」、「教師権威の再構築」

について見てきた。そのため、授業実践においては一見「素質教育」の理念や政策に忠実に反映し「顕在的な授業構成」は素質教育に沿っていた。しかしながら、「潜在的な授業構成」の影響によって、素質教育の実現とは矛盾する「受験勉強」の再強化という逆機能に陥る面を持っている。また、こうした逆転現象は教師にとって、部分的に意識されたものであることもうかがわれた。次の教師のインタビューからわかるように、教師たちは、素質教育になじむ探究、作業などの授業方法が「受験勉強」に対して肯定的役割を果たす点を評価している。

　　現在依然として、受験社会ですから、成績がよくないと、保護者たちをはじめ、世論まで許してくれないですよ。「素質教育」の理念は魅力的ですが、すべてを実現することは不可能だと思います。しかし、新しい課程改革のおかげで、たくさんの新しい授業方法と出会ったため、中には、児童の算数の習得にとって、役立つものがあることは確かです。それ故、私は、こうした有効な方法をよく授業で使います。

　　　　　　　　　　　（2008年6月3日 SB教師に対するインタビュー）

　　受験勉強に関してよくないと、ほかの面においていくら業績があっても、結果としてはすべてが台無しになってしまうと思います。そのためか、まず、受験学力を確保することですね。さらに、素質教育を追求するものが無難でしょう。

　　　　　　　　　　　（2008年6月3日 SF教師に対するインタビュー）

　以上の教師の発言からわかるように、教師にとっては、「受験勉強」への対応が最大の目標である。さらに、素質教育の中に「受験勉強」に役立つ部分を選別することによって、「受験勉強」の再強化・再編を期待している。言い換えれば、素質教育の授業は、新学力を視野に入れたテストに対して一種のトレーニングの効果を持っていると理解されている（金子　2006）。この意味で、S校の算数授業における素質教育の実践は、受験に役立つ「考える力」

を強調した「新受験型」(恒吉 2006)の具体化されたものと言えるであろう。

本節では、受験で重視される「算数科」における「素質教育」の理念に基づいた授業実践の実像を「顕在的な授業構成」と「潜在的な授業構成」を通じて描きだした。一見、「素質教育」の理念に基づいた授業は、こうした「顕在的な授業構成」と「潜在的な授業構成」とが干渉し作用し合うことによって、「受験勉強」の再強化という逆転が見られた。こうした逆転現象は従来の応試教育のメカニズムの転換に重要な示唆を持つと考えられよう。すなわち、素質教育的な「応試教育」が求めるようになる。しかしながら、こうした受験に逆転した素質教育の実践は、S校の全体像ではない。素質教育に応じるような教育実践もまた存在している。したがって、次節は素質教育に結びつけられやすい「本校課程」の実践に目を転じてより多角的にこの問題に接近することを試みる。

4.「本校課程」教科における素質教育の実践

第3節では、応試教育の性格が強いと言われてきた教科である「算数科」における素質教育の実践を、S校で取り上げた。しかし、応試教育で重視される「算数科」だけでは、S校の素質教育の全体像を把握することができない。そのため、素質教育の性格が強いと理解される教科を見る必要があるであろう。「本校課程」における「教科」はその代表的な存在であると思われる。

序章で指摘したように、素質教育を推進するための重要な1つの施策として、新しい課程改革が行われている。『基礎教育の課程改革の要綱(試行)』(教育部 2001)によると、新しい課程改革においては、課程内容をはじめ、機能、実施、管理、構成、評価の改革に求められてきた。特に、課程管理においては、各地域の格差および各学校の実情に応じるため、「国家課程および地方課程を実行する際に、学校に適する課程を開発あるいは選択すること」と明記している(教育部 2001,p.6)。そのため、「本校課程」は地域に依拠しながら学校によって作成されたものである。さらに、「本校課程」は素質教育の性格が強いと理解することができる。したがって、「本校課程」を対象として、

第3章　先進地域における上海市の事例　203

本研究のカリキュラムの差異を考察することに有効性があると考える（詳細は序章の方法論で論じた）。

　「本校課程」は素質教育をより徹底的に推進するために生まれた課程である。例えば、前述した『要綱』によると、「本校課程」の作成には「学校の伝統・優位点、児童の趣味・需要と結びつけられるべきである」（教育部　2001,p.6）。これによって、「本校課程」においては児童が課程の中心に位置されることが読み取られる。これこそ、素質教育の中核である。S校においては、「文博教育」[26]という「本校課程」の設定が新しい教科の具体化である[27]。したがって、本節では、S校における「文博教育」の授業を見ていきたい。詳細には、前節のように、「顕在的な授業構成」と「潜在的な授業構成」というキー概念を使って、「文博教育」の授業実践を考察する。

　具体的な授業実践を見る前に、「文博教育」とはどのようなものであるかを見る必要があるであろう。そこで、「文博教育」の概況、教材をめぐって展開していく。

4.1.　「文博教育」の概況について

　「文博教育」の授業を見る前に、「文博教育」について理解する必要があると考えられる。そのため、「文博教育」の理念、「文博教育」の設立理由、「文博教育」の教材作成という3点を整理する。そして、以上の3点を通じて「素質教育」の理念をいかにそれが表現するかを検討する。以下はまず「文博教育」の概念と選定理由について述べていく。

4.1.1.　「文博教育」の理念と選定理由

　「文博教育」の意味は以下の通りである。「文博」というのは、簡潔に言えば「博学」という意味である。その出典は「史記」の程氏遺書附録の「哀詞」にある「博文強識」という言葉から由来したものである（史記　1959）。「博文」は博覧群書であり、「強識」は記憶力が強いという意味である。すなわち、天資の高い上に博学である。「文博」という意味は「史記」の「博文」と同じ意味である。S校での「文博教育」の課程理念としては、「中華文化を伝承し、人

文教養および民族精神を引きだす」ものであり、その実施は、「多面的な学習モデルを通じて、体験・悟り・探索の喜びを体験させること」である[28]。さらに言うならば、道徳教育を媒介として、児童の「民族精神と人文教養」を育成し、児童の全体的な成長とバランスの取れた成長（調和発展）を達成することである（楊　2002、2007）。

　第1章で指摘したように、素質教育を実施するためには、中国では道徳教育を強化することは1つの重要な施策である。さらに、素質教育には、「児童の主体性」の重視、「全面的な発展」および「すべての子ども」に向けるという3つの要素がある。前述した「文博教育」の課程理念は、道徳教育の重視や児童の「体験」などを通じることで児童の主体性の重視、調和的な発展に含まれた全面的な発展につながると考えられる。児童の全体的な成長などを「素質教育」の理念として重視していることがうかがえる。S校の校長の言葉を借りるならば、「人文素養を高めることは素質教育の実施、または、児童の全面的な発展にとって不可欠の重要な部分である」[29]。この発言を通じて、「文博教育」の理念を追求した「人文素養」と素質教育との内在的な関連を読み取ることができる。

　また、「文博教育」の理念において道徳教育を重視していることは、第1章で触れたように素質教育を実現するための重要な施策として道徳教育を強化することがあげられていることと一致している。その上、児童の体験を重視すること、児童の全体的な成長とバランスの取れた成長（調和発展）を達成することは素質教育の「すべての子どもにむける」こと、「全面的な発展」、「児童の主体性」という3つの要素を考慮していることがうかがえ、素質教育を具体化しようとしたと考えられる。さらに「文博教育」を理解するために、その設定背景を検討する必要があろう。それにより、なぜS校の「本校課程」は「文博教育」として設定されたのかが明らかになる。

4.1.2.　「文博教育」の設立理由

　前項では「文博教育」の理念が、「素質教育」の理念に反映されたものであることを見たが、ここでは、S校の「本校課程」が「文博教育」として設定さ

第3章　先進地域における上海市の事例　205

れた理由を検討する。S校にとって、「文博教育」が「本校課程」に該当するとされた理由は学校の関連文献[30]およびS校の校長および教頭のインタビューに基づき、社会環境、素質教育の考慮、学校の実情、社会資源の使用に関連した以下の5点の理由によることがわかる。

　まず、第1点は、教育目標と社会の変化である。第1章で指摘したように、『教育改革を深化し、素質教育を全面的に推進する規定』によると、義務教育の段階においては、「2つの基礎」（基本的に義務教育の普及により青少年の非識字者がなくなる）を実現することが教育改革の目標とされた。さらに、上述の目標を実現した地域と学校は、教育の「質」を追求することとなっている（国務院1999）。

　また、『さらなる義務教育のバランスが取れた発展の推進に関する若干の意見』の中では、中国の基礎教育の目標は教育の質を追求することであるとされた（国務院　2005）。したがって、中国の教育改革は量的な拡大という目標から質の向上という目標に転換したことがうかがわれる[31]。一方、経済的な発展に伴い、人材の育成に新しい要求が求められるようになってきた。すなわち、以上の教育改革の目標と社会の変化に応えるため、学校現場が新しい要請に応えなければならないとされたのである。そのため、学校現場にとって、「有効な方法を通じて、学生の新しい資質と新しい能力を育てることが教育実践において重要な課題である」とされた（楊　2002、2007）。したがって、「文博教育」の設立は、こうした社会の要請に応えるための土台を提供するものであるといわれている（楊　2002、2007）。

　第2点が、道徳教育を重視することである。第1章で指摘したように、中国の素質教育は道徳重視がその1つの特徴である。党の十六次全国人民代表大会に公布された『小中学校における民族精神の向上および育成に関する要綱』では、「民族精神の高揚および育成は文化建設の最も重要な役割とみなされ、国民教育の全過程、精神建設の全過程に導入しなければならないという。多くの青少年に民族の優れた文化を理解させ、自信を持たせる、民族精神の振興、民族の力の結集は切迫した任務の1つである」と指摘された（人民代表大会　2003）。そのため、民族精神と人文教養の育成は道徳教育の実現に

とって、重要な役割を果たすものとして期待されている。したがって、S校は上述の行政指針に基づいて伝統的な文化に焦点を当てることに方向を定めたと言える[32]。また、「文博教育」は、道徳教育にとって、適切または重要な手段でもあると考えられている[33]。例えば、児童には、「文博教育」を通じて、民族の誇りと愛国心を育てることができるという。

第3点は、教科作りに関しては学校に裁量権があることである。『基礎教育課程要綱(試行)』によると、「学校は国家課程および地方課程を実施すると同時に、当地の社会経済発展に具体的に対応し、それぞれの学校の伝統的な強み、児童の関心・要求に結びつけ、個々の学校に適応した課程を開発あるいは選択する」とされる(教育部 2001)。そのため、学校にカリキュラムの開発という一定の権利が与えられ、学校独自のカリキュラムの開発が可能である。以上の状況を考慮した結果、「文博教育」が作り出されたと言える(楊 2002、2007)。

第4点は、S校の学校現場の経験から言えることである。S校の現場の教師は長年の教授経験によると、現在の小学生は歴史および伝統文化に関する知識が乏しいという実情が存在する。特に児童の国語の学力の低下は教師が共通的に認識することを指摘した(楊 2002、2007)。したがって、「文博教育」は、国語教育と結びつけられやすいというメリットがあると考えられた[34]。

第5点は、地域の既存資源を利用すべきことを考慮したことである。この点に関しては、S校にとって上海市の博物館は重要な教育の資源になることが考えられた。そのため、S校は2000年2月上海市の博物館と提携契約を結び、その後、上海市の博物館に依拠し、教材の編集、博物館の施設の利用など多岐にわたる交流が行われるようになっている。その詳細は後述する。

以上の教育目標と社会の変化に対応すること、素質教育における道徳教育を重視すること、学校が裁量権を持つこと、学校現場の経験を活用すること、既存資源の有効活用という5点がS校の「文博教育」の課程を設定した背景にある。次に、「文博教育」を理解するために、その教材について検討する。

4.1.3. 教材について

　前の部分では、S校での「文博教育」の設立背景を取り上げた。ここでは、教材について取り上げる。

　さて、『基礎教育課程改革要綱 (試行)』によると、「学校は国家課程および地方課程を実施すると同時に、当地社会、経済発展の具体的な状況に応じながら、本校の伝統・優位点、学生の興味・需要と結び、本校の課程を開発および選択すること」とする (教育部　2001,p.11) とあり、S校を含めた各学校の教材作りに関してはそれぞれの特色が見られる。

　S校が作った「文博教育」の教科書の構成は　2種類に大別される。すなわち、すべての子どもに対応するための必修教科と、児童の個別ニーズに応じるための選択教科とに分けて編成されている。必修教科に関しては児童の各学年の特徴に応じ、1年生の「文字の起源」、2年生の「書画に近づいてみよう」、3年生の「篆刻に近づいてみよう」、4年生の「陶器に近づいてみよう」、5年生の「青銅器に近づいてみよう」からなっている。選択教科は児童の多様な趣味に応えるために編纂されている。具体的には、「貨幣を知る」、「古典詩歌を歌う」、「切り紙」「凧」、「京劇のくまどり」、「茶道」などによって構成される。さらに、教材の編纂に関しては教科書のみならず、具体的な指導法、学習の建前、主な学習素材まで細分化されている。また、教材の内容・質に関しては、一定の弾力性がある。すなわち、具体的な授業状況に応じ、即時に学習活動および学習内容を変えうるものである。それに加えて、児童の手作業能力、コミュニケーション能力、協同作業能力を育成することに工夫を凝らし、教材のすべての章・節には、そこでの実施項目を明示している。S校の校長が指摘したように、S校は「文博教育」の教材の編集を体系的に行っている[35]。そのため、「本校課程」における体系的な教材を編集したものはS校の1つの特徴であろう。

　また、教科書を作成する際に、児童の各年齢段階の特徴に応じて、教材の内容を定めている。例えば、1年生の場合は、児童にとって、考える力の育成というより「感性」的な手作業を重視している。それは、児童が漢字を書くことと観察することなどを通じて、反復再現しつつ、漢字の分類と歴史を

習わせようとする意図が反映されている。また、漢字の習得を児童の日常的な体験に結びつけている。例えば、1年生の児童に名前をはじめ、両親および親戚の名前の習得を通じて、漢字を学ばせる。1年生の手作業を重視することに対して、2年生の「書画に近づいてみよう」という教材では、児童の「視覚、認知、思惟、実践」などの多方面の感覚を体験させ、児童が「見る、学ぶ、考える、する」という4つの側面を取り上げている。以上の体験を通じて、書道の歴史の変革、または有名な書道家および関連する書道作品を鑑賞し、習得させていく。逆に、高学年の5年生の「青銅器に近づいてみよう」は、探究的な活動を中心として展開されている。小学生の特徴を考慮し、教材内容の体系は時系列的に展開されたものではなく、「青銅器」の機能による分類に基づいて構成されている。以上にあげた例のように、S校の「文博教育」の教科書の内容は各学年の児童の発展段階に応じて編成されている。こうしたところにも、児童は教材の主役と理解され、年齢も考慮しようとしたことがうかがわれる。

　さらに、教科書の作成をするには、児童のそれぞれに見合った能力を育成するべく、児童の関心・感情を重視している。それは、日本の総合的な学習の時間において、児童の興味・関心、児童主導が唱えられたことと基本的に同じ志向であると考えられる。そのため、授業内容については具体的な活動の設定が多い。そこでは、児童は具体的な取り組みを通じて、「文博教育」の知識を習得しながら、資料調査能力、手作業能力、コミュニケーション能力など素質教育に要求される能力を育成する意図がうかがわれる。教材の構成に関しては、活動のステップを設けることでその具体化をはかっている。それは、具体的事例の提示、コンピュータで「具体的な事例」を作成するなどを通じて、児童の自らの手作業能力を高めることを目指すものである。

　さらに、「文博教育」の教科書が作成されるに当たっては各教科と各学校のイベントとのつながりが考慮された。例えば、ほかの教科とのつながりに関しては、1年生の教材においての漢字の歴史という「文博教育」の内容は1年の国語の漢字の習得とのつながりを意識した点が取り上げられている。学校のイベントとのつながりについては、「親子の日」などの学校のイベント

を通じて、「文博教育」の影響力を広げるようにしている。この点については、また後述する。したがって、「文博教育」の教材の内容は、より広範な素材と結びついていることが見られる。

　以上のように「文博教育」は、児童の年齢の特徴、発達段階を考慮していること、児童の興味・関心から発してそれぞれの能力を具体的体験を通して育成しようとすることと、教育を広義に捉え、各教科と各学校のイベントとがつながることを通じて、児童の特徴を十分に配慮しながら実践的な活動を展開しようとしていることがうかがえる。その意味でも、児童の主体性を強調する「素質教育」の理念を表わしたものであり、「文博教育」の教材は、行政理念を忠実に反映しているように見える。

　これまで分析したように、「文博教育」の理念や教材作りには「素質教育」の理念が反映されている。それは、中国の伝統的な文化を伝承することに基づきながら、新しい課程改革によって推奨された授業手段によって実現されるべきものであるとされる。つまり、「道徳教育の重視」を軸に、「愛国心」などのような道徳的な品質を育成すると同時に、創造能力や実践能力を育てることも期待されている。だが、教育の理念と実践がはずれることは珍しくない。したがって、「文博教育」についても具体的な授業実践はいかに展開されているかを見る必要がある。そのため、次項、授業実践に焦点を移し、具体的な授業場面を踏まえながら、前節の「算数授業」の実践との比較を通じて、「文博教育」の授業の特徴を取り上げる。

4.2.　「文博教育」の授業について

　本小節では、「文博教育」が設定された背景と教材の特徴を踏まえ、具体的な授業の様子を見ることとする。そこでは「顕在的な授業構成」と「潜在的な授業構成」を分けて検討する。「顕在的な授業構成」は主に「授業のスタイル」、「教師・児童の役割」を中心とする。一方、「潜在的な授業構成」は「効率性の追求」と「教師指導」をめぐって展開していく。

　「文博教育」の具体的な授業を見る前に、本節で用いる「文博教育」の授業観察データの限界を先に述べる必要がある。「文博教育」は上海市の「課程標

準」（上海市　2002）の規定に沿い、週2コマという授業構成である。そのため、筆者が観察期間内に入手できた授業観察のデータは2008年5月30日の2コマの授業に過ぎなかった。したがって、こうしたデータの不足分を補足するため、校長をはじめ、教頭、および担当先生のインタビューを行った。さらに、「文博教育」が実施した学校から入手した「印章」の授業に関する資料[36]も分析した。

　具体的な授業場面に移る前に、上述した資料に基づき、3年生の「印章」の課程に関わる内容、課程目的、授業実施について見てみよう。「印章」の授業内容は「印章の常識」、「印章の文字」、「印章の装飾」、「印章の材質」、「印章の発展」、「印章の篆刻」などであり、歴史的な物語を語ることも併用している。また、「印章」の課程目的としては、「児童に印章の常識、歴史的な変遷を伝えながら、印章の芸術性を鑑賞させていること、そして中国の文化芸術に対する愛着を育てていることである。さらに、愛国心を育成しながら文化修養を高める」とするものである。また、授業の実施に関しては、「生き生きとした授業スタイルを構築して、児童が主役として手作業や考える力を育成するための授業活動を導入している。また、授業内に限らず、授業外にも伸ばすようになっている」とする[37]。上述したS校3年生の「文博教育」の資料から改めて素質教育の道徳重視や児童の主体性の重視がうかがわれる。次に、具体的な授業場面を取り上げながら、「文博教育」の授業実態を描き出す。

　筆者が観察した授業は「印字」というものである。つまり、上述した「印章の文字」の一部分である。3年生の授業内容は主に2つの部分に分けられる。すなわち、「印章」について取り組む時間と「中華の上下五千年」という物語の時間である。また、週2コマの授業は基本的に前半の35分と後半の35分（休憩あり）からなっている。観察した3年生の授業では前半の35分には「印字」に関係する知識を児童に学ばせることと、春秋の斉の桓公についての物語を導入するものである。後半の35分は、「印字」を作ることと前半の35分に語った斉の桓公の物語に対する分析を行うことである。授業の基本的構成を、以下の**図3－3**に示す。

第3章　先進地域における上海市の事例　211

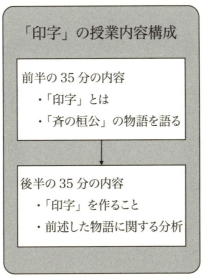

図3-3　観察した3年生の「文博教育」の授業構成
出典：2008年5月28日のフィールド・ノーツから作成した。

　以上の図3-3のように、3年生の「印章」に関する授業は前半の35分と後半の35分に分けて、週2コマということとなっている。そのため、筆者は「文博教育」授業内容をこの授業構成に基づいて「授業スタイル」、「教師・生徒関係」、「授業指導手段」という3つの側面から具体的な授業場面を取り上げながら見る。まず、「授業スタイル」である。

4.2.1.「顕在的な授業構成」
(1)「授業スタイル」について
　観察データに基づく限り、「授業スタイル」に関しては、前半の35分と後半の35分とでは、明確に異なる「授業スタイル」が取られていることから、前半と後半を分けて記述する。まず、前半の35分の授業における「授業スタイル」を見てみよう。

前半の35分の授業

　「文博教育」の授業スタイルは、全体的に「算数科」と同じように、ITやグループ探究を使うことが基本となる。それに加えて、授業スタイルの特徴としては、児童が自宅で収集した情報を報告することと手作業の活動を行うことである。特に、自ら調べた情報を発表することに関しては、主に前半の35分の授業での中心となる。一方、その手作業をする手段は後半の35分の授業で行われる。そのため、ここでは、前半の35分の授業場面をめぐって記述する。

　前半の35分の授業の素材のほとんどが児童の収集した情報を用いて展開されている。情報収集は、児童が授業にて収集したものではなく、学校外で収集したものである。教師は事前に宿題として児童に関連するテーマを与え、児童に関係する情報をインターネットや両親、親類や友人から収集してもらう[38]。こうして収集した情報を児童は全員の前で発表する。そのため、児童が収集した情報を発表することが、前半の35分の授業の中心をなす。以下はその授業場面の一例である。

　　教師：以前、我々は、印章の誕生、変革、構成について習ったと思いますが。今日は印章に関する印字を習いましょう、その前に、印字について皆さんはどんな情報を集めてくれましたか。まず、誰かに聞きたいと思います。

　　（教師は手をあげた1人の男の子を指名した。この子は黒板の前に出て、自分で調べた内容をパワーポイントで説明した。その内容は以下の通りである）。

　　児童1：私は、印字の種類を官印と私印とに分けます。官印は…（同時に絵を指した）

　　教師：「ほかにまだありますか」

　　（もう1人の男の子の発表を読んでもらった。この子は同じように黒板の前に来て、関連する発表内容をパワーポイントで説明した）。

　　児童2：私はインターネットと祖父の話しを通じて、印字を色によって分類をしました。印字の色は、「朱文」と「白文」に分けられます。

第3章　先進地域における上海市の事例　213

（フィールド・ノーツ　2008年5月30日）

　このように、「印字」について、教師は授業のテーマを事前に決めただけで、児童が自らの情報調査を基に探索的に問題を調べることが期待されている。また、こうした情報収集発表という授業スタイルは「印字」の授業内容に限らず、「素質教育」と結びつけられて色々な授業で見られる。例えば、以下は物語の授業例である。

　　教師は「今日の中華上下五千年は春秋の斉の桓公の物語についてです。皆さんはどんな関連情報を調べたのかを聞かせてください。今日の物語の担当者は誰ですか」。1人の女の子が手をあげた、教師は「自分が準備した物語を皆さんに教えてください」と言った。そして、この女の子は以下の物語を説明した。
　　斉の襄公には公子小白と公子糾の2人の後継者がいた。斉の襄公が暗殺され、2人の公子は国外に亡命した。公子小白には鮑叔牙、公子糾には管仲が仕えていた。直後、当然後継者争いが発生する。公子2人のうち先に斉国に戻った者が即位することになった。糾は小白を妨害するため、管仲に小白暗殺を命じた。管仲の放った矢は小白のベルトのバックルに当たり、小白は一命を取り留める。小白はそのまま死んだふりをして糾を欺き、斉都への帰還を果たす。小白は即位し、斉の桓公となった。斉公となった桓公は、配下の鮑叔牙の推挙により過去の矢の一件を水に流し、管仲を宰相として迎え入れる。その後、管仲の助けを借り、斉国は富国強兵の道を歩み、ついには中原を制する大国となる。
　　以上の物語に加えて、児童たちは、なぜ斉は強国になって、斉の桓公が覇者になったのか、そして、「管鮑の交わり」についての物語まで広範にわたって取り上げたのである。

（フィールド・ノーツ　2008年5月30日）

この場合も、「印字」の授業段階と同じく、教師は具体的な物語の内容を

指示するものではなく、児童の意思によって、物語の内容を決めている。そこでは、児童たちは発表された資料を全員で共用している。以上のように、児童たちが事前に資料調査を行うことは「文博教育」にとって効果的な授業手段であると思われている。また、以下のように教師インタビューによっても、調べ学習が素質教育の有効な手段とされ、「児童の好奇心」、「情報収集能力」、「自律性」や「判断力」などの素質教育の資質と結びつけられて、政府のレトリックを思わせるような内容で語られていることを確認できる。

　　　現在の児童は知識範囲がとても広いため、いつも私より重要な情報を探し出してきます。児童たちが収集した情報は様々ですから、児童たちの好奇心を満たせると思います。何よりも、児童の手作業能力や情報収集能力、判断力などの育成に役立ちます。そのため、情報収集はとても重要な授業手段だと思います。
　　　　　　　　　　　　　（2008年5月30日　SG先生に対するインタビュー）

また、「文博教育」のほかの学年の担当教師も同じように指摘した。

　　　文博教育において、子どもの情報収集は有効な授業手段の1つだと思います。なぜかというと、情報収集を通じて、子どもの自律性や判断力を育てられると思います。また、私がわからないことを調べてくれたことが多いからです。子どもと一緒に勉強することが楽しいと思います。
　　　　　　　　　　　　　（2008年6月3日　SH教師に対するインタビュー）

こうして、教師が資料調査という手段は有効であると考える背景には、手作業能力、情報収集能力、判断力などを重視することが、素質教育の実践能力を重視することと一致すると考えているからである。したがって、前半の35分においては、授業スタイルの点から見て、児童は発表内容を自ら調べることが重要であるとされ、調べた資料を発表する形で皆と分かち合うこともまた必要であると考えられているのである。

第3章　先進地域における上海市の事例　215

後半の35分の授業

　前半の35分の授業スタイルは資料の調査と発表が中心であるのに対して後半の35分は前半の授業を踏まえて、手作業とグループ探究を中心とする授業スタイルであると言える。再び「印章」の授業を通して考察する。この授業において、児童の手作業の授業スタイルは主に「印章」を作るというテーマによって代表される。具体的手作業内容は、オリンピックの印章と私印とを作ることに分けられる。以下は、オリンピックの印章を作った例である。

　　　教師：まず鉛筆で輪郭を描きましょう。
　　　児童は教師の指示通りに取り組んでいるが、1人の児童が先生に質問した。
　　　児童：「朱文」を先に書きますか、それとも「白文」を先に書きますか。
　　　教師：どちらでもかまいません。ただ、自分の印章を作ることは後になりますから、まずは、オリンピックの「印章」を書きましょう。
　　　（私の隣の児童はまず、紙にオリンピックのパッケージを描き、その後消しゴムに紙と同じ図案を彫刻した。その彫刻が終わってから、色塗りをして、印章を完成させた。そして、朱肉をつけて、紙に押して、オリンピック印章を仕上げた。児童は紙の押印を見て、満足できないところにまた彫刻の修正を加えてから、手をあげ教師のチェックを求めた）。

　　　　　　　　　　　　　　　　（フィールド・ノーツ　2008年5月30日）

　このように、児童に手作業をさせる授業スタイルは、「印章」の授業にとって、よく使われる内容と言える。さらに、グループ活動にも使われていた。
　グループ活動は物語の授業でも例示できる。前半の35分の授業にて具体的な物語を取り上げてから、後半の35分の中でそれに関する分析を行う。この場合は、児童は4人グループを編成して議論する形で進められる。
　例えば、教師は講義の最初に前の授業で語った物語を児童と一緒に思い出すことから始める。特に、「斉の桓公は配下の鮑叔牙の推挙により過去の矢の一件を水に流し、管仲を宰相として迎え入れる」という「管鮑の交わり」に

ついてより詳しく語っている。そして以上の物語の内容を踏まえて、児童たちは議論しながら分析を行っている。以下はその一例である。

　　教師：以上の物語を通じて、われわれは何を教えられましたか？ 4人のグループ単位として議論しましょう。
　　5分ぐらい立ってから、児童に発表を求めた。児童の発表は1つの視点だけではなく、それぞれの発想に基づき多様である。例えば：
　　①「斉恒公」の人格からの発言がある。「斉の恒公は度量がある、才能がある人だと思います」との発言があった。
　　②リーダーシップの見方もある。「斉の恒公は度量がある人だと思います。そのため、覇者になれたと思います。したがって、リーダーとしては、度量が不可欠だと思います」
　　③さらに、「管鮑の交わり」という物語を通じて、友情の重要さを強調したものもいる。
　　「現在の社会においては、友情がとても大事だと思います。したがって、友達を大切にしなければならないと思います」

　　　　　　　　　　　　（フィールド・ノーツ　2008年5月30日）

　このように、児童たちはグループの議論という授業スタイルを通じて、限られた発想ではなく、自らの興味により発言の視点を変えて考えることが可能になる。また、こうした授業を通じて、基本的な教養を身につけ、人格の形成などの成果を得られたと思われる。
　以上により、「文博教育」の授業スタイルにおいては、「算数科」と同じように、IT手段、発表、グループ探究などの授業スタイルに加えて、情報収集、手作業活動を中心として展開されていることがわかる。これらは、S校の3年生の教育目標と一致している。学校の研究グループのレポートによると[39]、「具体的な活動を通じて、児童の実践能力と創造能力を育てることが実施されていることがわかる。例えば、児童のポスター発表、歴史的な物語の交流、説明、絵画作成や手作業などを通じてそれを実現させている。そこでは、児

童の協働性、組織性、創造的な精神、表現能力の育成をはかっている」と言える。したがって、S校の「文博教育」の授業スタイルはこうした教育目的と一致している。同時に、S校の「文博教育」のスタイルは、素質教育で推奨されたグループ探究や調査などと一致している。次に、「文博教育」での教師・生徒の関係の役割の部分に目を移したい。

(2) 教師・児童の役割

前節の「文博教育」の授業スタイルは、「教師・生徒関係の役割」の転換と深く結びついている。この点について具体的な授業場面を取り上げながら説明する。「文博教育」の授業における「教師・児童の役割」に関しては、結論を先に言うならば、素質教育の方針を受けて教師は児童に「授業における主役」をより任すように意識して行動している。「児童を主役」とする授業スタイルはあらゆる場面にて貫かれ、「顕在的な授業構成」に関しては、それが教師のスタンスとして目指すべきものとして定着している。

例えば、前節で取り上げた授業スタイルにおける、「情報収集」、「発表」、「手作業」、「グループ議論」のすべては児童を主役とする授業手法である。先に触れたように、情報収集に関しては、教師は事前のテーマ設定は行うものの、具体的な授業内容は児童に任せる形で進めている。例えば、前節で触れた「印字」を取り上げた授業内容では、教師は「単に印字について調べてください」というだけである。児童は個人の趣味に合わせて、印字の種類、印字の歴史、印字の作り方など広範な内容について発表する。また、資料の調査や報告まですべて児童に任せている。さらに、授業の内容は前に触れたように、児童の報告を主体に進められる。具体的な授業場面は前節の情報収集の事例を参照されたい。

さらに、「文博教育」の授業においては、教師は援助役を果たすケースが多く見られる。以下は、手作業において、教師が援助役をした一例である。

児童が手作業を行っている間に、教師は机間巡視を行って、問題がありそうな児童のとなりに足を止めて、全員を聞こえる声で、「印字を書

く前に、印字の構成をまず考えてください」、「それは、どのように配列するかを考えましょう」と助言する。

「それは、上から下に、右から左へのことですよ」

先生の質問に答える子もいるが、多数の児童は自らの作業に夢中になっている。

教師は、さらに続ける。

「まず、鉛筆を使って書いてください。それは修正しやすいからです」

教師は、依然として、机間巡視を続ける。そして、次の指示を出した。

「枠内にできるだけ文字を広げて大きくしてください」

「文字を書き終わったら、色を塗ってください」

（フィールド・ノーツ　2008年5月30日）

　このように、教師の役割は児童に何かをすることを求めるのではなく、手作業の手順を助言するだけである。児童たちは、基本的に自ら考えて手作業を進めるようになる。上記の下線部分はこのことを物語っている。そこでは、教師が関係する手順を助言しても、児童たちのほとんどは教師の指示に答えることなく、自らの作業に集中している。そのため、「算数科」と違って、教師は授業を管理せずに、授業の進行はほとんど児童に任せていると言える。

　「中華上下五千年」の物語の時間においても、「印字」の情報収集と同じように教師はテーマを出すことをやめて、児童たちが、興味がある物語の内容を調べてくるようにした。それに次いで、児童たちが収集した内容について、分析を行い、素質教育で推奨されるように教師は援助役として行動しようとしている。

　以上により、教師と生徒の役割については、児童を授業の主役に据え、教師役割転換を目指していることが見られる。それは、S校の掲げる「児童が授業の主役」という「文博教育」の理念と一致していると言える。教師からは、それは疑いの余地がない、「情報化」「国際化」「変化が激しい」時代の必然として受け止められていることがわかる。例えば、以下のような例である。

第3章　先進地域における上海市の事例　219

今日は、情報化、経済化、国際化という社会ですから、子どもの問題
解決能力、人と協働する能力、積極的な探索能力、生活に対して関心を
持つことを育成することはとても重要です。そのためには、児童の主体
性を育てなければならないと思います。

（2008年6月3日　教頭に対するインタビュー）

児童の自立性と主体性を育むことがとても大切だと思います。変化が
激しい社会であるから、これを無視すると、我々教師は、ついていけま
せん（笑）

（2008年5月30日　SG教師に対するインタビュー）

このように、教師は児童が「文博教育」の授業で主役となることの重要性
を認め、それを、共通した社会の変化によって説明している。活動内容も、
教師のスタンスも、「顕在的」には素質教育の授業構成に則っていると思わ
れる。

4.2.2.　潜在的な授業構成

（1）教師役割

しかし、ここで1つ強調すべきことは、教師は援助役になろうとしている
とはいえ、同時に授業の構成や展開に関してかなりの「主役的」役割を期待
されていることである。こうした教師主導の側面は学校の全教員共通の指導
案によりフォーマルに規定されている。以下は、「文博教育」の授業につい
ての指導案から引用した授業構成の段階ごとの教師の役割表である。

表3−15で示すように、教師はまず、「本授業の学習の内容をまとめ」、
基礎的な習得内容を「提示」し、授業の「ポイント」や「課題」を途中でまとめ
ることを期待されている。活動部分においては「探究」が求められ、児童を
補助的立場で「サポート」する「素質教育」が理念として推奨する補助的な教
師の役割が貫かれているように見える。しかし、すでに「顕在的な授業構成」
において、児童を特定方向に導く、つまり、教師主導的な行為を教師が求め

表3－15　授業構成における教師の役割表

総括	簡潔的な言葉で本授業の学習の内容をまとめる
主張内容	図および文章を合わせて習得内容を提示している
中間まとめ	本授業のポイントおよび課題をまとめる
活動	多様な活動を通じて、児童の学習をサポートし、授業後の探究活動も含める

出典：2008年度の5年の「青銅器に近づいてみよう」の学校の指導案から引用したもの[43]。

られている。

　そして、こうした統制の役割を教師に求める背後には、特定の学習到達点が想定され、それに向かって児童があまり脱線せずに効率的にたどりつかせようとすることがある。応試教育的な学習到達度の設定やそうした知識・スキルが「発揮できる」ようになっているかを評価の軸とした学力観がうかがえる。その結果、観察した授業においては、活動は確かに児童が自由に協働しているものの、「潜在的な授業構成」は特定の学習内容の習得、特定の方向に向かった「考える力」が求められているのではないかと思われる。

　だが、S校でも最初から文博の授業がこうした教師主導の側面を持っていたわけではない。それは、「児童が主役」の授業を行おうとした結果、授業が混乱に陥ったという過去に対する反省からきたものである。

　　　教師：授業のすべてを子どもに任せると授業が混乱してしまうと思います。実は「文博教育」を実施し始めた当時は、われわれは、経験不足のため、授業のすべてを子どもに任せましたが、大混乱になってしまいました。教師と子どもの役割分担が不明であったため、成果の得られない授業になりました。言い過ぎであるかもしれませんが、教師にとっても、子どもにとっても無駄な授業でした。したがって、いろいろ反省した結果、授業では教師がちゃんとした役割を果たさなければなりません。
　　　筆者：例えば、教師のちゃんとした役割とは何を指しますか。
　　　教師：そうですね。私の考えでは、少なくとも、授業の進め方は教師によって主導されるべきです。例えば、授業の段取りを考えることはそれに該当すると思います。

第3章　先進地域における上海市の事例　221

（2008年5月30日　SG教師に対するインタビュー）

　こうして、「現実の要請」として、S校の「文博教育」は児童が授業の主役の授業に教師主導と思われる特徴を戻して行うようになったのである。

　「文博教育」の授業は、前に述べたように「顕在的」には児童を授業の主役にしようとしたとはいえ、教師の指導は依然として存在し、「潜在的」に特定のあらかじめ習得すべき内容の習得度が「活用できる」ことを求めるなどの応試教育的なメッセージが発信されていると思われる。

　そして、ここにもう1つ、「顕在的」な側面と「潜在的」な側面にずれが見られた項目がある。指導は、「個別指導」と「一斉指導」によって展開されるものである。そして「素質教育」の理念は「すべての子ども」への「平等性」を求める。「一斉指導」はクラス全員への指導を同時に行うため、表向きは素質教育における「すべての子ども」に向けるという理念に一致しているとも考えられる。だが、前述のように、中国版「素質教育」の理念には、「すべての子ども」に向けるという「平等性」の主張の中に、そのすべての児童には「できる」子もそうでない子もいるので、その個別的なニーズに応じるべきだという、児童の「差異性」を認める論理がある。すなわち、教師は「できる」子の能力をさらに伸ばすことと、「できない」児童に対して底上げという役割を同時に果たそうとする。こうしたことは、以下の「個別指導」と「一斉指導」の授業実践でも見られる。

「個別指導」

　教師の「個別指導」は、主に、児童が手作業をするときに行われ、机間巡視が行われている。教師は児童の進める状況を見守り、問題がありそうな児童のそばに立ち止って、個別指導を行う姿がよく見られた。以下はその授業場面の例である。

　　教師は、児童の進行状況を見て個別指導を行っていく。1人の児童のそばに立って、「これで色塗りができますよ」と言ってから「また、この

文字は小さ過ぎますよ」と付け加えます。児童は教師の指摘を聞いてか
ら、消しゴムを使って何かを消すように見えた。

（フィールド・ノーツ　2008年5月30日）

　このように、問題点がありそうな児童のそばに教師は足をとめて、児童の
問題点を指摘しながら、指導を行っている。一方、教師はできる子に対して、
「個別指導」を行う例も見られた。例えば、できる子はほかの児童よりペー
スが速いため、教師は新しい課題を与えて、指導を行っている。以下はその
例である。

　　　教師は1人の児童はそばに立ち止まって、児童の完成状況を見てから、
　　「よくできました」と評価してから、「オリンピックの印章が終わったか
　　ら、次は自分の印章を作ってください」と続けた。そして「自分の印章
　　を作るときに、自分が好きな書体を選んでも構わないです。作り方はオ
　　リンピックの印章と同じことです」と言い足した。児童は教師の指示を
　　聞いてから、自分の名前を書き始め、教師は指を紙に指しながら、「そ
　　うです。ただ、この部分をもっと大きくしたほうがいいと思います」と
　　言った。

（フィールド・ノーツ　2008年5月30日）

　このように、教師はできた子に対しても個別指導を行っているように見え
る。大事なのは、この両者共が、児童の個人状況に応じながら、能力を伸ば
すという「素質教育」の理念を反映しているとされることである。さらに言
えば、児童の「差異性」を認めるという「平等性」を反映するものとされ、で
きない子に対する底上げという個人指導とできる子に対する能力をさらに伸
ばす個人指導は同時に同じ正当化の理念によって、教室で行うことが可能に
なっている。
　以上のような個人指導は、「文博教育」においての方が、「算数」授業より、
明らかに多く見られる。例えば、「算数」授業の場合は、1つの授業で1回、

2回という回数なのに対して、「文博教育」の授業においては、5、6回も見られる。また児童たちは、教師のこうした指導方法に慣れていて、児童が自ら手をあげて、教師の個別指導を受ける場面もよく見られた。教師の「個別指導」は、教師の机間巡視によって問題を発見するか、あるいは、児童の質問によって行うように心がけている。

「一斉指導」

　「一斉指導」に関しては、具体的な授業場面を取り上げながら、検討してみる。

　　　教師：「印字はどんなものですか」と児童たちに聞いた。

　　　（1人の男の子を指名したが、この子は答えられなかった）

　　　教師は児童にヒントを与えるべく「どこにありますか」と聞き続けた。

　　　児童：印章の下にありますね。

　　　教師は「印字は印章の下にあるものです」と説明した後、全員に復唱させた。

　　　　　　　　　　　　　　　　　　（フィールド・ノーツ　2008年5月30日）

　このように、下線の部分では、教師は正しい答えを示してから、全員に復唱を求めている。それは、「すべての子どもに向ける」という「素質教育」の理念を実践するためであると教師は語った。だが、復唱は、実際には中国、日本などの東アジアの学校教育で従来から指摘されてきた特徴でもある（恒吉　2009）。

　第1章で紹介したように、素質教育の3つの要素の1つは「すべての子ども」に向けることである。また、前述のように、「すべての子ども」に向けることは、児童間の差異を認めたことが前提である。それは、教師が児童の個人レベルに対応することを要求されることでもある。しかし、「応試教育」の圧力が少ない「文博教育」においても、「すべての子ども」に対応することは難しいと教師は感じ、これは彼らが抱えた1つのジレンマとなっている。そ

のため、教師たちは「すべての子ども」に向ける場合には、個人指導の代わりに「一斉指導」という授業方法を取っている。したがって、この場合、教師にとって、「一斉指導」は「平等」の理念を反映したものであるという意味を与えられていたように見えた。この点については、例えば、教科担当の先生のインタビューが典型的にこれを示している。算数授業と同様、時間不足の中で、効率的に特定の水準まで到達する現実の要請の前に調整が行われている。

　　　すべての子どもに個別指導を行えればよいのですが、「文博教育」は「算数科」より時間的には余裕があるとはいえ、限られた時間の中ですべての子どもに個別指導をすることは不可能です。したがって、一斉指導の方が効果はあると思います。
　　　　　　　　　　　（2008年5月30日　SG教師に対するインタビュー）

　このように、教師にとって一見、素質教育が求める個々の児童、「すべての子ども」に平等に逆行するように見える「一斉指導」は、素質教育で提唱される「すべての子ども」を授業の視野に入れる有効な教育手段であると考えられている。
　以下のような、普通の一斉指導と机間巡視も、「すべての子ども」に向けた授業を実現してゆくものになると意識されていた。

　　　児童は手作業をしている。教師は机間巡視を行って、問題がありそうな児童の脇に足を止めて、児童のそばで、全員に聞こえる声で、「印字を書く前に、印字の構成をまず考えましょう。」、「そこでは、どのように配列するかを考えましょう」、「それは、上から下に、右から左へのことですよ」
　　　そして、児童の完成状況を見ながら、次の指摘をした。
　　　教師：「字を枠内に出来るだけ大きく広げてください」
　　　「文字を書き終わったら、色を塗りましょう」

第3章　先進地域における上海市の事例　225

　教師は、児童の進行状況を見て個別指導を行い続ける。1人の児童の
そばに寄って、「これで色塗りができますよ」、「また、この文字は小さ
過ぎますよ」。
　児童は教師の個別の指摘を待っている。作業が終わったら、必ず教師
に見せる子もいる。1人の男の子はずっと手をあげたままにて、教師が
そばに来てよくできましたという評価を聞くと、満足気な顔をした。
　「これまでは、オリンピックの印章を作ってきましたので、印章作り
の基本的手順はわかったと思います。次は、皆さんは自分で好きなよう
に完璧な私印を作ってください」と教師は言った。

（フィールド・ノーツ　2008年5月30日）

　この際、教師は個々の児童に対応する場合は、併せて、「全ての児童」に
も伝える呼びかけを行っている。つまり、児童の個々の問題をすべての児童
の問題として扱っている。そして、こうした問題意識を基に、教師は全員の
指導を行っている。
　また、こうした行為は教師が意図的に行うものである。

　すべての子どもの完成状況を点検することは不可能だと思います。し
たがって、たまたま見つけた子どものミスはほかの子どもにも共通する
だろうと思われます。また、できない子の場合には、作業の手順につい
てヒントを与えます。そうすると、ほとんどの子どもは完成させること
ができます。

（2008年5月30日　SG教師に対するインタビュー）

　このように、個別児童のつまずきを学級全体とシェアする形を一斉授業指
導で活用することによって、「すべての子どもに向ける」という「素質教育」
の理念に対応していると教師は考えている。例えば、以下のような例である。

　時間がないため、子どもの個人的なミスをできるだけみんなに共有す

るように体験させたい。本当に1人1人に対応すればよいと思いますが、このようなことを通じて、「すべての子ども」を視野に入れたいと思います。

（2008年5月30日　SG教師に対するインタビュー）

インタビューで見られるように「すべての子ども」を個々に限られた授業時間において対応することが難しい中、教師はなおかつ個別問題を全体の問題とすることによって素質教育の「すべての子ども」に向けた授業の実現に努めたことがうかがえる。

また、教師は一斉授業をする場合に、「素質教育」の理念に沿って、すべての児童を育成することを重視している。これは、「算数授業」において見られた行動、つまり、個人のミスを無視して先を急いだこととは対照的である。つまり、「文博教育」の授業では、「素質教育」の理念が算数よりも徹底的に実施されている様子がこうした点にもうかがわれる。以下はその例である。

　　ほとんどの児童がオリンピックの印章を完成している時点での教師の話である。
　　教師：全員が終わったかなー、完成した人は手をあげなさい。
　　（児童の多数が終わって、手をあげた）
　　教師：何人かがまだ終わっていないようなので、あと2分ぐらいを待ちます。完成した人は自分で作った印章に何か足りないかをよく考えなさい。

（フィールド・ノーツ　2008年5月30日）

　　教師が自分の名前の印章の手作業が終わったところで言い出した言葉である。
　　教師：全員終わりましたか。終わってない人がいれば手をあげてください。

児童の2人は手をあげた。

教師：全員が終わっていないようですから、あと2分ぐらい待ちます。出来上がった人は、自分の印章作りは完璧かどうかを見てください。問題があれば、修正してくださいね。

（フィールド・ノーツ 2008年5月30日）

　こうした授業場面を通じて、S校の「文博教育」の場面においては、児童全員が作業を完成させることが重視されていることがわかる。こうした一斉指導は教師としては当たり前のことであるのかもしれない。しかしながら、インタビューからも観察からも、教師たちは「すべての子ども」の完成するまで(待ちなさい)、という指示を、素質教育が建前として設定されている中では、こうした実践は素質教育の目標に沿うものとして解釈しなおしているように見える。また、「すべての子ども」を視野に入れることを教師は素質教育に沿う行動として意識している。「すべての子ども」に指導が向けられるべきだという言説は教師インタビューでも繰り返し出てくる。

　　すべての子どもに目を配る時には、一斉授業がやはり有効な手段だと思います。もちろんたっぷりの授業時間があれば、個別指導したほうがいいと思いますが。これは仕方がないと思います(笑)。

（2008年6月3日　SG教師に対するインタビュー）

　　素質教育によって提起したすべての子どもに向ける理念がとても重要だと思います。私いつもどうしたらすべての子どもに向けられるか考えています。授業指導の時に、児童の個人レベルに対応することはもちろんですが、一斉指導も不可欠だと思います。特に、私たちのような授業の実情を考えるときにより重要だと思います。余裕があるといっても、時間がもっとほしいですね(笑)。

（2008年6月3日　SF教師に対するインタビュー）

このように、教師は意識的に、「すべての子ども」を授業の視野に入れようとし、限られた授業時間の中で、「一斉指導」の有効性を主張している。こうして、教師によって、「個別指導」や「一斉指導」は両方とも「すべての子ども」に向ける有効な授業手段とされている。

また、この「すべての子どもに」向けるという教育観は、できるだけすべての児童に発言の機会を与えようとすることにもつながっている。以下はその授業場面例である。

> 教師は、児童に発表を求める時には、できる限りすべての人に回すことをとても重視している。例えば、1人の男の子はとても積極的なため、教師の質問を出したらすぐに手をあげた。教師は二度目をこの男の子を指名したときに、先に答えを求めたことを思い出したようで「また、あなたですね。できるだけ、ほかの児童に発言の機会を与えてはどうですか」。この男の子は少しがっかりしたが、そのまま、座った。教師はほかの児童に答えを求めた。
>
> （フィールド・ノーツ　2008年5月30日）

素質教育に沿うものとして、「すべての子ども」に向けた授業はまた、できるだけ多くの児童が発言する授業だという論理は、かなり一貫して観察された。このように、S校の教師は「文博教育」において、「すべての子どもに向ける」という「素質教育」の理念を授業のあらゆる場面で意識している様子が見られる。

前節で検討した「算数科」の授業についてもこうした関心が見られないとは言えない。だが、算数を実践する場合には、受験圧力も強く、教科知識の習得を優先させるという教育観および早く先に進まなくてはいけないという現実的な時間的制約のため、児童が全体として理解しているかを重視することができていないことを前節で取り上げた。例えば、個別ミスを無視して先に急ごうとする具体例をあげたが、全体に問いかけるよりも、必要事項を網羅することの方が優先されていた。しかし、「文博教育」の授業においては、

従来の「応試教育」によって使われた授業手段、例えば「一斉指導」は素質教育における「すべての子どもに向ける」ことに有効な手段として理解されている。

　中国の素質教育は第1章にて指摘したように「すべての子どもに向ける」ことが目標とされている（柳　1997）。それは、「教育の機会平等」という理念とつながっている。しかし、「教育の機会平等」においては起点の機会平等、プロセスの機会平等、結果の平等という三段階に分かれる（Coleman　1967；Husen　1967）。そのため、「すべての子どもに向ける」という意味の解釈は少なくとも2つの側面があると思われる。それは、量的な側面と質的な側面である。「すべての子どもに向ける」という意味はすなわち量的な面を考えると、学級のすべての子どもに同じ教育内容を与えるという意味である。すなわち、「教育の機会平等」の起点のアクセスの平等であると考えられる。一方、質的な面を考えると、「異なる児童のニーズに応じて、異なる勉強内容を教える」という意味が含まれるとされる（小内　2006,p.3）。すなわち、「教育の機会平等」のプロセスの平等に焦点を当てるものである。しかしながら、小内（2009）が指摘したように、こうした「量」と「質」との関係は相矛盾する面を持つ。すなわち、すべての児童に同じように均等に教育資源をアクセスさせるのであれば、上位の子にとって「不平等」である。一方で、児童の差異を認めた前提において、異なる児童に異なる授業を与えるならば、上位の子とできない子の間には格差をさらに拡大する危惧が存在している。

　こうした状況に対して、S校における「一斉指導」と「個別指導」の指導手段の使い分けは、おそらく「量」と「質」のバランスを取るための1つ対応であろう。序章で指摘したように、素質教育における「すべての子どもに向ける」という意味に、特定水準まで学力を到達することを求められる受験圧力などに応える中で、現場からの解釈を与えたのではないかと考える。

(2)「効率性の追求」

　「文博教育」の授業においては効率性を重視している場面にしばしば遭遇した。例えば、授業の中、教師は「さっさと、手作業に入りましょう」、あ

るいは、「早くみんなに教えてください」と教師が言い出すことが多い。こうした時間の使い方の効率性を意識する教師の発言は、算数の授業での「○○分以内」に答えるなどの、教科を越えて随所で見られた。

特に、グループの活動の時間や手作業の時間を「文博教育」の授業において算数授業より長く児童に与えたとはいえ、指摘されたミッションが終わらない児童は依然としている。こうした状況に対しては、教師は算数授業と同じ対応法を使ったのである。つまり、宿題として授業以外の時間に終わるほかがないのである。以下はその一例である。

　　ほとんどの児童は印章作りが終わったため、頭を上げて教師を見たり、黒板を見たり、あるいは、隣の児童の印章を見たりしている。教師はこの様子を見たら、児童たちに「ほとんどの子どもは出来上がったと思いますが、終わらない人が手をあげてください」と児童たちに聞いた。2、3人の子どもは手をあげた。教師は腕時計をちょっと見たら児童たちに「では、終わらない児童は宿題としてお家に戻ってからやり続けてください。続いては、誰か前にきて、印章を作り出したプロセスをみんなに教えてください」。

　　　　　　　　　　　　　　（フィールド・ノーツ　2008年5月30日）

　　「先ほど、皆さんは素晴らしい発言をしたと思います。ほかに発言したい子どもがいるだろうと思いますが。時間の関係で次の授業に入りましょう」と教師は言った。手を続けてあげた児童は教師の発言を聞いたらそのまま下ろしたのである。

　　　　　　　　　　　　　　（フィールド・ノーツ　2008年5月30日）

このように、「文博教育」の授業においても、教師は授業の効率性を重視していることがうかがわれた。つまり、限られた授業時間の管理は教師にとって重要な課題であると思われる。

第3章　先進地域における上海市の事例　231

時には、時間が足りないと感じますよ。本当にもう少し時間がほしいと思います。手作業やグループ議論などたっぷりの授業時間を与えたほうがよいと思いますが。

（2008年5月30日　SG教師に対するインタビュー）

すべての子どもに配慮することには時間が最大の問題だと思います。やっぱり多数の子どもの完成状況を基準としてみなしています。もちろん、たっぷりの授業時間があるとしたら別な話になりますが。

（2008年5月30日　SH教師に対するインタビュー）

　このように、教師は授業の時間が足りないということをしばしば語った。そのため、効率性を追求することが必然だとされていた。しかし、ここで興味深いのは、教師は算数授業のように、児童に教科知識を習得させるため効率性を追求することではなく、素質教育を実現するために効率を追求していたことである。例えば、手作業やグループ議論やすべての子どもへの配慮という素質教育で推奨されたことを実現するために「文博教育」での時間の効率的利用を求めることが必要だと理解していたようにうかがえる。

　「文博教育」の「潜在的な授業構成」においては、応試教育に馴染みのあるような「教師指導」や「効率性の追求」は児童が教科知識を習得することではなく、素質教育の実現をするために機能しているように見える。つまり、「文博教育」での「潜在的な授業構成」は素質教育のために役割を果たしている。そのため、「文博教育」の授業における「顕在的な授業構成」にせよ、「潜在的な授業構成」にせよ、素質教育を実現するために機能している。

4.3.　「算数授業」との比較

　「文博教育」という授業は「素質教育」の理念に基づいて作り上げられたものであるため、おのずから素質教育を徹底しようとする側面を持つことは予想できよう。「算数授業」の場合は、カリキュラムをこなしていく上で効率性を追求するために、個別ミスなどを無視するのに対して、「文博教育」は「素

質教育」の理念に沿って個別指導を行うことによって、児童のすべてを指導の視野に入れるという「素質教育」の理念により忠実であろうとしているように見える。

「算数授業」における児童のグループ活動が2、3分の短時間であるに対して、「文博教育」の授業では5分以上の時間が使われていた。こうした時間延長によって、素質教育で推奨されている児童のグループ活動をより活用することが意図されていたように見え、算数の時間のように、短く区切ってその中でできる児童だけ終わらせるのではなく、活動に合わせて時間を取ろうという姿勢が教師のインタビューからもうかがわれる。例えば、以下のようなインタビューである。

> グループ活動ならたっぷり子どもに時間を与えないと、子どもは単に形式に留まると思います。実質的な意味がないと思います。つまり、時間の無駄使いです。そのため、私はグループ活動の時にできるだけ子どもに多くの時間を与えたいのです。もちろん子どもの理解状況次第ですが、大体どのぐらい時間を与えるかがわかります。
>
> （2008年5月30日　SG教師に対するインタビュー）

グループ活動に時間を取らないなど、素質教育の推進に当たって教師の教育理念を問題にする行政からの指摘（教育部　2001、2006、2010）とは対照的に、教師は、「文博教育」において、グループ活動にも積極的に取り組んでいた。

また、「文博活動」は単に授業の場での実践のみならず、素質教育でよいとされている学校外の場を活かすことにもつながっている。上述したように、S校は上海市の博物館との10年近い連携関係を持っている。したがって、上海市の博物館の道具および場所を利用して、授業を進めることも行っている。

上海市の博物館は、「陶芸のアトリエ」「彫刻のアトリエ」「筆を製作するアトリエ」などの手作業の場を有するため、S小学校は1学年から5学年までの児童に、上海市博物館の「アトリエ」を使い、実践体験をさせる授業を設

写真2　博物館の見学写真

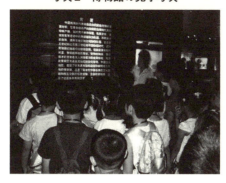

けている。校外の活動は上海の博物館をはじめ、コミュニティのデパートとの連携を通じても、子どもの活動の場を設けている。例えば、児童は「説明員」として、博物館の開放日に観客に展示品の歴史および関連情報を紹介している(写真2)。

　また、休日には大きなデパートで商品の機能や効用を説明している。これは児童の言語力およびコミュニケーション能力を高めることができると説明されていた。そのほかにもコミュニティと連携し、「親子の日」というイベントを催し、コミュニティに貢献する。さらに、活動の範囲を拡大させて、上海市の「新幹線」を運営する会社との連携契約を交わすことができた。これらは前に指摘したように、「文博教育」の実施を授業内にのみならず、授業外の資源を活用することがよいとする考えを反映している。

　算数では、すべての子どもを対象にするという論理が実際は少数の子どもの利益に機能していることに対して、文博では、素質教育で批判される一斉指導が実際はすべての子どもの理解に機能していることがうかがえる。

　特に、こうした2つの教育理念の追求は授業に限るものではなく、前述したように授業外、学校外にもつながっているものである。

　これまで、第3節と第4節では「算数科」と「文博教育」の授業内容について説明した。「算数科」は、素質教育を実施しているとはいえ、受験勉強の制約によって、「応試教育」を重視する逆転現象が見られる。他方、「文博教育」は「算数科」と比較し、より素質教育を徹底させる余裕があることがうかが

われた。同時に、そこでもまた、「すべての子ども」に向けられるべきだとする「素質教育」の理念は、ある時は一斉指導を肯定するものとして、ある時は差異を認める論理と共に学力底辺層だけでなく、上位層への発展的学習を正当化する論理として使われていた。また、個別指導を全員に向けることによって素質教育の上記理念に沿っていると考えるなど、特定の教授法の再解釈にもつながっていた。

「文博教育」が素質教育の建前の部分に対応していると考えるならば、「算数科」は受験戦争という本音の部分に対応している。こうして、S校は、「受験勉強」と素質教育、本音と建前の双方を車の二輪のように活用することによって、素質教育に沿うという理念と、受験という現実のニーズからくる矛盾を解消しているように見える。しかし、こうした「受験勉強」と素質教育の両方を重視する教育実践は、いかなる成果をもたらしたかを見る必要があるであろう。第5節ではこの問いを解明したいと思う。

5. 素質教育実践の成果

第3節と第4節ではS校の素質教育の実践を「算数科」と「文博教育」の授業に分けて注目することによって説明した。「算数科」においては、一見して素質教育の「顕在的な授業構成」と「潜在的な授業構成」の相互作用による受験勉強の強化という逆転現象が見られた。一方、「本校課程」の「文博教育」においては、現実との調整の中で部分的に変容しながらも、概要としては「素質教育」の理念を徹底的に求めていることがわかる。すなわち、S校は素質教育と応試教育の両方の側面を持ち、そのバランスの上に矛盾する要請（例、素質教育指定校としての要請、保護者の進学への期待）を収斂させているように見える。したがって、本節ではこうした教育実践がいかなる成果をもたらしたかを考察する。これについて、行政の担当者をはじめ、保護者、コミュニティ担当者のインタビューデータに基づいて、「教科学力」と「新学力」という2つの側面から進めていく。

まず、「教科学力」について考えてみる。「教科学力」は従来、いわゆる中

国において重視されてきた学力であり、素質教育が推進する新しい学力に比べると従来型のペーパーテストで測定しやすいものである（恒吉 2006）。S校にとって所属地域での「教科学力」のランキングの順位は行政にとっては有効な評価指標となっている。しかし、中国では、「受験勉強」を緩和するために、学校間のランキングを作ることを禁止する規定を導入したため、外部には学校の順位は公表されないことになっている[40]。とはいえ、上級行政機関は、学校間の平均点を学校に知らせ、そのため、学校がランキングでどのようなレベルにあるかがわかる。他方、学校側の地域における全体的な位置づけについて自覚を持たせるために、中間テストおよび期末テストの各教科の標準点数を表示するという評価手段が取られている。したがって、学校側はこれらの標準点数を参照して、自校順位を推定することが可能である。いずれにせよ、S校の「教科学力」の教科テストの点数は行政の上級機関の査察者によると、「区の標準点数を10％〜20％を上回るものだと思います。区全体の中で、上位の存在」（2008年6月3日　行政の担当者に対するインタビュー）とのことであった。

　このように、S校の教科テスト成績は標準点数を10％〜20％上回ることから、「教科学力」についてはそれなりの高い水準にあり、「受験勉強」においても競争力を持つことが期待されている。

　一方、「新学力」を測定する難しさについて研究者がたびたび指摘している（恒吉 2006；志水・苅谷 2006；佐藤 2006；金子 2006）。S校において、教科学力と違い、数的指標は存在せず、評価基準もポートフォリオなどを活用しているわけではない。

　ここではむしろ、関係者の認識としての素質教育に注目し、保護者をはじめ、上級機関の担当者、コミュニティの担当者、いわゆる学校外の「第3者」の評価に基づいて、S校の児童の「新学力」に関する教育達成度を考察した結果を以下に示す。「第3者」の評価は児童と触れ合う機会が多いコミュニティの担当者および保護者によるものであり、一定の評価を示していると思われる。上級機関の担当者は、S校だけではなく、ほかの小学校と接触する機会が多いため、横断的な評価が可能である。そのため、ここでは、こうした人々

の評価を総合的に用いることとする。

インフォーマルとはいえ、一定の指標が必要であろう。そのため、筆者は中国の社会コンテクストを踏まえて、「素質教育」の理念および学校レベルから基準を設定したい。まず、「素質教育」の理念である。それは、道徳教育と「全面的な発展」の側面から考えられる。前述したように、中国における素質教育の実施における、道徳教育とのつながりの重要さは繰り返し指摘されてきた。S校の「文博教育」の設立も、道徳教育を媒介物として作り出されたものである。また、素質教育も重要な要素の1つとして、道徳教育同様「全面的な発展」を学校現場に要求している。言い換えれば、児童の各能力の育成を学校のすべての活動に関して求めているのである。S校でも素質教育と道徳教育が不可分に結びついていることは、校長に対するインタビューからもうかがわれる。

　　素質教育の目標としては、まず、子どもをいかなる人間に育てるかを考えなければならない。いくら能力を持っていても、道徳感が低い人間であれば、社会に弊害をもたらす可能性が高いです。だから、まずは、良い人間を育てることです。さらに、これからの社会に応じて生きるためには、能力がある人を育てなければなりません。すなわち、良い人間でありながら、才能を持つ人間であることが必要となる。

　　　　　　　　　　　　　（2008年6月3日　校長に対するインタビュー）

このように、S校にとって、素質教育においては、道徳教育と各種の能力の双方が評価の指標になっていると思われる。また、こうした評価の指標は、保護者をはじめ、行政の担当者、コミュニティの担当者のコンセンサスが得られたものである。

以下の**表3－16**はS校の児童に対する評価について、保護者、行政の担当者およびコミュニティの担当者に対するインタビューの内容をまとめたものである。

上の表に提示したように、S校の教育は、成績だけでなく、児童を（道徳的に）

第3章　先進地域における上海市の事例　237

表3-16　S校の児童に対する評価

評価主体	年月日	内容
保護者SPA	2008年6月3日	S校に入学してから、子どもの変化がわかりました。わが子は自ら勉強のコツを見つけて勉学にスムーズに取り組んでいます。また、快く学校に通っています。この学校は成績のよい子どもと成績がよくない子どもの仲間分断がないです。私の息子は何人かの成績がよくない子どもとも仲良しです。私は子どもに聞いたことがありますが、「何でAさんと仲良しなのですか。Aさんは成績がよくないじゃないですか」と聞いたのに対して、「Aさんは、いい人ですから。成績の良し悪しは人柄と関係がないですよ」と息子が答えた。先生が教えてくれたことは、「成績の水準に関わらず、クラスメイトなら広く付き合うべきです」とも息子が言いました。私はこうした話を聞くと、正直なところ、自分のことが恥ずかしく思えて、息子のことをえらいと思いました。なぜ子どもにこうした価値観が植えつけられたか、学校の影響は無視できないと思います。S校にこうした人間としての平等観を踏まえた教育観があるからこそ、子どもにも浸透したと思います。 　また、S学校の子どもは楽観的な気質を持っています。挫折にあっても、すぐに立ち直ることができます。ある日息子の機嫌が悪いように見えました。「どうしたの」と聞きましたが、「何でもない」と答えました。教師からの連絡によると、学級の選挙で負けたことがわかりました。翌日息子にこのことを慰めようと思いましたが、息子から先に「今回はだめだったけれど、次回は頑張ります」と言ってくれました。あの瞬間子どもがかわいいばかりか、大人になったなと感激が一杯でした。
保護者SPB	2008年6月3日	私の子は入学する前に、ちょっと自閉症気味でした。外の世界とはふれあいたくないようでしたが、S校入学1ヶ月後ころに学校に行くのが好きになりました。なぜかと聞くと「クラスメイトと先生が好きだから」と教えてくれました。2年生なってからは学習の成績がよくなりました。また、子どもは人に対して「寛容」な心を持つようになりました。子どもと学級での出来事について話し合います。時には間違いをする子どもについての話もしますが、「間違いがある子どもともこれから付き合いたいですか」と聞くと、「こういうことをした彼はよくないと思いますが、誰でも間違いを犯す場合がありますから、特に問題にならないと思います」とのことでした。 　S校に入ってから、子どもは自信を持つようになりました。2年生の学級担当者になるために、自己推薦をしました。わたしの回りの人々がわが子の話しをするようになったことに気づきました。こうした変化は教師の努力と切り離せないと思います。また、子どもは自分で「愛国の新聞」を読みます。
保護者SPC	2008年6月3日	S校に入学してから変わってきました。人との付き合いがよくなりました。現在は学校のクラス「担当者」になりました。子どもの成績に関しては心配したことがありません。入学してから、教師をはじめ、子どもの努力もあって、「標準語」を習って、訛りを直しました。3年生のころからひとりで地下鉄に乗って、家に帰ることができるようになりました。子どもの自信と自立に関する変化が周りの人を驚かせるほどでした。こうしたチームワークの援助がなければ今の子どもはいなかったでしょう。

保護者 SPD	2008年 6月 3日	わが子はジャズや絵画が好きです。このような趣味を持つに至った背景には学校での影響を無視することができません。S校は教師のチームワークがよいと思います。また、子どもの共同的な活動がよくできていると思います。わが子はここでの5年間を楽しく過ごしました。ほとんど毎日笑顔で家に帰ってきます。
保護者 SPE	2008年 6月 3日	私はこの近くの中学校の教員として働いています。S校の卒業生は明らかに個性を持っていると思えます。中学校に入ると、成績の良し悪しによって、友達の関係を作り出すことが多くなります。S小学校の出身の子どもはこの点が違います。S校の卒業生は基本的に成績がよい子が多いと思えます。成績がよくない子どもと友達になる子は、S校の出身の子どもが多いです。S校を卒業した子どもは表情がほかの学校出身の子どもと違います。S校の子どもはいつも笑顔で、楽観的な生活観を持っていると思えます。とにかく、S校の子どもは一見するとすぐわかり、なんだかユニークな雰囲気があると思います(笑)。自立心、自信がある子が多いと思います。
行政担 当者1	2008年 6月 3日	S校の子どもは確かにほかの小学校の子どもより、活発ですよ。生き生きしています。学校に入った瞬間つくづく感じました。良好な精神状態にあることがわかります。
行政担 当者2	2008年 6月 3日	この小学校(S校)の子どもはビックリするほど、エネルギッシュですよ。一コマの授業が終わっても、疲れが全然見られないです。また、よその人に会っても、不自然さや心細さがまったく感じられません。休憩の時に、私とさんざん遊んでくれました。何年かぶりにこんなにも楽しく遊びました。今回は私の方がとても疲れました(笑)。
コミュニティの担当者	2008年 6月 3日	S校の子どもは礼儀が正しく、思いやりがある子が多いです。子どものしぐさを見ると、聞かなくても、S校の出身であることがわかります。可愛いですね。

良い人間として育てるとした評価はかなり繰り返し聞かれた。「思いやりがある」、「人間関係のよさ」、「積極的な人生観がある」など多岐にわたって、児童の道徳、児童の多様な能力の育成、勉強以外の能力の育成についても評価は高い。こうした多面的な能力、成績に限らない全面的な人間形成、道徳面での展開は、素質教育の特徴でもあり、S校がこうした面を強調することは、素質教育の実践に沿うものである。

　これまで、行政をはじめ、保護者、コミュニティの担当者のインタビューを通じて、S校における素質教育で提唱されるような学力に関して見てきた。また、以上の評価はS校が素質教育と事実上の「応試教育」の双方を追求してきた結果であることがうかがえる。そこではS校の素質教育の実践は結果と

第3章　先進地域における上海市の事例　239

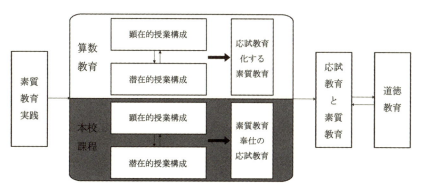

図3-4　S校の素質教育の実践の枠組み

して、素質教育と「応試教育」の追求を同時に実現しようとしたものである(図3-4)。

　図3-4はS校における素質教育の実践の枠組みである。図3-4で示したように、S校における素質教育の実践は2つのルートを分かれると考えられる。つまり、「応試教育」に馴染みがちな「算数科」と「素質教育」に馴染みがちな「文博教育」である。算数の授業における素質教育の実践は一見、素質教育を反映しているが、「顕在的な授業構成」は「潜在的な授業構成」の干渉によって「応試教育」の再強化という帰結になっている。一方「文博教育」の授業における「顕在的な授業構成」や「潜在的な授業構成」は相互作用を行っていたが、双方とも素質教育の育成に機能している。そのため、S校における素質教育の実践の結果として、「素質教育」と「応試教育」の双方を実現しようとするものである。しかも、ここで指摘しておきたいことは、児童の価値や人格形成に関わることは、素質教育の取り組みとしても、道徳教育としても推進しうることである。つまり、同じように価値に関連した教育であるが、児童の「愛国心」や中国の伝統的な文化への愛着などは、道徳教育としても推進でき、素質教育との関係も深い。これは、いわゆる「新しい学力」が、愛国心などと結びつけられてこなかった国の新学力構造とは異なる面であろう。

　以上により、S校の素質教育の実践においては「受験勉強」および素質教育

という車の二輪のバランスの上に成り立っていることがうかがわれる。序章で指摘したように、「素質教育」の主旨は「応試教育」を是正することにある。しかし、前述したようにS校は「算数科」における素質教育の実施を通じて、「受験勉強」を再強化するという意図せざる結果をもたらしたように見える。にも関わらず、前述したように、S校の「素質教育」と「応試教育」の関係は、対立的なものではなく、調和された取り組みであると言える。それは、素質教育のモデル校としてS校に期待されていることと、保護者の進学意識と、道徳教育としての側面と、一見すると矛盾する複数の圧力を同時に満たす中で起きていることである。授業においても、「顕在的な授業構成」と「潜在的な授業構成」が共に存在することによって、総体的には素質教育を推進しながら、進学などのニーズにも応えている。

　これを踏まえて、次節では、こうしたハイブリッド的な素質教育の実践が行われた背景要因をさらに探ってみたい。

6. サポート条件・形成要因の検討

　前節では、「素質教育」の実践によってもたらされた成果について検討した。それは、S校では「教科学力」と「新学力」の両方の調和を確保することができたことによるものである。つまり、「素質教育」と「応試教育」は双方で活用している。しかし、序章で指摘したように、行政や先行研究によると、「素質教育」と「応試教育」は、二律背反するものであり、対立的な存在であるとされている（柳　1997；王　2002；周　2006）。理念的には、前者はこれからの時代に対応した、推進すべき教育であるのに対して、後者は過去の、乗り越えるべき教育なのである。

　しかしながら、S校の例では、実際の実践における素質教育と応試教育の関係は、こうした二律背反的なものではない、複雑に融合したものであることを示唆している。

　S校では、両者の対立的な存在を乗り越えて、両方のバランスを取っていた。これを理解するにはS校の前述した仕組みのサポート条件およびこうし

た条件を形成した背後の要因を検討する必要がある。それは、S校の特徴を理解するためだけではなく、本論文の研究目的における「カリキュラムの差異化」を考察するために役に立つと考えられる。つまり、S校はどのような条件の中、いかなる要因によって現行の教育実践を行っているかを検討する。そのため、本節の前半ではこうした「素質教育」の実践のサポート条件を検討する。そこでは「学校内のサポート条件」と「学校外のサポート条件」に分けて考察を行うこととする。他方、本節の後半ではこうしたサポート条件に関する形成要因を検討する。まず、学校内のサポート条件を見てみよう。

6.1. 学校内のサポート条件

　筆者は観察を通じて、S校にとってこれまでの素質教育の実践にはそれなりのサポート条件があると考える。また、それを便宜上、学校内および学校外に分けて考える。そのため、本節は学校内のサポート条件をめぐって検討する。

　筆者の観察データに基づく限り、学校内のサポート条件は2つの側面に集約することができる。それは、水平関係にある「教師間のサポート条件」と上下関係にある「校長と教師とのサポート条件」という2点である。まずは、教師間のサポート条件を見てみよう。

6.1.1. 教師間の協働性

　「教師間のサポート条件」は教師同士の間の協同的関係づくりによって実現されたと言える。それを、教師の間でインフォーマルに形成された条件と、学校によって作り出された仕組みによるフォーマルな条件に分けて考察する。

　インフォーマルな教師間のサポート条件については、前述した効率性を追求するシステムの部分で触れたように、教師の間では情報の交換が密であること、教育資源の共有はその現われである。以下はその事例である。

　　　　筆者：先ほど、先生はとなりの教室にいたようですが、何で算数授業を参観したのでしょうか。

教師：この授業内容はちょっと難しいと思います。次の時限に私が同じ内容の授業をするためには、その前の教師の授業を参考にするための見学が必要でした。それは、ほかの学級に存在する問題は私が担当する学級にも生ずるのではないかと思うからです。

筆者：自分の授業が見られるなんて、教師の間では、違和感が生じませんか。

教師：そうですね。私は新米の教師なので、最初の時には多少恥ずかしいと思いましたが、ほかの先輩教師の様子を見ることでだんだん慣れてきました。今現在は違和感なんかありません。教師がお互いに参観しあうことを通じて、授業中での同じミスを回避することができるため、賛成が得られたものと思います。これは相互にメリットをもたらすものと思います。

（2008年5月27日　SC教師に対するインタビュー）

　このように、S校の教師にとって、教室の壁を越えて、教師同士が協同的な関係を築いていることがわかる。教師同士は、お互いに授業を参照しあうことを肯定的に思っている。また、こうした教師間の支えあいに対しては、教師の間で賛同されているものである。

　　わが校の教師たちは協働的な仕事関係を持っていると思います。お互いに家族のように応援しあうことはとてもありがたいことと思います。私は当学校に赴任したばかりの時に状況が全然わかりませんでしたが、わからないことがあれば、すぐに教えてもらいました。先輩の教師たちが無条件で助けてくれたことにとても感謝します。こうした協働的に仕事に取り組む環境は最も重要なものだと思います（笑）。

（2008年6月6日　SB教師に対するインタビュー）

　わが学校では教師同士の関係は協働的で調和の取れたものだと思います。同じ職員室でいつも情報を交換したり、教育の資源を共用したり

します。こうした協働しあうことがとてもすばらしいと思います。特に私のような不器用な人間は助かります。

（2006年6月6日　SA教師に対するインタビュー）

　わが校には、H教師がいます。彼は授業ソフト作りに関してのプロだと思います。よく賞をもらいますよ。われわれは、ほとんど彼が作ったソフトを使います。とても助かります。もちろん、彼は忙しいですから、時には、自分でも作りますが…この学校は人間関係が良いことがとても役立ちますね（笑）。

（2006年6月6日　SD教師に対するインタビュー）

　以上のインタビューの内容によると、S校の教師は教師同士の間での協働しあう関係に対して肯定的であった。そのため、こうした教師同士の協働的な関係は学校内の教師同士を支える条件となっている。また、こうしたサポート条件はインフォーマルな形で形成されてきた。

　　筆者：この学校の教師同士の協働しあう関係は、学校から指示されたものですか、それとも、教師同士の間で自然に形成されてきたものですか。
　　教師：そうですね。特に、考えたことはないですね。自然にこういう職場の雰囲気になったのではないかと思います。とにかく、私はこの学校に勤務するようになって以来このように感じています。

（2008年5月27日　SC教師に対するインタビュー）

　わが学校は、人間関係が良好です。特に、同じ職員室の方とはより親しいと思います。ほかの職員室の先生と関係が悪いという意味ではないですよ。言いたいのは、同じ職員室では頻繁に情報のやり取りがあるから、いろいろな面で、自然に協働しあうようになったと思います。

（2006年6月6日　SD教師に対するインタビュー）

言われていなければ、全然気づかない問題だと思いますね(笑)。やはり、皆の関係が良く、お互いに協働することは効率よく仕事ができます。気分的にも快く、良いことだと思います。

(2006年6月6日　SA教師に対するインタビュー)

　このように、特に、下線の部分では教師は「自然に」、「気づかない」という言葉を使っており、教師同士の間では、自然に協働しあう環境が整っていることがわかる。以上の教師同士の協働しあう条件は、インフォーマルなサポート条件と言える。

　S校では、以上のようなインフォーマルな協同の枠組みがありながら、制度化された教師間の連携に対する規定も存在している。これらは、ベテラン教師が新人教師を指導することや年上の教師が若手の教師を指導する形で実施されている。この制度(徒弟制)では、「経験がある教師いわゆる先輩の教師が若手の教師を指導するという仕組みで20年以上の歴史を持つことを年配の教師から聞きました。ただ、以前は特に手当ては出しませんでした、近年は市場主義のため、指導教師に多少手当てを出します」(2006年6月3日 教頭に対するインタビュー)という。

　このように、S校では、インフォーマルな協働関係の上に、フォーマルな教師同士の協働し合う仕組みがあるこうした教師関係を通じて、教師同士の間では「優勢相補」という構造が形成されている。「優勢相補」ということは、つまり、S校の教師たちにとっては、お互いに協力することによって自分の長所をさらに活かしながら、短所を補うことになる。

　これらによって、教師同士の支えあう環境が形成されている。以上は水平的な関係にある教師間の協働性である。次に、上下関係にある校長と教師間の協働性について見ていこう。

6.1.2.　校長と教師との協働性

　先に、教師間の協働性を論じた。ここでは、校長と教師とが垂直方向にある協働性について考察を行う。校長と教師との協働性とは、校長は学校の管

理者でありながら、教師団体の一員でもあるような関係のことである。つまり、校長と教師とが同僚的な関係であることが特徴と言える。

だが、S校のような校長と教師との関係の特徴は中国では一般的なものではない。例えば、『中国教育改革と発展要綱』では、「校長責任制」という制度が設けられている（国務院　1993）[41]。この制度により、校長の権限が大きくなり、校長は学校の絶対的な権力のシンボルになっているといっても過言ではない。そのため、「校長責任制」は「家父長制」という弊害を持つことを指摘した研究もある（王　2003；冯　2003；徐　2005；周・高　2006）。つまり、校長の権力が大きいため、平等的な学校環境作りや教師のインセンティブによくない影響を与えるとされている。したがって、校長と教職員間の権力構造は絶対的な上下関係として中国では理念型として存在する。この権力関係は、校長と教職員の間に一定の緊張関係をもたらしている。常に、教師は完全にしたがうという立場に立たされている。これは教師のモチベーションを害する危険性があると言われている（王　2003）。

これに対して、S校の校長と教師との関係は通常の「家父長制」を再生産したものではなく、上下関係、水平関係あるいは「下上」（管理者教師に配慮すること。以下同）関係という3つの側面から成り立っている。そこでは、この3つの側面を巧みに機能させて、校長と教師との関係が上手くバランスが取れるようになっており、校長と教師はお互いにサポートする条件を築いている。これによって、校長と教師は仲間的な関係を維持している。これは素質教育において求められる管理者の役割の変化である。つまり、校長は単に管理者ではなく、教師のサービス人である。ただし、この研究課題は本論を越えたため、これ以上に述べない。

校長と教師との「上下」的な関係

S校においても、校長と教師との間に上下関係があることは、日常の生活の中では認められている。つまり、校長の権威は教師の中には依然として存在している。例えば、以下はS校に対する本調査の初日のフィールド・ノーツからの抜粋である。

朝校長は児童の登校の迎えが終わり、校長室に戻る途中で、30代の
男性を事務室に案内するG教師と出会った。G先生は足を止めて、校
長にこの男性はコンピュータの修理に来校したことを校長に報告した。
校長は報告を聞きながら、頷きつつ校長室に向かった。G教師は報告後
男性を仕事場に案内して行った。

（フィールド・ノーツ　2008年5月26日）

筆者はこの調査で生じた疑問をG教師に確認するために、インタビュー
を行った。

筆者:先日キャンパスで、修理作業の報告を見ました。そこまでの些
細な情報を校長に報告しなければならないですか。
　G教師：いいえ、先日はちょうど校長に出会ったことから、報告した
ほうが無難であると思ったからです(笑)。
　筆者：そうですか。
　G教師：校長はやはり校長ですから(笑)。

（2008年6月5日　SG教師に対するインタビュー）

また、校長の権威を認める場面はほかの教師の場合でも頻繁に見られた。

朝校長にインタビューする予定があるため、校長より早めに校長室に
きた。私よりもっと早く来ていたひとりの男性がいた。声をかけたら、
S校のN教師であることがわかった。彼は、コンピュータが得意なので、
授業用のソフトをよく作っていると言った。校長室に来たのは、一台の
新品を導入したいということを校長に報告し許可をもらうためである。
　筆者：コンピュータの購入は校長に報告しなければならないですか？
　教師：そうですね。お金を使う場合には、校長に報告すべきです。ま
た、校長のサインも必要です。

（フィールド・ノーツ　2008年6月3日）

第3章　先進地域における上海市の事例　247

　午後授業が終わったら、校長の子どもを見送る姿を見た。保護者と会
話を交わした4年生の担当のH先生は校長を見つけたら急いで歩いて校
長の前にきた。先ほどの保護者との会話の内容を校長に報告した。その
概要はクラスのある児童が最近授業に集中できないため、原因を保護者
に聞いたことである。

（フィールド・ノーツ　2008年6月3日）

　こうしたノーツにおいて、校長をリーダーとする意識があることがわかる。
さらに言えば、教師たちはこの上下関係の存在を内面的に抱いている。然る
に、前述したように、校長と教師の関係においては、水平的な関係と下上的
な関係が同時に存在している。次に、校長と教師との水平的な関係について
取り上げる。

校長と教師との「水平」的な関係

　校長と教師との水平的な関係というのは、教師が校長を自分の仲間である
と認識していることである。すなわち、前述した校長と教師との上下的な関
係が存在しているとはいえ、教師たちは、校長が教師団体の一員であること
も認めている。

　　教師：わが校の校長はほかの学校と違い、われわれの立場に立って考
　えてくれます。それは、本当にありがたいことです。
　　筆者：具体的な例を教えてくれませんか。
　　教師：わが校のT先生は、本当にいい先生ですよ。ベテランの教師で
　あることをみんな認めます。だが、専門学校卒の学歴なので、高級教師
　になる資格がないのです。校長はT先生には手当てなどを支給します。
　こうしたことを通じて、校長がわれわれ教師の利益を念頭に置いてくれ
　ていることから、われわれの仲間であると思います。ですから、疲れた
　ときでもわれわれは快く仕事をします。

（2008年6月4日　SJ教師に対するインタビュー）

ご存知だと思いますが、現在の教師の負担はとても大きいと思います。われわれは毎日仕事がたくさんあります。授業だけではなく、研究レポートや報告書などを行政査察機関から種々要求されます。幸いなことに、校長はそれに上積する要求はされません。逆に、校長ができるだけ処理して教師の負担を減らすように頑張っているのです。例えば、研究レポートや報告書などではわれわれに代わって、校長が作成するものが多いです。現に、校長だから、サインするだけで十分ではないかと思われますが、校長は本当に自分で作成します。また、われわれ以上に作成します。<u>本当にわれわれ教師のことを考えてくれます。</u>

（2008年6月3日　SC教師に対するインタビュー）

　また、校長は教師を思っていることは校長のインタビューにもうかがわれる。

　私は校長と教師の関係においては、平等にした方がいいと思います。校長は組織のリーダーとはいえ、教師の協働が無ければ、学校の運営がうまくできなくなると思います。また、人間同士なら、もともと平等な関係ではないかと思います。そのため、私は教師たちの仕事を尊敬します。彼らのためなら負担を分担してあげたいと思います。

（2008年6月3日　校長に対するインタビュー）

　以上のように、校長はまず教師と「上下」的な関係を認識していない。その代わりに、「平等」な存在であると思っている。特に、人間本位の立場から教師との関係を考えていることがうかがわれる。そのため、校長は教師との「水平」的な関係の存在を認識している。
　また、校長が区の教育関連の会議に発言した原稿の中でもこうした教師との「水平」的な関係を示した。

　行政幹部は教師とパートナー的な関係を作らなければならないと思

いIます。人を尊敬し、理解しながら、親切なパートナーの関係に気づく
べきである。教師たちに情感的な推進力を生じさせるため、最大限に人
間の積極性、主導性、創造性を作り出すことが必要です。

(2008年6月3日入手した学校資料)

　こうした発言では、校長と教師とのパートナー的な関係作りを提起したこ
とがわかる。
　このように、教師は校長が教師の立場に立って考えていることを認めてい
る。そのため、校長と教師は仲間的な存在であり、この仲間的な存在である
ことによって、校長と教師には、信頼関係が築かれていると考えられる。こ
れによって、校長と教師は仲間的な関係を維持している。これは素質教育に
おける管理改革にある管理者の役割の変化を求めることにある。つまり、校
長は単に管理者ではなく、教師のサービス人でもある。
　以上が校長と教師との上下的な関係と水平的な関係である。最後は校長と
教師との「下上」的な関係について取り上げたい。

校長と教師との「下上」的な関係
　「下上」的な関係というのは、校長が教師たちにサービス精神を持って、
教師を支えてあげることである。
　校長は教師に負担をかけることをできる限り押さえようとする一面がある。
以下は、筆者が校長を訪ねた日の朝の場面である。

　　当番の先生は校長室を掃除するために校長室に入った。校長は「あり
　がとう、ここの掃除は私が自分でやってもかまわないから、教師の職員
　室だけやればいいよ」という校長の声が聞こえました。「校長、遠慮し
　ないでください。これは私がやるべきことですよ」と先生は返事をしま
　した。

(フィールド・ノーツ　2008年6月6日)

このように、校長が教師の業務を支援する意向が見える。校長は教師を支援しようという行為はたびたび見られる。例えば、上級機関の査察者を歓迎する前に、会議室での準備をする時、校長は椅子の並べや水を入れたコップを運ぶなどをした。また、当日監督の仕事が終わったら、校長は「皆さんは疲れたでしょう」と教師たちを先に帰らせたのである。最後の片づけを自分で済ませたようである。

また、校長の教師の業務を支援するという行為は行政者によって評価されている。

　　　校長は教師と仲がよいことは区内で有名ですよ。いつも教師のことを
　　考えていることからも、教師のため、学校のために力を尽くすタイプだ
　　と思います。サービス精神ですね。
　　　　　　　　　　　　（2008年6月6日　行政者に対するインタビュー）

以上のように、校長はまず教師のために何ができるかを優先して考えたのである。その要因については以下のインタビューにて見られる。

　　　筆者：校長は毎日大変ですね。
　　　校長：違います。教師の方がより大変です。現在教師は本当に疲れて
　　います。したがって、私が彼らのためによりよい環境を作らなければな
　　りません。校長は教師の支援役になるべきだと思います。われわれ校長
　　は教師たちに良いサービスを提供しなければならないのです。
　　　　　　　　　　　　（2008年6月6日　校長に対するインタビュー）

また、こうした校長をはじめ、管理職は教師の支援役という発言は学校の会議でも強調されていた。

　　　われわれ管理者は教師の支援役にならなければなりません。なぜな
　　ら、学校の教育の営みは教師が主役ですから。教師の主導性を認めない

といい学校を作り上げることができないと思います。そのため、われわれは教師によいサービスを提供しなければなりません。

（フィールド・ノーツ　2008年6月2日学校会議）

さらに、保護者のインビューから、保護者も校長のこうしたサービス精神を評価していることがうかがわれる。

　校長は本当に優しい上によい経営者だと思います。現在の学校には威張る校長がいるでしょう。でも、校長はいつも教師によいサービスを提供することを強調しています。それはとてもよいことだと思います。だから、この学校は調和的な雰囲気が漂っていますね(笑)。

（2008年6月3日　SPC保護者に対するインタビュー）

　校長はなんと言っても、威張らない人ですね。教師のことをよく応援しているようです。この前、児童の担任から聞いた話ですが、校長は算数の教師たちに自ら学習のソフトウェアを作ったことがあるそうです。もともとは算数の教師の出身だそうです。

（2008年6月3日　SPB保護者に対するインタビュー）

　このように、校長からは自ら教師の支援役を重視すべきという意向がうかがえる。ここから、従来の校長と教師との「上下」関係が「下上」関係に転換されたことがわかる。したがって、上述した校長と教師との「上下」的な関係と「水平」的な関係と「下上」的な関係が組み合わさって、S校では校長と教師の間では支えあう条件が形成されていると言える。

　これによって、校長と教師の関係は教師同士の関係と同じように「協働」的な存在になったと言える。

　わが校の特徴としては皆が協働的な存在であるといえます。例えば、教師と教師の間や管理者と教師との間でもみんな良い関係にあるとい

えます。それ故に、わが校での仕事はスムーズに行われています。

(2008年6月3日　教頭に対するインタビュー)

　このように、S校では人間関係においては協働関係が維持されている。それによって、S校では、教師間のサポート条件と校長と教師とのサポート条件の双方が構築されている。しかしながら、S校では、第1章で指摘したように、中国では「素質教育」を推進するために、競合体制を作ることも必要となる。例えば、「現在の小中学校の素質教育を積極的に推進することに関する若干の意見」の第12条によると、「素質教育の実施を促すために、奨励の体制を作る。「教育成果の奨励条例」により基礎教育改革において、正確な方向を続けながら、理論や実践において価値がある優秀な教育成果を奨励する」とされている(国家教育委員会　1997)。さらに、「教育成果の奨励条例」の主な建前としては、基礎教育改革において優れている集団・個人に名誉の奨励や奨励費を与えるものである。このような奨励条例には学校や教師の教育改革のインセンティブを高めようとする意図がうかがえる。S校は同じように教師のインセンティブを高めるために、教師の間では奨励体制を作っている。具体的には、優秀な教師に対して奨励を与え、よくない教師に対して罰則を与えることである。これらは、教師に対する一種の評価であると考えられる。

　教師に対する評価は主に授業を通じて行われる。その評価の主体は教師同僚、管理者、児童、保護者である。以下の**表3－17**はその授業評価の項目である。

　こうした評価表を通じて、教師のキャリアに対してランキングがつけられる。また、S校は保護者をはじめ、児童から教師に対する評価アンケートを行っている。また、S校は優秀教師を選抜する授業大会がある。教師の日常の言動をも考慮する。さらに、教師を評価する場合には、児童の名門中学校に入る進学率も参考の指標となっている[42]。

　以上の一連の評価活動を通じて、優秀な教師に対してはボーナスを与えること、業績がよくない教師には「最下位の教師に対しての契約中断」という

第3章　先進地域における上海市の事例　253

表3－17　授業評価表（2007年度）

項目	内容	評価
	教師への評価	
すべての児童へ	1.目標の把握（具体性、適切性、集中性、検定可能）	
	2.児童に応じる授業（偏りがある、密度、分相応な体験）	
	3.空間参与（児童に勉強時間を与える、活動の空間、教師の参与活動）	
全面発展	1.知識のポイントが正確、完全にできる	
	2.能力（基礎、発展性、創造性能力の育成）	
	3.感情育成（感情環境を創設、面白さの発揮、意志の育成、道徳の浸透、主導、活発な学び）	
	4.学びの習慣の育成および訓練の重視	
教師教養	1.教材の把握（授業ステップの合理的デザイン、ポイント、難しい点の適当処理）	
	2.授業方法の工夫（デザインの合理性、効果、新しさ）	
	3.授業手段（授業に効果があるITの合理的選択）	
	4.ベーシック能力（言語力、授業の臨機応変、板書展示などの適当使用）	
	児童への評価	
参与状態	1.各活動を積極的、主動的に参与する面が大きい	
	2.雰囲気が活発、楽しさを深め、学びの意欲が強い	
交流状態	1.教師と児童の関係に関して、民主、平等、調和	
	2.児童は自由に発言、協力学習を体現する	
思考状態	1.積極的に考える、問題分析	
	2.思考が活発、異なる角度から問題を提起する、問題は深みがあり、創造性がある	
状態の達成	事前目標を達成する。正確率が高い、異なる児童は個人なりの進歩がある	
児童の教養	1.聞く、話す、読む、書く習慣（集中力がある、他人の発言を聞く、話の規範、声が大きい、読む、書く躾が正しい）	
	2.立ち方、座り方が正しい、礼儀正しい	
	総体評価	

注1：S校の授業評価表を翻訳したものである。
注2：評価の点数は1から10までである。

規定もある。こうして、現在の校長をめぐる属人的、インフォーマルな政策の強い、管理職－教師の水平的関係、教師同士の協働的関係と、フォーマルな上下の競争関係がある。

然るに、なぜS校は「協働的な体制」を作り得たのかについての関係要因に焦点を移すこととする。その前に、学校外のサポート条件について取り上げたい。

6.2. 学校外のサポート条件

先に、学校内のサポート条件について考察した。これについては、教師同士のサポート条件と校長と教師とのサポート条件について検討した。だが、こうした学校内の同僚的関係は、単独で存在しているわけではない。ここでは、さらに、学校外のサポート条件について分析する。結論から言うならば、S校の「学校外のサポート条件」に関しては、学校と「保護者」、「研究機関」、「コミュニティ」、「社会機関」との連携という4つの側面から捉えることができる。

6.2.1. 学校と保護者との連携

まず、学校と「保護者」の連携について見てみよう。S校は保護者と「確実」な連携体制にあると言える。前節にて検討したように、S校は「算数科」の学力を確保するために、保護者の協働を得ている。さらに、「文博教育」を実施する場合にも、保護者の協働を得ることが少なくない。特に、学校にて実践活動をする際に、保護者の協働を得ることが不可欠となる。例えば、前にも触れたことであるが、「文博教育」の学校外の実践活動に関しては、「親子の日」というイベントがある。そこでは、休日に児童と保護者に一緒に上海市の博物館を訪問してもらい、伝統文化とふれあえるチャンスを作ることである。以上で取り上げた事例は、保護者の協働を得ることが前提となるものである。そのため、保護者はS校に対していかなる見解を持っているのかを知る必要がある。以下は保護者が持つS校に対する認識についてインタビューした結果である。保護者はS校の学校活動について肯定的に捉えている。

第3章　先進地域における上海市の事例　255

　　S校の活動には興味が持てます。例えば、私は、上海市の博物館を見
　学したことがあります。おかげさまで、私は青銅器について興味を持つ
　ようになりました。いろいろと勉強になりました。何より、学び事に対
　するモチベーションを引き出してくれました。年をとるだけで勉強しな
　いと、自分の子に負けると思いますよ (笑)。

　　　　　　　　　　　（2008年6月3日　SPB保護者に対するインタビュー）

　このように保護者はS校の学校の教育活動に対して高い評価を与えている
のである。それに加えて、保護者は学校に対して信頼感を持っていることが
わかる。この点に関しては、インタビューした保護者に共通して認識されて
いる。但し、学校に対する信頼は「学校の質」、「教師の質」、「学校の公正」
という視点から多岐にわたっている。以下、「学校の質」を評価したインタ
ビュー例である。

　　　実は、息子が2年生の時に息子の祖父・祖母と私たちの夫婦6人で家
　族ミーティングを行いました。ミーティングの内容は主に、息子にいか
　なる教育をあたえるべきかについてです。結論としては、S校は受験勉
　強及び素質教育についてはちゃんとした理念方針があることでした。こ
　のような教育を受けるのが最もよいのではないかと考えます。さらに、
　S校での教育内容を考慮すると、息子にとってS校の体系的な教育を受
　けるのがよいというのが最終結論でした。

　　　　　　　　　　　（2008年6月6日　SPA保護者に対するインタビュー）

　以上のインタビューから保護者は「学校の質」を評価していることがわか
る。受験勉強と素質教育の双方をカバーしていることを保護者らも認めてい
る。これにより、保護者の学校に対する信頼も保持されている。
　また、保護者は「教師の質」を評価している点も指摘できる。以下はその
事例である。

上の子の担当の先生は「尊敬すべき人格」（金のような心）を持っていると思います。また、責任感がある教師だと思います。さらに、教師の専門スキルが高いと思います。児童を学校に通わせるのは安心できます。

(2008年6月3日　SPC保護者に対するインタビュー)

このように、保護者は教師の質に対して信頼を抱いていることがわかる。ここでいう教師の質は、専門的な知識だけではなく、教師の人格まで評価されていることに留意すべきである。

また、保護者はS校の公正な取り組みを評価している。そこでは、学校が児童の努力および実力を重視していることである。具体的な事例は次小節の「関係本位」の克服と重なるため、詳細は後述する。

6.2.2.　学校と研究機関との連携

S校の学校外の「研究機関」との連携に関しては、上海の華東師範大学および上海の外国語学院と提携契約を交わしている。これらが教師のスキルの向上または授業の質の確保に重要な役割を果たしていることが教師のインタビューから明らかであった。

専門家との交流を通じて、自分がなすべき行為がわかりました。何より、自分が足りない点がわかりました。非常に役立っています。
(2008年6月3日　SC教師に対するインタビュー)

なお、S校によるこうした機関との提携は、単に提携だけではなく、教師は提携を通じて、学んだものを活用し、自分のスキルを高めている。すなわち、S校の教師の積極性と噛み合わせながら、提携関係を進めてきたことになる。

大学からの指導は基本的に重要だと思いますが、理論的で抽象度が高いものが多く存在しています。すべてが良いとは思えません。したがっ

第3章　先進地域における上海市の事例　257

て、こうした研究機関から得た情報を使い分け、自分にとって、有効な
ものを吸収したいと思います。

（2008年6月3日　SF教師に対するインタビュー）

このように、S校の教師には「専門家」としての一面がうかがわれる。なお、
研究機関からの指導にも下線で指摘するように肯定的な評価が存在する。し
たがって、学校外の研究機関との連携は、教師の専門的なスキルを高める上
での役割を果たしている。

6.2.3.　学校と社会機関との連携

S校は、研究機関との連携以外にも、社会機関と連携している。前述した
ように、S校は「文博教育」を意図的に実践している活動が多いことから、「文
博教育」課程の実践は学校外の資源の利用をも重視している。例えば、S校
の「文博教育」の教材をはじめ、教材の参考資料の編集は上海市の博物館の
協働を得て行ったものである。また、「文博教育」の重要な一環としては上
海市の博物館の見学がある。さらに、博物館の館員を学校に招聘し、講座を
行っている。そのほか、上海市の新幹線を運営する会社との連携契約を交わ
し、新幹線の会社の見学なども行っている。

こうした学校外との連携は、管理職によっても、教育を広義に理解する素
質教育の趣旨に沿うものとされている。校長インタビューによると、「わが
校は、学校外の資源を使うことを重視していると思います。これまでに、わ
が校は、上海市の博物館および上海市の新幹線の会社と契約を交わしました。
これからもより多くの社会資源を活用したいと思います。然るべき関連する
社会機関との提携を積極的に進めたいと思います」（2008年6月6日　校長に対
するインタビュー）ということであり、S校は、従来の社会機関との連携を保ち
ながら、新しい社会機関との連携も図るという方向性が見られる。

6.2.4.　学校とコミュニティとの連携

最後に、S校は、コミュニティとのつながりも意図的に行っている。S校

はコミュニティと学校の施設を共同使用するという契約を締結した。それは、S校の施設、例えばキャンパスをはじめ、教室や活動室などを休日コミュニティに開放することを意味する。コミュニティのスポーツや音楽のイベントをS校で行うケースが多い。S校との関係を受け持っているコミュニティ担当者は以下のように語る。

　　われわれはS校と良い関係を保っていきたいと思います。コミュニティのイベントはよくS校で行います。S校はわれわれのイベントの拠点だと思います。例えば、先週の週末にはコミュニティの音楽祭をS校で行いました。
　　（2008年6月3日　コミュニティの担当者に対するインタビュー）

　また、学校とコミュニティとの関係は、相互補完的なものであると言える。前述したように、コミュニティは学校の協働を得ると同時に、学校の活動学習についてはコミュニティの協働を得ている。この点について例えば、以下の教頭に対するインタビューからも確認できる。

　　学校の活動はコミュニティの協働を得ることが多いと思います。例えば、児童によるアパートでの商品の説明員としての活動は、コミュニティが関連する担当者がアパートを斡旋したことで実現されました。またほかの地域の機関との関係作りはコミュニティの協働を得ることによって達成されています。例えば、先日に行った老人ホームセンターの訪問もコミュニティのおかげだと思います。学校での活動の実施は、コミュニティが重要な役割を果たします。
　　　　　　　（2008年6月3日　教頭に対するインタビュー）

　このように、S校にとって、コミュニティとの連携は、学校活動の展開にとって、重要な「役割」の一端を担うものであることがわかる。したがって、コミュニティとの協働関係は、S校の学校外サポート条件の1つであると言

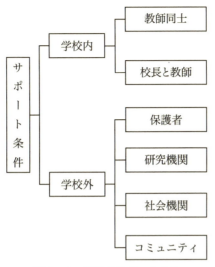

図3−5　学校のサポート条件

える。

　以上のようにS校の学校外サポート環境は、保護者をはじめ、研究機関、社会機関、コミュニティとの連携によって構成されていると言える。

　これらから、S校のサポート条件は以下の図3−5のように示される。

　図3−5に示しているように、S校をサポートする条件は、学校内と学校外とによって構成されている。また、学校内のサポート条件は、「教師間のサポート条件」と「校長と教師とのサポート条件」に分類できる。他方、学校外のサポート条件は学校と「保護者」、「研究機関」、「社会機関」、「コミュニティ」との連携によって形成されている。上述したS校のサポート条件の形成は、それなりの理由があるため、次項では、なぜこうしたサポート条件が形成されてきたかを考察する。そのことによって素質教育の実践における先進的都市型の社会構造および社会文化の要因を探りたい。

6.3.　S校のサポート条件を形成する要因

　これまでS校のサポート条件を明らかにしてきた。ここでは、なぜこうしたサポート条件が形成されたか、その背後にある社会構造と社会文化の要因

を明らかにしたい。したがって、その背後の要因についてS校の校長をはじめ、教師、行政の担当者、コミュニティの担当者のインタビューデータに基づいて分析を進めていく。結論を先に言えば、中国の「関係本位」という社会構造の克服と素質教育の実践においての形式化の克服という2点を取り上げる必要がある。

第1点は、中国の「関係本位」という社会構造を克服することである。序章で指摘したように、中国には、「関係本位」という社会構造が存在すると言われる（費　1998；梁　2003）。中国の社会は「差異序列の構造」をなすものであり、伝統的な社会関係は、個人を中心として家族との遠近距離によって、社会関係が構築されていると言われる（費　1998）。したがって、「人情」、「関係」、「面子」、「恩返し」は社会規範として、社会秩序を維持する上で重要な役割を果たしている（金　1988）。また、こうした義理が絡む社会規範は法を超えるものである（費　1999）。そのため、「関係本位」は中国社会のあらゆる側面に染み込んでいるといっても過言ではない。こうした人間のつながりは社会における「公正」の形成を阻害する側面がある（孫　1999；魯　2002）。

教育の領域でも、教育の「公正と公平」を阻害した事件がたびたび指摘されている。例えば、賄賂や教育腐敗などはそれである（楊　2003；胡　2010）。こうした教育の不正問題をもたらす要因は、教育は商品として交換できるものということに関係しているという声もある（程　2009）が、より根本的にはこうした交換の背後には、「人情」（関係）が存在することが重要な要素であることを、現場の校長や関連する担当者らが指摘している。さらに、現場の担当者にとっては、これに対する有効な対策がなく、受け取るしかないのが現状であることも指摘されている（程　2009；胡　2010；陳　2010）。しかしながら、S校にはこうした社会の流れとは一線を画して、「関係本位」を乗り越える側面が見られる。また、それは学校内のサポート条件と学校外のサポート条件を問わず、実践されている。

学校内のサポート条件については、前述したように、S校には上海の実施規定に沿って明確な実施規定および罰則規定がある。具体的には、優秀な教師に対してはボーナスを与えること、業績がよくない教師に「最下位の教師

第３章　先進地域における上海市の事例　261

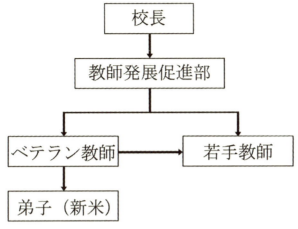

図3-6　S校における教師をサポートする仕組み

との契約中断」という規定があるということである。にも関わらず、教師の間には、「協働的な体制」が作り出されている。前述した「教師の徒弟制」はこうした協働関係を支えるシステムである。これはベテラン教師と新人教師の関係作りに役立ち、ベテラン教師の価値が十分に発揮されていると考える。また、ベテランの教師は一般的に２人の若手の教師を随時指導している[43]。教師と校長との間でも、サポート条件がシステムとして形成されている。S校には「教師発展促進部」がある。この「教師発展促進部」の重要な役割としては教師の発展をサポートするものである[44]。それを**図3-6**で示している。

こうした学校内サポート条件を形成することに、最も影響を与えた要因として、S校関係者は「公平性」に基づいた能力主義を貫いたことをあげる。この点については、以下の教師インタビューからうかがえる。

　　わが校は、ほかの学校より、公平だと思います。教師間での競争関係は確かに存在しますが、それは教師の能力についてのものだと思います。あるいは、教師の努力についてのものだと思います。例えば、I先生は、本当に努力家だと思います。休日は、自分が本を読んだり、授業を研究したりすることで、明白なスキルアップを獲得しました。その結

果、I先生は、わが校の「先進教師」に指名されました。正直なところ、校長たちによるこの指名に対し私は納得しています(笑)。

（2008年6月3日　SA教師に対するインタビュー）

私は、この学校で職を得たばかりの時に、状況がわからないため、契約の中断という憂き目に遭遇しました。こうした局面を打破しないと、リストラされる危険性があります。この覚悟を持って一所懸命頑張りました。幸いなことに、現在は大幅にレベルアップできました。今年は、区の授業コンクールで数学の賞をもらいました。この学校の良い点は、関係を使うことではなく、自分の実力によって状況を変えうることだと思います。

（2008年6月3日　SG教師に対するインタビュー）

当該教師は、関係者との連携が無く、単に自分の能力に基づくことを評価されたことを語った。また、罰則に遭遇したとしても、納得するように見られた。さらに、当該教師は困難の局面を打破できることがわかった。これは、教師のモチベーションを高めることに役立つと思われる。こうした徹底した業績ベースの評価は、中国では珍しいことである。

　このように、教師に対しては、能力や努力が評価されて賞をもらったり、あるいは、名誉を獲得したりすることができる。これこそ、教師にとって「公平」なことであると評価されている。こうした「公平な職場環境」作りは、学校の管理者が目指すところであると言える。

わが校は公平だと思います。できる限り、みんなを平等に扱おうとしています。校長も同じ気持ちだと思います。

（2008年6月3日　教頭に対するインタビュー）

公平な職場環境を作ることこそ、教師のモチベーションを引き出すことを可能にします。故に、教師に対する平等な扱いが重要だと思います。

（2008年6月6日　校長に対するインタビュー）

　このように、S校の学校内サポート条件の形成は、関係に依拠するものではなく、公平や平等に基づくという特徴を持つ。また、このような公平や平等に基づく理念は校長をはじめ、教師の間でコンセンサスが形成されていると言える。その意味では、S校は前述の「関係本位」という社会構造を意図的に克服しようとしているように見える。

　また、「関係本位」の克服は、学校内サポート条件の形成に限らず、学校外サポート条件の形成にも重要な役割を果たしている。特に、保護者との連携を深める上で最も重要なものである。なぜ、「関係本位」の克服が、重要な役割を果たしたのかをより理解するために、中国の大きな教育問題の1つとしての学校選択における不正入学という問題を取り上げる必要がある。

　近年、中国の教育は凄まじい発展を遂げたとはいえ、学校間の格差が激しく、一部の学校を除く教育の全体的なレベルは、高いものとはいえない。そのため、社会的によりよい学校に入るために、不正に入学するというケースが少なくない。このことが社会現象として行政からたびたび指摘されている（教育部　2006、2007、2008）。そのことから、学校選択における「公平性」あるいは「公正性」についての研究が少なくない（華　2004；陳　2005；胡　2006；鄧　2007；李　2010）。筆者が調査した時点で、S校の生徒募集は「通学生」と、日本の「一芸入学」に相当する才能がある小学校生の5%特別募集という2つに分けられていた[45]。前述したように、S校は上海市の素質教育のモデル学校であるため、S校に入るため、保護者および児童は激しい競争にさらされている[46]。注目されているからこそS校の入学競争は「公正」であることが認められている。

　また、こうした公平性を保証するために、教師と保護者との間には意図的に「距離」を置くことがある。例えば、前述したように、教師は出張中の保護者の代わりに児童を看病したことがある。保護者は感謝の気持ちを表わすために、教師を食事に誘ったが、教師は「やるべきことです」と断った。または、中国の中秋節（日本のお中元）の際に、世話になった人にお礼をする習

慣がある。S校の教師は保護者からの消費券などのお礼を一切受け取らなかった。これはS校においては一定の暗黙のルールとして理解されている。この点について以下のS校の教師のインタビューを通じて明らかにした。

　　今現在は「不公平」の社会環境があるため、保護者の気持ちがよくわかりますが、一緒に食事とかは大したことではないと思います。児童たちを育てることはわれわれの責任だと思います。ちょっとえらい言葉を言いましたよね（笑）。しかし、これはわが学校の教師はみな同じように考えていると思います。だからやるべきことをやることだけですので、特にお礼をする必要がないと思います。だから、わが学校は基本的にはプレゼントとかを保護者からもらわないのです。これは学校の暗黙のルールではないかと思います。

　　　　　　　　　　　　（2008年6月3日　教頭に対するインタビュー）

　　実は、私も保護者と児童以外の関係を作りたくないと思います。今現在の社会の環境はよくないですから、保護者のいろんな心配がわかりますが、われわれ教師にとっては、児童をよりよく育てることが責任だと思います。もし保護者と緊密な関係になり、児童によく対応したら、返って不自然になります。今のままで、自分の良心に基づいて児童に対応したことがよかったです。保護者たちには不満はないと思います。

　　　　　　　　　　　（2008年6月3日　SH教師に対するインタビュー）

　以上のように、S校の管理者や教師が保護者から物質的なお礼をもらわないことの根本的な理由として、社会の「不公平」に対して学校が抵抗しようという姿勢がうかがえる。
　また、こうした「公平性」の言説が保護者によっても担われている点が重要であろう。以下は保護者のインタビューである。

　　この学校の教師およびリーダーに心から感謝します。この学校は本当

によいと思います。この学校の精神を社会に発信する価値があると思います。私が最も感動したのは、5年間わが子が様々な面にわたってお世話になりました。しかし、この間S校の教師を一度も食事に誘ったことがなかったのです。子どもが最初学校に入るときに、この学校の状況がわからないため、何回か先生を誘ったことがありますが、丁寧に断られました。これはほんとに素晴らしいことだと思います。帰国した時に、世の中の不正に関わる噂をたくさん聞きました。例えば、学校の教師とよい関係を築くために、裏で何かをしなければならないことです。正直に言えば、こうしたことに関してはいやな思いがしますが、子どものためには、妥協しなければならないと思いましたので、先生にご飯を奢ろうとしたり、プレゼントを用意したりしましたが、そのたび教師に断られました。周りの知り合いに聞くと、S校はとても「公正な学校」であることを聞きました。そのため、子どもと一緒に努力して最後に入学試験に合格しました。これは本当に子どもの努力と実力に基づいたものだと思います。これは私たち保護者にとってもとてもありがたいことです。ご飯を奢るなどというお金の問題とは別に、世の中には実際に素晴らしいものがあることを信じています。

（2008年6月3日　SPD保護者に対するインタビュー）

　ここではいくら強調してもし過ぎることはありません。それはS校の公平なことです。学校入学を例としてあげると、S校の入学は家庭の「関係」によることはなく、児童の「実力」によるものです。わが社の職員は私の息子の成長を見て、全員が自分の子をS校に入れたいと思っています。ある職員は「社長はあなたがこの学校とよい関係を持ち、校長との個人関係もよいから、お金がかかってもかまいませんから、S校の入学を手伝ってもらえませんか」と頼まれました。私は直ちに、断りました。なぜなら、S校の入学は児童の「実力」によるものですから、これに代わって、いかにS校の入学試験を突破するかに関するアドバイスをたくさんしました。わが社には、児童の教育という共通的な話題があるから、ま

とまりやすい一面もあると思います。これはS校に感謝しなければなら
ないと思います(笑)。800人の受験者の中で40人に選ばれることは相
当な競争率ですよ。

(2008年6月3日　SPA保護者に対するインタビュー)

　筆者がインタビューした保護者は学校を通して紹介されたため、学校より
の発言がなされることが予想され、こうした意見とは異なる見方が存在する
こともありうる。しかし、教師、一部保護者、行政担当者の発言からは、少
なくとも、S校の実践に正当性を与える公平性言説が一部では少なくとも存
在するようである。それは、児童の入学は「児童の能力」に基づいたもので
あり、それ故に、S校の入学は、大人の社会地位あるいは社会の関係による
ものではないということを裏付けるものとして用いられている。
　S校のサポート条件を形成する要因については、「関係本位」という社会構
造を克服しようとすること以外に、形式化を超えようという側面もある。
　中国は1978年の改革開放以来経済の発展に力を入れているため、市場主
義および形式化のイデオロギーが台頭している。その一方で、経済の発展に
伴い、「道徳」の低下が顕著な社会問題として浮かび上がってきた (2004　孫;
2006　李)。形式化的な行為は教育改革を難航させる要因の1つであること
は中国のリーダーの講演、行政文献などにたびたび取り上げられている (教
育部　2004、2006、2008)。
　素質教育モデル校であるS校には、素質教育の目標に反する形式化を克服
しようという意欲があったと言える。この点に関しては、保護者をはじめ、
教師、コミュニティの担当者、校長のインタビューからその一端がうかがわ
れる。

　　S校のガイダンスを聞いてから、校長は「着実に実行する人物」である
　ことがわかりました。学校の建前は業績のためではなく、児童のことを
　考慮した上に作られたものだと思いました。現在の形式化が盛んな時代
　に本当にすばらしいことだと思います。

第3章　先進地域における上海市の事例　267

（2008年6月3日　SPD保護者に対するインタビュー）

　S校はほかの学校と違い、仕事は形式的ではなく、着実に実践される。実は、S校以外に、何箇所もの小学校と提携した経験がありますが、最も長く続けているのがS校にほかなりません。よって、われわれはS校と一緒に多彩なコミュニティ活動を実現させていきたいと思います。S校の取り組み態度に対して感動します。

　　　（2008年6月3日　コミュニティの担当者に対するインタビュー）

　校長：上海市の博物館の資源を活用したい学校は少なくないでしょう。然るに、長年にわたって体系的課程を作り出しているのはわが校が初めてでしょう。

　筆者：それはなんのためですか。

　校長：着実に進めていることですね。すべてのことにおいてその通りだと思います。焦ることなく、着実に進める方がよいと思います。特に、教育においてはそうだと思います。幸いなことに、わが校の教師はこの点をわかってくれています。

　　　　　　　　　（2008年6月6日　校長に対するインタビュー）

　このように、保護者にせよ、コミュニティの担当者にせよ、校長にせよ、「着実に進める」ということが、異口同音に言われ、社会問題化している性急な教育実践の形式化を意図的に克服しようとする一面がうかがわれた。また、こうした素質教育の形式化の克服は、S校のサポート条件の形成にとって、重要な要因であると言える。それは、形式化を克服するために学校が保護者、コミュニティの担当者などと信頼関係を築くことにつながるからである。

　ここでは、S校の学校内・学校外サポート条件に関わる背後の要因を明らかにした。それは、中国の主流文化にある「関係本位」および社会問題化している素質教育の形式化を克服しようとしたものである。それによって、学校は「緩衝地帯」を持つ環境を作り出そうとしていると言える。換言すれば、

268

S校は不利な要素を選別し棄却しうるという機能を持っていると言える。次節では、本章に対するまとめと考察を行う。

7. まとめと考察

　本章は、S校による「素質教育」の実践に関して、「算数科」および「文博教育」を通じて記述した。受験とのつながりの強い「算数科」の実践においては、前述したように、一見して「素質教育」的な実践は、「応試教育」の再強化という逆転現象を起こしていることがわかる。一方、「文博教育」における「素質教育」の実践はより「素質教育」の理念モデルに沿った特徴を持つ、あるいは、持ちうると言える。そのため、受験に重要な教科(ここでは算数)において従来の「教科学力」を確保し、文博教育に見られるように、受験学力に支障のないところでは「新学力」の効果を同時に確保できていることを見た。さらに、こうした実践に関するサポート条件および形成要因について検討し、S校の「素質教育」の実践のメカニズムを分析した[47]。本章であげた学校外の要因、例えば、外部博物館との連携、体験的活動、外部協力者の活用などは、「素質教育」の理念により忠実に沿った文博教育を特徴づけるものである。一方、算数教育については、部分的に素質教育的な要素が持ち込まれるものの、それが効率性など、応試教育の目標のもとに再編されている。したがって、本章を通じて、以下のことを指摘できる。

　第1に、先進的な地域にあるS校の「素質教育」の実践モデルの特徴としては、「素質教育」の実践は2つの意味を有することである。すなわち、「素質教育」と「応試教育」とを同時に機能させることである。それは、「応試教育」で重視されている教科においては、「素質教育」で推奨されている授業方法や教師・児童の役割転換などを通じて、「応試教育」を再強化している。同時に、「素質教育」と結びつけやすい教科においては、「児童の主体性」を強調する「素質教育」を徹底的に実践する。そのため、従来の教育より、現行の「素質教育」はより複雑的な構造を有する。つまり、先進的な地域のS校のような小学校は、2つの教育目標を追求することとなっているように見える。

そこでは、「応試教育」と「素質教育」を並存した教育構造が存在するため、学校現場は同時に両者に対応しなければならないと考えられる。また、いかにバランスを取るかを考慮しなければならない。したがって、こうした「素質教育」の実践は、従来の「応試教育」の重視という単一的な社会的要請より二重な社会的要請への対応が学校現場に求められるようになっている。つまり、学校現場により高次的な教育実践が求められている。例えば、S校の例をあげると、教師の「質」が高いということや、学校の物理条件は一定の水準に達するということなど、学校現場により高い条件が求められるようになった。

しかしながら、こうした教育実践は、S校の学校内・学校外の事項の分析を通じて示唆されたように、経済資本、文化資本、社会資本に恵まれた学校によって支えられている。言い換えれば、「素質教育」と「応試教育」を両方に確保する教育実践は恵まれた学校において有利なものであると思われる。それは、「素質教育」が「教育機会の不平等」の研究に対して示唆を与えるものであると考えられる（以下参照）。

第2に、S校は「素質教育」の実施においては、カリキュラムの構成・伝達に関しては大きな変容が加えられた。こうした変容によって、児童の知識の習得および能力の育成は多様になっている。カリキュラムの構成および教科指導ノウハウの配分と共有はかつてない大きな変容をもたらしたことがわかった。すなわち、従来の「受験勉強」に基づいた知識の習得のみならず、「素質教育」に基づいた知識の習得も可能になっている。さらに、双方のバランスを取っていることが特徴と言える。カリキュラムの社会学研究の観点、特に「構造−機能主義」の系譜によると、カリキュラムは「文化伝達」の装置である（田中　1996,p.16）。そのため、またこうしたカリキュラムは人の社会化や職業的地位の配分とつながることである。さらに、特定の知識の習得は人の学習能力によるというより、カリキュラムによって規定されている。つまり、学習経験を規制するという構造がカリキュラムの中に組みこまれていることがある。

本章の事例の位置づけについて述べたように、上海市は中国の先進的な地

域であるため、「経済資本」に恵まれた土地であることは否定できない。授業実践にメディア手段を多く使用することおよび「文博教育」を行うに当たっての博物館の存在などの物理的な条件の完備はその証左である。さらに、S校の実践で明らかにしたように、「社会関係資本」が蓄積されているという事実がある。S校は、社会的な問題としての「関係本位」と形式化を意識して、それを克服しようとし、それが保護者にも評価される環境にある。このような環境は、社会の不正が直接学校を侵食することができなくなったため、学校にとって「緩衝地帯」と言えよう。こうした条件は中国全土であるわけではない。したがって、S校の教育の実践は安易に中国のすべての小学校に通用させることはできないであろう。

　こうしたことを考慮し、「地域間格差」が激しい中国における「素質教育」に関する教育を多面的に見る必要がある。したがって、本研究の目的として、カリキュラムの差異化を見ることによって、次の第4章、第5章は地域別、農村部・都市部別の小学校の教育実践を比較しながら、「教育機会の不平等」のメカニズムを解明する。そのため、まず、第4章においてN省のL市にある都市部のG校について考察を行う。

　注

1. 「文博教育」はS校の「本校課程」である。2001年から、地方分権のため、学校の特色に基づいて学校なりの課程を開発する権利を与えられた。これを「本校課程」という。「本校課程」の実施は、「総合実践活動」の理念と同じであるが、同じものではないと指摘されたことがある（張2002）。しかし、両方にとって、理論のレベルが曖昧のため、実践における場合、学校は両方をまとめて行うことが多い。
2. 上海市においては、授業改革が第二期課程改革から推進されている。第二期課程改革の時間は全土と異なって、1998年からはじめ、2004年から全面的に推進している。S校は研究の拠点校であるため、2002年から実施し始める。
3. 2005年5月24日予備調査で入手したものである。
4. 2005年6月16日本調査で入手したものである。
5. 「顕在的な授業構成」における「授業スタイルの変換」、「教師・児童の役割転換」、「教師権威の緩和」は、筆者の現場調査のデータを基に抽出されたものである。
6. 2008年6月3日校長に対するインタビューによると、「華東師範大学の指導を通じて、教師たちは新しい課程改革の先進的な理念および実践のモデルにふれあうチャンスが増えたため、わが校の算数の教師は各コンクールでたくさんの賞をもらいました」と

された。

7. 2008年6月3日校長に対するインタビュー

8. 〈http://www.shanghai.gov.cn/shanghai/node2313/node3766/node3859/node15263/userobject1ai373.html〉、2011年11月26日入手。

9. ibid.

10. 1986年の教育法を公布されてから、初等・中等教育を含める9年制は義務教育として規定されたが、財政的な制約のため、義務教育は政府と学習者の負担という学費制度がある。

11. 「教委」という言葉は教育委員会の略語である。教育委員会は教育部という名称を改正する前の名である。

12. 2008年前に学区内の募集に対して、5%の「英才の児童」(特長生)の募集を行っている。しかし、均衡の発展のため、一時的なこのような募集体制を停止したことがあるが、2011年の保護者の通知内容によると、この特別募集体制に再び復帰したようである。

13. 1993年「中国の教育改革と発展の綱要」によると、地域の実情を考慮した上で、中国の全土で小学校の段階においては、基本的に6年制と5年制の学制を持っている。そのため、上海市のS校は5年制であることに対して、本研究のほかの事例はすべて6年制である。

14. 2008年5月28日校長に対するインタビュー。

15. 2008年5月28日のS教頭、2008年6月6日4人の算数教師のインタビューより。2006年の学校ガイドライン。

16. 2006年と2008年のパンフレットによるものである。

17. 2008年5月28日に入手した講演原稿から引用されたものである。

18. 2008年学校案内パンフレットによるものである。

19. ibid.

20. ibid.

21. 2008年6月3日行政官と保護者に対するインタビュー。

22. 筆者の調査によると、S校のグループ探求活動は教師が形式化を越えて、意図的に組織している。

23. 「探究活動」、「情景導入」、「応用発展」という用語は、教師の指導案を分析したことによって、筆者が作った用語である。

24. 休憩の時間は、児童がわからない問題があるなら、担当の教科だけではなく、すべての教科教師に聞いてもよいことになっている。そのほか、小学校の教師のチームワークも有効に機能している。教師の間では、情報交換がとても速い。筆者による観察では、自らの教室で出た授業時間内の問題は直ちにほかの教師に伝えられる。そして、次の教師に注意を呼びかける。それにより、効率よく問題を解決できるようにしているように見えた。

25. SD先生に対する2008年6月3日のインタビューより。

26. 「文博教育」の意味は、4.1.1の節にて紹介する。

27. 2003年6月3日S校の教頭に対するインタビュー。

28. 2008年5月20日に入手した学校資料から引用したものである。

29. 2008年6月3日S校の校長に対するインタビュー。

30. S校での「文博教育」に対する研究レポート。2008年6月3日に入手したものである。

31. 上海市は、中国の先進的な地域のため、教育の目標における「量」から「質」への転換は、1999年の上海市の「課程改革綱要」の中で、すでに言及された。

32. ibid.

33. 2008年6月3日教頭に対するインタビューによると、「現在の子どもにとって、道徳教育の実施が最も重要だと思います。そのため、わが校の教師は『本校課程』は道徳教育の媒介物として教材を編成することが可能ではないかという問題意識を最初にもちました」と言った。

34. 2008年6月3日教頭に対するインタビュー。

35. 2008年6月3日校長に対するインタビュー。

36. 2008年5月28日に入手した教科書、関連学校文献。

37. 2008年5月28日に入手した学校材料から引用する。

38. 2008年5月30日の担当教師と2008年6月3日の教頭に対するインタビューから明らかにした。

39. 2008年6月3日に入手した「小学校文博教育の実践と研究」という学校の研究グループのレポートから引用したもの。

40. 「本校課程」の学校レベルの指導案は「青銅器に近づいてみよう」という5年生しかないのであるが、この指導案を学校の建前を反映することができるので、筆者は5年生の指導案を参照したことを通じて、学校が教師に求めたい役割を考察した。

41. 2008年6月3日行政の担当者に対するインタビューによって明らかにしたものである。

42. 〈http://baike.baidu.com/view/486179.htm〉、2012年6月14日入手。

43. ただし、この進学率の参考指標は公の評価基準となっていない。これは筆者が教師との会話をするときにわかった情報である。

44. 2008年6月3日教頭に対するインタビュー。

45. 2008年5月30日、「教師発展促進部」の部長に対するインタビュー。

46. 2008年6月3日教頭のインタビューによるものである。しかし、2010年9月28日教頭のインタビューによると、上海市は2009年から均衡発展の施策を打ち出したため、特別募集の制度はなくなった。

47. 2008年6月3日教頭に対するインタビュー。

第4章　非先進地域におけるN省L市の都市部の事例

　本研究の主な目的は中国の地域格差を踏まえて、カリキュラムにおける伝達・構成の差異化を検討することで、「素質教育」の実施にて生じた新たな「教育機会の不平等」のメカニズム明らかにすることである。そのため、本章では前章の先進地域の上海市における「先進都市型の素質教育のモデル」を考察した結果を踏まえながら、一般的な地方都市部における「一般的都市型の素質教育」の実践モデルを考察する。

1. 本章の問題設定

　本章の問題設定は第3章のS校のモデルと同じものである。第3章で取り上げたように、「素質教育」の実施は、中国の学校教育を影響する主要な2つの社会的コンテクスト、つまり、素質教育と応試教育のコンテクストを踏まえて同時に進んでいると考えられる。

　したがって、本章では応試教育のコンテクストで意味づけられる「算数授業」および素質教育のコンテクストで語られる「本校課程」を同時に考察する。その理由は前章を参照されたい。簡単に言えば、「算数授業」は伝統的な科目でありながら、受験科目でもある。そのため、応試教育には馴染む教科であろうことが考えられる。また、「本校課程」は新しい課程改革を行ってから素質教育を実現するために作り出された教科である。その意味でも「素質教育」には馴染みやすい教科と理解されている。したがって、筆者は非先進地域における都市型の素質教育の実施の考察では、G校の「算数科」と「国語の世界を歩こう」という「本校課程」の教科を通じて行った。ここで、指摘す

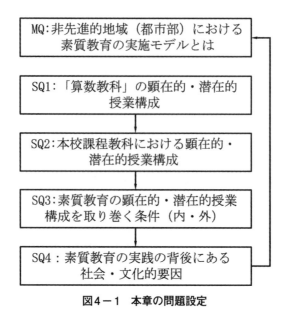

図4-1　本章の問題設定

べき点としては、「算数科」の場合は、新しい課程改革を行ってから、算数科の教科書作りの市場が開放されたとはいえ、上海市を除いた統一的なスタンダード(数学標準)があるため、教科書の作成に大きな差異が生じることは想像しにくい[1]。よって、授業における伝達を重点的に考察することにした。一方、序章で指摘したように、「本校課程」は地域の特徴および学校の実情に応じて作成するものであるため、バリエーションが多いことが推測されよう。したがって、「本校課程」のカリキュラムの構成と伝達の双方を研究の射程に入れておく。以上によりG校の問題設定を図4-1で示す。

＜研究データ＞

　筆者はG校に対する調査を時系列的に行った。2005年の予備調査から2010年の調査の間に、4回の調査を行ってきた。そこでは2005年の5月6～16日および2008年1年間の調査が2回行われた。最終回の調査では2010年の6月9～10日の二日を利用し、G校の先生と副校長および教科のチームリーダーの先生に追加インタビューを行った。そのほかにも教員およ

び保護者と長年の関係を築いてきたため、頻繁に情報交換を実施することができた。

本章では学校の実態を描き出すために使用したデータは主に2008年11月10〜21日の調査データである。また、G校の「素質教育」を検証するために2005年の授業観察のデータや2004年と2010年で筆者が校長をはじめ、教師、管理者などに対して行ったインタビューの部分を併用した。

次に、本章の研究対象であるG校の中国における位置づけを明らかにしたい。

2. G校の位置づけ

本節ではG校の位置づけをN省およびL市の教育概況・新しい課程改革の状況やG校のプロフィールなどを通じて明らかにしていく。

2.1. G校における省と市の教育概況

G校の位置づけを立体的に理解するために、G校においての省と市の教育概況を見る必要がある。

N省の教育・新しい課程改革の概況

N省のGDPは中国の行政分類においては上位に属している。序章で触れたように、中国は経済的レベルによって、地域を大きく3つのグループに分けることができる。例えば、上海市と北京市はトップ層である。次いで、沿海地域は相対的に先進的な地域と言える。その一方で、国の西北部などは相対的に経済発展が遅れた地域とみなされる。

N省は第2グループに属する地域であり、中国では、上位の存在である。省ごとの教育に対する投資も、中国の十位以内にランクされる。義務教育は地域の経済的な実力と緊密に関わるという実態を考慮した上で、第2グループ地域とトップグループの地域と比較すると、中国における地域格差の構造的な問題をより顕著に見られるメリットがあると考えられる。

N省の新しい課程改革の実施の流れ[2](步骤)は国家での実施と同じく、段階を分けて実施されている。具体的に言えば　2002年には各所属する都市にある1つの県（区）が省レベルの実験地域として指定された。その規模は全省の同じ学級の児童の10～15％を占め、それに続く2003年では実験の規模をさらに拡大し、各都市では、実験地域を3つから5つに増やし、学年が変わる新学期においては全省の小中学校における50％の児童が新しい課程改革の対象となった。さらに、2004年には全省の小中学校の学年が上がる新学期にて、全員の児童が新しい課程改革の対象となった。N省における新しい課程改革の実施計画は、中央が2005年に全国について新しい課程改革を行う予定に対して、1年早かったのである。これはある意味では、N省の教育は全国的に見ると先進的な存在であることが読み取れる。

　また、N省における新しい課程改革の理念は中央の素質教育の新しい課程改革の理念と一致していると見られる。例えば、序章で取り上げた『基礎教育課程改革の綱要（施行）』（教育部　2001）で提起した6つの目標などがN省の新しい課程改革の行政文書の中にてそのまま使われているのである[3]。

L市の教育・新しい課程改革の概況

　L市はN省で経済ランキング下位のグループに属し2011年の一人当たりのGDPは8,000ドル前後であり、中国の「地方市」（常住非農業人口が20万以上の都市）の真ん中に位置している[4]。にも関わらず、教育レベルはN省の各都市の中で、義務教育の段階としては先進的な存在であると言われる[5]。

　L市における義務教育の状況としては、中等学校が70校で在籍児童数は6万人ぐらいであり、小学校が300校で在籍者数は10万人に達している。また、義務教育段階における適齢人口の入学率は100％、在籍率は99.37％であるため、義務教育の普及率は2011年までN省が7年間連続一位であった。一方、L市の教師学歴の達成率はN省でトップクラスである。さらに、2008年まで各小学校においては基本的にインターネットに接続することができ、eラーニングの導入率は100％に達している。また、近年N省における教師の学習ソフトウェアの作成および応用のコンクールにはL市が連続して上位で

あった。そのため、IT化の教育環境はN省においての先進的な地域と言える[6]。さらに、2008年から義務教育段階におけるすべての児童の学費免除が実現されている[7]。

　一方、L市における新しい課程改革は2001年から実験地域をはじめとして広く実施されており、2004年には新しい課程改革が全面的に展開された。新しい課程改革の理念を推進するに当たって、国をはじめ、省レベルのコンクールでもL市の受賞暦は少なくない。

　以上のように、L市の経済状況はN省の下位にあるとはいえ、義務教育を見ると、決してN省が遅れた地域とはいえず、先進的であると思われる。

2.2.　G校のプロフィールと選ばれた理由

　N省のGDPは全国のランキングの上位にあるとはいえ、前項で触れたように、L市はN省での下位グループにあり、全国的な都市等級では中間的位置にある。そのため、地域格差を考慮した本研究にとって、サンプルとしての有意性があると言えよう。

　F校長によると2003年にF校長が就任する以前はG校の児童数は700人ぐらいであったが、F校長をはじめ、教師全員の努力を通じて、評判がよくなったにつれて2008の11月現在の児童数は1,665名に昇っている。そして、近年、学校施設などの条件が改善されつつあるとはいえ、学級規模の大きさが依然として存続している。

　筆者が2008年の年末に調査を行った時にはG校の学級人数は55〜72人とばらつきがあった。人数が最も多い教室での子どもの席は教壇にぎりぎりまで迫った状況であった。こうした状況が生じたのは、それなりの要因があり、前述した「不正入学」（越境入学のこと）が関わっている。これについては、後ほど再び触れる。

　G校でも2009年には所轄区から「一票否決」[8]という仕組みを取り入れて、50人の学級に統一されるようになった。校長および教頭に対するインタビューによると[9]、G校の子どもの家庭背景は多様であり、豊かな家庭と貧困家庭出身の子どもとが混ざっている。例えば、政府官僚の家庭出身者は

62人、失業[10]中の家庭からの子どもは437人である。一人親家庭の子ども
は134人である。にも関わらず、G校がモデル学校のため、「不正入学」な
どの現状を考慮すれば、恵まれた家庭の出身者数が比較的多い[11]。こうした
社会的に「不正」な行為に対して、中央政府をはじめ、地方政府などは一連
の規定・対策を打ち出したが、「不正」な学校選択という現状が現在まで続
いている。

　G校の校訓は「勤勉、友愛、自律、前向き」であり、校風は「愛国、文明、
勤勉、開拓」であり、学風は「勤思（よく考える）、博創（博学であり創造力を持つ）」
である。一見して、G校は道徳教育を重視することがわかる。例えば、教訓
と校風にある項目はほとんど子どもの躾、愛国心、規範行為とつながる。ま
た、学風の「勤思、博創」という内容を見ると、「素質教育」の理念に求めら
れている「考える力」や「創造力」の育成を反映していることがわかる。さらに、
学校の経営目標においては「『主体和諧』（主体の調和を取れる）の発展教育を学
校の授業の中心とし、創造教育を核心において全面的に素質教育を推進する
こととし、中華（中国）を振興することを己の責任とするものである」と明記
した[12]。このように、学校の経営目標は、子どもの主体性の重視や創造教育
を強調することによって「素質教育」の理念を反映させていると考えられる。
G校はこうして公的な学校資料からも、「素質教育」の理念を推進している
ことが読み取れる。

　次に、本章で使う研究データと研究枠組みについて説明したい。

　G校を選んだ理由については、序章の方法論を参照されたい。筆者の研究
目的は義務教育の段階、特に小学校における教育過程での「教育機会の不平
等」に関する実証研究である。この目的を明らかにするために、地域の格差
が激しい中国の現状を踏まえながら、素質教育の実施プロセスに焦点を当て
た。前述したように「素質教育」は中国では新しい学力観を反映している教
育理念であるため、実践の経験の蓄積があるモデル学校が本研究の対象と
なっている。それは中央集権的なシステムの中国では、モデル校の実践を通
してほかの学校が実践を進めるからである。異なる地域的条件における素質
教育推進校を比べることによって、素質教育を実践するに当たっての理念と

実践とのずれなどを解明できると考えたのである。G校は、L市で唯一の省レベルの模範学校に選ばれた実績があり、「素質教育」で多数の受賞の経験を持つ学校である。

2005年のG校はすでにL市で有名な学校として知られている。何らかの授業イベントがある時には、上級機関より必ず指名される学校である[13]。この点については、行政および校長に対するインタビュー、校長と行政者とが電話交渉する観察場面からもうかがえた[14]。

以下、前章のS校のように、「算数科」と「本校課程」の教科に分けて進めたい。まず、次節は「算数科」における「素質教育」の実践を見てみよう。

3. 「算数科」における素質教育の実践

本節では、G校の「算数科」における素質教育に関する具体的な授業実践を取り上げる前に、G校の算数教師がいかに新しい課程改革の理念を受け止めているかを考察する必要がある。言い換えれば、教師の意識にいかに新しい課程改革の理念が取り入れられているかを算数授業の指導案に関する分析を通じて、明らかにしたい。通常、指導案は実践を方向づけるものであるが、本研究での指導案は内容分析を通して価値をうかがうための1つのデータとして使っている。本来、実践のために用いるもの、例えば、育児書（恒吉・ブーコック　1997）や教科書（恒吉　2001；近藤・丸山　2001；木畑　2001）などを通して価値規範を探る研究もあり、ここでの指導案の使い方もこうした用い方に当たる。その時、対象となった指導案の性質を考慮する必要があり、以下にて考察する。

3.1.　指導案に関する分析

本節で使った指導案は、筆者が2008年の11月10〜21日の間にG校に対する本調査を行った際に入手したものである。しかし、具体的な分析に進む前に、対象とした指導案に含まれうるバイアスについて指摘する必要があると考えられる。そのためには、指導案を入手する経緯を説明する必要があ

る。

　筆者が本調査を行う中で、算数科の指導案がほしいとの意図を担当教師に伝えたところ、教師たちは素質教育の副教材を参考にして作成しているため、指導案の内容は副教材あるいは関連するホームページ[15]を参考にした方がよいという理由で提供してくれなかった（2008年11月）。そのため、筆者が再び教頭にお願いした。その結果、教頭は1～6年まで合計6本の指導案を提供してくれた。つまり、こうした指導案は教頭という学校の管理者の視点からは好ましいものと考えられている可能性があり、モデル的な性質を持つことが推測できる。なぜなら、中国ではモデル校としてのG校は忠実に上位組織の「素質教育」の理念を指導案に具現することを求められているからである。したがって、こうした指導案は公的な形で発信する教師の建前的な意識を推察することには有効であろう。言い換えれば、こうした指導案を通じて、実践的な授業とのギャップをさらに考察しやすくなると思われる。そこでは、教師の公の立場と具体的な授業をする個人的な立場との緊張関係をより顕著に観察することができる。そのため、教育政策と現場とのギャップをより明確にできると考える。例えば、教師のインタビューによると、教師は手作業やグループ活動などは確かによい教授法だとは思っているが、学級の大きさや授業時間の制約などによって実際には難しいことを指摘している[16]。こでは、指導案を、実践的な授業改善の道具としてではなく、教師意識を探る材料として用いる。

　G校の指導案の構成は、大別すると5つの部分からなっている。すなわち、授業内容、授業目標、授業のポイントと授業の課題、授業準備、授業の過程である。そのため、前述の4つの項目の内容はそれほど多くない。一方、最後の項目の授業の過程の占める割合はとても多い。そのため、本節では、筆者は授業の過程に対して、より詳細な分析を行ったのである。

　以下では前述した5つの部分に対して、「素質教育」の理念に基づいて作り出した「数学課程標準」の内容を踏まえながらそれぞれについて検討していく。

第4章　非先進地域におけるＮ省Ｌ市の都市部の事例　281

表4-1　指導案における授業内容

授業内容	学年	時間	授業内容
文具を買う	1年	2008年	北師大版数学1年生(下)pp.70-71『文具を買う』
位置の確定	4年上	2008年	北師大版数学4年生(上)pp.80-81
三角形の分類	4年下	2008年	北師大版数学4年生(下)pp.24-26『三角形の分類』
分数の再認識	5年上	2008年	北師大版数学5年生(下)第3単元『分数の再認識』
体積と容積	5年下	2008年	北師大版数学5年生(下)『体積と容積』
生活の比	6年上	2008年	教育内容：『生活の比』

3.1.1.　授業内容

　指導案における授業内容について教師たちは簡単に教科書における学習内容あるいは学習テーマだけを、例えば、「『正確な位置』4年生(上)pp.80-81」のように表記している。このような取り上げ方は教師の間で共通して見られる。それを**表4-1**にまとめた。

　表4-1で示したように、指導案の授業内容においては単にテーマとページ数を表記したものである。次に、授業目標の部分に目を転じよう。

3.1.2.　授業目標

　授業の指導案における授業目標の内容を**表4-2**にまとめる。

　表4-2の授業目標を通して、新しい課程改革の理念が指導案に反映されていることがうかがえる。特に、下線あるいは括弧があるところはそれらを具体的に表したものである。G校の指導案の授業目標を見る限り、新しい課程改革の理念と一致していることが見てとれる。それは、具体的には、①新しい課程改革において取り上げた課程目標と一致していること②『標準』における「数学教育」の要求に合わせようとする意図が見えることである(教育部　2001)。例えば、指導案における「体験」や「感受」、「情景」などのような児童の体験を重視する言葉の使用は『標準』の使い方と同じように見える。

　『基礎教育課程改革要綱(施行)』によると、新しい課程目標は以前と違って、「知識技能」を重視することだけではなく、児童の「情感・価値観」を重視しているとする(2001　国務院)。さらに、こうした建前は『標準』において、「知

表4－2　指導案の授業目標

授業内容	学年	時間	授業目標
文具を買う	1年	2008年	1.学習活動を通して、小額紙幣の人民元を知ること、通貨補助単位としての「元」、「角」、「分」17を知ること。 2.1元＝10角、1角＝10分を知ること。また、簡単な換算ができるようにする。 3.人民元を大切し無駄に使わないように教育を行う。子どもたちの価値意識を高めながら実践的問題を解決することができるようにする。
位置の確定	4年上	2008年	1.具体的な情景の中、位置を確定する方法を探ること、ものの位置を言い表すこと。 2.方眼紙には「行列」を書くことができるようにする。 3.算数と生活との密接な関係を体験し、活動の中で、算数の楽しさを体験しながら、算数の学びに対して自信を持つことができるようにする。
三角形の分類	4年下	2008年	1.実際の手作業を通して、三角形を分類するプロセスを体験することができるようにする。各種類の三角形を知り、その特徴を理解すること。 2.活動の中で、三角形の分類の考えを浸透させ、子どもたちの帰納およびまとめ能力を高めること。 3.グループ活動の協力および探求を通して、子どもたちの協力に学習する意識を養い、手作業をさせ、考えさせる中で、子どもたちに空間への想像力発展ができるようにする。
分数の再認識	5年上	2008年	1.具体的な情景の中、分数をさらに知ること。分数を使って生活の中にあるものを述べること。分数の意義をさらに理解し活かすこと。 2.分数に対する概念としての「全体」との違いをさらに理解すること。例えば、具体的な数量も違うこと。分数に対して合理的な解釈をすることができるようにする。 3.子どもたちの算数の感覚を養い、生活のすべての場所に算数があることを体験すること。
体積と容積	5年下	2008年	1.具体的な実験活動を通して、体積と容積に対する意味を知ること。体積と容積の概念、両者の関係および区別を初歩的に理解すること。 2.手作業および交流の中で、物体の体積の大きさ、占有空間の概念を感受することができるようにする。 3.学習の中で、算数そのもの魅力を感じること。 観察や手作業実践などは勉強のよい方法であることを知ることができるようにする。
生活の比	6年上	2008年	1.具体的な情景の中、「比」という意義を理解すること。 2.「比」を正しく書き表わすこと。「比」の値を求めることができるようにする。「比」と分数・除法との関係を理解すること。 3.「比」の知識を用いて生活の中にある簡単な問題を理解することができるようにする。「比」は生活の中に広範に存在することを感受させる。

識と技能、数学的思考、問題解決、情感と態度」という4つの側面からさらに論じられた。すなわち、『標準』では算数学習の目的について「知識技能目標」と「過程性目標」とに分けられている（教育部　2001,pp.3-4）。「知識技能目標」おいては「了解」、「理解」、「把握」と「応用」という4つの側面が含まれる一方、「過程性目標」においては「経験（感受）」、「体験」、「探索」という要素が含まれている（同上）。表4-2の中の括弧をつけたところに表記されたように、G校の算数指導案は「理解」と「知る」という「知識技能目標」を表わす動詞を使いながら、「過程目標」の「感受」、「体験」、「価値意識」などを使うケースが多く見られた。そのため、G校の指導案の目標では、「知識技能目標」と「過程性目標」を同時に追求しようとする意図が推察できる。

　次に、『標準』の第1学習段階[18]の授業アドバイスによると、「算数授業は、子どもの生活の実態と密接に結びつきながら、子どもの生活経験とすでに身についた知識から始まり、生き生きとした情景をつくることであり、子どもを観察、操作（手作業）、推測、推理、交流などの活動に導く。子どもは算数活動を通じて、基本的な数学知識および技能を習得し、算数の視点から事物の観察、問題思考、算数に対する興味、または算数をよりよく学ぶインセンティブをまず育てるようにすること」とされている（教育部　2001,p.51）。ここからは少なくとも、次の2つのポイントが読み取れる。すなわち、①算数授業を子どもの日常生活と関連づけているということと、②算数活動を重視していることである[19]。

　G校の授業指導案は子どもの日常生活やすでに身についた経験と結びつけていることが見られる。例えば、「生活の比」という授業の中では、「『比』は生活の中で、広範に存在することを感知している」、『比』の知識を用いて生活の中にある簡単な問題を理解する」などとあるのはその例である。また、これは、「生活の比」という授業だけに見られるものではなく、取り上げたすべての指導案の中で反映されている（表4-2の下線のところを参照されたい）。②の算数活動を活用していることは、張（2002）が指摘したように、かつての知識・技能を重視している「内容本位」と「教師中心」という課程目標から児童の態度、情感、価値観を重視する「探求本位」と「児童中心」への転換を

意識的に表している (p.6)。これも新しい課程改革の理念の主張するところ
である。

　こうした新しい課程改革の理念はG校の指導案に一貫して反映されていることが見られる。例えば、情景の中で子どもたちの体験を通じて算数の知識や概念を感受するべきだとされていることがそれである。また、手作業を通じて、算数問題を解決するプロセスを重視していることがうかがえる。したがって、G校の指導案の授業目標を通じて、新しい課程改革の理念が反映されていることがうかがえる。序章で触れたように、新しい課程改革は「素質教育」の理念を具現化したものである。そのため、素質教育のモデル校的な存在としてのG校の指導案は、「素質教育」の理念が少なくとも、計画のレベルで具現化された1つの例を示していると考えられよう。次に、「授業のポイントと課題」の部分について見てみよう。

3.1.3.　授業のポイントと課題

　指導案には授業の「重点 (ポイント)」と「課題」と書かれたところがある。これらに関しては、従来の教科学習的な知識を強調したものがあげられている。つまり、課題に関して例示すれば、それは、関連する算数知識のポイントあ

表4－3　授業指導案における授業ポイント・難点の内容

授業内容	学年	時間	授業ポイント	授業難点
文具を買う	1年	2008年	小額の人民元を知り、「元」、「角」、「分」との換算関係を知る。	「元」、「角」、「分」との関係を利用して両替を行う。1元の価値を体験する。
位置の確定	4年上	2008年	対数の意義および表示方を理解する。	「行列」を使って、物体の具体的な位置を表わす
分数の再認識	5年上	2008年	総数が違う場合は分数を表わす数量が違うことを理解する。	同じ
体積と容積	5年下	2008年	実験を通じて、体積と容積の概念を理解する	体積と容積との関連と区別
生活の比	6年上	2008年	比の意義、正確的に書くことと読むこと、比の値を求める。	比の除法、分数の関係と区別

第4章　非先進地域におけるN省L市の都市部の事例　285

るいは課題を指摘したものである。例えば、「三角形の分類」の授業を例と
して取り上げると、授業のポイントは「各種類の三角を知ること、どの種類
の三角形の特徴をも体験している」とされている。授業の課題に関しては「各
種類の三角形の特徴を理解し習得する」ということにある。これは、つまり、
「知識技能」の授業目標を反映したものである。また、このような授業ポイ
ント、課題の内容はすべての授業指導案の中に書かれていた。**表4−3**にま
とめている。

　以上の表は、授業指導案に基づき、授業のポイントと課題についてまとめ
たものである。この表を見る限り、授業のポイントと課題は従来の教科学習
的な知識を習得することとつながっているため、素質教育が推進される中で
も、「教科知識」の習得は教師にとっての重点課題として認識されているこ
とを推察することができる。次に、「授業の準備」に目を転じよう。

3.1.4.　授業準備

　「授業準備」は主に授業をするために授業用の小道具やメディアの機材な
どを事前に準備することを指す。例えば、「文具を買う」という授業におい
ての授業準備に関しては「学習ソフトウェア、小額人民元」というように書
かれていた。このような授業準備の内容を通じて、G校はIT手段や小道具
を使っていることがうかがえる。

　前述したように、新しい課程改革の実施に関しては、IT手段を使うよう
に政府の一連の文献の中で、指摘されている。例えば、『基礎教育課程改革
綱要（試行）』の11項目には、「IT技術は教学過程には普遍に使用することを
推進」し、「児童の学習と発展に豊かな多彩的な教育環境および有力な学習
のツール」を提供することとされている（教育部　2003,p.8）。また、『国務
院の農村教育への取り組みをさらに強化することに関する決定』には「農村
における小中学校はeラーニングというプロジェクトを実施し、城・郷の教
育資源を共用することを促し、農村の教育の資質と能率を高める」と書かれ
てある（国務院　2003）[20]。また、同『決定』には「農村小学校においては学習
ソフトウェアを使う設備とセットの学習ソフトウェアを完備する」ことを指

表4－4　指導案における授業準備の内容

授業内容	学年	時間	授業目標
位置の確定	4年（上）	2008年	<u>学習ソフトウェア</u>、子どもが準備した方眼紙
三角形の分類	4年（下）	2008年	<u>交換式のホワイトボードの学習ソフトウェア</u>
分数の再認識	5年（上）	2008年	8本の鉛筆を入れる筆ケース2つ、6本の鉛筆を入れる筆ケース1つ、一握りの鉛筆、<u>学習ソフトウェア</u>
体積と容積	5年（下）	2008年	<u>学習ソフトウェア</u>　2つの計量カップ、サツマイモ、異なるサイズの容器
生活の比	6年（上）	2008年	<u>学習ソフトウェアなど</u>

示されている (国務院　2003)[21]。

　このように、IT手段を使うことは素質教育を実現するためには重要な方法であると思われる。また、学習の効果に関わるものである。つまり、IT手段を通じて、子どもたちによりよく知識を収得させ、子どもの学習意欲を高めることである (一見　2003)。G校はこうした行政の意図に沿っていることが指導案の内容から見られたのである。授業指導案における授業準備の内容は**表4－4**にまとめている。

　表4-4に表記したように、取り上げられた指導案においては、学習ソフトウェアや小道具の活用がG校の算数授業の中で行われていることがわかる。特に、下線で示した学習ソフトウェアの使用は、「素質教育」を推進する上でITが重要な役割を担うことを期待している中央政府の理念と一致している。

　ここまでは、G校の授業指導案における、授業内容、授業目標、授業ポイント・課題、授業準備の内容を取り上げた。それは、「素質教育」の理念を忠実に反映させようとしたものであると考えられる。しかし、このような授業理念は授業過程を通じて実現しなければならない。そのため、授業指導案における「授業の流れ」あるいは「授業過程」に対して詳しく観察結果を分析する。

3.1.5. 授業過程

中国では、「素質教育」の理念を実現するためには、授業改革の重要性が研究者によく指摘されている（肖　2000；燕　2002；張　2004；鐘　2007）。授業改革の実現は特に授業実施の段階を通じて具体化されるものであると言われているのである。

G校の指導案における授業過程に関しては、表現方法が多少違うように見えるが、その中身を読めば、展開プロセスがほぼ同じであることがわかる。すなわち、「情景導入」、「探求新知」、「応用・発展」、「小括」という4つの側面をめぐって展開されている。これは、上海市のS校の指導案の授業過程と同じような展開方法を取っている。具体的な内容の検討に入る前に、「授業過程」の全体像を理解するために、上記の4つの側面を簡単に紹介しておく。「情景導入」については、簡潔に言えば、授業が始まった時に、子どもたちの学習意欲を引き出すために、子どもの既存経験あるいは日常的な生活とつなげながら、算数活動を通じて関連する算数知識を学ばせることである。『標準』における授業実施のアドバイスによると、この授業ステップでは、「教師は児童の生活経験を利用し、生き生きとした数学活動を行うことである。例えば、物語を引用すること、ゲーム、学習ソフトウェアの展示、模擬演出など」がある（教育部　2001,p.51）。G校とS校の「情景導入」はこのアドバイスにしたがい、展開していくことがわかる。しかし、G校はS校と違って、学習ソフトウェアを利用することではなく、ゲームやクイズを多く使っているのである。むろん、G校では学習ソフトウェアを使う教師もいるが、S校のように全員が使うことはしていないのである。「探求新知」に関しては、子どもたちが算数問題の答えを自ら求めることである。それは、グループ活動を通じて、子どもたちは手作業や議論によって問題の答えに到達することが一般的である。このグループ活動の活用は『標準』によって推奨された授業スタイルである。例えば、『標準』では「手作業実践、自主探求、協力交流は児童にとって数学を習う上での重要な方法である」ことを提起している（教育部　2001,p.52）。ここで留意すべき点として、「探求新知」が「授業スタイルの変換」をはじめ、「教師・児童役割転換」など、「素質教育」によって提起さ

れている「児童・児童の主体性の育成」の理念をほとんどこの授業ステップで具現化させている。「応用・発展」については、新しい知識をよりよく習得するために、練習問題を行うことである。「小括」については、文字どおり、授業で習ったものをまとめる作業を子どもに求めることである。以下では、指導案の内容を具体的に取り上げながら、上述した授業過程における4つの授業ステップに分けて検討する。

　まず、「情景導入」について取り上げてみよう。

(1)「情景導入」

　前述したように、「情景導入」においては、教師は子どもの興味を引くテーマあるいは生活経験と結びつけたクイズやゲームなどを通じて、授業を進めるとされている。例えば、1年生の「文具を買う」という指導案においては、教師は「ショッピング」という話題を取り上げて、子どもと一緒に文具店で買い物をする場面を用いていた。一方、4年生の「位置の確定」という指導案では子どもと「ゲーム」を通じて、授業を進めていた。また、このような授業の展開方法はほかの教師にも見られたのである。具体的な指導案における「情景導入」の内容は**表4-5**にまとめている。

　表4-5のように、特に下線の部分は教師が子どもたちの生活あるいは身近な場面と関連させながら子どもにとって興味がわくようなテーマを通じて、授業の話題を導き出そうとするものである。特に、生活場面を想起させながら、ゲームやクイズによる方法を多く使っている。そのため、G校の教師は「情景導入」における部分はS校の教師の全員がIT手段を使っているのと違って、IT手段の代わりに、ゲームやクイズを使うことが多い。にも関わらず、G校とS校の教師は授業の意図は同じであると思われる。つまり、教師はIT手段を使うにせよ、ゲームやクイズの授業活動を行うにせよ、子どもの勉強意欲を高めることにつなげているのである。これは『標準』で指摘した「児童の学習意欲を引き出しながら、生き生きとした具体的な情景の中で、数学の知識に触れて理解すること」という内容と一致している（教育部2001,p.51）。

第4章　非先進地域におけるN省L市の都市部の事例　289

表4－5　指導案の授業過程における「情景導入」の内容

授業内容	学年	時間	情景導入
文具を買う	1年	2008年	皆さん、ショッピングが好きですか？ 喜洋洋22という文房具屋を開業しましたので、来てください。何を見たいかなぁ。文房具店にはあなたたちが必要な文房具はありませんか？今日先生はあなたたちと一緒に文房具を買いに行きたいですね。
位置の確定	4年上	2008年	皆さんは、ゲームが好きですか？では、一緒にゲームをしましょう。ゲームをスムーズに進めるために、われわれのクラスをいくつかのグループを分けたいと思います。自分はどのグループに所属するかを確認してください。(教師は子どもとペンを隠すゲームを行う)
三角形の分類	4年下	2008年	子どもは自ら異なる基準を基にクラスの子ども達を分類します。分類の基準が違うので、分類の結果は異なります。
分数の再認識	5年上	2008年	クイズ導入 皆さんはクイズが好きですか？「一分為二」(一を二に分ける)、「百里挑一」(百の中一を選ぶこと、つまり選りすぐりのこと) 1つの数字を当ててみてください。これらはどのような数ですか。例をあげながら、これらの数の意味を説明してください。
体積と容積	5年下	2008年	例をあげて説明してください。生活の中で、大きなものは何ですか、また、どんなものが小さいですか。 教師：われわれがよく見るものの中にはが大きいものもありますし、小さいものもあります。
生活の比	6年上	2008年	プロジェクターで映した写真を見てください。 皆さんはこれらの写真を見て何に気がつきましたか。これらの写真には写真Aと似ているようなものもあるし、似てないものもあります。それはなぜですか。そこにはどんな秘密があるのかを一緒に研究しましょう。

　次に、授業過程の部分にある「探求新知」の授業ステップに進める。

(2)「探求新知」

　「探求新知」は新しい課程理念に基づく授業改革の目玉の部分であるといっても過言ではない。なぜなら、「探求新知」の授業ステップおいては「授業スタイルの変換」や「教師・児童の役割転換」などのような新しい課程改革の理念を最も反映しているからである。「探求新知」の指導案の内容は**表4－6**にまとめてある。やや長い説明なので、学級ごとに分けて検討する。

表4－6(a)　授業指導案にある「探求新知」の内容

授業内容：文具を買う
学年：1年（2008年）

探求新知の内容
二、人民元を知る 　1.文房具を買うには何が必要ですか？（お金） 　2.中国の「お金」についてはそれぞれよい名前がありますが、皆さんは知っていますか？ 　3.今日は人民元について見てみます。先生はワンセットの人民元（異なった額の紙幣と貨幣を揃えたもの）を用意しました。皆さんは静かに取り出してください。どのような種類の人民元を知っているのか、また、どのようにして知ったのかを隣の人に教えてください。さらに、人民元にはどんな図案が描かれているかをよく見てください。 　4.発表（児童たちに大きさ、図案、数字、漢字のような異なったサンプルを示しながら、人民元の種類を知ってもらう） 　5.皆さんは人民元の種類はすでに知っていると思いますが、人民元には何が描かれているかをよく見てくださいね。 　6.皆さんは観察に鋭い目を持っていると思いますが、こうした小額の人民元を一定の基準に基づいて同時に分類することができますか？（自ら分類してください） 　児童たちの発表を通じて、教師は各種類の人民元を示しながら人民元の単位を説明する：元、角、分（ボードに書く） 　人民元についてよくわかりましたから、文房具店にいきましょう。 　私は鉛筆を1本買いたいですが、どのようにお金を支払いますか？ 　私がボールペン1本を買いたい場合は？（隣の児童と交流してから発表してください） 　われわれは1元あるいは10角を使って、1本のボールペンが買えます。1元と10角の関係を皆さんは知っていますか？1角は何分に相当しますか？ 　これは元と角、角と分との関係ですね。 　7.小淘気（キャラクターの名前）は文房具店に行きました。彼は5元紙幣を一枚持っていきました。1本のボールペンを買いたいと思ったのですが、店の人はおつりがないと言いますので、この場合はどうすればいいですか？（両替） （教科書の練習問題をする）

　以上のように、上記の指導案は日常の生活経験から算数問題を導くことである。例えば、この指導案（表4-6(a)）では、教師はお金の使い方に着目した。また、教師は児童の主体性を重視するために、それに馴染む授業方法を使った。例えば、グループ活動の使用や観察などそれである。次は4年上の「探求新地の内容」を見てみよう。

　4年上の授業指導案（表4-6(b)）は1年の指導案と同じような特徴が見られた。例えば、教師は児童の主体性を重視するため、問題を解決するまでをほとんど児童に求めた。

　上記の指導案はこれまで検討してきた指導案と類似に見える。児童の主体

第4章　非先進地域におけるN省L市の都市部の事例　291

表4-6(b)　授業指導案にある「探求新知」の内容

授業内容：位置の確定
学年：4年上（2008）

探求新知の内容
二、位置を記録し、行列を導く 　1.先ほどみんなにヒントをあげたときに、以下のような情報を伝えたと思います。つまり、第（）列、第（）行ということです。この式を使って、あなたたちは<u>自分の座った席を示すことができますか</u>？ 　2.<u>皆さんはこのような方法を使って、自分の席を簡単に紹介することができましたよね。皆さんはもっと簡単な表記方法を使って自分の席を表わすことができますか。練習ノートに最も簡単な表記方を書いてください。</u> 　教師は巡視しながら、児童に事例として使えそうな答えを黒板に書いてもらう。（例えば5 2、5-2、5 2 5、2） 　3.行列の意義、書き方、読み方 　黒板を見てください。われわれは同じものに対して異なるいくつかの記録方法を見出しました。皆さんはすごいですね。こんなに多くの表記方法において同じところがあります（5と2を用いたので、教師は黒板に5 2を書く）。また、このような表記方法にはもう1つ同じ点があると思います。それはすべて「符号」によって区切られていることです。どうして、「符号」を使って、区切らなければならないのですか。直接52として表記することはできませんか。 　皆さんの席は表記方法を通じて、第5行の第2列にあることがわかりました。では、われわれは数学者の記録方法を見てみましょう。このような記録は行列として記録されていた方法である。（ボードに記載する：行列）このような記録の読み方を知っていますか。われわれは「ごに」（52の棒読み）と言います。みなさん一緒に読みましょう。 　4.皆さんはこの方法を使って、自分の席を表示してください。また、周りの人に教えてください。 　5.行列の第1の数字は4という人は起立してください。自分の位置を言ってください。 　6.これらの行列はどんな特徴がありますか。なぜこんな状況が生じましたか。 　7.行列の第2の数字は5という人は起立してください。順番通りに自分の席を言ってください。ほかの人はこのような行列の特徴は何かを見つけてください。 　8.位置が行列として(5, 3)の人は起立してください。この2つの数字を使って、ほかの人の席を表わすことができますか？ 　児童：行列は(3, 5)と変えれば、異なる位置を表します。では、(3, 5)の人は起立してください。 　討論：この2つの対数の相違点について議論する。（学習ソフトウェアを使って、1つの行列は1人の席しか表せない。行列の順番は勝手に交換することが出来ない）

性を重視するような授業方法を使ったことがうかがえる。

　この指導案も前の指導案と同じような理念に基づいて作られたと思われる。そこでは、特に、児童の主体性を強調しながら、授業スタイルの変換が見られた。

　この指導案は特に、児童活動という授業方法を使っていることが多く見られる。

表4－6(c)　授業指導案にある「探求新知」の内容

授業内容：三角形の分類
学年：4年下（2008年）

探求新知の内容
二．自主探索、「分類」という研究モデルを作り出す (一)基準を決め、自主的に分類する 　1．形、大きさが異なる6つの三角形を展示します。これらの三角形に共通する特徴は何ですか 　2．これらの三角形を分類するならば、どのような分類の基準があげられますか。 　3．手作業、グループ研究を通じて、手元にある三角形を分類してください。 (二)分類研究、1つ1つ解ける 　1．角の種類に基づく分類方法 　(1)初歩感知 　児童はホワイトボードに角の種類によって分類する方法を展示する。児童の分類結果を踏まえて、各種三角形の特徴を導き出す。また、こうした特徴によって三角形に名前をつける。 　(2)小括・発展（角を当ててみるゲーム） 　ゲームを通じて、直角三角形には1つの直角しかない。鈍角三角形には、1つの鈍角しかない。鋭角三角形では、3つの角がすべて鋭角であることを理解する。 　(3)知識のネットワークを形成する 　角によって分類した三角形の区分け案を提示する。三角形に関しては「角」によって分類すると直角三角形、鈍角三角形、鋭角三角形という3つの種類しかないことを明確にする。 　2．辺に基づく分類方法 　(1)初歩感知 　ホワイトボードに「辺」によって三角形がいかに分類されたかを展示する。児童たちの分類結果を踏まえて、各種類の三角形の特徴を明示する。また、「辺」の特徴に応じて三角形に名前をつける。 　(2)知識を固め高めること 　ホワイトボードに三角形を提示する。「辺」によって分類されている。児童たちにはどのような種類の三角形があるのかを判断してもらう。 　(3)二等辺三角形と正三角形の関係 　児童たちは自ら考えること、意見交換を通じて、正三角形は特殊な二等辺三角形ということを明確にする。 　(4)知識のネットワークを形成 　形が異なる三角形の区分け案を提示する。分類を通じて以下のことがわかる。三角形について「辺」によって分類すると、2種類に分けられる。すなわち、不等辺三角形と二等辺三角形である。正三角形は特殊な二等辺三角形なので、二等辺三角形の中に含まれる。

　これは、子どもの主体性を重視するように思われる。

　表4-6のように、教師は「児童の主体性」の育成について、5つの点から見ているのである。第1に、新しい知識を伝達する授業ステップにおいては、教師は情景導入のように、児童たちの身近な生活あるいは学習ソフトウェアを開いて児童たちに新しい問題意識を植えつけるのである。例えば、児童た

第4章　非先進地域におけるN省L市の都市部の事例　293

表4－6(d)　授業指導案にある「探求新知」の内容

授業内容：分数の再認識
学年：5年上（2008）

探求新知の内容

二.手作業、新しい知識を探求する。

　活動一：鉛筆を取り出す
　1.情景導入
　教師：われわれは試合を行います。グループごとに一名の代表を選出し、参加させてください。（教師はここで3つの文房具袋を用意した）試合のルールをよく聞いてください。代表はそれぞれ文房具袋にある鉛筆の数の2分の1を取り出してください。どのグループが早いかを見てみますよ。
　教師：どのように取り出すかを考えてください。
　試合開始：どのグループが一番早いですか。（試合中）
　教師：あなたのグループはどのように取り出しましたか。いくつの鉛筆を取り出しましたか。（グループ報告）
　教師：あなたたちはどのような状況を見つけましたか。黒板にあるデータを見て、どんな質問がありますか。
　教師：各グループは全体の2分の1の鉛筆を取り出してください。なぜグループごとに取り出す鉛筆の数が違うのでしょうか。（児童たちの問題意識を導き出す）

　2.当ててみる
　教師：まず自分で答えを見つけてください。次に隣と意見交換してください。
　児童たちには作業が終わってから、結果を発表してもらう。（グループごとに取り出した鉛筆の数はすべて同じではない。総数が同じ場合には、取り出した鉛筆は同じ数である一方、総数が異なる場合には、取り出した鉛筆の数が異なる）
　教師：現在皆さんは、鉛筆の総数は同じではないことがわかったでしょう。すなわち、「母数」が異なるため、取り出した鉛筆の数も違う。
　教師：これは正しいといえますか。実践は真理を検証するための唯一の方法ですので、われわれは検証しましょう。

　3.検証
　教師：各グループの代表はすべての鉛筆を取り出してください。そして、1つのケースの中に、何本の鉛筆があるかを皆さんに教えてください。（教師はボードに記載する）
　教師：例えば鉛筆が10本あります。その2分の1は何本ですか。100本の場合は、皆さんはこの一連のデータをよく観察してください。あなたは何本発見しましたか。（補足）
　教師：本当に鉛筆の総数が違うからですね。1つのケースの鉛筆の2分の1はこのケースの鉛筆を2等分にしたものです。それぞれは総数の2分の1です。しかし、母数が異なるため2等分した鉛筆の数は同じものではありません。

活動二：比べる
　1.本を開くこと
　教師：事前に用意した辞書と算数科書を取り出してください。隣の児童と一緒に辞書と教科書の3分の1のページを開いてください。同じ厚さですか。同じページ数ですか。なぜ、同じ3分の1なのに、ページ数が違うのでしょうか。自分の考えを隣の児童に教えてください。
　児童小括：辞書と教科書では総ページ数が違いますので、母数が異なります。だから、分数として表示したページ数が違います。
　教師まとめ：同じ総数の3分の1とはいえ、その総数が多いほどその数が多くなります。一方、総数が少ないほど、その数は少ないです。

294

活動三：描く

　1.図案を当ててみる

　(1).教師は1つの図案を示した。それは1つの正方形であった。

　教師：この正方形はこの図案の4分の1ですから、この図案の完成図はどのようなものかわかりますか。

　(2).教師：練習ノートを開いてください。自分で描いて見てください。

　(3).児童は自分で描いたものを皆と見せあう（異なる図案）。教師は自分の図案を示す。

　(4).教師：児童たちのアイディアは素晴らしいと思います。皆さんよく見てください。これらの図案は違うように見えますが、1つの共通点があります。それはなんですか（すべては正方形によって構成されたものである）

　授業小括

　教師：先ほどの学習を通じて、皆さんは分数に対してどのような新しい知識を得ましたか。

　教師は小括に導く：分数は母数が同じある場合は、得られる数は同じである。その一方、母数が異なる場合は、得られる数は異なります。

表4－6(e)　授業指導案にある「探求新知」の内容

授業内容：体積と容積

学年：5年下(2008)

探求新知の内容
二、実験探求 体積の概念を理解する 　1.空間を占める物体 サツマイモとジャガイモを展示する。 　教師：どっちが正しいかを見てみましょう。検証するにはどのような方法がありますか。 　(1) アニメを映す：水を飲むカラス 　教師：なぜビンの中の水位が高くなるのでしょうか（石は一定の空間を占めるから） 　(2) 実験を通じてサツマイモとジャガイモの大きさを比べる。 　掲示：物体は空間を占めるだけではなく、その占める空間の大きさも異なる。 　(3) 物体が空間を占める例をあげる。 　2.体積の概念を導く。 　教師：物体が占める空間の大きさを体積といいます。（ボードに記載：体積） 　3.物体の体積の大きさを感受する。 　(1) 2つの長方体の体積を比べる。 　教師：どちらが大きいですか。 　(2) 教師：形が変わってからの泥の体積を比べてください。 容積の概念を理解する 　1.容器を知る 　教師：生活の中にある容器を例として取りあげてください。 　2.容量を理解する 　教師：この2つの容器のうち、どちらの水が多いですか。 （討論、発表、実験、小括） 　3.容積の概念を導く 　教師：容器の中に入りうる物体の体積を容器の容積という。 　4.容積の大きさを感受する 　教師：笑笑と淘淘には1人ずつ同じ量の飲み物があります。笑笑は2杯を注いだことに対して、淘淘は3杯を注ぎました。このような可能性がありますか。なぜですか。 　子ども：笑笑のコップの容積が大きい、淘淘のコップの容積が小さいですから。 　教師はマジックをする：体積と容積の区別と関連を知る。

第4章　非先進地域におけるN省L市の都市部の事例　295

表4−6(f)　授業指導案にある「探求新知」の内容

授業内容：生活の比
学年：6年上(2008)

探求新知の内容
二、比の意義 　教師：皆さん、黒板の式をみてごらん、長方形の長さと広さの関係を考えてください？どんな特徴がありますか？ 　(1)長方形の長さとはばの関係 　教師：ポーワポイントのように、長方形A、B、Cの長さはそれぞれはばの何倍ですか？はばは長さの何分のいくつですか？ 　(2)表記方 　2つの数を分けると、比という。 　例：6÷4は6比4と呼びます。 　　　12÷6＝ 　　　 8÷4＝ 三、生活の中の比 　生活の中にある比を例として取り上げてください。 　1.買い物 　笑笑はりんごを買いたいですが、3つの店があります。店Aは3キロが15元で、店Bは2キロが9元で、店Cは3キロが12元です。笑笑はどの店を選んだらいいですか？なぜですか？ 　(討論、発表、実験、小括) 　2.スピード 　教師：生活の中、比に関する例が多いと思いますが、ほかに例がありませんか？ 　(討論、発表、実験、小括)

ちがお金を使う場面を想起させることを通じて、児童たちの生活の経験を活用しようとする教師の意図がうかがえる。第2に、教師は実物の人民元を皆で考察してから児童たちに発表を求めた。これを通じて、児童たちの観察能力やコミュニケーション能力などを育てようとしていることがわかる。第3に、この授業ステップにおいては、「協力交流」という授業方式を使っている。例えば、教師は児童たちに「鉛筆を買う場面でのお金の支払い方」について隣同士の討論を求めた場面が見られる。これは、新しい課程改革によって提唱された「手作業実践、自主探索、協力交流」という3つの授業方式の中の「協力交流」を用いた具体例である。第4に、教師は児童たちが交流した結果を利用して、「元」と「角」の関係に導いたのである。これは、従来の学習の結果を重視することと違って、問題を導くプロセスを重視しているのである。第5に、教師は児童たちの体験を重視しているように見える。例えば、教師は、1元の使い方を児童たちに求めた。児童たちは、このような体験を通じて、

おつりの支払い方などを習ってきた。以上のような指導案に基づき、児童の主体性を重視していることがわかる。それは、児童の経験に関わる問題を設定している上に、問題の解決を児童の手作業あるいは協力交流を通じて進めるように組み立てている。これは、「素質教育」の理念はもとより、新しい課程改革の理念の「児童の主体性を重視する」ことと一致していると考えられる。

　一方、児童たちの価値観を育てることを考慮していることがあげられる。例えば、お金の使い方に関しては、貧困地域の児童のため、文房具を買うことを提起したのである。したがって、指導案の内容あるいは形式を見る限り、児童を授業の主役として重視していることがうかがえる。さらに、新しい課程改革によって提唱された三点の目標が見てとれるのである。それは、「知識と技能、過程と方法、情感態度と価値観」という目標である。しかし、この指導案をさらに分析すれば、教師は問題の方向性をあらかじめ設定していることがうかがえる。例えば、以下は指導案で書いた内容である。

　　　教師：私は鉛筆を1本買いたいですが、どのようにお金を支払いますか
　　　教師：私がボールペンを1本買いたい場合は？（隣の児童と交流してから発表してください）
　　　教師：われわれは1元あるいは10角を使って、1本のボールペンを買います。1元と10角の関係を皆さんは知っていますか？ 1角はいくらの分に相当しますか？ 1元はいくらの分に相当しますか？
　　　教師：これは元と角、角と分との関係です。
　　　　　　（2008年1年生の指導案から引用した文房具を買う授業場面）

　下線のように、問題はすべて教師によって考え出されたものである。児童たちはある意味では、教師の言われた通りに動く「作業者」としての存在に過ぎない。特に、「元」と「角」と「分」の関係に関してはこれが最も顕著に見られる。例えば、「元」と「角」の関係を提起したいなら、児童たちの実際的

な授業場面を通じて、具体的に「元」と「角」の関係を自ら理解させることによって、よりよく児童の考える力を育てられるであろう。しかし、ここでは、教師は自分が「ボールペン」を買うことを経験したように、「元」と「角」の関係を先に持ち出した。そのため、児童が主役としての授業とはいえ、教師のコントロールが強い面があることは否定できない。このような傾向は、取り上げたすべての指導案に存在していると思われる。つまり、教師は、「知識と技能」を習得することを依然として重視していることが読み取れる。指導案を見る限り、新しい授業方式とはいえ、教師は実際、どこまで児童たちの主体性を育てているのかについては疑問の余地があると思われる。

　また、この「知識と技能」を重視している教育観は、「応用練習」と「授業小括」の授業観察にてさらに見られると思っている。

　次に、「応用練習」と「授業小括」の指導案の内容である。それぞれ**表4－7**と**表4－8**にまとめた。まず、「応用練習」の表を見てみる。

(3)「応用練習」

　指導案の「応用練習」には教師が応用・練習の内容を日常的な生活と関連しながら、子どもの体験や活動を重視していることがうかがえた。例えば、1年生の指導案においては、教師は文具店で文具を買う場面を子どもに想起させながら、お金の支払いの計算を子どもに求めた。

　　　・先生は1つの消しゴム、2つの鉛筆また1冊の練習ノートを買いたいのですが、お金が足りますか。いくら足りないですか。
　　　・生活の中で、1元では何が買えますか。
　　　　　　　　　　　　　　　　（2008年1年生の指導案から抜粋したもの）

　このように、指導案には日常生活の経験を活かしながら、子どもの算数の応用・練習を求めたことが見られた。このような特徴はほかの教師の指導案にも見られた。その関連する指導案の内容を表4-7にまとめた。

　表4-7で表示したように、指導案の「応用練習」の授業ステップでは、児

298

表4−7　指導案における「応用練習」の授業ステップ内容

授業内容	学年	時間	応用練習
文具を買う	1年	2008年	三、1元の価値を体験する 　生活の中で、1元では何が買えますか。 　「笑笑・淘気」（キャラクターの名前）はどのようにお金を使ったか知っていますか。 　彼らは貧困地域の児童のために寄付したのですが、あなたたちはいくらが寄付されたかを彼らの代わりに計算することができますか （教科書の問題2，3を完成する）
位置の確定	4年上	2008年	三、表の中の位置を定めて、行列を応用する 　1.教師：皆さんは方眼紙の上の、自分の位置を探してください。そこでは点を記入してから自分の名前と行列を書いてください。（隣の人と相互にチェックし合ってください） 　2.教師：わたしたちのクラスの中の仲良し1人を選んで、彼（彼女）の位置を方眼紙上に記してください。また彼（彼女）の名前と行列をかいてください。 　3.抢答（答え争い）：自分の友だちを表示した行列を教えてください。ほかの人は、これがだれなのかを当ててください。
三角形の分類	4年下	2008年	三、練習応用、強化・発展 　1.　三角形を分類してください（角と二辺によって分類される） 　2.　幼い裁判官の判断 　3.　はさみを使って、三角形を切ってください。 　児童たちは考えた後、はさみで切り抜いた三角形を持ってホワイトボードに展示してください。
分数の再認識	5年上	2008年	三、「復習深化」 　図案に表示された分数を色づけしてください。 $\frac{3}{4}$　　　　$\frac{5}{8}$　　　　$\frac{2}{3}$ 議論してください。 　インドで津波があった地域の住民を助けるために、明さんはお小遣いの1/4を寄付しました。芳さんはお小遣いの3/4を寄付しました。芳さんが寄付したお金は必ず明さんより多いといえますか。その理由を説明してください。
体積と容積	5年下	2008年	三、実際と関連し、応用展開 　1.私は問題の空白部を埋める。 　車の燃料タンクにガソリンをいっぱいに注いだため、ガソリンの（　）は燃料タンクの（　） 　2.私が判断できる冷蔵庫の容積は冷蔵庫の体積である（　） 　3.算数の日記 　4.物語：ラーメンを持ってくる
生活の比	6年上	2008年	三、応用展開、新しい知識を着実に 　1.比の値が2分の1という比を書いてください。 　2.授業外の展開。人の足裏の長さは身長の1:7である。Sherlock Holmes（有名な探偵）は長さが25cmの足跡を見つけました。彼はどのような推断を下しそうですか。

第4章　非先進地域におけるN省L市の都市部の事例　299

童の日常の生活に結びつけながら練習問題を作り出し、新しい知識を強化しているように見える。また、授業スタイルに関しては、前述した新しい知識を伝達する授業ステップと同じく、児童のグループ交流を用いる教師がいる。さらに、教師はIT手段も活用しているということが見られる。これらの点からも、児童の主体性を重視していること、授業スタイルの変換が指導案の中に、よく活用されていることがうかがえる。したがって、政府文書（『標準』）に提唱された現実情景の中から学び、自主探索や協力交流などの授業スタイルがG校の指導案の中でよく活用されていることがわかる。しかし、G校の指導案から見た教師意識には、知識と技能の重視が依然として存在している。このような教育観は取り上げた指導案の「授業小括」に顕著に見られる。

(4)「授業小括」

　指導案における授業小括は授業を通じて何を学んだのかという形を取ることが多い。指導案における授業小括の内容を表4-8にまとめた。

　表4-8に記されているように、授業が終わったところでの授業小括は一定の型がある。指導案を見る限り、教師は児童たちに「教科的な学力」と関

表4-8　授業指導案における「授業小括」の内容

授業内容	学年	時間	授業小括
三角形の分類	4年（下）	2008年	四、この授業は、みなさんにとっていろいろ勉強になったでしょう。ここからあなたたちは何を学びましたか。
分数の再認識	5年（上）	2008年	四、授業小括 教師：この授業を通じてわれわれは「分数に対する再認識」を行いました。あなたたちはどのような認識が得られましたか。 1．同じ分数とはいえ、総数が違う場合は、表示した数量が違う。 2．同じ分数は総数が同じである場合は、表示した数量が同じである。
体積と容積	5年（下）	2008年	四、授業小括 教師：あなたたちは、この授業を通じて何を学びしましたか。
生活の比	6年（上）	2008年	四、授業小括 この授業を通じてあなたたちは何を学びましたか。

わる教科書の知識を求めることが多い。例えば、「分数の再認識」の指導案
には、教師が授業小括には、「同じ分数とはいえ、総数が違う場合は、表示
した数量が違う」という内容を書いたのである。これは明らかに教科知識に
対するまとめである。この点については後で実際的な授業場面を踏まえなが
ら説明していく。

　これまで、モデル的な学校における教師の指導案の考察から、少なくとも、
以下の2点を指摘することができる。つまり、第1の点は、授業指導案を見
る限り、教師たちは、行政によって提唱された新しい課程改革の理念を実践
のレベルまで降ろした時に理念が実現される一面がうかがえる。それは、授
業スタイルの変換、児童たちの日常生活との関連づけ、IT手段の活用など
の「素質教育」理念を実現しているとみなされるキーワードが含まれている
ことから読み取れる。第2点としては、「探究新知」と「授業小括」のところ
で指摘したように、児童は授業の主役とはいえ、知識の習得に関しては教師
の統制が強い一面が依然として存在していると考えられる。指導案に対する
考察の適切さに答えるために、実際の授業を分析する必要がある。次に、具
体的な授業場面を参観しながら、新しい課程改革の理念がどのように教室の
中にて受け止められているかを見てみよう。

3.2.　算数科の授業場面に対する分析

　G校の授業指導案は新しい課程改革の理念を反映させている点で、上海市
のS校と共通する部分も見られた。特に、授業案の構成をS校同様、明確に
段階を分け、内容的にも「情景の導入」、「探求新知」、「応用・練習」、「小括」
からなっている。そのため、G校の授業場面を描き出すには、S校同様、4
つの授業段階に分けて展開していく必要がある。

　また、上海市のS校を参観した際に、算数授業においては「顕在的な授業
構成」と「潜在的な授業構成」という2つの概念が作り出されていた。本章で
は、この2つの概念を援用する (詳細は第3章を参照されたい)。ここでは、簡単
に触れたい。本研究における「顕在的な授業構成」とは教師が「素質教育」の
理念を実践することを意図して組み立てた授業のあり方である。例えば、「教

師・児童の役割転換」、「授業スタイルの変換」、「教師権威の緩和」などである。一方、「潜在的な授業構成」とは、教師が意図せずに、実際には特定の目的を推進する授業構成である。こうした意図せざる授業構成が推進する目的はいくつもありうるが、本研究では、「顕在的な授業構成」が「素質教育」の理念を推進するものであるため、「潜在的な授業構成」においては、「素質教育」が表向きは否定的な応試教育的特徴に焦点を当てている。例えば、「効率性の追求」、「教科知識の重視」、「教師権威の再強化」などである。

　次に、「情景創設」、「探求新知」、「応用・練習」、「小括」の授業の流れに沿って、「顕在的な授業構成」を見ていく。

3.2.1. 「顕在的な授業構成」

　G校の日常的な算数の授業を見る限り、G校の教師の授業パターンは上海市のS校のように、同一的な授業パターンを有することはなく、「分化」されていると思われる。結論を先に言えば、新しい課程改革を推進するインセンティブを基準とすると、日常的な授業形態は2種類に分けられると考えられる。1つは、「新課程改革」の要求を積極的に行う授業パターン、つまり、教師は新しい課程改革によって推奨された授業スタイルあるいは理念を実行しようとするものである。これは「新課程の積極的な授業型」と名づけられよう。もう1つは、「新課程改革」の「要素」を落し込んだ授業パターンである。それは、新しい課程改革によって要求されたものを徹底的に実行するのではなく、自分の授業実践を優先的に考えている。つまり、新しい課程改革の要素を選別的に使うものである。言い換えれば、新しい課程改革の理念を重視すると言うより、児童の教科知識の習得を最優先するものであり、授業の「道具的機能」を重視していることである。この場合、新しい課程改革にて推奨される新しい授業方法の導入は日常的な授業に定着しておらず、不安定である。ここでは、「新課程の消極的な授業型」と名づけよう。

(1) 新課程の積極的な授業型

　「新課程の積極的な授業型」においての「顕在的な授業構成」はS校のよう

に、「授業スタイルの変換」、「教師・児童の役割転換」、「教師権威の緩和」
という3つの側面から見られた。また、上述した3つの側面は同じ授業場面
に絡み合いながら進行している。特に、指導案に基づいた授業構成において
の「情景創設」と「探求新知」の授業ステップの中で、より顕著に見られた。
そのため、以下は「情景創設」と「探求新知」においての授業場面を取り上げ
ながら、「顕在的な授業構成」を見てみよう。

情景創設

　具体的な授業場面を取り上げる前に、G校とS校の授業環境が異なる点を
指摘したい。

　G校はS校のように、プロジェクターおよびテレビは配置されているが、
各教室にコンピュータを配置していないため、教師および児童はモデル授業
あるいは見学授業を行うために、メディア教室に移動するのが一般的である。
以下にて具体的な授業場面を用いて「新課程改革の積極的な授業型」におけ
る情景創設の授業実施の特徴をまとめる。

　G校の「新課程改革の積極的な授業型」の授業では、授業を始める際に、
上海の小学校のように、授業の情景を作るのが一般的である。例えば、4年
2組の授業においては、教師はまず、児童たちに授業ビデオのスナップを見
せた。ビデオの内容は児童にとってよく知られた有名なスポーツ選手の試合
の場面であった。ビデオの内容は中国のスポーツ選手がオリンピックで第1
位を取った場面であった。

　　ビデオを見せてから、ビデオに写された選手の名前を子どもに聞い
　た。子どもたちは大きな声で「劉翔」と答えた。教師は「そうです。劉翔
　です。劉翔はとても偉大な選手であると言えます。何より、劉翔は国に
　栄光をもたらしたことです。周知のように、劉翔はとても努力家です。
　ほかの人より多くの訓練をしたおかげで、こんなすばらしい成績をもた
　らしました。だから、皆さんは劉翔のように勉強に励んで（道徳教育の例）、
　いずれ、国の誇りになってください」といった。

第4章　非先進地域におけるN省L市の都市部の事例　303

（フィールド・ノーツ　2008年11月12日）

この授業場面を通じて、上海のS校と同じように、マスメディアを使って、子どもたちに感覚的な刺激を与えようとする意図がうかがわれた。さらに、内容は子どもの日常生活に触れるものであると同時に、道徳重視の面が反映されている。例えば、ここでは愛国心を育てようとしていることがわかるであろう。これは「道徳教育を各教科に結びつける」という中国の教育政策と一致していることが見られる（国務院　1998、2003）。

特に、上述した情景創設におけるITの使用を通じて、児童たちに授業に対する関心および興味を呼び起こさせるという授業方法は、「新課程の積極的授業型」に取り組む教師に共通したものであると思われる。

以下の表はそれらをリストアップしたものである。

以上、特に下線のところにおいては、教師が子どもたちの生活と結びつく

表4-9　情景導入の授業場面

時間	学級	規模	情景導入
2008年11月10日	4年1組	60人	「今年の8月には北京で何が行われましたか」と教師は児童たちに聞いた。児童たちはただちに答えることができなさそうであった。「今年の8月8日には北京で何が行われましたか」と付け加えた。
2008年11月11日	4年4組	62人	教師は「皆さんは日常の生活の中でのスピードについての事例を思い出してください」と言った。児童たちは落ち着かない様子である。教師の質問に対して、答える者がいなかった。教師は「実は先生が1つのスピードについてのビデオをダウンロードしました。しかし、スピーカーがないため、音声はありません。皆さんは画面だけを見ればわかると思います。そして、皆さんはあの時にどのような音声があったか想像してみましょう」。
2008年11月12日	5年2組	48人	「今年の8月には北京で何が行われましたか」と教師は児童たちにきいた。児童たちはただちに答えられなかった。「今年の8月8日には北京で何が行われましたか」と付け加えた。
2008年11月13日	5年4組	58人	そして教師は続けて児童たちに「この教室ではこの前どんな図形について習ったでしょうか、皆さんはよく考えてください」
2008年11月18日	6年3組	63人	6年3組には女子児童の23人がいるのに対して、男子児童は25人います。女子は男子の百分のいくつを占めますか。どのように計算式を表示しますか。

場面を想定していることがうかがえる。例えば、クラスの状況を授業の素材
として使うこともあるし、あるいは、オリンピックの主催に関する授業情景
を想定して問題を作り出すこともある。これらは繰り返し指摘したように、
子どもの生活または既存経験を活用しようとする新しい課程改革の理念と一
致している。しかし、ここで提起すべきことは、このような授業理念は筆者
が観察したすべての教室に通用するものではないことである。筆者には「新
課程改革に消極的な授業型」の授業では異なるように見られた。具体的な内
容は、後述に委ねる。

　次に、「新課程改革に積極的な授業型」の授業における「探求新知」の授業
場面を見てみよう。

(2) 探求新知
　「探求新知」は文字どおり、新しい知識を探求することである。これは、
従来の意味での新しい知識の習得と似ている点もあるが、前述のように、従
来の教師主導の知識習得と違って、児童・教師には役割転換を伴い、教師は、
「組織者、援助者」という役割に移行し、児童は授業にて、発言や知識の習
得に関して主役を果たすことが期待されている。さらに、授業のスタイルに
変換が見られる。

　探求新知の過程は、新しい課程改革の理念がよく表われる授業部分である。
なぜなら、この部分では、新しい課程改革にとって最も重要な教師・学習者
の役割転換を具現化した授業活動が行われているからである。特に、筆者の
「顕在的な授業構成」を表わす「教師児童の役割転換」、「授業スタイルの変換」、
「教師権威の緩和」を具現化した授業場面でもあると考えられるのである。

　また、教師と児童の役割転換は児童のグループ学習にてよく見られる。以
下に具体的な授業観察を通してこれを例示してゆくが、ここで指摘しておき
たいことは、授業の連続性を考慮するため、以下の授業場面は「教師・児童
の役割転換」、「授業スタイルの変化」、「教師権威の緩和」という3つの側面
が全部観察できるものである。そこで、観察した1つの授業場面を通じて、
上述した3つの側面からの分析を行いたい。

第４章　非先進地域におけるＮ省Ｌ市の都市部の事例　305

図4-2　スピード制限の標識

　コンピュータによりスクリーンに高速道路の60km/hのスピード制限の標識を映した。

　教師は「張叔父さんは遠くの友達の家を訪ねて行くのですが、車で140kmの距離を２時間で行こうとしたようです。張叔父さんのやり方は正しいですか、皆さんはグループで討論してください」と指示した。

　児童たちは教師の指示を聞いてから互いに討論を始めた。とたんに教室内は活気に満ち溢れた。児童たちの議論中、教師は児童たちの間を巡視していた。

　（ただ、児童の全員がグループ討論に参加していたわけではなかった。例えば私の周りの２人の児童は、１人が説明をして、もう１人はずっと黙り込んだままであった。）

　１～２分後に教師は「皆さん、結論が出ましたか。では、誰か結果を報告してください」と児童たちに聞いた。

　（しかし、ここでは児童全員に答えを求めるのではなく、手をあげた児童のみに答えを求めた）

　１人の児童は立って、説明し始めた。

　「張叔父さんのやり方は間違っています、張叔父さんは制限速度を超えて車を運転していたたからです。140÷2＝70（km/h）ですから、交通ルールに違反しています」

　教師「あなたの考えによると、張叔父さんは１時間に何キロを走ったらよいと思いますか」

　児童「120÷2＝60（km/h）というのが適切だと思います。あるいは、１時間で60km以下が正しいと思います。」

　教師「この時速では、３時間で何kmを走れますか」

児童「この時速で、3時間で3×60＝180（km）です」

教師「よくできました」

教師は正しく答えた児童に拍手を与えた。

（フィールド・ノーツ　2008年11月12日）

　以上の授業場面は、教師がテーマを決めて児童に討論させるものであった。流れとしては、教師はまず、テーマあるいは問題を児童たちに与えてグループ討議をさせた。そして最後に結果を報告させている。この授業場面には「顕在的な授業構成」における「教師・児童の役割転換」、「授業スタイルの転換」、「教師権威の緩和」の「素質教育」理念に沿ったすべての要素が網羅されている。

　例えば、教師が問題を出してから、その答えを児童からもらうまでは、すべてを児童に任せていることが見て取れた。特に、児童たちが自らの学習活動を通じて結論を見つけることから児童を授業の主役にさせようという役割転換が意識されていることがうかがえる。これは教師が授業の主役であったとされる従来の教育と違い、こうした授業活動を通じて子どもたちの自主性を育てようという教育観が見られる。しかし、ここで留意すべき点は、教師と児童との交流パターンはほとんど質疑の形で展開するということである。また、教師はいつも質問を出す側にいるのに対して、児童は答える側として存在している。このように、ある意味では、授業の進め方は依然として教師の手によってコントロールされていることを忘れるわけにはいかない。にも関わらず、形式としては、教師は意図的に授業を児童に渡していることがうかがわれる。つまり、児童たちの「主体性」を重視していることがわかる。そして、これは意図的に行われていることも教師のインタビューでは繰り返されていた。以下はそのいくつかの例である。

　　新しい課程改革の理念においては、児童の主体性を重視することがとても有意義なことだと思います。なぜなら、かつての授業では教師は確かにコントロールすることが多かったからです。しかし、授業は本来児童たちのためのものです。もし児童たちに授業に対するインセンティブ

第4章　非先進地域におけるN省L市の都市部の事例　307

がなければ、単なる操り人形の存在となるでしょう。そのため、私は、児童ができるものなら、できる限りのことを児童に求めたいと思います。

（2008年11月10日　GA教師に対するインタビュー）

　私は授業では児童が主役としての役割を果たすことにとても賛成します。事実、現在の児童は知識がとても豊かですよ。授業にて、私は刺激を与えられることがたびたびあります。授業はもともと児童のものですから。

（2008年11月11日　GD教師に対するインタビュー）

　われわれの教育では「創造的な人材」を作らなければならないという呼びかけが多いではないですか。これは、未来の世界競争においてはとても重要だと思います。かつてのように、単に教師の教え込みを通じて、点数だけを高めようという教育は確かに時代に遅れたものだと思います。児童が主役としての役割を果たしてこそ、児童たちの創造的な精神が育まれると思います。

（2008年11月12日　GC教師に対するインタビュー）

　以上のように、教師は従来の教育に対して反省し、批判する立場から、児童を主役とする役割転換を意図的に進めていることが読み取れる。

　さて、**表4－10**は「新課程改革の積極的な授業導入型」における教師・児童の役割転換の授業場面として分類されたフィールド・ノーツをまとめたものである。

　表4-10は教師と児童との役割が転換した場面である。下線の部分は教師と児童の会話である。このような会話を通じて、教師は問題を与えるが、直接答えを児童たちに教えることはしない。そこでは、答えを見出すプロセスを子どもたちに求めていることがわかる。これは、『基礎教育課程改革綱要』によって指摘された「習得結果というより、習得のプロセスを重視する」という理念を反映している（教育部　2001,p.6)。実は、役割転換は「授業スタイ

表4－10　教師・児童の役割転換の授業場面

時間	学級	規模	教師・児童の役割転換
2008年 11月 10日	4年 1組	60人	「皆さんの中で鳥巣に行った人はいますか」と続けて聞いた。1人の男子児童が手を上げた。教師はこの男子児童に対して「鳥巣について皆さんに紹介してくれませんか」と聞いた。この児童は「鳥巣は世界の建築の10奇跡の1つといわれるものです。極めて特徴のある形状です。」と答えた。教師は「これは鳥巣に対する外見の紹介ですね。誰か具体的なデータを使って紹介してくれませんか。例えば、建築面積や収容人数などです」と児童たちに聞いた。2、3人の児童が「建築面積は20万m²くらいです」と答えた。教師は「そうです」と評価しながら、上記の表の「鳥巣」の行の、建築面積の列のところに20万m²を書き込んだ。「では、最大収容人数は？」とまた聞き返した。児童の1人は「10万です」と答えた。
2008年 11月 11日	4年 4組	62人	教師は「この式は等分除ですか、それとも包含除ですか」と好さんにきいた。好さんは「等分除です」と答えた。教師は「ほかに意見がありますか」と別の児童たちに聞いた。1人の男子児童は「包含除です」と答えた。教師は「包含除の意見に皆さんは賛成しますか」と児童たちに聞いた。児童たちのほとんどは「賛成しません」。教師「好さんは賛成しますか」。好さん「賛成しません」。教師「なぜですか、皆さんに説明してください」。好さん「154のフラワーポットは平均22に分けられます。それはお花の種類の数です。だから、等分除です」と答えた。
2008年 11月 12日	5年 2組	48人	「黒板の答えは正しいですか」と児童たちに聞いた。「正しいです」と児童たちは答えた。「その通りですね。方程式を解く時に、何に注意すべきですか」とまた児童たちに聞いた。児童たちは「イコールの記号を正しく書くことです。」と答えた。また、「何を注意すべきですか」と教師は重ねて聞いた。「解を求めてから両辺がイコールであるかどうかを検算することです」と1人の児童は答えた。「その通りですね。」と教師は言った。そして教師は「それでは、問題①のx＝11はどういう意味なのかを説明してくれませんか」と児童たちに聞いたが、教師は児童の説明を受けることなく、直接「x＝11はx＋5と解くというのは正しいですか」と児童たちに聞いた。一人の児童は「正しくないです。x＝11はx＋5＝16の解といえます」と答えた。教師は「その通りです」と認めた。教師はまた次の問題を黒板に書いた。「12÷x＝3の場合、x＝3とx＝4のどちらが正しいですか」と児童たちに聞いた。
2008年 11月 13日	5年 4組	58人	この女子児童は「これは台形です」と紙を皆に見せながら説明した。教師「これはどのよう台形ですか」とこの女子児童に聞いた。この児童は「不規則な台形です」と答えた。教師は続けて「2つの同じ大きさの台形はどのような図形になりますか」と聞いた。
2008年 11月 18日	6年 3組	63人	「これはわれわれが前に習ったどのようなタイプの問題でしたでしょうか、誰かこの式を説明してくれませんか」。教師は1人の男子児童を指名した。この男子児童は「これは、1つの数がもう1つの数に対するパーセントを求める問題です。第1の質問では、女子児童は男子児童の何パーセントに相当するかを求めます。それは23÷25です。それに100％をかけます。次に、女子児童が児童全員の何パーセントに相当するかは、まず、全員の人数を計算します。それは23＋25です。それから23÷（23＋25）を計算します。最後に前と同じように100％をかけます」と答えた。

ルの転換」のところに、あるグループ研究のところよりも顕著に見られると思われる。次に、「授業スタイルの転換」の授業場面を取り上げながら、再び「教師・子どもの役割転換」の説明を行いたい。

なお、教師と児童の役割転換以外に、授業スタイルの変換も見られる。それは、特にグループ学習とIT手段の活用のところで見られる。例えば、本節の最初に取り上げた授業場面においては、教師はIT手段を使って、討論テーマを示した。次いで、グループ学習を児童に求めた。

先述したように、IT手段や具体的なサンプルを使う授業はG校で用いられている。しかし、1つ指摘する必要があるのは、G校ではすべてのクラスでIT手段を使うのではないことである。先に、取り上げた4年2組の授業はメディア教室で行われたため、IT手段が使えた。しかし、ほかに観察した授業はすべて普通の教室で行われたため、IT手段は一切使われていなかった。なお、素質教育においてIT手段を使う目的は、感覚を刺激することを通じて、児童たちに授業の内容に対してより興味を持たせ、理解させるためである。そのため、G校の教師はIT手段の代わりに具体物や絵などを使っている。それは、ある意味では、児童の興味を引き出すことやよりよく理解させることにおいては、IT手段と同じような意図で用いられている。さらに、グループ活動を通じて、児童たちが自ら問題の答えを見つけ出すことが一部の教師にとっては好ましいものとして受け止められている。例えば、先の4年2組の授業場面で教師は児童たちにグループの討論を求めている。児童たちはグループ討論を通じて、求めた結果を報告の形で全員に説明していた。実は、このグループによる探求は前に算数基準を紹介した3つの授業方式の1つに相当する。ここでは単に授業スタイルの転換ではなく、教師・児童の役割転換が顕著に見られる。なぜなら、表4–10に取り上げた教師・児童の役割転換の場面においては、教師と児童との会話を通じて、教師は起案者、応援者という役割になり、児童が主役になっていることがわかる。グループ活動は児童が主役という役割をさらに強化していることがうかがえる。それは、児童たちはグループの議論などを通じて、自ら答えを求めるようになることが教師に期待されているからである。言い換えれば、児童たちはグルー

表4－11　授業スタイルの転換の場面

時間	学級	規模	授業スタイルの転換
2008年11月10日	4年1組	60人	1.中国の国土の面積を児童たちに聞くために教師は中国の地図を黒板に貼り付けた。2.教師はさらに児童たちに「10万人と20万m²はわが学校との関連では、どのように表現されるかを考えてください。グループごとに討論してください」児童たちは討論を始めた。児童たちは4人でグループを編成している。その構成は左右・前後の4人からなっている。1分ぐらい後に教師は「皆さんは討論結果について手を上げて報告してください」と言った。子どもたちのほとんどは手を上げず、2、3人の児童だけが手を上げた。教師はこの状況を見て「手を上げた人がとても少ないですね」と言った。そして、教師は1人の手を上げた児童を指名して答えを求めた。この児童は「わが校には1500人がいますので、概算の場合は、10万人はわが学校の人数の6倍だと思います」と答えた。教師は「そうです」と認めてから「20万m²の場合は？」と先ほど手を上げたもう1人の児童に聞いた。この児童は「わが学校の建築面積は1万m²のため、20万m²はわが学校の20倍です」と答えた。教師は「皆さんは同じ答えが得られましたか」と児童たちに聞いたが、答える児童はとても少なかった。教師はそのまま次の授業内容に入った。
2008年11月11日	4年4組	62人	1.教師は「皆さんはガーデンに行ったことがありますか」と児童たちに聞いた。児童たちは「あります」と答えた。教師は「ガーデンにはどのようなお花がありますか」と続けて聞いた。児童たちは席に座ったまま、ばらばらに発言した。「牡丹」、「薔薇」などであった。教師は児童たちの答えを聞きながら、1つのガーデンの絵を子どもたちに示した。2.教師「どのように計算しますか、皆さんはグループ討論してください」。まず、概算で大体花ごとに何本あるのかを考えてください」と児童たちに求めた。私の隣のグループの1人の児童は「まず、22種類を20とみなしますよね」とグループのほかのメンバーに聞いた。ほかの3人の児童は「そうです。」と答えた。「そういえば、154÷20は大体7です」とこの児童は繰り返した。ほかの児童は「そうですね」と答えた。2分ぐらいして教師は児童に討論結果を報告するようにいった。教師は1人の女子児童を指名した。「あなたのグループはどのように考えましたか」と聞いた。この児童は「わがグループは、22×10＝220とまず考えました。そして、22×5＝110なので、この答えは5よりちょっと大きな数字です。だから、6から10までです」。教師「そうですか、では、ほかのグループはどう考えましたか」とほかのグループにも聞きました。
2008年11月13日	5年4組	58人	1.それでは、皆さんの机の上に1つの袋があります。中には異なる形状の紙があります。2.皆さんはグループ討議を通じて、どのような図形に組み合わせることができるかを試してみてください。また、組み合わせた図形の面積をどの様に求めるかを考えてください、と児童たちに言いました。児童たちは教師の話を聞いてから、袋の中の紙を取り出して作業を始めた。教師は児童の中に入って、机間巡視をした。1つのグループの隣にて足を止めて、個別指導を行っていた。私の近くの4人のグループは2つの三角形を用いて平行四辺形を作り出した。そして、1人の児童は平行四辺形の公式を説明し出した。それは「底辺かける高さ」であるといった。

2008年 11月 18日	6年 3組	63人	教師「日常の生活では、どこで百分率が使えますか？隣あるいは後ろの児童と汲んで考えてください」と言った。このような指示に従って、前の児童は後ろを向いて議論を始めた。教師には児童たちの説明する声が聞こえてきた。教師は机間巡視しながら「例えば、出勤率や発芽率などがありますね」と児童たちの考えを導きだそうとしているようすが見られた。2分ぐらいで教師はグループ活動をやめさせ、答えを児童たちに聞いた。児童は「宝くじを当てる率は5％」という例を挙げた。そして教師は「宝くじが当たる確率はそんなに高くないですよ、他に何かの例はありませんか」。教師は「発芽率とはどういうことですか」と児童に聞いた。教師は5, 6人の児童たちに「発芽の数と種の数との割合を発芽率と言います」と説明した。そして教師は他の例についても続けて事例を求めた。

プ活動を通じて、問題の答えを見つけるのである。このことは、児童たちの主役としての役割をよりよく表わしていると考えられる。以下の**表4−11**は授業スタイルの転換を示す表であるが、授業場面では同時に「教師・児童の役割転換」が見られる点に注意する必要があろう。

　表4−11のように教師はグループ活動という授業スタイルを用いており、また、児童たちにより感覚的な刺激を与えるために、時には、具体物や絵などを使うことが見受けられた。しかし、この表の6年3組の授業では、教師はグループ活動という授業方式を使ったが、具体物などは使われなかった。この場合は前述したように、この授業は普通の教室で行われるため、IT手段を使う設備が揃えてなかったいということが原因とも考えられる。これについては後半の考察にて詳しく述べたい。

　表4−11によって表示されたように、G校授業スタイルの変換は主にグループ活動を通して実現されている。しかし、ここでさらに説明を加えたいことがある。それは、グループ討論の時間の問題である。グループ討論は、1、2分の短い時間で実施されているため、全員の児童が発言することができない。実は、教室の中では、少数の児童しかグループ討論の中で発言できていなかった。グループ討論というより、グループの代表者の「独演」のようなものである。したがって、グループ討論は児童の考える力、児童のコミュニケーション能力、児童たちの言語能力の向上に向けた目標を達成するのは難しいように見えるが、教師には「新課程改革」の実施の1つの重要な要素と

して、活用しようという意図がうかがえ、形として導入されているように見える。

以上の授業場面は「教師・子どもの関係の転換」と「授業スタイル」の転換に関係するものである。

前述したように「顕在的な授業構成」には「教師権威の緩和」という要項がある。これらは、主に、教師の言葉の使い方や褒め方の中で見られる。例えば、前述した4年2組の事例に再度触れよう。教師は質問する時には「どうしたらいいですか」とやわらかい口調で児童たちに聞く場面がある。加えて、教師は「よくできました」というような褒める言葉をよく児童に使う。**表4－12**は「教師の権威の緩和」を表わす授業場面に分類したフィールド・ノーツからの抜粋である。

表4–12のように、教師は子どもたちの気持ちを考慮していることがうかがえる。つまり、教師は褒める言葉や褒める手段を通じて、児童の学ぶ意欲を高めようとする意図がうかがえる。また、質問をする時にも、児童たちと相談しながら進めていることが聞き取れる。これは、教師が児童を尊重するという新しい課程改革の理念と一致している。これは、教師と児童との関係の転換の一面であると言えよう。

本節では「顕在的な授業構成」についての授業場面を取り上げながら、G校での「新教育改革の積極的な授業導入型」における素質教育授業の実践を描き出した。

G校では上海市のS校と同様、「算数授業」における素質教育の授業実践は「教師・児童の役割転換」、「授業スタイルの変化」、「教師権威の緩和」という「顕在的な授業構成」によって表わされていた。しかし、ここで留意すべき点は、S校と異なり、「顕在的な授業構成」にて取り上げられた授業場面は筆者が観察したすべての教室には適用できないことである。換言すれば、「顕在的な授業構成」に示されたあり方はG校では一部分の教室にしか適用できない。そのため、新しい課程改革理念を推進する過程では、G校はS校と異なり、授業にて、教師たちには「素質教育」理念に沿った「均質化」というよりは「分断化」が見られる。この点の考察については後述したい。

第4章　非先進地域におけるN省L市の都市部の事例　313

表4－12　教師の権威を緩和する授業場面

時間	学級	規模	教師権威の緩和（授業の場面の一部分）
2008年11月10日	4年1組	60人	・教師は優しい口調で「皆さんは北京の鳥巣に行ったことがありますか」 ・「この問題についてどうしたらよいでしょうかね」 ・「よくできました」、「皆さんは好さんに拍手してください」 ここに紙で折った花があります。好さんはよくできましたので、1つをあげます。
2008年11月11日	4年4組	62人	・「ガーデンにはたくさんの美しい花がありますよね。皆さんは何種類の花があると思いますか」 ・「誰かウさんを助けてあげませんか」 ・「素晴らしいですね」 ・「拍手しましょう」
2008年11月13日	5年4組	58人	教師は遅刻した1人の児童に「早く自分の席に着いてくださいね」 ・「自分で訂正することができますか。助けが必要でしょうか」 ・「とても詳しく説明してくれてありがとうございます」 ・「よくできました。拍手しましょう」
2008年11月18日	6年3組	63人	教師は机間巡視をしながら「机間巡視の間に間違った答えを出している児童がいましたよ。皆さんは自ら見直してくださいね」と優しく言いました。 ・「李さんの答えはちょっと不十分だと思います。ほかの答えを見つけてくれませんか」 ・「李さんはやっとできました。素晴らしいです。皆さんは何をしたらいいでしょうか」と教師は聞きながら拍手しようとする素振りを見せた。児童たちは教師のペースに合わせて拍手した。

　次の節は「潜在的な授業構成」に目を転じよう。

3.2.2.　「潜在的な授業構成」

　G校においての「潜在的な授業構成」には結論から先に言えば、S校の「顕在的な授業構成」のように、「効率の追求」、「教科知識の再強化」、「教師権威の再構築」という3つの側面が見られた。以下は具体的な授業場面を取り上げながら、見るものである。

（1）効率の追求

　「効率の追求」はG校のすべての授業の中にたびたび見られた。例えば、授業においては、教師は頻繁に「速く」あるいは「誰が一番速い」というスピー

ドを重視する言葉を使う。さらに、教師は質問の答えを求める際に、「できる児童」に質問することがたびたび見られた。それは、おそらく、授業時間を無駄にしないようにするためであろう。G校では授業ペースを速くしようとする場面が多かった。特に練習問題をする時に、教師は児童たちにスピードを求めていた。顕著なのは、グループ活動の時間についてである。前述したように、児童たちのグループ活動時間はとても短く、大体2分ぐらいで済まさせている。このような「効率性の追求」に分類されたフィールド・ノーツの授業場面を**表4-13**にまとめた。

　表4-13に表記したように、G校の授業においては、S校と同じく「効率性」を追求していることがうかがえる。しかしながら、G校はS校と異なる点がある。それは、S校のグループ研究の時間はG校同様、それほど長くないが、G校より「成熟」した側面がある。例えば、S校のグループの議論の場合は、時間的にはそれほど長い（5分以内）とは言えないが、児童同士は質問内容について議論することが見られたのに対して、G校の方は活動の時間（2〜3分）がより短かったことから、児童同士はお互いに質問の答えをチェックしあう様子がうかがえた。

(2) 教科知識の再強化

　G校において、教科知識の再強化という授業場面は随所に見られた。また、ここで指摘しなければならないことは、新しい課程改革の理念に基づく教授法でも最終的に教科知識の再強化に役立つことである。だが、これは新しい課程改革の理念と矛盾すると考えられる。なぜなら、例えば、藩（2004）が指摘したように、新しい課程改革を行うべき「算数」授業は従来の習得の結果よりは、習得のプロセスを重視することにあるからである。しかし、G校の授業では、子どもたちに習得のプロセスを求めながら、教科知識の習得を最終の目的としていると思われる。例えば、4年1組の授業場面を見てみよう。

　　教師は続けて新しい問題を出した。それは「わが校の建築面積は大体10,000 m²であり、そこには24の教室があります。1つの教室の建築

第4章　非先進地域におけるN省L市の都市部の事例　315

表4-13　効率を追求する授業場面

時間	学級	規模	効率を追求する授業場面
2008年 11月 10日	4年 2組	60人	・「練習問題を速く解いてください。それが早く終われば授業も早く終わります。」 ・「皆さんは教科書を急いで開いてください。」 ・1分ぐらい後に教師は「皆さんは手を上げて検討の結果を報告してください」と言った。
2008年 11月 11日	4年 4組	62人	・「この問題についてグループ討論をしてください」と教師は児童たちに指示した。 児童たちは討論を始めた。2分ぐらい後に教師は児童たちに「討論の結果は出たでしょうか。グループ報告をお願いします」と言った。 ・「皆さんの中で誰が最も速くできるかを見てみましょう」 ・「すぐに練習ノートを取り出してください。議論をしないでください。誰ができないかも見てみますよ。急いでください」と指示した。 ・「速く答えを出してください」と言ってから、児童の全員に「誰が一番遅いかを見ていますよ」
2008年 11月 12日	5年 2組	48人	・「でき上がったら席に正しく座ってください。スピードには力を入れてください」 ・教師は1人の男子児童を指名して「できましたか」と聞いた。この男子児童は「未知数がないですから」と素早く答えた。「その通りですね」と教師は答えた。次いで、「問題2は方程式ですか」と児童たちに聞いた。
2008年 11月 13日	5年 4組	58人	・2、3分たってから、教師は児童たちに、「グループ発表の時間です。グループ長は報告してください、メンバーは補足してください。」 ・「女子組が速いようですね。男子組はペースを上げないといけませんよ」と言った。 ・大体30秒ぐらいしたところで教師は「では、まず女子組の報告を聞きましょう」と全員に言った。
2008年 11月 14日	6年 1組	62人	・「早速説明してください。」 ・(答える児童がいないため、教師は1人の児童を三度も指名した)
2008年 11月 17日	6年 2組	70人	・「そうです、皆さんは公式を表示できますか。練習ノートを開いてください。公式を使って計算してください」 ・児童たちは素早く練習ノートを開いて、問題の答えを求める作業に入った。 ・「そうですね。生活の中では、色々なところで百分率を使いますね。では、皆さんは2から3の間の百分率に該当するケースを書き出してください。また、お互いに答えを照らしあわせてください。正しいかどうかを見てください」 このような作業は5分ぐらい続けられた。
2008年 11月 18日	6年 3組	63人	・「それでは、皆さんは素早く練習ノートを出してください、そして結果を計算してください」 ・「速く計算してください」 ・「速く計算してくださいね」 ・「速く、速く計算してください」 ・「ほかの人も自分の練習ノートにて速く計算してください」 ・2分ぐらい経ったところで教師はグループ活動をやめさせた。

面積はどのぐらいですか」というものである。また、「概算でかまわな
いです」と教師は付け加えた。

1人の児童は「500m²です」と答えた。

そして教師は「どのようにして500m²を求めたのかを説明してくれ
ませんか」と児童たちに聞いた。それに続き「できる人は手を上げてく
ださい」と付け加えた。

しかし、児童たちに積極的な対応が見られないため、教師は前の二列
に座っている1人の男子児童を指名した。

この児童は「私はまず24個の教室を20個と想定しました。そして20
を2とみなし、10,000は1,000とみなしました。最後は1,000割る2は
500となりました」と答えた。

（フィールド・ノーツ　2008年11月10日4年生）

このように、4年1組の授業場面を見ると、教師は子どもに計算のプロセ
スを求めているように見える。しかし、その中身を見てみると、児童たちは
自らが答えを引き出した過程ではなく、問題の結果を得る計算のプロセスを
紹介するだけにとどまっている。さらに言えば、このプロセスで求められる
ものは児童たちの考える力を育成するというよりは、児童たちに計算結果を
正しく得られるようにするものと考えられる。また、このようなパターンは
異例ではなく、観察した授業を見る限り、教師の中に共通して見られる。こ
れについて、**表4-14**にまとめた。

表4-14のように、教師たちは児童の問題解決のプロセスを重視するより、
いかに計算の結果に到達するか、という計算のプロセスを重視する。そのた
め、ここでの計算の「プロセス」を重視している授業方法は、考える力を育
てるものではないと思われる。その代わりに、教科知識を習得することには
役立っていると考えられる。それ故、この場合、形式として新しい課程改革
の理念を反映させようとした授業スタイルは、教科知識を再強化するという
役割を果たしているのではないかと考えられる。

次に、「潜在的な授業構成」における「教師権威の再構築」という側面に移

第4章　非先進地域におけるＮ省Ｌ市の都市部の事例　317

表4－14　教科知識の再強化という授業場面

時間	学級	規模	教科知識の再強化の授業場面
2008年 11月 10日	4年 2組	60人	そして、教師は黒板に答えを書いた児童に「張さんは書いたものを皆さんに説明してください」と指示した。 この児童は「300÷60＝5、5＋10＝15、15×60＝900ｍ」と説明した。これは正しいですか、と教師は子どもたちに聞いた。 「正しいです」と児童は答えた。
2008年 11月 11日	4年 4組	62人	教師は子どもが計算している間に、以下の式を黒板に書いた。 $$22\overline{)154} \quad \begin{array}{c} 7 \\ \hline 154 \\ \hline 0 \end{array}$$ 教師は書き終わってから、子どもたちに、「ほとんどの皆さんはできたと思いますが、先生は答えを知りたいのと同時に、その計算方法も知りたいのですが」と言いながら、手を上げて、子どもたちに手を上げるように示唆した。10人ぐらいの子どもが手を上げた。教師は先ほどの張さんを再度指名して、「張さん、説明してください」と言った。張さんは「私は四捨五入の方法を用いました。まず22は20とみなし、154は150とみなしました。そして二桁の数を三桁の数で割るときに」といった途端、教師は「言い方が間違っています。三桁の数を二桁の数で割るとき」と訂正した。張さんは答えを続けた。「三桁の数を二桁の数で割るときに、私は7を使って、商を求めます。よって7を算式に入れて計算しました」。教師は「そうです。では、誰かに答えをもう一度説明してもらいましょう。まだこれまで発言しない人は誰ですか」と児童たちに聴いた。教師は1人の男の子を指名した。
2008年 11月 12日	5年 2組	48人	問題①について、男の子は「2x＋3×5＝65では、まず2x＋15＝65を求め、次いで2x＝65－15＝50を計算します。よって、x＝25です」と答えた。教師はこの答えに満足できないように見えた。「問題を説明するときには、正しさがとても大事ですよ。重要なのは2xを1つの整数とみなすことでしょう」。そして、女の子に問題を解くプロセスの説明を求めた。この女の子は「(3＋x)×6＝30という問題については、私はまず、3＋xを1つの整数とみなしました。そのため、(3＋x)×6÷6＝30÷6、すなわち3＋x＝5。そして、3＋x－3＝5－3であるので、x＝2です」と指で黒板の答えを指しながら説明をした。

2008年 11月 13日	5年 4組	58人	教師は続けて練習問題を子どもたちに示した。「皆さんは次の問題を解いてください」と言ってから、「上底は36cm、下底120cm、高さが135cmの台形があります。この台形の面積をどのように計算しますか」と説明を続けた。 子どもたちは問題練習を始めた。教師は机間巡視を行っていた。「できた人は手を上げてください」と子どもたちに言った。1分ぐらいしたところで、前の問題を答えた女の子は解答が得られたようで、手を上げた。教師は再びこの女の子を指名して前に来て問題を説明するように言った。 この女の子は黒板に自分の答えを書いた。 $S = (a + b) \times h \div 2$ 　　$= (36 + 120) \times 135 \div 2$ 　　$= 10,530 \, (cm^2)$ 書き終わってから、説明を加えた。「台形の面積を求める公式は(上底＋下底)×高さ÷2ですので、36プラス120かける135わる2イコール10,530平方センチメートルです」と説明した。
2008年 11月 14日	6年 1組	62人	(1人の男の子は黒板に問題を書いている) 　　　　1.6　　　　　　　　　　0.166 　　　　$12\sqrt{2}$　　　　　　　　　$12\sqrt{2}$ 　　　　(14-12) ÷12×100% 　　　　＝2÷12×100% 　　　　＝0.167×100% 教師：答えも書きなさい。これでできたと思います。 秋さんあなたが先生に代わってこの問題をチェックしてください(教師は手で黒板の答えを指しながら)(14－12)とは実際に植林計画より多く植林した数値です。12で割ると計画植林に対する過剰植林の比が得られます。100%をかけると百分率になります。
2008年 11月 17日	6年 2組	70人	教師は手で黒板を指しながら、「上述した質問から何がわかりましたか。この問題に答えられますか。どのように計算しますか」と聞いた。第2列の1人の男の子は手を上げて問題に答えようとした。教師はその男の子を指名して答えを求めた。男の子は、「120人は160人に対して4分の3になります。だから、75%となります」と答えた。
2008年 11月 18日	6年 3組	63人	この男の子は「これは、1つの数がもう1つの数の何パーセントに相当するかを求める問題です。第1の質問に関しては、女の子の人数が男の子の人数の何パーセントになるかを求めます。それは23÷25です。それに100%をかけます。次いで、女の子の人数が子ども全員に対して何パーセントになるかを求めるには、まず、全員の人数を計算します。それは23＋25です。それから23÷(23＋25)を計算します。最後、前と同じように100%をかけます」。

第4章　非先進地域におけるＮ省Ｌ市の都市部の事例　319

りたい。

(3) 教師権威の再構築

　先に、「素質教育」の理念をはじめ、新しい課程改革や「数学課程標準」では、教師の権威の緩和が求められていると述べた。また、「顕在的な授業構成」については、「教師権威の緩和」が起きる授業場面を取り上げた。しかし、実際の授業場面においては、教師権威が緩和している様子がうかがえるとはいえ、「教師権威」は依然として存在している。但し、これらは、従来の「教師権威」のあり方とは異なって、「緩和」しながらも、「権威」は維持するという「教師権威の再構築」の側面が見られた。また、こうした「教師権威の再構築」は「潜在的な授業構成」の範疇に含められるものである。

　「教師権威の再構築」は、一般的には教室の秩序を維持するときに教師によって用いられる。特に、この問題は前述した「効率性を追求する」ことにつながると考えられる。教師にとっても「効率性を追求する」ためには、教室内の秩序の維持がその前提条件であろう。そのため、授業中に教室の秩序を乱す児童に対しては、教師はとても厳しく対応していた。例えば2008年11月18日の6年3組の授業の中で教師が1人の私語をしている児童に対応する授業場面では、教師は「李さんは何で練習問題をしてないですか」とこの児童に聞いた。この児童は「練習ノートが見つかりませんでした」と答えると、教師は「それはあなたの私語と関係がありますか。ぐずぐずしていないでさっさと見つけてください」と指示した。しかし、この児童は何も対応しようとせず、そして、数秒たってから、この児童はまた私語を始めた。教師はこの状況を見て、厳しい口調で「あなたのような行為はよくないですよ。ほかのクラスメートに邪魔ですよ。授業が終わってから私の事務室に来てください」と言った。このように、教師は教室の秩序を乱す児童あるいは授業に悪い影響を与える児童に対しては、教員室に呼び出しになることなど、とても厳しい態度を取っていた。例えば、筆者が調査中に、教員室にて次のような場面があった。

教師は保護者（父）に「ゲーム機を子どもに買ってあげることについて、親としてはどう思いますか。自律性が高い子どもであれば、いいのですけれども、お宅のお子さんは自律性が全然ないですよ。問題は、自分で勉強しないだけならいいですが、ほかのクラスメートを誘って一緒に授業中に遊ぶなんてことはあってはなりません」と怒った口調で言った。

　　保護者は「本当にすみませんでした。今夜はゲーム機を没収します。これからはこうしたことがないように必ず対応しますから」

（フィールド・ノーツ　2008年11月14日）

　このように、教室の秩序に悪影響を与える行為に対しては、容赦しないことがうかがわれた。

　また、このような対応はG校の教師の間では共通しているように見える。**表4－15**はほかの教師が「権威を再構築する」場面に分類したノーツからの抜粋である。

　表4-15で示したように、特に下線のところでは教師は授業の秩序を乱すような児童に対しては厳しく対応していることが見られる。特に、言葉の使い方がとても厳しいことが見てとれる。要するに、授業を進めることが重要視され、表で示したように、「授業と関係ない話はやめて」、「授業が終わってから」などのような授業を最優先する意図がわかる。こうしたことは、S校に比べると顕著であった。

　このように、G校はS校のように「潜在的な授業構成」における「効率性の追求」、「教科知識の重視」、「教師権威の再構築」を通じて、応試教育を重視している様子が見られた。さらに、留意すべき点は、教師にとって応試教育を最優先する環境が依然として存在していることである。この点については、以下のインタビューから明らかにしたい。

　　政府がいくら素質教育の実施を呼びかけても、応試教育が存在していることを否定できないと思います。われわれ教師はもちろん素質教育のような楽しい授業をやりたいと思いますが、現実には素質教育を行う環

第4章　非先進地域におけるN省L市の都市部の事例　321

表4－15　教師権威を再構築する授業場面

時間	学級	規模	教科知識の再強化の授業場面
2008年11月10日	4年2組	60人	3人の子どもを2つの椅子を座らせたこともある。それにしても子どもの人数が多いため、メディアの教室の後ろに立ったままで席がない3人の子どもに「教室に戻って椅子を持ってきてください」と指示した。この3人のうちの1人は「教室ですか、遠いですよ」と言い返した。教師は「そうですね。しかしぐずぐずしないで急いで椅子を取ってきてください」と強く言った。この3人の子どもはメディア教室を出て、椅子を取りに行った。
2008年11月11日	4年4組	62人	この時、私（筆者）の隣の一人の女の子はゴムの輪を弄んでいた。教師はこの子どもに厳しい口調で「授業に集中してください」と言いながら、この子どもに問題に答えるよう指示した。「あなたは李さんの説明をもう一度説明してください」と言った。
2008年11月12日	5年2組	48人	黒板に問題を書いた子どもは書き終わると、走って席に戻ってきた。教師は不満そうな顔をして「授業中は走ってはいけませんよ。もう一度黒板から席に戻ってください」とこの子どもに言った。子どもは再び黒板の前に行き、歩いて席に戻った。
2008年11月13日	5年4組	58人	授業に上の空の子どもがいますよ。このような人は直ちに授業に集中してください。授業中は、授業を妨げる行為をしないでください。
2008年11月14日	6年1組	62人	授業討論の時に、2人の子どもは何かに対して揉め合っているようである。教師は2人の子どもの前に行って、厳しい口調で「あなたたちは何をしていますか」と聞いた。1人の子は「これが私のものです」といって、1つのキャラクターを指した。教師は「誰が正しいかどうかについては興味がありません。早速討論に入ってください。すべては授業が終わってから解決しましょう」と2人の子どもに言った。
2008年11月17日	6年2組	70人	教師は机間巡視するときに、1人の子どものそばに足を止めた。そして、この子どもに「今の話は討論の内容と関係がありますか」と繰り返し詰問した。「授業中には、授業と関係がない話をやめてください」と言った。

境がないですよ。社会の大きな問題はこういうことですよ。子どもの成績が良くなければ、保護者をはじめ、学校の管理者、上級の行政者から怒られますよ。だから、授業では、教科書の知識を子どもに習得させなければならないのです。

（2008年11月12日　GD教師に対するインタビュー）

素質教育の理念に対して私は反感を持ちません。それには現在の応試

教育を変えなければならないと思います。応試教育は子どもの成長に対
して確かに良くないと思います。しかし、社会は教師を評価する場合に
は依然として点数でしょう。例えば、ちょっと自己中心な話ですが、昇
進のためには点数を上げなければならないのです。だから、応試教育を
着実に行わなければならないと思います。教科書とその地域の関係がや
はり重要だと思います。

(2008年11月12日　GC教師に対するインタビュー)

　私は素質教育と応試教育は両方が重要だと思います。本当は素質教育
だけを行ったほうが良いとは思います(笑)。ただし、現実は現実です
から。われわれ教師は仕方がないと思います。素質教育と応試教育は同
時にやりたいと思います。大変だとは思いますが、やれるところまでは
やります。なお、正直に言えば、応試教育は依然として最も重要だと思
います。

(2008年11月12日　GA教師に対するインタビュー)

　実は、中国では教師はかわいそうだと思います。何でもかんでも教師
に押し付けるからです。応試教育が良くないことはわかりますよ。しか
し、素質教育の実施に関しては、評価制度が変わらないと、われわれの
ような小学校ではどうしようもないでしょう。みんな点数によって評価
されますから。事実、算数授業を楽しく終わらせても、子どもが何もで
きなかったら、保護者はすぐに責めてきますよ。応試教育は良くないで
すが、やらなければならないものと思います。

(2008年11月12日　GBの教師に対するインタビュー)

　以上はG校の4人の算数教師に対するインタビューから抜粋したものであ
る。4人の教師は中国での政府方針に沿って、「素質教育」理念を肯定し、応
試教育に対して一応は否定的なスタンスは見せたのである。例えば、「応試
教育を変えなければならない」、「応試教育は良くない」などを言ってはいる

第4章　非先進地域におけるN省L市の都市部の事例　323

にも関わらず、下線で示したように保護者のプレッシャーや評価制度が要因で応試教育を重視する現実に対応しなければならないという無力感がうかがえる。そのため、前述の「顕在的な授業構成」の分析で示したように、応試験教育的な要素が存在していることは、ある意味では必然的な帰結と言える。また、応試教育は最も重要という発言のように、教師が応試教育を重視していることも読み取れる。言い換えれば、理念としての「素質教育」を意識しながらも、現実の授業では応試教育の強力な存在が認められているのである。また、こうした応試教育の重視は前述のように、「新課程の消極的な授業型」の授業において顕著に見られたのである。

　これまで検討してきた授業は「新課程の積極的な授業型」である。これに対して、「新課程の消極的な授業型」も存在する。本研究は素質教育の志向を捉えることが主な目的であるため、応試教育に基づいた授業を重点として描こうとしているわけではない。しかし、ここでは簡単に本研究と関係する範囲で「新課程の消極的な授業型」の特徴を紹介したい。

　第1に、筆者がG校の観察を通して分類した「新課程の消極的な授業型」の授業は新しい課程改革によって推奨される授業スタイルの変換については対応していないように見える。例えば、前述したように、「新課程の積極的な授業型」では、授業が始まった時に「情景創設」という授業スタイルを使うことが一般的であるが、「新課程の消極的な授業型」では「情景創設」というより、口頭説明や練習問題で授業が始まることが見受けられた。以下はその一例である。

　　教師：この百分率はどういう意味ですか（教師は言いながら、前の列に座っ
　　ている男の子を指して質問した）
　　男の子：100の中の98個が合格という意味です。だから98％と表示
　　します。
　　　　　　　　　　　　　（フィールド・ノーツ　2008年11月13日6年生）

このように、教師GFは従来の授業のように練習問題によって授業を導い

324

ているのである。また、こうした授業のやり方はほかのいくつかの教室にも見られた。これを、**表4－16**にまとめた。

表4-16のように、「新課程の消極的な授業型」における授業導入では、「新課程の積極的な授業型」のように、児童の日常的な生活と結びつけながら、授業を導くのではなく、応試教育と直結した練習問題を使うことが一般的であった。これによって、「新課程の消極的な授業型」は「教科知識」の習得をより重視していることがうかがえよう。

第2に、「新課程の消極的な授業型」では、新しい課程改革にて推奨された授業スタイルを用いることは多くない。例えば、「新課程の積極的な授業型」なら、グループ検討や、発表などが頻繁に見られることに対して、「新課程の消極的な授業型」の授業では、このような授業スタイルを使うことはめったに見られなかったのである。また、こうした状況に対しては、「新課程の

表4－16　練習問題の授業導入

時間	学級	規模	練習問題の授業導入
2008年 11月 10日	4年 4組	60人	括弧に入れられる最大値はいくつですか 30×（　）＜　220 60×（　）＜　200 60×（　）＜　306 40×（　）＜　140 50×（　）＜　85 80×（　）＜　314
2008年 11月 11日	5年 2組	62人	教師はいいました。「皆さん、黒板に書いた練習問題を読んでください。まず、方程式について考えてください」 黒板に書いた問題は ①35＋65＝100 ②x－4＞72 ③5x＋32＝47
2008年 11月 12日	6年 1組	61人	教師：しっかり取り組んでください。積極的に頭を使ってください。先日われわれは百分率を習いましたので、分子と分母を小数にどう変換するかはわかっていると思います。誰か答えてくれませんか （6、7人ぐらいの子どもが手を上げた。教師は1人の男の子を指名した） 教師：時間を節約するために、直接答えを言ってください。 0.63＝63%　7＝700%　1／4＝25% （練習が終わったところで、教師は教材の中から1つの質問を取りだした）

消極的な授業型」を取り入れた教師はそれなりの授業観を持っていることがわかる。筆者がこのタイプに分類した授業を行っている教師へのインタビューから得た説明を以下のように例示する。

　　新しい課程改革の授業スタイルは悪くないと思いますが、われわれのような学級には相応しくないと思います。私の学級は70人ぐらいですよ。グループ討論などをしても、期待する効果は得られないと思います。実はこの前、試したことがありますよ。そこでは授業時間を無駄にしただけだったと思いました。

　　　　　　　　　　　（2008年11月11日　GB教師に対するインタビュー）

　　グループ探求や発表の授業スタイルの良さはわかりますが、それは、小さい学級規模には相応しいでしょう。私のような大規模な学級では無理ですよ。子どもたちの討論内容は全然聞き取れないですよ。使っても形式だけになると思います。新しい課程改革の理念は良いと思いますが、どのような学校、どのような学級にて効果があるかを考えなければならないと思います。

　　　　　　　　　　　（2008年11月13日　GE教師に対するインタビュー）

　　わが国の教育改革はどのように評価すればよいですかね。例えば、新しい授業方法などを推奨すると、すぐに全土に広がるようになります。しかし、わが国は教育の条件や地域の格差は大きいでしょう。上海市のような学校に相応しい授業方法はわれわれのような学校に通用することはないでしょう。もし私が担当した学級が小規模であれば、私はもちろん新しい課程改革によって推奨された授業スタイルを用いるでしょう。われわれは試したことがありますが、結局無理だと思いましたよ。このような素朴な授業こそ、子どもたちに価値があるものを教えることができるとは思います。

　　　　　　　　　　　（2008年11月14日　GH教師に対するインタビュー）

以上のように、「新課程の消極的な授業型」を取り入れた教師たちは、教育の構造的な要因の視点から、新しい課程改革の理念によって推奨された授業スタイルを使わない理由を述べている。特に、「学級規模」をその最も重要な要因として取り上げているのである。

第3に、これは第2の特徴とつながる問題であるが、授業スタイルの変換があまりないため、教師と子どもとの役割転換もまた少ないのである。

以上の特徴により、「新課程の消極的な授業型」には、これまで検討してきた「顕在的な授業構成」が実際には存在しないと理解することも可能である。但し、ここで指摘しておきたいことは「顕在的な授業構成」にある「教師権威の緩和」はうかがえたことである。例えば、教師は「みんな良くできましたね」とか、「頭がいいですね」というような言葉の使い方に見られる口調の変化があることは確かである。第3章にて「顕在的な授業構成」と「潜在的な授業構成」という2つの概念を設定する時に触れたように、教師インタビューおよび先行研究によると、「教師権威の緩和」は、新しい課程改革の実施に求められる。また、それが教師たちによって認められている部分でもある。

本節では、G校の算数授業での素質教育の実践を中心に見てきた。G校が上海市のS校と最も違った点としては、S校での教師には「素質教育」理念に沿った授業の「均質化」という特徴が見られることに対して、G校の教師の間には一定の「分断化」が見られたことである。そのため、G校での算数授業は「新課程の積極的な授業型」と「新課程の消極的な授業型」に分けられた。そして、「新課程の積極的な授業型」ではS校のように、授業の中に「顕在的な授業構成」と「潜在的な授業構成」とが同時に存在していた。また、双方が干渉し合い、相互作用するによって、応試教育が機能していることもわかった。一方、「新課程の消極的な授業型」は従来の応試教育の授業と似ているものであった。

第4章　非先進地域におけるN省L市の都市部の事例　327

4.　「本校課程」教科における素質教育の実践

　第3節では、G校における「算数科」での素質教育の実践を見てきたが、そこでは授業の「分断化」という現象が見られ、「素質教育の積極的な授業型」と「素質教育の消極的な授業型」とに区別した。「素質教育の積極的な授業型」は上海市のS校と類似するように見られた。すなわち、素質教育を行っている授業では、一見して「潜在的な授業構成」を通じて、応試教育を実践するようになっている。一方、「素質教育の消極的な授業型」では「素質教育」理念に沿った場合に反映される「顕在的な授業構成」がはっきり見られず、応試教育を反映する「潜在的な授業構成」が主導するものとなっている。そのため、「顕在的な授業構成」と「潜在的な授業構成」との干渉し合うプロセスがほとんど見られなかった。さらに言えば、「素質教育の消極的な授業型」は従来の応試教育を意図的に強化するものである。したがって、G校の「算数教育」における素質教育の実践はどちらの型であっても応試教育を重視しているという共通点があると思われる。

　ここで、上海市のS校では「算数教育」における素質教育の実践は応試教育の役割を果たしているとはいえ、「本校課程」における「文博教育」での素質教育の実践にては、「素質教育」が機能していた点を思い出す必要があろう。同じことがG校で起きている可能性もある。そのため、本節では、第2節の研究結果を踏まえながら、素質教育と方向性が同じである、「本校課程」にある「国語の世界を歩こう」という教科による素質教育の実践を見てみることにする。

4.1.　G校の「本校課程」の理念とその育成能力

　G校においては、国語の「大教育観」を養うことに力を入れている。ここでの「大教育観」というのは、国語に関する知識の習得だけではなく、種々の能力を育てながら、道徳教育を重視していくことである[23]。G校で「大教育観」を通じて児童に習得させようとする能力には、学校の「本校課程」に関する資料[24]によると、4つの側面の能力が含まれている。それは、「書く能力」、

「暗記能力」、「読む能力」、「言語の使用と表現の能力」である。4つの能力を高めようとする具体的なあり方は以下の通りである。

第1に、「書く能力」を高めるためには、子どもに百ページの練習ノートを使わせることであり、練習ノートのページを剥がすことはできないものとなっている。また、練習ノートを巻くこともできず、きれいに書かなければならないことを子どもたちに要求している。そして、学校は定期的に練習ノートをチェックし、その結果は国語の中間テストや期末テストと連動させている。つまり、練習ノートの質により最高5点を国語のテストに加点することが可能である。さらに、学級単位で作文コンクールを行う。

第2に、「暗記能力」の育成方法では、各学級で、優れた国語の例文やことわざなどを収集した上で、ノートの作成を推奨している。単元ごとに習ってから、収集ノートを子どもに展示するのである。さらに、各学級は内容面での自らの特徴を明示しなければならない。そのため、学級ごとに、それぞれ「弟子規」[25]や「三字経」[26]、また「四字熟語」などの学習が選択されている。また、「暗記能力」の達成目標としては、小学校段階においては、古典の詩文160首を暗記しなければならない。それに加えて、こうした160首の詩文は、10首ずつ1つの単位として分けられ、16段階のレベルを設定し、低学年、中学年、高学年はそれぞれ5級、10級、16級まで習得しなければならない。一方、子どもの日常の学習意欲を高めるために、学級で詩文のイベントを行ったり、学校で定期的に古典詩文のテストを行ったりしている。

第3に、「読む能力」を高める方法としては、「国語の世界を歩こう」という「本校課程」の教科書や学校の刊行物を十分に活かすことが目指されている。毎日午後の一時限の授業が始まる前に学級では読む時間を20分設けている。

第4に、「言語の使用と表現の能力」を高める施策としては、「情景式的な習得」という教育モデルを推進している。それは、子どもたちが日常の生活の中でこれらに触れながら、考える力を育てることにある。また、子どもたちの日々の生活の中で素材を見つけて作文することにもある。そして、子どもたちの日々の成長を文章に反映させることを子どもたちに求めているので

ある。例えば、作文の内容は子どもたちにとっての楽しい事や悩み事などに関わるものである。さらに、子どもたちの表現力を育てるために、自分で書いた文章について物語を語るように教師やクラスメイトの前で発表してもらう。

ここで注意すべきこととしては、上述の4つの能力は従来の教育観と変わらないことである。つまり、国語にとっては「読む、暗記、書く、使用と表現」の能力は従来でも重視されていたものである。つまり、「本校課程」における教育の達成目標は、従来の国語の教科の達成目標と重なるものが多く、国語知識の習得が依然として重視されている。しかし、従来の国語と異なった点としては上述した能力を育成するためにはそれなりの必要な資料を拡大したことである。つまり、従来の国語における読む能力あるいは書く能力などの育成は主に教科書内容をベースとして行われたものであったことに対して、G校は教科書にとどまらず、国語とつながるようなより広範な資料を求めているのである。例えば、古典的な詩文を子どもたちの日常生活と関連づけるということはそれに該当する。

以上のG校の「本校課程」では、観察した範囲では、新しい課程改革の理念が反映され、先に触れた「本校課程」の目的において指摘したように、子どもの個性やニーズに応じた題材を取り上げているのである。にも関わらず、前述の例において、「本校課程」の理念や目的は「素質教育」の理念に基づいて作り出されたものとは言えないであろう。なぜなら、「本校課程」の理念や目標を実現するための教育内容は、従来の機械的な訓練や暗記によるものが多いからである。これは「本校課程」の「国語の世界を歩こう」が従来の国語の延長線上に位置づけられているからであろう。また、国語は、従来、受験教科として位置づけられてきたため、G校における「本校課程」の設置は応試教育的学力が求められる社会背景を考慮していることが推測される。この点について、以下の教頭先生のインタビューからうかがえる。

本校課程の設定に関して教師たちと私は悩んだことがあります。なぜなら、制限条件が多いですから、活動をメインとしての課程を作ったら、

活動を行う場所探しがとても難しいと思います。特に、われわれのような中小規模の都市では資料収集の制約が北京、上海より確かに多い。また、校外に行くと、安全問題をはじめ、たくさんの課題に直面しなければならない。しかし、「国語の世界を歩こう」という「本校課程」を定めると、少なくとも、教科書の問題や実施場所の問題が解決されるようになる。これは、子どもたちにとってもよいことだと思います。現在の子どもたちは国語の基礎がそれほどできているとは言えません。こうした「本校課程」を通じて、子どもの国語の能力を高めながら、受験にもつながるようになっています。

(2008年11月9日　教頭に対するインタビュー)

　このように、「本校課程」の設定に当たっては、受験対応も考慮されていることがわかる。そのため、「本校課程」の実施施策において、国語知識の習得が重視されていたとしても不思議ではないであろう。

　これまでG校の「本校課程」の理念や目的を検討してきた。ここで、授業の実践に当たって指導案や授業場面、教師インタビューのほかに、教材を取り上げるとする。「本校課程」の理念や目的は抽象度が高いものであり、理念と実践を仲介するものとして、G校自身が出している「本校課程」の教材があり、それを以下において分析する。

4.2. 「国語の世界を歩こう」の教材内容について

　「国語の世界を歩こう」という教材の編集においては、前述の4つの能力の育成に視点を当てて展開され、教材の内容は主に古典の詩文や文章と共に、日常接することができる優れた現代文からなっている。そのため、「国語世界を歩こう」の教材編集は古典文と現代文とに分けて行われていた。古典文の教科書では、主に古代の道徳の価値観が反映されている古典の名文を収録していた。例えば、古代の「弟子規」や「三字経」の内容はその典型的な例である。このような人間の規範や規律を鍛える古典文学を通じて、子どもの人格や道徳を育てようとしていた。一方、現代文の教科書は、現代の有名な文

章や例文によって構成されたものである。例えば、3年生の教材内容には、8つの文献[27]から引用した文章があり、文末には、諺や民族の祭りが添付されている。中には子どもの興味を引きそうな内容がある。例えば、『面白い動物園』という文献から採用したものがある。また、自然を愛し、自然に近づけるような内容がある。『小さい草が好き』という文章がそれである。一方、道徳を重視するような『団結は力』や『ガラス兄弟』という文章もある反面、環境意識を重視しているような『海洋－21世紀の希望』という文章も採用している。このように、3年生の「国語の世界を歩こう」という教材編集は新しい課程改革によって提唱された道徳の重視や環境意識の育成や子どもの日常生活と関わり合いを持つという理念と一致していることがうかがえる。

　G校の「国語の世界を歩こう」という「本校課程」の編集は、上海市のS校と違ってG校の教師によって自ら編成されたものであり、S校のように、学校外の協力は得ていなかった。そのため、教科書の編集のそのものは、S校のように体系的に展開されるには至っていない。また、子どもの生活とは離れた問題も引用されることなど、理念的にも一貫していない。G校の教材のこうした特徴が生じる背景については　2008年11月12日G校の「本校課程」の教師に対するインタビューにからも推察できる。

　　筆者：「本校課程」の編集についてどう思いますか。

　　教師：そうですね。この教科書の編集は私ともう一人の先生とで行ったものです。われわれは専門家ではないので、足らないことが多いと思います(笑)。例えば、体系としての追求が足らないと思いますね。現時点のものは、古典文と現代文からなっているとはいえ、各学年の子どもに応じて編成されたものではないのです。例えば、現代文の教科書は3年生にしかありません。そのため、今後、学年ごとに細分化する必要があると思います。また、道徳を重視する文章が多いため、子どもたちの日常的な生活と多少乖離している気がします。

　　　　　　　　　（2008年11月12日　GD教師に対するインタビュー）

このように、G校の「本校課程」の教科書は教師が独立して編集したものであるため、体系的に展開されていないことがある。さらにその上で、子どもの日常生活と離れている問題がある。また、これらの教科書での課題については担当する教師自身も認識している。本論文の冒頭で見たように、素質教育の推進にあたっては、大学などと組むことが推奨されていた。だが、G校はS校のような大学の協力を得られる条件がそろっているわけではなく、自校で作るという、中国においてより一般的な条件によって教材を作っている。S校の実践が、「均質的」だと書いたが、その背景には、学校外の協力が得られたことがあると思われるからである（詳細は第4章を参照されたい）。非先進地域においてのG校は、素質教育の「均質的」な実践をするためには、おそらくS校以上に学校外の力が必要であると思われる。

　ここでは、G校の「本校課程」の「国語の世界を歩こう」という教科についての理念や目標とする能力や教材の編集について検討した。G校の「本校課程」は「素質教育」の理念を反映しているというよりは、応試教育とつながるように見えた。例えば、目標とする能力に関しては、従来の応試教育における「国語」の育成能力と重なる部分が多い。さらに、教科書の内容構成は「道徳教育」を重視していることがうかがえる。したがって、G校の「本校課程」の理念を見る限り、「素質教育」の理念が反映されているかどうか疑問を抱かせるところが少なくない。この問いに応えるべく、G校の「本校課程」の授業の実施がいかに行われているかを検討する必要がある。

4.3. 「国語の世界を歩こう」の授業実践

　G校の「本校課程」の授業は毎週水曜日の午後2時限であるため、筆者は本調査の期間では　2コマの授業しか観察できなかった。よって、データをさらに収集するべく、教師をはじめ、教頭や校長に対して数回のインタビューを行った。そこで得られた授業内容は2年生の「弟子規」と3年生の「団結は力である」であった。

　そのため、本節では筆者が具体的な授業場面を取り上げつつ、第3章の上海市のS校の「本校課程」で用いた分析枠組み、すなわち、「顕在的な授業構成」

第４章　非先進地域におけるＮ省Ｌ市の都市部の事例　333

と「潜在的な授業構成」とに分けて検討する。「顕在的な授業構成」は「授業ス
タイル」「教師・児童の役割」、「教師権威」の側面から検討し、一方、「潜在
的な授業構成」に関しては「授業スタイル」、「教科知識の習得」の視点から検
討していく。

4.3.1.　「顕在的な授業構成」

　「顕在的な授業構成」は前述したように、「授業スタイル」「教師・児童の
役割」、「教師権威」の３つの側面をめぐって展開していく。まず、「授業スタ
イル」について見てみよう。

（1）授業スタイル

　Ｇ校の「本校課程」の「国語の世界を歩こう」での「顕在的な授業構成」にお
ける「授業スタイル」については、一見すると、前節で検討した算数授業で
新しい課程改革によって推奨されている授業スタイルを用いている。例えば、
「グループ活動」や「情景創設」などが取り上げられている。とはいえ、新し
い課程改革で推奨した教授法の「グループ討論」以外には、Ｓ校のように「本
校課程」の「文博」の授業における「自主探求」の授業スタイルは用いられて
いなかった。また、Ｓ校のように新しい授業スタイルを活用する場面も見ら
れなかった。例えば、「グループ活動」の使用は２年生と３年生の１コマの授
業においては１回しか見られなかった。それは、授業が始まったところで使
われたものである。具体的な授業場面は以下の通りである。

　　それでは、本日も「弟子規」の内容について勉強を続けます。具体的
　な授業に入る前に、皆さんは「小明」のやり方が正しいかどうかを判断
　してくださいね。小明は動物がとても好きですから、先週の週末には動
　物園に行きました。小明はサルが好きだから、サルを見に行きました。
　小明がバナナをサルに上げようとしたとき、「サルに勝手に食べ物をあ
　げないでください」という看板が見えたため、バナナをサルにあげませ
　んでした。しかし、この時、20代の男性は笑いながらバナナをサルに

あげました。小明は「あなたのやり方は正しくないですよ、看板を見て
ください」とこの男性に抗議した。この男性は「サルはバナナが好きで
すよ、きっと、サルは食べたかったでしょう。たいしたことではないの
に大騒ぎする必要はないでしょう」と言い返した。皆さんは、小明とこ
の男性はどちらが正しいと思いますか。なぜですか。皆さんはグループ
で議論してください。

　　子どもたちは議論に入った。2分ぐらいしたところで教師は「誰が正
しいですか」と子どもたちに聞いた。

（フィールド・ノーツ　2008年11月12日2年生）

　　授業のベルが鳴った。

　　教師：皆さんこんにちは

　　子どもたち：「先生こんにちは、お客さんこんにちは[28]」

　　教師：皆さんは自分の目や鼻または口などを何のために使いますか。

　　子どもたち：

　　(1) 目はものを見るために使います。

　　(2) 鼻は香りを嗅ぐものです。

　　(3) 口は話すこととものを食べることに使います。

　　教師：そうですね。では、この器官の中で、どれが最も重要であるか
について皆さんは考えたことがありますか。皆さんは隣の子どもと討論
してください。

　　(教室は、途端に活発になった。2分ぐらい経ったところで)

　　教師：皆さんは議論した結果を報告してください。手を上げてくださ
い。

　　何人かの子どもが手を上げた。教師は1人の子どもを指名した。

（フィールド・ノーツ　2008年11月19日3年生）

　　以上の場面のように、授業が始まったばかりの時に、教師はグループ討論
の授業方法を用いたのである。これ以外に、2コマの授業では「素質教育」の

第4章　非先進地域におけるＮ省Ｌ市の都市部の事例　335

理念を反映する新しい課程改革によって推奨されている授業方法は使われなかった。その半面、朗読や暗記などのような素質教育において批判された授業方法が頻繁に使われていた。例えば、以下のような2年生の場面が多く見られたのである。

　「李さん黒板に書いた「弟子規」の内容を読んでください」と教師は事前に黒板に書いた内容を指しながら、指示を出した。

　李さんは「事虽小　勿擅为　苟擅为　子道亏　物虽小　勿私藏　苟私藏　亲心伤」[29]を読んだ。

　（李さんは読み終わると、教師は全員による朗読を求めた）

　全員の朗読が終わると、教師は「黒板の内容を暗記してください。2分をあげます」と言った。

（フィールド・ノーツ　2008年11月12日2年生）

　上述した場面のように、教師は子どもたちに教授内容を暗記させたのである。ここで、興味深いのは、教師が授業の時間を子どもに与えたとはいえ、自主探求のためではなく、内容を暗記させるためだという点にある。さらに、授業においては、教師は教え込みをすることが少なくなかったし、機械的訓練にも時間を多く使った。このような特徴は次の3年生の授業場面にも見られたのである。

　教師は「この文章を読んで、皆さんはどのような感想を持ちましたか。もし、生活の中で文章中の物語のように意見が分かれたとしたら、あなたはどのように対応するかを隣の子どもと議論してから感想を書いてください」と子どもたちに言った。

　子どもたちは教師の指示を聞くと作文ノートを開き、書き始めた。

　教師は机間巡視を行いながら、「文章を書くときに、「各自に長所を持つ」と「団結的に協力する」を使ってください」と加えていった。

　（5分たったころ）、教師は子どもたちに「書き終わりましたか」と聞いた。

（フィールド・ノーツ　2008年11月19日3年生）

　上記は3年生の授業場面であるが、ここでは教師は5分間を子どもたちに
与えたが、これは、子どもの作文の訓練時間として使われるものであった。
これは、上海市のS校の「文博」の授業においての子ども自らの探求のために
時間を子どもに与えることと根本的な違いがあると思われる。なぜなら、両
校の「本校課程」の授業実践にて子どもに時間を与えているとはいうものの、
S校は素質教育の路線に沿って進めていることに対して、G校は応試教育の
路線に沿って展開している。つまり、S校が意識して素質教育で推奨されて
いる自ら考える能力を育成していることと違って、G校は従来の機械的訓練
を通じて作文能力の育成に力を入れている。

　以上により、G校の「国語の世界を歩こう」という「本校課程」の「授業ス
タイル」においては、「グループ活動」などが使われているとはいえ、S校よ
り回数が少ない上、活動そのものが「アカデミックな学力」の習得に向けら
れる場合がある。これはS校の「算数科」の授業において共通して見られるこ
とである。

(2) 教師・児童の役割

　先に指摘したように、G校の「本校課程」の授業においては、新しい授業
スタイルを取り入れてはいたが、作文能力のような教科知識の習得に役立て
ている。では、「教師・児童の役割転換」に目を向けるとどうか。「教師・児
童の役割」において教師は、授業の内容を直接に子どもたちに教えるのでは
なく、質問・応答の形で子どもたちを導いていく様子が見られた。また、授
業時間をより多く子どもたちに与えようとする教師の意図もうかがえる。前
述したように、授業内容の暗記や作文などのために授業時間を子どもに与え
る以外は、教師は文章のポイントの絞り込みや文章の書き方、まとめ方を子
どもたちに求めた。つまり、教師は先導者になったり、援助者になったりし
ていることがうかがわれた。以下はそのような授業場面である。

第4章　非先進地域におけるＮ省Ｌ市の都市部の事例　337

　　教師：眉にはどのような働きがありますか。

　　（子どもは依然として答えられない。）

　　教師：では、皆さん、12ページの眉に関する段落を一緒に読んでください。

　　子どもたちは大きな声で「眉は自分のことを言われると、「私はあなたたちと争いをするつもりはありません。ただし、私が目と鼻の下に存在したら、どのような様子になるでしょう。たとえそのようになったら、頬はどこに置けばよいですか」と眉はただちに言い返した。鼻たちは聞いてから無言になってしまいました」と読んだ。

　　子どもたちが読み終わったところで、教師は「では、眉がなくてもよいですか」と子どもたちに聞いた。

　　子どもたち：だめです。

　　教師：それはなぜですか。

　　子どもたち：眉があるからこそ、今現在の顔があるからです。

　　教師：そうですね。そういえば、この5つの器官の中では何が最も重要ですか。

　　子どもたちの中には「みんな重要です」と答える子どもがいた。

　　　　　　　　　　　（フィールド・ノーツ　2008年11月19日3年生）

　上述の場面では、教師の質疑に児童が答えられない場合は、教師は直接子どもに答えを与えるのではなく、子どもたちに再度文章を読むことを求めている。読み終わったところで、教師は質問の言い方を変えたのである。それは、「眉にはどのような働きがありますか」という問題から「では、眉がなくてもよいですか」に変わった。このように、子どもたちは「眉も重要という結論」から「5つの器官のすべて」が重要という結論に導かれたのである。また、3年生の授業では、「団結は力」という授業ポイントが子どもたちに導きだされたのである。

　同じような授業場面は2年生の授業にも見られた。つまり、教師は授業のポイントを子どもに教えることではなく、子どもに導きださせている。

この男の子は「その大人はサルがきっと食べたいと思ったのでしょう。私もそう思います。サルはバナナが大好きだそうですから」と答えた。

　教師は「そうですか。しかし、看板にちゃんと書かれていたのですよ」と問い返した。

　また「例えば、サルがバナナを食べたことで病気になったら困るでしょう」とつけ加えた。

　この男の子は「そうですね。それなら、あげないほうがいいですね」。

　教師は「そうですよ。特に、この大人の行為は間違いですよ。彼は「たいしたことはないですよ」と言ったでしょう。間違い行為だったら、いくら小さいことであっても、最初からやってはいけないことでしょうか?」と続けて聞いた。

　この男の子は「間違い行為だったら、いくら小さいことだといっても、最初からやってはいけないと思います」と答えた。

(フィールド・ノーツ　2008年11月12日2年生)

　以上のように　2年生と3年生の「国語の世界を歩こう」という「本校課程」の授業内容を見る限り、「教師・児童の役割」の転換がうかがえる。そこでは、教師が導くべきものや援助者の考え方を変えるようにしていることが示唆されている。しかし、ここで注意すべきことは、これらは上海市のS校と違う形で行われていることである。S校は、「本校課程」の授業においては、「自主探求」や「グループ活動」を通じて、子どもの主体性を育成しようとする手段が多く取られている。一方、G校の「教師・児童の役割」の転換は授業スタイルの転換を通じてではなく、教師と子どもの応答のプロセスの変化によって達成しているのである。つまり、同じ「教師・児童の役割」の転換とはいえ、それぞれの帰結は異なるものである。例えば、S校の場合は子どもたちの「能力」、特に、「手作業能力や協力能力」を育てていることが考えられるが、G校の場合はおそらく「教科学力」の習得に向けた役割を果たしているのであろう。その理由については後述する。次に、「教師権威の緩和」の授業場面に移りたい。

(3) 教師権威の緩和

　G校の「国語の世界を歩こう」の授業には、「教師権威の緩和」が顕著に見られた。それは教師が優しい言葉を用い、褒めるという手段をよく使うことに象徴されていた。例えば、授業が始まる前に、「「国語の世界を歩こう」という授業が午後にありますので、皆さんは疲れるだろうと思いますが、楽しく授業をやりましょうね」[30] というように子どもたちの気持ちに配慮する教師の発言が聞き取れた。教師インタビューによると、このような場面では、教師が児童との関係を平等に保とうとする意図がうかがわれる。

　　　子どもは単なる教える相手ではなく、人間です。そのため、子どもを尊重しながら平等な関係を築きたいと考えていると思います。今は何でもかんでも教師の権威を振るえる時代ではないですから。
　　　　　　　　　　　（2008年11月13日　GF教師に対するインタビュー）

　また、授業では子どもたちを褒める言葉がよく使われている。これについては、**表4－17**にまとめている。

　表4–17は、「教師権威緩和」に分類された授業場面である。もちろん、ここでは、すべての関連する授業場面を取り上げてはいないが、ここまでの授業場面を見る限り、教師の言葉遣いや褒める手段は子どものモチベーションや気持ちを考慮したものであることがうかがえる。特に、3年生の授業場面には、1人の子どもが文房具を家に忘れたことに対して、教師は子どもを責めることや不満を示すことなく、自分の鉛筆を子どもに貸してあげた。子どもの気持ちを考慮する対応は教師にとっての意識的な行為であるからである。

　　　筆者：午前中の授業には、文房具を忘れた子が1人いたようですね。教師GEはこの子を説教しないことが印象深かったのですが、それはなぜですか。
　　　教師：子どもたちにいつも厳しい印象を与えるのはよくないと思います。私は子どもと友だちのような関係を作りたいと思いますね。児童た

340

表4－17　2年生と3年生の教師権威の緩和

表現方方	2年生の授業場面	3年生の授業場面
言葉の使い方と対応方	・この男の子は「看板には食べ物をサルにあげないでくださいと明確に表示されているので、小明のやり方が正しいです。この男性はルール違反です。」「そうですね。よくできました」と教師は答えた。 ・この男の子は「20代の大人はサルがきっと食べたいと思ったからです。私もそう思います。サルはバナナが大好きだそうですから」と答えた。 教師は「そうですか。しかし、看板にちゃんと書いてあったたでしょう」と問い返した。 また「例えば、サルがバナナを食べて病気になったら困るでしょう」とつけ加えた。 ・この男の子は「そうですね。それなら、あげないほうがいいですね。でも管理員の許可がもらえればできますよね」と言った。 教師「そうですね。陳さんは優しいですね。サルの気持ちを考えてあげたことは素晴らしいですね」と褒めた。	・子どもたちは「みんな重要です」と答えた。教師：「そうですよ。実はこの5つの器官すべては重要です。皆さんはよくできました」。 ・教師：誰か文章を読んでくれませんか。2、3人の子どもが手を上げた。教師は1人の女の子を指名した。この子は感情を込めながら朗読し始めた。文章を読み終わったところで教師は「よくできました。皆さんは孫さんのように感情を込めながら読んでくださいね」と言ってから、また子どもたちに質問を続けた。 ・1人の男の子は作文の時間に何も書かなかったようである。教師はこの子に「何で書かなかったのですか」と聞いた。子どもは「文房具を家に忘れたのです」と答えた。教師は「そうですか」と言ってから、黒板の前に戻って、教師用の机の上にあった1本の鉛筆を取ってからまた子どもの席に来て「これを使ってくださいね。早く書いた方がいいですよ。そうしないと間に合わないですよ」と言った。
褒める手段	・「李さんはよく答えましたので拍手してあげましょうね。」 （教師は拍手をし始め、子どもたちは教師のリズムに合わせて拍手をしていた） ・教師は「皆さん陳さんの優しさに一緒に拍手しましょう」と言いながら子どもたちと一緒に拍手をはじめた。	・「梁さんの答えはよいですか」と子どもたちに聞いた。子どもたちは「よいです」と答えた。「では、われわれは」 （教師はここで話を止めて、拍手の姿勢を子どもに見せた）子どもたちは「拍手をしましょう」と答えた。教師は「そうですよ」といいながら、クラスの全員と一緒に拍手をした。 ・「周さんのために、拍手をしましょうね」と教師は子どもに呼びかけた。

ちは私の子どものようなものです(笑)。

　　　　　　　（2008年11月19日　GE教師に対するインタビュー）

　また、このような発言は2年生のGF先生にも共通に見られた。

筆者：教師と子どもの関係に関してGF先生はどう思いますか。

教師：<u>私は基本的に平等な関係作りに賛成します</u>。子どもに対して、教師は特権があるとはいえ、<u>権威を見せることはやはりよくないと思います</u>。現在の子どもたちは実に敏感だと思いますよ。もちろん、子どもはやはり子どもですし、時にはわがままを言う時もあります。それにしても、彼たちがうまくコミュニケーションを取れれば、結局わかってくれると思います。

（2008年11月12日　GF教師に対するインタビュー）

このように、教師の子どもと「平等」な関係作りたいとか、子どもに「権威をちらつかせたくない」とかいう意識には「権威緩和」の一面がうかがえる。また、これは教師が意図した側面を持つ。例えば、前述したように教師は時代的な変化にも配慮した結果だと思われる。また、これは、教師が自ら意図した側面も持っていることを示している。例えば、前述したように教師が時代的な変化にも配慮している結果だと思われる。

ここまでは、「国語の世界を歩こう」の授業における「顕在的な授業構成」においての「授業スタイル」、「教師・児童の役割」または「教師権威」について検討をした。これらの検討を通じて、G校での「顕在的な授業構成」は「素質教育」の理念を反映している面もあるが、「授業スタイル」で指摘したように、「素質教育」が焦点になっているわけではない。では「潜在的な授業構成」はどうなのであろうか。

4.3.2.　潜在的な授業構成

G校における「本校課程」の「国語の世界を歩こう」という授業においての「潜在的な授業構成」の最も特徴的なことは「国語知識の重視」である。

次に、具体的な授業場面を通じて、「国語知識の重視」を見てみよう。

（1）国語知識の重視（授業スタイルを含む）

次に、G校の「本校課程」の授業の実践では「国語の習得を重視しているこ

と」がうかがえる。これは前述の「授業スタイル」の考察とつながる面がある。前述したように、「本校課程」の「授業スタイル」に関しては、「グループの授業活動」以外に、子ども自らの探求という新しい授業スタイルを用いていなかった。また、「グループの授業活動」の使用も限られていた。筆者が観察した授業は限定されているが、それを見る限り、グループ活動はたった1回しかない代わりに、朗読や暗記の授業手段がよく使われていた。特に、授業の後半は、ほとんど作文や暗記などで占められていた。言い換えれば、国語の教科学力の習得を目指した授業によって占められていたのである。「国語習得の重視」の授業場面は**表4－18**にまとめた。

　この表にて示したように、特に下線の部分では教師は子どもたちに「暗記」、「朗読」、「作文」または「内容の理解」を求めることが多く見られた。そのため、従来の国語に要求された能力を高めることにつながるものと言える。また、このような授業の目的は学校の管理者や教師たちに共有されているものと見受けられる。

　　今日の子どもは国語の能力が低下しているとよく言われています。わ

表4－18　国語習得重視の授業場面

学年	国語習得の重視
2年	・「李さん、黒板に書いた「弟子規」の内容を読んでください」と教師は事前に黒板に書いた内容を指しながら、指示を出した。 李さんは「<u>事虽小　勿擅為　苟擅為　子道亏　物虽小　勿私藏　苟私藏　親心傷</u>」を読んだ。 (李さんが読み終わると、教師は<u>全員の朗読</u>を求めた) ・「残りの時間」で今日習った<u>内容</u>を暗記してください。また、その意味について隣どうしの二人でお互いにチェックしてください」と子どもたちに言った。 ・今日の宿題は「事虽小　勿擅為　苟擅為　子道亏　物虽小　勿私藏　苟私藏　親心傷」を暗記することです。またその解釈を覚えることです。
3年	・子どもたちは教師の指示を聞いてから、作文ノートを開き、書き始めました。 教師は机間巡視を行いながら、「文章を書くときには、「<u>各自に長所を持つ</u>」と「<u>団結的に協力する</u>」を使ってください」と付け加えた。 ・教師は「この文章で習った単語を思い出してください」。 子どもたちは「撥回　質問　唖口无言　理所応当」と答えた。 ・教師「今日の宿題は、この文章を<u>熟読</u>することです。また、重要な単語と例文を暗記してください。これは皆さん作文能力向上に役を立つものですから」。

第4章　非先進地域におけるＮ省Ｌ市の都市部の事例　343

が校は「本校課程」の「国語の世界を歩こう」を通じて、子どもの国語能力を高めることができるでしょう。加えて、子どもたちが日常的な社会規範を習得することもできると思います。

　　　　　　　　　　　（2008年11月19日　教頭に対するインタビュー）

　「国語の世界を歩こう」を通じて、子どもたちの言語能力や作文能力、そして使える単語の量の拡大にも役立つと思います。今日の子どもは一般的に国語能力がよくないと思います。子どもたちの文章表現を通じて、この点がわかります。

　　　　　　　　　　（2008年11月12日　GI教師に対するインタビュー）

　国語のレベルが落ちているようですから、「国語の世界を歩こう」という授業は「国語」とつなげて考えることによって、子どもたちの国語の能力を高めることができると思います。保護者たちもそう考えていると思います。

　　　　　　　　　　（2008年11月19日　GJ教師に対するインタビュー）

　このように、学校の管理者にせよ、教師たちにせよ、その言い回しは多様であるが、「子どもたちの国語の能力」が落ちているため、「国語の世界を歩こう」を通じて、「国語」の能力を高めようという期待は共通するものであろう。言い換えれば、「本校課程」を通じて、「国語能力」を高めるということが最大の目的であると言えよう。それ故、G校の「本校課程」の「国語の世界を歩こう」という教科は「国語」の延長線上にあることである。それは、教材の編集にとどまらず、授業の実践にても「国語」教科学習の役割を果たそうとするものである。しかし、これは「素質教育」の理念を実現しようとする「本校課程」の最初の目的と正反対となっている。G校の「本校課程」は「素質教育」の実現という役割を果たすどころか、むしろ応試教育においての伝統的な教科としての「国語」の習得に役立つものであろう。これは、「顕在的な授業構成」と「潜在的な授業構成」の関係から読み取れる。つまり、G校の「本校課程」

における素質教育の実践は一見したところでは、「顕在的な授業構成」を通じて「素質教育」の理念を反映してはいるが、「潜在的な授業構成」を通じて国語の教科知識習得の役割を担っているのである。このような授業実践は「算数科」における素質教育の実践と共通するものが見られた。

　したがって、G校の応試教育のコンテクストにおける「算数科」の実践も、理論上は「素質教育」に沿っているはずの「本校課程」の授業実践も、結局は応試教育を再強化するという帰結になっていると思われる。それ故、G校においては、「素質教育」によって推奨される特徴、「全面的な発展」や「主体性の育成」、を結果としては追求していない形になっている。同時に、G校での「本校課程」の実施においてはS校と同じように、「素質教育」と応試教育の両方に関わる授業の特徴が見られる。それは道徳教育の重視である。

(2) 道徳教育の重視

　「道徳教育の重視」については、先の教材編集の部分で触れたように、教材の編集において見られ、教師のインタビューによっても確認される。例えば、2年生の教材は「弟子規」という内容を使っているのである。また、3年生の場合では「団結は力」などの内容はその代表的な例である。具体的な授業でも、道徳教育が重視される場面にはたびたび出会った（表4−19）。

　表4−19のように、2年生の授業では子どもたちに社会の規範を、3年生の授業では子どものたちに「集団主義」を育成しようとする意図がうかがえる。「素質教育」における道徳教育は、すべての教科に関わるものであるとされているが、この点においてはG校の授業は矛盾していない。ここで留意しておきたいのは、道徳教育の重視は従来の教育においても実践されていたことであるが、素質教育においては、その推進の幅はより広く、より徹底的に行われる特徴がある。例えば、第2章で指摘したように、素質教育においては、道徳教育はすべての教科に導入されていることを強調したい。

　以上のように、G校での素質教育に反映されている「本校課程」においても、応試教育の再強化という特徴を持ちながら、道徳教育を重視していた。G校における素質教育の実践枠組みをまとめたのが図4−3である。

第4章　非先進地域におけるN省L市の都市部の事例　345

表4−19　道徳教育の重視の授業場面

学年	道徳教育の重視
2年	・教師は「そうですよ。特に、この大人の態度は大間違いですよ。彼は「たいしたことではないですよ」と言ったでしょう。間違った行為だったら、いくら小さいことであっても、最初からやってはいけないですよ」と続けて言った。 ・李さんは「事雖小　勿擅為　苟擅為　子道亏　物雖小　勿私藏　苟私藏　親心傷」を読んだ。 （李さんが読み終わると、教師は全員による朗読を求めた） 教師「これはどう意味ですか、皆さんはわかりますか」と教師は子どもたちに聞いた。この場合は「悪いことだったら、いくら小さいことでもしてはいけません」と1人の女の子は答えた。 ・教師は「今日はわれわれは何を習いましたか」と子どもたちに聞いた。 子どもたちは「事雖小　勿擅為　苟擅為　子道亏　物雖小　勿私藏　苟私藏　親心傷」と答えた。 教師「そうですね、「弟子規」の第2章の部分を習いました。これを通じて、われわれは、両親を尊敬すること、公共財の個人占用はいけないこと、小さくても悪いことであればしないことがわかりましたよね」
3年	・「眉、目、鼻、口には異なる役割があるから、どれも重要です。たとえ、事例のように、自分の役割を強調するだけとしたら、ほかの器官を無視することになり、顔にならないでしょう。だから、これは、われわれの人間社会でも同じことでしょう。われわれが例え一滴の水であっても、皆さんが団結すれば、無限の海になるでしょう」と説明を続けた。 ・教師「この文章を通じて、われわれは何がわかったでしょうか」 子どもたち「個人のことだけを強調するのではなく、みなの力が重要です」 教師「そうですね。だからわれわれは皆で仲良くしなければなりません。一緒に困難を乗り越えるようにしましょう。」

　図4-3のように、G校における素質教育の実践について、S校に倣って受験教科と本校課程における「顕在的授業構成」と「潜在的な授業構成」とを分けて検討してきた。しかし、S校における教育目標が応試教育と素質教育、さらに道徳教育という3つの分野を包含していることに対して、G校での素質教育の実践における教育目標は応試教育と道徳教育という2つの側面に収斂されているように見える。つまり、素質教育の実践におけるプロセスを通じて応試教育に取り組むため、かえって素質教育を弱めることになっている。こうした素質教育の実践は、最終的には道徳教育の強化に結びつくものであることが考えられる。そのため、S校とG校の両校を見る限り、素質教育の実践のプロセスにおいては、「教育機会の不平等」（Coleman　1966；苅谷2003；劉　2006）というメカニズムが孕まれている。なぜなら、S校の「本校

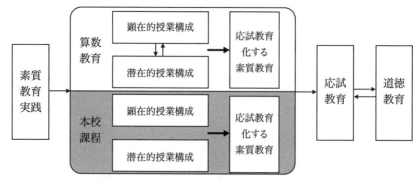

図4－3　G校における素質教育の実践枠組み

課程」においては素質教育を徹底しようとする姿勢がうかがえることから、素質教育が推奨する実践能力や創造能力、協力能力など21世紀の激しい競争に生き残れる能力を育成することが可能となる。これに対してのG校においては、「本校課程」の授業を通じて、伝統的な教科知識に集約されるものが多い。そのため、素質教育の習得の機会に対しては不平等が生まれる。

　しかしながら、ここで留意しなければならないことがある。それは、G校で達成されていない「素質教育」の教育目標は学校外教育に移転されていることである。これは「素質教育」と応試教育の両方に関わるものである。例えば、「素質教育」によって提唱された「全面的な発展」と関係する「才能教育」は、保護者が子どもに私塾のようなところに通わせることによって実現されている。一方、応試教育と直結した伝統的な教科のような「算数」、「国語」で落ちこぼれた子は、学校外の補充学習で補われることが少なくない。G校の校長に対するインタビューによると、G校では、学校外の塾に通う子どもの比率は85％に達しているという[31]。

　特に、学校外の塾で習うものは、ほとんどが「才能教育」である[32]。そのため、学校内にて達成できない「素質教育」の目標は、学校外によって達成されるようになっている。

　以上により、G校は「算数授業」にせよ、「国語の世界を歩こう」という授業にせよ、その「素質教育」の実践は、結局応試教育の再強化に一役を買っ

ているのである。

　次節では、上海市のS校のように学校内・外におけるサポート条件がG校にあるか否かについて検討を加える。さらに、なぜこうした状況が生じたのかに関わる要因も明らかにする。

　そのため、まず、学校内にサポート条件があるかどうかを検討していく。それについては、S校に見られる教師間の協働性と教師・校長間の協働性という2つの側面から検討する。

---

5. サポート条件の検討

　本節では、G校について上海市のS校が有する学校内・外のサポート条件の有無を見てみる。また、なぜこうした状況が生じたのか、その背後の要因を明らかにする。

　そのため、まず、学校内におけるサポート条件の有無を検討する。

5.1. 学校内のサポート条件の有無

　G校における学校内のサポート条件の有無は、第3章の上海市のケースに沿って展開したい。つまり、「教師間の協働性」と「校長と教師間の協働性」という2つの側面を通じて明らかにしたい。まず、「教師間の協働性」を見てみよう。

5.1.1. 「教師間の協働性」の有無

　「教師間の協働性」については、教師関係をはじめ、教育資源の調達方法および教育資源の共用という3つの側面から展開していく。

　まず、教師関係について取り上げる。G校の教師たちは教師の職員室にいるというより、自らの担当する教室にいる時間が多いことがうかがえた[33]。多数の教師は、たとえ、職員室にいたとしても短時間であり、授業に必要な備品あるいは私物を取り出すくらいのことである。特に興味深い現象は、職員室にいる教師がグループ化しているように見えることであった。つまり、

仲良しの教師同士はいつも職員室にいる傾向が見られた。こうした状況の中、G校の教師たちは、休憩時間などにS校のように授業状況や児童の状況についての情報交換などを行う様子はあまり見られなかった。

> 休憩時間、特に昼休みのような長い休憩時間においても職員室にいる教師はあまり多くない。わずか3〜4人の女性教師がいるだけである。彼女たちは仲良しとみえて、学校が終わってから買い物に行く話をずっとしていた。
>
> （フィールド・ノーツ 2008年11月10日）

> 翌日の昼休みの時間にても、職員室にいた教師は昨日のメンバーと大体同じであった。話の内容を聞くと、昨日の買い物についての感想を交しているようである。この時、1人の教師が部屋に入ってきたが、皆と挨拶をすることもなく、無言のまま自分の席に行って、引き出しからノートとペンを取り出すと、そのまま部屋を出て行った。
>
> （フィールド・ノーツ 2008年11月11日）

> お昼時間に、教員室にはいつものメンバーと違って、ほかの3人の教師がいた。この3人の教師は自らの子どもの状況を話し合っていたようである。この時、いつも職員室にいる教師メンバーの1人が部屋に入ってきて教員室にいる教師たちを見たが、声をかけることもなく、ただ頷いていて、かばんの中の鍵を取ってから、部屋を出ていった。
>
> （フィールド・ノーツ 2008年11月12日）

> 職員室には3〜4人の女性教師がいる。これらの教師はいつものメンバーである。つまり、筆者が調査の初日に言及したメンバーである。筆者の連続した観察によると、これらのメンバーはいつも職員室を利用する。つまり、職員室の利用は、特定のメンバーに限られている様子が見られた。また、ほかの教師が職員室を使ったとしても、これらのメンバー

が多数いない時だけのようである。とにかく、教師関係の良し悪しは一見しただけで、すぐにわかるような職員室文化である。

（フィールド・ノーツ　2008年11月21日）

　以上のような観察から言えることは、G校の教師たちはS校のように休憩や授業終了後に職員室に集まることはほとんどなく、それにかわって少人数の仲間同士で職員室を利用していたことである。そのため、教師たちの触れ合いの機会が制限されている一面がうかがえる。また、教師関係においてはグループ化現象が顕著に見られた。例えば、仲が良い教師同士は集まる時間も多く、交流が頻繁に取られているのに対して、仲良しではない教師間では声すらかけないものがあった。これらから、G校の教師の間には分断化の傾向が読み取れた。

　次に、G校における教師たちの教育資料の調達について検討しよう。G校の教師はほかの教師と協力するよりは、1人で教育資料を調達している。それらは、自らがインターネットで入手した授業資源や本屋で買った参考資料などである。これは、「授業に必要な資料はどこから入手しますか」という筆者の質問に対する教師の答えにも反映されていた。典型的な答えである。

　　そうですね。基本的には、インターネットからです。時には本屋さんに行って、使えそうな参考書を買います。

（2008年11月16日　GH教師に対するインタビュー）

　　私はインターネットからダウロードします。実は、インターネットを使うと、授業をサポートする資源が多く見つかります。ほしいものはほとんどあります。とても便利だと思います。

（2008年11月18日　GJ教師に対するインタビュー）

　　主に、インターネットで調べます。その内容をベースにして手を加えると自らの授業素材になります。時には、本屋で参考資料を買うことも

あります。

(2008年11月18日　GA教師に対するインタビュー)

　G校の教師にとっては、インターネットによる調査や本屋で買う参考資料が重要な教育資料入手のルートであると思われた。ここで注目しておきたいのは、教育資料をほかの教師からもらうことについて言及していないことである。これは上海市のS校と典型的に異なる点である。なぜなら、S校の教師にとってほかの教師から教育資料をもらうことは、資料入手の重要なルートだったからである。素質教育に沿った授業の「均質化」も、その帰結の1つであると思われる。一方、G校の教師には、教育資料の入手において教師間の協力が少ないことが推察される。さらに、G校教師はS校のように、教師間で教育資料を共用することがないことがうかがわれた。例えば、以下のような例である。

　筆者：ほかの教師とこのような資料(筆者注：教師が自らもらった教育資料)を共用しますか

　教師1：ほとんどないと思います。われわれは授業に対する考え方がそれぞれ違います。したがって、ほかの教師のものを使っても期待する効果は得られないかもしれません。それ故に、基本的には共有しません。わが校の教師は、自分が受け持つ教室を独自に管理するという意識が強いと思います。もちろん、仲良しの先生と一緒に共用することはあると思います。

(2008年11月16日　GH教師に対するインタビュー)

　教師2：共用するときもありますが、とても少ないと思います。わが校にはそのような文化がなさそうですね(笑)。何でもかんでも自分で頑張らなければならないと思います。

(2008年11月16日　GC教師に対するインタビュー)

第4章　非先進地域におけるN省L市の都市部の事例　351

　　教師3：インターネットには何でもありますよ。誰でもアクセスする
　　ことができますから、特に共用する必要はないと思います。
　　　　　　　　　　　　（2008年11月16日　GA教師に対するインタビュー）

　このように、理由が何であれ、結果としてG校の教師は教育資料の入手
や使用をほとんど個人の範疇で実施し、ほかの教師と協力して行うことは見
られなかった。つまり、日常教師同士の間で提携することは少ないというこ
とがうかがえる。その一方で、教師の行動にはグループ化する傾向がある。
例えば、前述の職員室の使用状況で指摘したように、仲良しグループごとに
職員室を使うことや会議の時に、仲良しの先生が同調し合う場面などが良く
見られた。もちろん、教師関係には良し悪しがあることは当たり前に思われ
るかもしれないが、G校では、教師間関係の良し悪しは一見しただけですぐ
にわかる状態にある。例えば、仲良しの教師たちはお互いにお喋りすること、
食べ物をお互いに提供しあうことが見られたが、関係がよくない教師に対し
ては声すらかけないことがたびたび見られた。こうした環境の中では、教師
の協働性を育成することは難しいと思われる。
　以上により、G校の教師の間には算数授業においての素質教育の実施のよ
うに、分断化されている特徴があると言える。言い換えれば、教師間で相互
に協働しあう環境が不在である。これは、「教師間の協働性」を持たないこ
とを意味している。したがって、上海市のS校のように、教師同士の協働性
に基づいて作られた学校体制などはない。例えば、S校のような児童の教科
学力を確保するための随時指導システムの不在はその典型的な例である。ま
た、教師間で協働性を持たないことから、素質教育を実施するための授業準
備などの作業は教師の個人負担になりかねない。これは、算数授業における
素質教育の実施が分断化された一因にもつながることであろう。

5.1.2.　「教師と校長との協働性」の有無

　教師と校長との協働性の有無を教師と校長とのお互いの認識から明らかに
したい。特に、お互いの存在関係から検討したい。

教師と校長の関係は、S校と違って、G校の教師にとっての校長はリーダーとしての存在である。つまり、教師と校長は明確な上下関係が存在する。特に、教師の目に映る校長は管理者としての存在である。この点については以下のインタビューにて明らかにしたい。

　　わが校の校長はバリバリの人物だと思います。一連の改革策を打ち出しましたが、学校や教師の実状からは離れており、実行できないものが少なくないと思いますが、しょうがないことですね。校長は管理者ですから、校長には校長の立場があります。われわれはこうした状況を受け入れざるを得ないですね (苦笑)

　　　　　　　　　　（2008年11月16日　GB教師に対するインタビュー）

　　わが校は校長のおかげで現在の規模にまで発展できたと思います。確かに能力がある人ですし、いい管理者だと思います。しかし、教師の実情を十分にはわかってくれていないと思います。例えば、教師たちに就業時間を使って、新しい課程改革の理念を勉強させること、または上級機関の査察に対応させることがちょっと・・・(教師は言いだそうとしたが、結局何も言えなった)

　　　　　　　　　　（2008年11月16日　GE教師に対するインタビュー）

　　モデル学校ですから、校長はほかの人よりもプレッシャーをかけられる事はわかりますよ。大変は大変だと思います。なお、管理者としては評価すべきだと思います。事実能力があり、わが校をここまで発展させてくれました。加えて、教師のことをもっと考慮してくれればさらによいかもしれません

　　　　　　　　　　（2008年11月16日　GL教師に対するインタビュー）

以上のインタビューのように、教師の目から見れば校長は「管理者」として認められている。そのため、上海のS校における教師と校長との仲間関係

とは違って、G校では、教師と校長の間には管理する側と管理される側という線引きがはっきりしている。つまり、教師にとって、校長は教師のメンバーではなく、校長と教師は「上下関係」にあることが強く見られる。特に、校長が教師の実情に配慮しない点は、教師全員に共通認識されていることがうかがえる。

　加えて、教師は校長の教育資源配分が不平等であると思うことが少なくない。その詳細は次節に委ねる。ここで、簡潔にいえば、校長は「社会の関係」によって奨励体制を敷いていることである。事実、上級機関が行う教育研修への参加の機会は、相対的に社会地位が高い家庭出身の教師に与えられている。

　一方、校長の目から見る教師にも、一定の「分断」があることが推察された。それは、校長と教師の間に溝がある点が顕著に見られる。これに関しては、以下の校長のインタビューからうかがえる。

　　わが学校の教師は全体的にレベルが低いと思います。私の言いたいことをきちんと理解してくれる教師は指で数えられるくらいしか存在しません。私にいくら素晴らしいプランがあっても、実施してくれる教師のレベルが低ければ、実施は無理でしょう。私はしばしば考えるのですが、私の能力はこの学校では十分に発揮することができないと思います。もし教師のレベルが高い学校であれば、私は誰にも負けない業績を生み出せるはずです。

　　　　　　　　　　　（2008年11月16日　校長に対するインタビュー）

　　私は本当に残念だと思います。教師たちの力に頼れない私にとっては、これまで以上に努力するしかないですね。気持ちが落ち込むことも多々ありますよ。繰り返し強調しているのに、まったく理解してくれないのですよ。そのため、私は、仕事を人に任せるというより、自分で実施する方がより効率的だと思います。余計な悩みもなくなるからです。

　　　　　　　　　　　（2008年11月16日　校長に対するインタビュー）

こうした校長へのインタビュー例からも、校長が教師に対して不満を有していることがわかる。例えば、自分の理想が実現できない要因に教師の力量不足を見出しているのである。そのため、教師と校長との間には、一定の緊張関係があることが見られた。ここで、最も興味深いことは、S校の校長―教員体制と異なり、G校の校長は自分一人で努力しようとしていることである。このように、G校においては教師と校長の間には一定の「分断」が見られる。したがって、教師と校長の間に協働性を築くことは考えにくいのである(佐藤 2006；秋田 2006)。

以上はG校における学校内のサポート条件に対する検討である。結論として言えることは、G校においては「教師間の協働性」と「校長と教師間の協働性」は存在しないことである。次に、学校外のサポート条件に目を転じよう。

5.2. 学校外のサポート条件の有無

第3章のS校の学校外のサポート条件については、保護者、研究機関、社会機関、コミュニティとの連携から検討してきた。ここでは、上述したこれら4つの側面を取り上げてG校における学校外のサポート条件を検討する。

まず、学校と保護者との連携があるかどうかについて見てみよう。この点については、主に教師のインタビュー内容を基に検討してみたい。

結論から言えば、教師と保護者の関係においては、一定の分断化が見られる。そのため、教師と保護者の間には信頼関係が築けていないことがわかる。例えば、教師は、保護者が自分の仕事を支援してくれないことや自分のことを尊敬しないことをたびたび口にしている。

> ある保護者は本当に教師の仕事を応援してくれましたが、そのほかの保護者は多分素質の問題だと思いますが、協力してくれないのですよ。
> 　　　　　　　(2008年11月16日　GB教師に対するインタビュー)

> 保護者の中には、理屈がわからない人が結構いますよ。実は先日1つ事件が起きました。ある教師は宿題を仕上げてこなかった子どもを責め

第4章　非先進地域における N 省 L 市の都市部の事例　355

ました。これに対して、保護者は事情をきちんと聞くことなく、子ども
の話を聞いただけで学校に来て先生を罵ったのですよ。一体どういう社
会なのでしょうかね。

（2008年11月21日　GF教師に対するインタビュー）

　時代が変わったというか、教師を尊敬しない保護者は結構いますよ。
国の政策によれば、保護者はより多く学校教育に参加することが推奨さ
れているようですが、本当にそうなったら教師の地位はどこまで保証さ
れるのでしょうかね。理屈がわからない保護者に出会うと本当に困りま
す。政府が学校と保護者との連携を推奨しているとはいえ、保護者と本
当に信頼できる関係を作ることは実は難しいことだと思います。理解し
てくれない保護者は結構いますよ。

（2008年11月20日　GC教師に対するインタビュー）

　以上のように、「理屈がわからない」、「教師を尊敬しない」や「理解してく
れない」という表現を通じて、教師たちが保護者に対して不満を持っている
一面がうかがえた。こうした状況下においては、教師と保護者の間に有効な
連携関係を築くことは考えにくいであろう。

　そのためか、筆者が観察していた間には、S校のように、教師が保護者と
の間で児童の在校状況を交流する場面はほとんどが見られなかった。これは、
教師と保護者とが緊密な連携関係を持たないことを示唆しているように見え
る。

　同時に、留意すべき点として、教師と一部分の保護者との間には、良好な
関係が存在することも観察された。例えば、筆者が授業を観察している間に、
以下のようなエピソードに出会った。

　算数の授業中に1人の男の子がロボットの玩具をコッソリ取り出して
遊んでいた。教師はこの状態を見て、「権ちゃん、ロボットの玩具をさっ
さとしまってください。さもないと今日はお母さんに伝えますよ。これ

から玩具を買ってあげないでくださいって」と厳しく言った。

（フィールド・ノーツ　2008年11月18日3年生）

その後、筆者は担当教師にインタビューをした時の回答である。

　　筆者：普段は子どもに問題があれば、直ちに保護者に連絡しますか。
　　教師：頼まれた保護者の場合はそうしたいと思いますが、時には時間
　がないことから、たいしたことではない場合には特に連絡はしません。
　　筆者：本日の授業にてロボットの玩具と遊んだ子どもの場合は直ちに
　保護者に連絡しますか。
　　教師：あの子ですか。オー、実は、保護者とは頻繁に連絡を取り合っ
　ていますから、保護者には結構子どもの状況を伝えています。その保護
　者はとても熱心な方ですから。

（2008年11月18日 GE教師に対するインタビュー）

　以上のように、教師と一部の保護者とは連携関係を持っていることがうか
がわれる。しかし、教師がインタビューで指摘したように、保護者に「頼ま
れたら」などの条件つきであり、教師と保護者の連携関係は、S校のように
インフォーマルなシステムとして存在するものではなく、G校の場合は、教
師と保護者の個人的な連携関係の存在によるものであると思われる。筆者は
保護者にもインタビューを行ったが、その時にも保護者にとって教師は近寄
りにくい存在として理解されていたことがうかがわれた。労働者階級の保護
者の場合、自分の子どもの教育的成功を願いながらも、教師との距離が中産
階級よりも遠く、結果的に「学校におまかせ」の態度になりやすいことは、
先行研究においても問題となってきた（Lareau　2000、2003）。その要因を
考えるに当たって、ある保護者のインタビューの内容が参考になると思われ
る。

　　われわれのような普通の百姓は教師と交流することが実は難しいと

思います。もちろんわれわれも交流の大切さは自覚していますよ。しかし、教師と親しくなるつもりはありません。あのような教師と良い関係を持つ保護者は恵まれた層に多いと思います。あるいは、教師と何らかの関係を持つ人たちです。但し、教師と関係を持つことのできる人は少数でしょう。多数の保護者は自分の子どもが教師から特別な世話を得られなくても仕方がないと思っているのでしょう。

（2008年11月19日　GPA保護者に対するインタビュー）

　多くのG校の保護者が教師との連携関係がない背景には、こうした保護者と教師との階層差からくる接点の少なさが1つの要因であろう。そして、ここで指摘したいことは、こうした現象を引き起こすものは、中国の伝統的な社会文化にある「関係本位」とつながっていることである。

　まず、G校における学校外のサポート条件の有無を見てみよう。

　教頭、教師のインタビューでは、G校が近隣の研究機関や社会機関、コミュニティなどとの連携の少なさについて語っている。

　ご存知のように、わが市には大学が極めて少ないことです。大学のような研究機関の資源を使える環境がないと思います。「教師進修学院」[34]との連携は確かにあります。

（2008年11月19日　教頭に対するインタビュー）

　そうですね。基本的にわが校は研究機関との連携が少ないと思います。教師研修は確かに行われていますが大学のような研究機関との連携はまったくありません。もちろん、われわれのような中小規模の都市にはもともと大学のような研究機関は少ないのです（笑）

（2008年11月19日　GB教師に対するインタビュー）

　わが市のようなところでは、大都市のような大学の研究資源は多くないですよ。研究機関との連携で記憶に残っているものは、まったくない

と思います。

(2008年11月19日　GD教師に対するインタビュー)

　G校はS校と違って、環境としても、大学のような研究機関との連携は存在しない、できないことが理解されよう。それでも、G校にはS校のように上海市の博物館のような社会機関と連携した経験がわずかではあるが存在する。2008年11月16日の教頭のインタビューによると2008年6月には、中国の7月1日の「軍隊の祭り」の前に1回だけ軍隊を慰問するイベントがあった。しかし、安全の問題やアポイントメントの取りつけなどに面倒な手続きがあるため、これからも続けることができるかどうかは検討中である[35]。そして、コミュニティとの連携も社会機関との連携のように、2008年5月に1回だけを行われたこと以外には、その後に行った調査でもなかったことがわかる。

　　コミュニティとの連携はわが校にとってはまだ定着するに至ってはいないと思います。これ以外の問題が山ほどあるのですよ。例えば、学校を出たら、子どもの安全を保護するかとか、人員の調達とか、活動の内容とか、本当に期待された教育効果が得られているかどうか。これまでの経験を見る限り、特にメリットはないと思います。協力してくれる機関もなく、学校の力だけに頼るとすると、とても難しいと思います。

(2010年6月9日　教頭に対するインタビュー)

　つまり、G校においては、保護者だけでなく、研究機関、社会機関、コミュニティなど、学校の外部との連携を有していないと思われる。換言すれば、G校における学校外のサポート条件は皆無に近い状態であると言っても過言ではない。

　G校の学校内・外のサポート条件に対するこれまでの検討結果から言えることは、学校内のサポート条件として必要な教師間の協働性と教師と校長との協働性が無く、学校外のサポート条件としての保護者、研究機関、社会機

第 4 章　非先進地域における N 省 L 市の都市部の事例　359

関やコミュニティとの連携も存在しないのである。

　なぜ、G校においてはS校のような学校内・外のサポート条件が存在しないのか。次節ではその要因をさらに検討していく。

6. 社会構造・文化の要因の検討

　前節ではG校における学校内と学校外のサポート条件の有無について検討し、G校が学校内・外のサポート条件を有していないことが問題としてわかった。本節はなぜこうした状況が生じたか、その背後の要因を明らかにしていきたいと思う。

　G校における学校内・外のサポート条件が存在しない要因については、本研究のデータによると概ね2つの側面に集約することができる。つまり、社会構造および社会文化に関わるものである。

6.1. 社会文化に関わる要因

　社会文化に関わる要因については「関係本位」と形式化とに分けて進めたい。まずは、「関係本位」について検討する。

6.1.1. 社会文化に関わる要因1－「関係本位」

　まず、「関係本位」という社会文化の側面を見てみよう。第3章で指摘したように、中国においては「関係本位」という社会文化的特徴が存在する。つまり、社会は家族を中心とする遠近距離によって結ばれている。そのため、社会文化においても関係する遠近距離がとても重視されている。つまり、個人間のつながりが生活においてとても重視されている。また、こうした個人間のつながり（インフォーマルな社会関係の存在）は、法によって規定されたフォーマルな社会関係より現実問題としてより機能しているとの指摘もされている（魯　2002；廉・戴　2010）。つまり、人間関係が法に優先されることが少なくないと考えられるのである。しかし、このような「関係本位」という社会文化は個人間の社会関係をうまく調整し維持する一面がありながら、

「不正」な関係のため、「不平等」と「不公正」の問題につながりやすい一面を
持つ。

　前述した「関係本位」という社会文化がいかにG校に影響を与えているか
を見てみよう。まず、学校内におけるサポート条件としての「教師間の協働性」
と「教師と校長との協働性」に及ぶ影響を見てみよう。

　G校における教育資源、あるいは昇進機会の分配について、S校のように「能
力主義」に基づいたものではなく、ある意味では社会の「関係」に依拠した部
分が大きいと思われていることが、教師インタビューからうかがわれた。例
えば、教師に与えられる研修の機会や昇進の機会というような限られた資源
の配分は、教師の家庭が有する背景に関わるとされていたのである。こうし
て、主流社会における「不平等」の構成がそのまま学校内にも持ち込まれて
再生産構造を持つようになる。さらに言えば、G校においては教師にとって
貴重な資源が与えられる場合には、教師の社会的な背景が重要な参考指標と
して考慮されていたため、教師の家庭背景の再生産が問題となろう。したがっ
て、「関係本位」という社会文化に基づいた分配の基準が教師の間には不満
を招いていることが多い。以下の教師たちのインタビューはこうした例であ
る。

　　何々の先生は何で優秀な教師資格をもらったのでしょうか。誰でもわ
　　かるでしょう。彼女のお父さんは政府の官僚ですから。本当のことを
　　言って彼女の実力を認めたくありません。あんなお父さんがいなけれ
　　ば、彼女は何もできなかったでしょう。

　　　　　　　　　（2008年11月19日　GH教師に対するインタビュー）

　　実は機会があれば、誰でも優秀になるでしょう。しかし、問題は機会
　　が特定の誰かに与えられることです。私のような関係がない教師であれ
　　ば、なかなかチャンスは来ないでしょう。何々の先生のレベルはそれほ
　　ど高いとは思われないのですが、義理のお父さんが教育部門の行政者で
　　す。現在の社会では実力というよりは関係の方がより重要だと思いま

す。仕方がないことですが、このような良くない社会環境が子どもたちにどんな悪影響を与えるかを想像することは難しくないでしょう。

(2008年11月18日　GE教師に対するインタビュー)

　現在の社会あるいは学校において生じた不正に対しては、真面目に考えない方が良いです。すべてのことを見過ごしたほうがいいかもしれません。なぜなら、あのようなことにこだわりすぎると余計な悩みが生じるばかりですから。

(2008年11月19日　GD教師に対するインタビュー)

　実は学校においても「不平等」なことがたくさんありますよ。時には実力の勝負というより、「関係」の勝負が大事です。私のような関係がない人間だったら、できるところまでやるしかないですからね。昇進することができるかどうかはそんなに気にしていません。

(2008年11月20日　GF教師に対するインタビュー)

　教師は少ない資源の分配に対して「不平等」や「不正」などのような言葉を使用しており、特に「関係」の重要さを強く意識し、不正な手段を通じて、資源が割り当てられることに対して不満を持っている。これが教師を分断化した要因の1つと考えられる。なぜなら教師たちは社会的背景(家庭の社会状況)の違いによって必然的にグループ化されるようになっているからである。この点については教師のインタビューでも裏付けられる。例えば、以下のような例である。

　いつも職員室にいる教師たちは家庭条件が恵まれた人たちですよ。お父さんがすごい人か、ご主人がすごい人に関係のある連中たちです。われわれはあのような人たちとやはり違うと思います。あの人たちは良いことがあれば何かの関係を使って手に入れると思いますが、われわれのような後援者がいない者は頑張るしかないと思います。例えば、先日の

省の研修機会は結局何々の先生に与えられました。おそらくお父さんの力を借りたのでしょう。

（2008年11月20日　GF教師に対するインタビュー）

　わが学校は基本的によいと思います。給料や子どもの質や保護者の質も普通の学校よりよいと思います。だが、仕事の環境については公平とは思えないですよ。いくら努力してもその価値に相当する償いがないと思います。あのような人たち（教室のやや斜め向かい側にある職員室を見て）とはやはり違うと思います。もちろん、これはわれわれの学校に特有なものではありません。社会問題ですから、しょうがないことですね。

（2008年11月20日　GG教師に対するインタビュー）

　実力によってではなく、関係だけを通して競争に勝つことに対して不満がないわけはないでしょう。教師の仕事に対する意欲にももちろんマイナスの影響が及ぶはずです。教師はなんといっても教師です。これは一種の良心的な職業だと思います。われわれはあの恵まれた教師とは違うかもしれませんが、人間にとって最も重要なのは、自分の人生に満足を感じることでしょう。

（2008年11月20日　GI教師に対するインタビュー）

　教師たちは自分と区別して「あの人たち」という表現を使うことが多かった (Tsuneyoshi et al. 2011；Banks 1994)。このことからも、恵まれた教師たちと恵まれない教師たちの間に分化が生じていることが見られた。いうならば、教師集団においても社会背景の違いによって分化が生じる環境ができ上がっている。さらに、こうした分化に対する認識は恵まれない教師たちのみならず、恵まれた教師たちにも共通して見られた。

　私はある意味では恵まれた家庭からの出身だと思います。しかし、私

は皆さんのように頑張りました。確かに学校でよいチャンスを手に入れたことがありますが、あれは家庭の関係を使ったための結果ではないですよ。私がどれだけ努力したか皆さんはわかりますか。

(2008年11月20日　GA教師に対するインタビュー)

　恵まれた出身であれば罪ですか。正直に言えば、わけがわからない教師がいますよ。ただ私の主人が金持ちであるため、わざと私のことを馬鹿にしたことがありますよ。同じレベルではない家庭出身であれば、確かに違いますよ。しかし、これは仕事のために、時には無視しなければならないのです。

(2008年11月20日　GB教師に対するインタビュー)

　実は私もこの学校に赴任した時には皆と仲良くしたいと思いましたよ。しかし、仕事はもとより、生活までも皆さんとは異なる世界にいると思います。時には、納得がいかないこともありますよ。あの人たちの努力は努力として認めなければならないけれど、われわれの努力とても同じ努力でしょう。関係を使わないと誤解されることが多いですよ。われわれの悩みを誰が理解してくれますか。

(2008年11月20日　GC教師に対するインタビュー)

　以上のように、恵まれた教師たちも、恵まれない教師たちに対して不満を持っていることがうかがえる。恵まれた教師にとっては自らの家庭の関係で自分の努力が認められないことに対する悩みをかかえていることが見られた。要するに、恵まれた教師と恵まれない教師の間には目に見えない隔たりがあるのである。さらに、このような隔たりは単に教師間の社交関係に止まることではなく、普段の教育活動にも浸透しているように見えた。例えば、恵まれた教師は教育研修の機会が多いため、新しい改革の理論や素質教育の理論に触れる機会が多いため、授業では、関連する教育理念を実施することが多い。したがって、恵まれた教師たちは「新課程の積極的な授業型」を実践す

ることが一般的である。

　一方、恵まれない教師あるいは一般的な教師たちはこれに対してより安全な「新課程の消極的な授業型」を取ることが多いことが観察された。それは、彼らが「新課程の消極的な授業型」のやり方は応試教育を保証することによって、自分の学校での地位を確保する手段が得られると考えるからである。

　　　われわれのような教師はすべて自ら努力しなければならないのです。
　　保護者をはじめ、上級機関の評価基準は最終的には点数に還元されると
　　思います。私は新しい教育改革の理念がよくないとは思いませんが、応
　　試教育の社会環境を否定することはできないのです。応試教育に対する
　　批判が多いとはいえ、結局応試教育を評価することが事実でしょう。
　　　　　　　　　　　　（2008年11月20日　GI教師に対するインタビュー）

　　　現在は、保護者をはじめ、社会が依然として応試教育を重視していま
　　すよ。われわれのような関係のない教師であれば、成績に頼るしかない
　　と思います。これが生き残る最後の手段ですから。保護者に認められる
　　と学校での地位も固めることができると思います。
　　　　　　　　　　　　（2008年11月20日　GH教師に対するインタビュー）

　このように、関係がない教師にとって、応試教育の重視は自分の価値を実現することとつながっていると考えられる。特に、応試教育で得られた業績は学校での地位と結びついているのである。

　また、「関係本位」という社会文化は校長と教師の間の協働性を壊す一因とも考えられる。それは前節で触れたように、教師は学校に存在する「関係」に基づいた「不平等」な分配方法に対しては、校長にまで不満を寄せている。例えば、以下はこの点に関する教師のインタビューである。

　　　校長のやむを得ない立場は理解しますよ。「不平等」な社会ですから、
　　校長のやり方は理解しますが、時によってはもっと平等にできるはずな

のに、校長は校長の立場に固執しています。昇進選考時に校長がいくら公平に人を選出すると言っても、正直に言えば、全然期待できる状態にありせんよ（苦笑）。

（2008年11月19日　GH教師に対するインタビュー）

　教師に公平に、平等に機会を与えることは実は無理だと思います。確かに民主的な選挙とはいうものの、それは形式だけだと思います。典型的な形式化だと思います。どうせ結果を見れば、やはり社会的な関係がある教師が選ばれると思います。校長にもたくさんのプレッシャーがかけられたはずですから、彼女の立場を理解します。そのため、自分ができることだけをきちんとしたほうがいいと思います。特に、校長をはじめ、管理者と積極的に良い関係を築くつもりはありません。

（2008年11月20日　GD教師に対するインタビュー）

　以上のように教師は校長の立場を理解していると言っていたが、校長との協働関係を積極的に築くつもりはないことがうかがえた。ここには、教師が校長の「不公平」な面に対して、失望している気持ちがあることが見られた。こうした失望や「期待しない」という教師の感情がある限り、校長との協働性を作り出すことは難しいであろう。

　なお、この「関係本位」という社会文化は学校と保護者との信頼関係も壊していることがうかがえる。例えば、教師のやり方に対する保護者の評価は、客観的な事実に基づくというより、「関係」に対する認識に起因することが多い。

　現在の社会は何でもかんでも関係が必要ですよ。但し、教師は仕事上良心を持たなければならないと思います。にも関わらず、教師の子どもに対する扱い方は全然違いますよ。例えば、私のような貧しい家庭では、教師に進呈できるものがほとんどないと思います。ですから、教師はわが子には目もくれないのですよ。豊かな家庭や官僚出身者の子どもの場

合だったら、その反対になるはずですのに。

（2008年11月21日　GPB保護者に対するインタビュー）

　正直に言えば、わが子を学校に置くことは、とても心配ですよ。なぜなら、教師は平等に子どもたちを扱うことがないからです。恵まれた家庭の子どもに対しては、明らかにひいき目に見ます。

（2008年11月21日　GPA保護者に対するインタビュー）

　実は、教室の座席の位置配分には大きなわけがありますよ。保護者が教師とよい関係にあれば、子どもを前の席に座らせます。あまりよくない関係であれば子どもは後の席になります。（注：前述したようにG校は大規模学級が多いため、席が後ろになると、授業の時に先生の声が聞こえない場合があるようです。）

（2008年11月21日　GPD保護者に対するインタビュー）

　個別指導の機会もありますよ。保護者が権力やお金がある場合には教師とよい関係を持つことが一般的だと思います。このような家庭から来た子どもの場合は、教師の授業中やある授業後に個別指導が多くあるかと思います。今は教師のキャリアとしての道徳観が薄くなりましたよ。また、学級の担当者を選ぶときにも、保護者の力によって決められる場合が少なくないと思います。

（2008年11月21日　GPC保護者に対するインタビュー）

　先日学校の先生と喧嘩しました。先生がうちの子をいじめたからです。わが子は以前から前の席に座っていたのに、何々子は両親にお金があるために、多分教師にプレゼントを買ってあげたでしょう。代わりにうちの子は後ろに座らせられました。うちの子は背が低いため、後ろに座ると黒板の字が見られないでしょう。今の先生は本当に悪徳ですよ。

　教師に提供するプレゼントの良し悪しにより子どもの座席を決めた

第4章　非先進地域におけるＮ省Ｌ市の都市部の事例　367

教師がいますよ。われわれのようなお金がない親にとってはどうしたら
いいですか。

（2008年11月21日　GPE保護者に対するインタビュー）

　このように、保護者は教師が自分の子に対して不公平に扱うのではないか
という懸念を持っていることがうかがえた。また、学校に対する不満や心配
は、恵まれない家庭の保護者だけではなく、恵まれた家庭の保護者にもある
ように見える。例えば、以下のような例である。

　　今の教師は悪徳ですね。補充クラスに参加させるために、正式な授業
　では教科を十分に教えない先生もいます。補充クラスに参加しないと、
　子どもは何も習うことができないのよ。

（2008年11月21日　GPD保護者に対するインタビュー）

　　関係を使って、子どもに良い勉強環境を作り出すことはしょうがない
　ことですよ。子どものためですから、このような社会ですから、妥協し
　なければならないと思います。

（2008年11月21日　GPC保護者に対するインタビュー）

　このような保護者のインタビューからも、保護者は学校に対して不満や不
信を持っていることがうかがえる。また、こうした不満、不信について一般
的な社会状況を、根拠なしにＧ校に当てはめようとする傾向が見られた。つ
まり、Ｇ校においては、上述したような不正な事件があるかどうかは別とし
て、保護者は主流社会に存在する問題をそのままＧ校に当てはめようとし
ていることである。そのため、保護者と学校の間に連携関係を作ることは事
実上難しいことが推測される。
　さらに、このような「関係本位」に関係した社会文化は、学校以外の日常
的な運営にも影響を与えることがうかがえる。例えば、本章の学校プロフィー
ルで触れたように、Ｇ校においては大規模な学級が多いとことに留意する必

要がある。その要因の1つは「学校選択」の問題である。第1節で紹介したように2009年の「一票否決」の体制を実施する前に、G校は「関係本位」の圧力に耐えられず、定員オーバーの状態で児童を募集した事実がある。「一票否決」の体制が実施されても、G校に入学するために裏での関係の利用がまだ続けられていることが、関係者のインタビューからわかった。このようなことは決してすべてG校の問題とは考えられない。その背後にある苦情について校長は以下のように語っている。

　　実は、定員オーバーの問題に対しては、自分もしたくないですよ。しかし、頼む人たちは私より偉いですから、頼まれたことに対応しないと、そのうちに問題になるでしょう。そのため、私はしょうがなく、思い切って教室に入りきれなくなるまで子どもを募集しました。先日わが校に入りたいという依頼が1人の偉い人からきました。私はどう答えたと思いますか。「あなたが自分で学校を見回してください。もし入れそうな教室があれば、入れてもいいですよ」と答えました。そうしたら本当に学校に来ましたよ。でも教室が満員ぎりぎりの状態を見て結局あきらめました。私にできることはこれしかないと思います。

　　　　　　　　　　　　（2008年11月18日 校長に対するインタビュー）

　以上のように、G校においては社会構造によって生じた「関係本位」という社会文化がそのまま学校に持ち込まれてきたため、学校内のサポート条件である教師間の協働性や教師と校長との協働性も築きにくく、学校外のサポート条件である学校と保護者との信頼関係までも壊されていると思われる。
　以上により、G校は上海市のS校のように社会的不正に対抗する「緩衝地帯」を設けることができていない。そのため、「関係本位」という社会の不正な価値観がG校では直接に機能しているように見える。言い換えれば、S校のような「関係本位」という社会文化に抵抗する学校文化がなければ、社会の「不平等」はそのまま学校に入り込んでくるのである。また、それはG校における内・外のサポート条件の形成に悪影響を与えたことが見られる。例えば、

第4章　非先進地域におけるN省L市の都市部の事例　369

教師間の分断化や教師間の協働性を不在にし、かつ、教師と保護者との連携関係の空洞化にもつながったのである（佐藤　2006；秋田　2006）。

6.1.2.　社会文化に関わる要因2－形式化の存在

　G校における教育実践の形式化の存在は、学校のあらゆるところに見られる。特に、「素質教育」の実施が形式化にとどまっていることが少なくない。こうした形式的な取り組みは、普段の教育活動と学校管理の両方に関わってくるものである。

　まず、教育活動の側面から見ると、前述した「本校課程」においては、「素質教育」を実現しようという呼びかけがあるとはいえ、その実施においては本章で明らかにしたように応試教育の再強化という元来ある意図の存在が否定できない。また、モデル学校であるため、「本校課程」のレポートを上級機関に提出する際に、本校の現実はともかく、形として素質教育に沿おうとする方向になりやすい。以下は副校長に対するインタビューである。

　　　本校課程の実施に関しては、実は制限されることが多いと思います。われわれは先進的なやり方をしたいですが、資源がどこにありますか。このようなレポートの作成には偏りが大きい事がわかりますが、少なくとも形式的には満たさなければならないのです。

　　　　　　　　　　　　（2008年11月18日　副校長に対するインタビュー）

　また、「素質教育」に関わる「バイリンガル教育」（双語教学）[36] の実践は形式化したままにとどまっている。さらに、素質教育と関係が深い「本校課程」の実践にせよ、応試教育になじみやすい「算数」教科の実践にせよ、一見すると「素質教育」の理念を反映した授業と言えるが、双方とも応試教育の再強化に向かって逆転させるようになっていることはすでに見られた。これこそ、G校における素質教育の実施における形式化の一面を反映するものと言えよう。

　他方、筆者が授業を見学した際にも、新しい課程改革の授業をしてほしい

かどうかと聞かれたが、教師は上級機関あるいは学校外の者に対しては、必要に応じて「素質教育」の理念を反映する授業を実施していることが推測される。つまり、「素質教育」を反映する授業の実施は日常的には実質化されていない。こうした点からも、G校は上海市のS校と違って、社会の主流としての「関係本位」と形式化を越えるものではなく、双方に陥っているのである。

6.2. 社会構造に関わる要因

　ここで、G校とS校との間には、階層差があり、G校が不利な状態におかれていることを見逃すことができない。例えば、物質的な条件の不備や地域の社会資源の乏しさなどの制約条件があるため、G校では恵まれたS校のように、不正な価値観や文化に対抗する資源が少ないことは事実であろう（Coleman 1990）。

　素質教育の実施に関しては、地域の格差に起因する条件や資源の制約がG校にとって大きな課題であることは、副校長をはじめ、教頭と教師のインタビューを通じて明らかであった。

　　わが校にとっては、先進的な教育理念より、素質教育の実施条件を完備することがより重要だと思います。北京のような先進的な都市のやり方についてわからないのではないのですよ。わが校の教師であれば、あれぐらいのやり方だったら全然問題にならないと思います。問題なのは実施条件ですよ。例えば、わが校の卓球部を例としてあげると、われわれはすべての子どもに参加してほしいと思います。しかし、いろいろなルートを通じて卓球道具の入手を図ったのですが、結局30人弱分しか集まりませんでした。これはただ氷山の一角ですよ。われわれはいろいろな制約の中で生き残らなければならないのです。素質教育にせよ、新しい課程改革にせよ、その実施に踏み切る前に、学校現場の実情を理解した上での政策を打ち出してほしいと思いますよ。

　　　　　　　　　（2008年11月18日　教頭に対するインタビュー）

実は、新しい課程改革のノウハウについてもわからないものではない
ですよ。制約条件が数えられないほどあるのです。われわれも上海市の
ような学校条件下にあれば、わが校の教師は負けてはいないと思いま
す。但し、現在問題なのは、その実施の条件がどこで得られるのかにあ
ります。そのため、現状では、新しい課程改革の理念はほとんど机上の
空論に過ぎないです。

（2008年11月18日　副校長に対するインタビュー）

　新しい課程改革についていろいろ試したいと思いましたが、制約がい
ろいろあります。例えば、プロジェクターを使いたいなら、メディア教
室に移動しなければなりません。これも1セットのみですから、ほかの
先生も使うだろうと思ったら、結局使えなくなります。

（2008年11月20日　GB教師に対するインタビュー）

　以上のように、社会構造に恵まれているとは言えないG校にとっては、素
質教育の実施には困難がつきまとい、さらに現実問題としてこの資源の制約
を乗り越えられない状態がうかがえた。例えば、副校長が指摘したように、「新
しい課程改革のノウハウ」に関してはわからないのではなく、条件「制限」の
ため実施できないことにある。G校にとっては、教師の質の問題より、社会
構造に恵まれていない問題の方がより深刻であると思われる。

　これまでG校におけるサポート条件の不在とその要因とを検討してきた。
S校が学校内・外の条件を持つことに対して、G校においては、学校内にお
ける「教師間の協働性」と「教師・校長間の協働性」が不在である。また、S
校における形成要因と比べると、G校は主流文化が横行する「関係本位」と
形式化を乗り越えることなく、その双方に陥っている。さらに、S校は社会
構造において恵まれていることに対して、G校は相対的に恵まれない存在で
ある。

7. まとめと考察

　本章は中国の第2グループの地域にあるN省のL市にあるG校における素質教育の実践を検討してきた。

　素質教育の実践をそれぞれ「算数科」と「本校課程」に当たる「国語の世界を歩こう」という科目を通じて検討した。「算数科」の授業はS校と同じく、一見すると「素質教育」の理念を反映する授業と考えられるが、実は「顕在的な授業構成」と「潜在的な授業構成」の相互干渉によって応試教育を強化する役割を果たしていたのである。一方、「本校課程」は「素質教育」の理念を反映しようとしても、結局国語の学力向上の重視によって、応試教育育成の役割を果たしているように見えた。また、なぜこうした素質教育の実践が行われてきたかについては、サポート条件の有無とその形成要因を明らかにした。G校においては、学校内のサポート条件としての「教師間の協働性」と「校長と教師間の協働性」が存在せず、さらには、学校外のサポート条件としての保護者をはじめ、社会機関や教育機関およびコミュニティとの連携も持たない。その要因は「関係本位」と形式化に陥ったこと、加えて社会構造に恵まれない存在であることが関係していると思われる(勝野・浦野・中田　2006)。

　G校の事例を通じて少なくとも以下のような考察ができる。

　第1に、前述したように、「算数」教科にせよ、「本校課程」にせよ、素質教育の育成というよりは、応試教育の育成になっていることがわかる。言い換えれば、G校の素質教育の実践は応試教育のための役割を果たしているのである。そのため、G校において素質教育を実現させるルートは、ある意味では閉ざされている。さらに言えば、G校における素質教育の実践は、応試教育だけの役割を担う危険性を持つ。

　第2に、前述したように、第3章のS校では素質教育の実践をそれぞれに関係の深い教科を通じて、「素質教育」と応試教育の双方に同時に機能させていることに対して、本章のG校における素質教育の実践は、応試教育に偏った役割を果たす傾向が見られた。そのため、素質教育の実践のプロセスにおいては「教育機会の不平等」を生み出す構造が入り込んだのである。なぜなら、

S校とG校は同じように地域においての素質教育のモデル学校でありながら、子どもに与える知識および育成能力の内実は異なるのである。また、こうした内実の違いは子どもの将来の発展にも関わるものである。第1章にて素質教育を提唱する背景を論じた時に指摘したように、素質教育の目的は21世紀に相応しい人材を作ることにある。そのため、素質教育の育成を受けられない子どもにとっては、小学校の段階において不利な立場に置かれる恐れがある。これらは真の教育機会の平等の実現を阻む問題につながるものである。G校のように、「素質教育」の理念を反映しようとする「本校課程」を設定したとはいえ、その実施上の内実、特にカリキュラムの伝達を問われると、従来の応試教育を再強化することの役割を果たすことがありうることがうかがわれる。そのため、G校での素質教育の実施は名ばかりの素質教育にとどまるしかない。さらに、上海市でのS校での素質教育と応試教育の双方をカバーする実践と比べると、G校には素質教育を実現するためのアクセスルートが不在している。そのため、G校の子どもはS校の子どものように素質教育を受ける機会もないと思われる。そのため、素質教育実践のためのカリキュラムに関しては、「教育機会の不平等」というメカニズムが含まれていると考えられる。

　第3に、G校のこうした状況は、学校の内在的な要因だけではなく、実在するより広範的な社会構造、主流価値観が関わるものである。具体的には、社会構造においては、L市はどちらかと言えば普通の「地方都市」であり、その経済的な条件や地縁の条件は上海市と比べられない面がある。義務教育に対する資金投入や財政の改善などのよりよい環境の整備は不可欠なものである。また、主流をなす価値観の関係本位や形式化は、学校の発展あるいは子どもの発展に明らかに弊害を与えているのである。そのため、学校の健全な発展にとっては、不正な主流文化にいかに対応するかが重要な課題として問われる。なぜなら、これらの問題は素質教育の実施における教育機会平等の問題と直結するものだからである。

　第4に、地域においてはS校の子どもは恵まれた家庭の出身が多い。この意味では、保護者の社会構成（階層）とほぼ関係していると思われる。しかし、

G校は社会構造に恵まれていないため、両校の子ども間には、素質教育を受けることに「教育機会の不平等」の現象が生じている。そのため、中国では、地域の格差、つまり社会構造の格差は階層より強力な存在であると考えられる。さらに言えば、欧米の教育社会学の基盤としての学業達成の格差は階層に帰結されるという理論（ブルデュー　1979；バーンスティン　1985）の矛盾が見られた。なぜなら、G校の例を取り上げると、社会構造の格差は最も重要な要因であると思われる。したがって、外国の理論モデルを借用する場合には、慎むという姿勢をとる必要がある（恒吉　2009）。つまり、中国においての教育社会学は中国の社会的特徴に基づき理論を再構築することが必要である。特に社会文化再生産のような欧米の社会にとって親和性を持つ理論に対してはなおさらのことであろう。

注

1. 筆者は本論文で触れた調査以外に、雲南省、内モンゴル自治区、北京で研究調査を行ったことがある。筆者の見た限りでは上海市以外にも、人民大学教育出版社と北京師範大学出版社の2種類の教科書を使うことが一般的である。本調査のN省においては、北京師範大学出版社の算数の教科書が採用されている。筆者は上海市のS校の算数教科書とG校の算数教科書を比較したことがある。教科書の内容構成は同じではないが、教科書を作成する建前としては新しい課程改革の理念を反映していることがわかる。そのため、算数科目の教科書の構成は、筆者の考察のポイントとして設定していない。
2. 以下の情報は2001年の『N省における課程改革の実施方案』から得られたものである。
3. 具体的には、N省における課程改革の通知を参照。
4. 以上の結論を出したのは主に2つの根拠に基づき提出したものである。①以下は中国の経済新聞の記者が中国の統計局、および各省の政府の仕事レポートに基づいて作り出した都市のランキングである。②〈http://hi.baidu.com/%C1%FA%B8%D0%BA%FE/blog/item/239952ca26455891c8176848.html〉、2011年11月16日入手。①②の結果の信頼性を検証するために、L市の政府の行政者へのインタビューの内容と照らし合わせた結果、根拠①と②は一致していると判断されたのである。なお、中国の2011年の1人当たりのGDPはおよそ4400ドルである。
5. 2008年の5月の本調査を行った際の、行政者および校長に対するインタビューによる。
6. 2008年5月28日に入手した学校内部資料によるものである。
7. 2008年5月28日校長に対するインタビュー。
8. 「一票否決」という仕組みは、学校選択を改善し、不正入学を予防するために、G校における学級規模が50人を超えないことが区政府によって規定されたものである。例えば50人の規模を超えたら、学校はいくら業績があっても上級機関から評価されない。

第 4 章　非先進地域における N 省 L 市の都市部の事例　375

その結果として行政からの財政および関連優遇支持を得られなくなることである。

9. 2005年、2010年6月10日に校長に対するインタビューによるものである。

10. 2008年11月11日の校長に対するインタビューによると、「保護者に失業者が多い。また、自営業者が多い」とのことである。そのため、「経済的には、富裕層が少ない」のである。

11. 先行研究では、上質な教育は中国の保護者にとって争い奪い合う資源である。中国は通学制とはいえ、保護者が自ら行う学校選択が少なくない。良い学校に子どもを入学させようとする保護者は社会地位が高ければ高いほど有利な存在であると指摘された（楊　2005）。これは、後述した関係社会という中国の社会文化と関わることでもある。

12. 2005年5月10日と2008年の11月10日に手に入れた学校資料から引用したものである。

13. 2008年11月13日の校長に対するインタビューによるものである。

14. 2008年11月13日、校長室にて校長インタビューをするときに、校長は1本の電話に出た。電話の内容は省の上級機関によるG校見学を行いたいとの打診が市の上級機関からあった。校長は「ほかの学校に行ったらどうですか」といった。…「モデル学校とはいえ…」。「わかりました。」と答えた。以上の会話の内容から、G校はモデル学校のため、上級機関から見学や指導があると判断できる。その上、校長に「この様な活動が多いですか」と筆者が尋ねると、校長は「そうですね。準備は大変ですが」と言った。

15. 例えば、「小学校資源網」（http://www.xj5u.com）はG校の教師が良く使われたホームページである。

16. 2008年11月12日GF教師に対するインタビュー。

17. 中国の通貨単位は「元」として表記されている。その補助単位としては、「角」、「分」がある。その間の換算については、1元＝10角、1角＝10分である。

18. 新しい課程改革は小学校から中学校までの9年間は3つの学習段階に分けられた。すなわち、第1学習段階（1－3学年）、第2学習段階（4－6学年）、第3学習段階（7－9学年）である。

19. 以上に取り上げた2点のポイントは第2学習段階、第3学習段階にも適用されている。例えば、第2学習段階の授業アドバイスによると「算数授業は、子どもたちの生活環境と密接に結びつきながら、子どもの経験および既存の知識から始まり、子どもの自主的な学習や協力交流の情景を作りだし、子どもは観察、操作、帰納、類比、推測、交流、反省という活動を通じて、基本的な知識と技能を習得し、発展的な思考能力、学習意欲、算数に対する自信を育てるようになる」と指摘された (p.64)。一方、第3学習段階の授業アドバイスによると、「数学授業は、生徒の現状把握から始まり、生徒の自主的学習にとって、有利な問題情景を作り出し、生徒に実践、思考、探索、交流、知識の獲得、技能の形成、発展の思惟、学ぶことを導く、生徒は教師の指導に基づいて、生き生きとした主導的個性的な学習を行う」とする (p.80)。

20. 〈http://www.moe.edu.cn/publicfiles/business/htmlfiles/moe/moe_1778/200710/27725.html〉、2012年6月18日入手。

21. ibid.

22. 喜洋洋は中国でよく知られているアニメのキャラクターである。

376

23. 2008年11月13日校長に対するインタビューの内容を基に整理したものである。

24. 2008年11月13日校長から入手した区レベルの行政会議における発言原稿。

25. 弟子規は中国の儒教文化の入門書である。その内容は主に五つの部分に分けられる。学習者が在宅、外出、社交、接触、学習において具体的に守るべき社会規範について記述した本である。

26. 「三字経」は中国における国学の啓蒙書である。内容は歴史、天文、地理、道徳および民間の伝説にわたるものである。1990年のシンガポールの英語のバージョンはユネスコの「児童の道徳のシリーズ」になっている。

27. 8つの文献とは以下である。1. 面白い動物園　2. 石鹸の泡　3. 胭脂の太陽　4. 小さい草が好き　5. 団結は力　6. ガラス兄弟　7. 小さい鶏を孵化する　8. 海洋―21世紀の希望

28. ここでのお客さんは筆者のことを指すものである。

29. この段落の「弟子規」の内容の意味は以下通りである。つまり、小さいことであっても、わがままを言うこと、自分勝手にすることはいけません。両親に報告しなければなりません。勝手なことをすると間違いが生じやすくなります。そのため、子どもとしても責任が問われます。さらに、両親に心配をかけることになり、それは、不孝な行為です。公共財は小さいものであっても、自分の物として占有することはなりません。個人で占有するような行為は、品格を欠くことになると思います。もし、両親が知ったならば、両親を悲しませることになるでしょう。

30. 2008年11月12日2年生のフィールド・ノーツ。

31. この問題は筆者の研究関心事であるため、G校の校長に数回インタビューを行ったことがある。それは、2005年9月28日、2008年11月19日、2010年の2月12日であった。

32. 同上。塾に通う科目はピアノ、ダンス、絵、書道、バイオリン、英語などである。

33. ここでは、教科担当についての学校制度を触れる必要がある。上海市のS校では教科の担当は明確に分けられている。つまり、算数と国語の授業は、それぞれ異なる教師によって担当されている。それに対して、G校では算数と国語の授業は同じ学級の担当教師によって行われている。そのため、G校においては、学級担当の教師たちは一つの大きな職員室を共用している。S校の算数の教師は同じ職員室（教研組）にて休憩をしたこと、授業の準備をするという場面が頻繁に見られたことに対して、G校の学級の担当教師が多人数で職員室に集まることは、観察の間にてはほとんど見られなかった。

34. 教師進修学院は中国における教師訓練の機関である。2001年の新しい課程改革を実施し始めてから中国における教育政府機関に対応する教師訓練の機構を作り出したのである。例えば、省レベル、市レベル、区レベルに相応する教師訓練機関がある。具体的なことは、第2章を参照されたい。

35. 2011年の6月の追加調査によると、その後このような社会活動をやめている。

36. G校における「双語教学」とは、英語を子どもに普及させるべく、教師たちは必修科目にて英語を使うことである。例えば、算数授業においては、教師はできれば簡単な英語を子どもに教える。G校での「双語教学」は2003年から実施し始めたが、半年を過

第4章　非先進地域における N 省 L 市の都市部の事例　377

ぎても教師の英語のレベルの制約のため、実質的には行われていない。なお、上級機
関の査察を受けるときには、学校が指定した教師によって行うことがある。例えば、
筆者の2008年の11月の本調査においては「双語教学」を採用する「算数授業」を見学
したことがある。

第5章　非先進地域におけるN章L市の農村部の事例

　本研究の目的は素質教育の実践におけるカリキュラムの伝達・構成の差異を通じて、「教育機会の平等」の問題を問うことである。そのため、第3章の素質教育の実践における「先進都市型」の素質教育の実践モデルと第4章の素質教育の実践における「非先進都市型」の素質教育の実践モデルをそれぞれ明らかにした。本章では「先進農村型」H校の素質教育の実践モデルを明らかにする。

　本章の構成は第3、4章のように、第1節では、本章の問題設定を行う。第2節は、H校の位置づけを述べる。第3節では、応試教育の性格が強いと言われてきた「算数科」の実践状況を検討し、次いで、第4節では、素質教育と関係が深い「本校課程」を検討する。第5節では、H校の素質教育の実践における学校内・外のサポート条件の有無を検討し、第6節はこうした素質教育の実践においての社会・文化的な要因を明らかにする。第6節ではまとめと考察を行う。

1.　本章の問題設定

　本章における問題設定は、第3、4章の問題設定と同じように展開したい。つまり、メインクエスチョン（MQとして表記）とサブクエスチョン（SQとして表記）を通じて問題設定を行う。具体的には、MQは非先進地域における農村型の素質教育の実施モデルとは何か。それは、具体的には、SQ1の応試教育の性格が強いと言われる「算数科」とSQ2の素質教育と関係の深い「本校課程」の「本校作文」における顕在的・潜在的な授業構成を通して検討する。

第5章　非先進地域におけるN省L市の農村部の事例　379

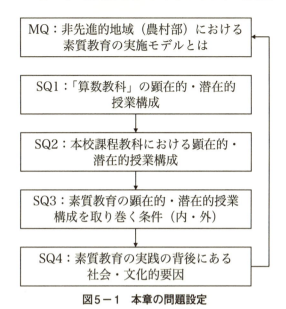

図5−1　本章の問題設定

SQ3はこうした素質教育の実践における学校内・外のサポート条件の有無を検討し、SQ4はこうした素質教育の実践を取り巻く社会学的要因を検討する。それらは**図5−1**にまとめている。

＜研究データ＞

　本章で使われた研究データは主に2005年5月4〜6日の本調査と2008年12月8〜12日の本調査によって得られたものである。2005年の調査においては、毎日授業観察を行った後、子どもに対して短いインタビューをした上で、できる限り当日担任教師に資料の請求とインタビューを行った。また、学校に関する資料の取り寄せはほとんど毎日行った。さらに、調査にて得られた情報を踏まえて調査の終日校長をはじめ、学校の管理者や教師に対してインタビューを実施した。それに加えて、5日と6日は保護者に対してもインタビューを行った。一方、2008年の調査においては2005年の調査のように、毎日授業観察を行い、当日担当教師に資料の請求とインタビューを行い、終日校長をはじめ、管理者、コミュニティの担当者などに対してイ

ンタビューを行った。また2008年の12月10日と11日には保護者に対して
インタビュー行ったことに対して、2008年の12月11日と12日にはコミュ
ニティの担当者にインタビューを行った。インタビューの時間に関しては
2005年と2008年の調査ではほとんど同じ、30〜60分であった。

　また、算数授業に関する授業場面は主に2008年のデータに基づくもので
ある。他方、「本校課程」に対する授業観察のデータは2005年のデータによ
るものである。なぜなら、「算数科」の授業においては　2005年と2008年
とでそれほど変わりがなかった一方で、「本校課程」は現存する制約によっ
て2006年から概ね廃止されたからである。

2. Ｈ校の位置づけ

　本節では中国でのＨ校の位置づけを明らかにするために、Ｈ校のプロ
フィールと問題設定について述べる。

2.1. Ｈ校のプロフィール

　Ｈ校はＮ省のＬ市のＹ県にある農村小学校である。Ｙ県の経済はＬ市では
上位に属している[1]。Ｙ県の税収は主に鉄鋼業と農業に依存するものである[2]。
「十一五」[3]の末期Ｙ県のGDPは205.2億元まで拡大し、Ｎ省におけるベス
ト30県[4]に入った。そのため、Ｙ県の経済力はＮ省では上位にある。さらに、
Ｈ校の校長のインタビューによると、Ｈ校の物質条件は同レベルの県におけ
る農村小学校の中では、恵まれていると言う[5]。

　Ｈ校は9000平方メートルの敷地を持ち、建築面積は2000平方メートル
程である。実験室、図書室、音楽室、コンピュータ室、メディア教室などを
揃え、子どもの1人当たりの図書数は30冊である。また　2006年には新し
い校舎を建てた。Ｈ校を一見すると、その資産条件はＧ校に劣らないほど
であった。この意味では、冒頭で触れたように、Ｈ校の資産条件は、省にお
ける農村小学校の中では、上位の水準に達していると思われる[6]。また、Ｈ
校の教師は専門学校以上の学歴を持っているため、全員が国の教育学歴の規

定標準に達している。さらに、45歳以下の教師は、全員がコンピュータの使用免許[7]を習得していた。

　一方、学校を経営する経費は県政府をはじめ、村の政府、省政府などの政府財政からも支給されている。但し、この中で支給の主体は県政府である。例えば、教師給料や学校の日常の運営費用はすべて県政府が出資している[8]。そのため、県政府の財政力は、小学校の運営に直接に影響を与えていると考えられる。

　H校の子ども数は340人前後であり、教師数は19人である。学級人数は45～55人である。H校は農村小学校のため、子どものほとんどは学校の近辺に住んでいる村人の子どもであり、クラスごとに2～3人の出稼ぎ家庭[9]の子どもがいる。要するに、H校の子どもの家庭は社会の底辺層に所属する農民家庭が中心である。

　H校は素質教育の実施で知られている。そのため、モデル学校として行政機関によって視察されることが多い。かつ、省をはじめ、市・県のメディアによって報道されたこともある。また、国レベルをはじめ、省レベル、市レベル、県レベルにある研究プロジェクトの拠点校でもある。以上のように、L市のY県におけるH校は素質教育の実施においては、先進的な農村小学校であり、素質教育の実施においては、農村小学校のモデル校であると理解できる。これは筆者がH校を選んだ理由でもある（詳細は序章の方法論を参照されたい）。

2.2. 学校理念

　H校の経営理念は「道徳を通じて学校を営み、道徳を通じて子どもを育て、道徳を通じて己[10]を高める」[11]ことである。このような経営理念を見る限り、「道徳教育の重視」という素質教育の理念を反映し、かつそれを重視していることが推察される。

　また、学校目標は「現存する教育資源を生かそう、子どもの個性発展を促そう、特色がある学校を作ろう」ということである。このような学校目標は、新しい課程改革の理念と一致していることが読み取れる。例えば、「特色が

ある学校を作ろう」というのは、『基礎教育課程改革綱要』での特色がある学校づくりの理念からきたものと理解できよう (教育部　2001)。特に、「子どもの個性発展を促そう」という文言は、素質教育の3つの要素の中の「子どもの主体性の育成」の理念を反映したものである。

　なお、子どもの育成目標は、「基礎を着実に身につけさせよう、特徴を目立たせよう、調和的な発展をさせよう」である。ここでの「調和的発展」は素質教育の「全面的な発展」の意味とつながることがわかる。「基礎を着実に身につけさせる」ということは、新しい課程改革の「基本知識」および「基本技能」の重視と一致している。「特徴を目立たせる」ことは、H校の学校目標で触れた「子どもの個性の発展」と関連するものであると理解される。つまり、子どもの特長を伸ばすことを通じて、子どもの個性をアピールすることが目指されている。

　したがって、H校の学校運営理念をはじめ、学校目標と子どもの育成目標は、「素質教育」の理念や新しい課程改革の理念と直接的に、あるいは間接的に結びつくものであり、H校における学校の公文書を見る限り、「素質教育」の理念に基づいている。

3. 「算数科」における素質教育の実践

　前節ではH校の「学校理念」においては、素質教育が反映されていることがわかった。だが、第3章と第4章で検討してきたように、具体的な素質教育の実践においては学校理念と乖離するところがある。例えば、一見して「素質教育」の理念を反映する算数授業であっても、結局応試教育を機能させるという逆転が見られた。そのため、本節では、H校における「素質教育」の理念が実現されているかどうかは算数授業を通じて検討する。具体的な算数授業を検討する前に、H校は、いかなる施策を通じて「素質教育」の理念を具体化しているのかを見る必要がある。それは、「算数科」に関する学校の指導案を通じて明らかにしたい。

3.1. 学校指導案に基づく授業改革に関して

　H校が新しい課程改革を正式に実施し始めたのは2004年からである。その際、いかに新しい課程改革を実施するかを探るために、授業改革に関する研究会を編成して取り組んだ。研究会は校長をはじめ、教頭、ベテラン教師によって構成されたのである。筆者は研究会によって作りだされた『教師の課程改革ニーズへの適応』という研究案に基づき、H校における授業改革の施策を考察する。結論から先に言えば、研究案における授業改革の施策は、主に「教師・児童の役割転換」と「授業スタイル転換」をめぐって展開された。以下に、「教師・児童の役割転換」と「授業スタイル転換」のそれぞれについて検討していく。

　まず、「教師・児童の役割転換」について見てみよう。研究案によると「教師は、授業活動においては、子どもと一緒に積極的、能動的に行動しなければならない。あわせて、知識の伝達と能力の育成との均衡関係に正確に対応しなければならない」[12]と明記され、さらに、教師は「従来の知識の伝達者から子どもの学びの促進者になる」ことが求められた[13]。これによって、従来の教師が主役とした伝達者の役割を否定し、子どもを主役にさせようとする意図を研究案で示した上で、教師は従来の「伝達者」から「学びの促進者」に転換することが明記された[14]。これは『基礎教育課程改革綱要』によって強調されたように、素質教育のもとでは教師の役割は「組織者」、「援助者」、「促進者」であるとされていた点と一致している (教育部　2001,pp.8-9)。以上のように、H校においては「教師・児童の役割転換」が授業改革の重要な施策として実践されたことが読み取れる。

　一方、研究案によると、「授業スタイルの変換」と活用が提起された。例えば、「かつての古い授業スタイルを変えなければならない。子どもたちに自らの参加や自主的な探求をさせながら、手作業能力や知識収集能力などを育成させる授業スタイルを使うべき」と指摘された[15]。また、グループ学習の細かい方法まで提起されている。例えば、「実施の状況を考慮した上で、グループ活動の場合は隣の子どもと一緒に1つのグループを作る」ことが取り上げられた[16]。このように、「授業スタイルの変換」を求めていることが

見られた。さらに、グループ活動、自主探求、手作業などをも推進されている。これらは、新しい課程改革によって推奨された授業スタイルと同じものである。さらに、研究案は素質教育を推進しようとする意図のもと、例えば、研究案おいては、「伝統的な『応試教育』に相応しい授業スタイルに変えなければならない、素質教育を着実に実行しなければならない」[17]ことを強調した。

　以上のように、H校においては、公の学校理念をはじめ、学校内部の指導資料にまで「素質教育」の理念を推進しようという意図がうかがえた。しかしながら、前章のL市の都市部のG校にせよ、第3章の上海市のS校にせよ、いずれも学校文書レベルでは同じく素質教育を推進しようとすることが見られたが、実際的な授業や教授活動の段階を検討すると、形として素質教育の推進が応試教育として機能するような逆転の現象が生じていた。そのためH校の素質教育の実状を知るためには、H校の教学授業の実態を見る必要がある。以下では、「算数科」の授業実践を見てみよう。

3.2. 算数授業

　H校における算数授業の実態を描き出すためには、モデル学級と一般的な学級とに分けて検討しなければならない。なぜなら、H校には、「モデル学級」と「一般的な学級」が存在し、「モデル学級」は文字どおりに、モデルとして存在している学級であるからである。しかし、ここで留意すべきは、「モデル学級」の存在は、「モデル教師」の存在からきたと思われる。つまり、「モデル教師」が担当している学級は「モデル学級」として理解されている。「モデル教師」はベテランの教師であり、上級機関によって主催された教師研修により多く参加した人達である。なお、「モデル教師」はわずかしか存在せず、H校においては2～3人の程度である。「モデル学級」はある意味では、H校の限られた教師という現実によって作り出された産物であると思われる。この点については後述にしたい。「モデル教師」の授業の特徴は簡潔に言えば、「素質教育」の理念により近い取り組みを行っていることである。つまり、「素質教育」の理念あるいは新しい課程改革によって推奨された方法を基に授業を行う。例えば、授業の実施においては、「授業スタイルの転換」、「教師・

第 5 章　非先進地域における N 章 L 市の農村部の事例　385

児童の役割転換」、「教師権威の緩和」などの本研究で素質教育の実践に見られるものとして特定した特徴によって表わされるものである。また、以上の授業実践は一貫性を持つことが特徴的である。一方、一般的な学級は、L 市のG 校の一般的な学級と似ていた。特に、モデル学級より授業改革の要素は薄れていることが顕著に見られた。例えば、授業では従来の授業スタイルの実施がメインであり、新しい授業スタイルを使ったとしても、授業に日常的に使うことはなく、上級機関の審査や外部者の見学の際に使うもの、演技・披露するものであった。そのため、モデル学級の授業と一般的な学級の授業に分けて描き出す必要がある。

　以下、まず、モデル学級の授業を検討する。

3.2.1.　モデル学級の授業

　具体的な授業を見る前に、「モデル教師」について検討する必要がある。前述したように、「モデル教師」の存在はそれなりの理由があり、ある意味では、H 校にとってのやむを得ない選択であるとも考えられる。

(1) モデル教師について

　H 校において、「モデル教師」は教授活動においてベテランの教師であり、かつ、新しい課程改革の理念をよりよく理解している教師であるとされていた。では、この「モデル教師」はどのようにして「モデル」となるのか。H 校における教師は農村小学校にいるため、上級機関の研修に参加できる機会は多くない。特に、市レベルの教師研修をはじめ、省レベルの教師研修に参加するチャンスはなおさらである。そのため、上級機関の研修に参加する教師はわずかであり、こうした状況の中で、誰を教師研修に行かせるかが資源の配分の観点から問題となる。H 校はこの問題に対処するために、教師研修の参加は「優勢集中」[18]を基に選定する。つまり、限られた教育研修の機会を「最優秀」の教師に与えることになっている。

　H 校にとって、教師研修のチャンスは限られたものであり、すべての教師に配分することは不可能である。そのため、ベテランの教師のみがこのよう

な稀な機会を得ることになるのだが、こうした選定基準の正当性は、ベテラン教師が教師研修で習った先進的な教学理念や方法を、学校内研修を通じてほかの教師に伝えることにある。このような教師研修のチャンスを与えられた教師はH校で3名しかいない。そのため、こうした「優勢集中」という理念は機会均等の理念とはまったく無縁の話であるが、H校にとっては合理的な選択として受け入れられている。なぜなら、H校の限られた教育的資源でH校が生き残っていくためには、こうしたやり方は最も有効なものであるとされ、それは校長をはじめ、教師の中でコンセンサスが得られたものである。

　　われわれのような農村小学校においては、基本的に教師の質は都市の教師より低いと思います。もちろん、これは、単に教師だけの問題ではないと思います。例えば、教師研修の例をあげると、大都市北京、上海の場合は、学校のすべての教員は質がよく、教師研修を受けるチャンスがあると聞きました。しかし、わが学校では、上級機関の研修、特に、市や省レベルの研修をすべての教師に与えることは不可能です。そのため、上級機関での研修チャンスがあれば、優秀な教師に与えた方がよいと思います。優秀な教師はなんといっても、理解力や専門スキルなどが高いと思いますから、学習効果もより高いでしょう。また、これらの教師が習ったことは校内研究会を通じて、ほかの教師に教えることもできます。限られた教育資源の中では、優勢集中の方式を取らざるを得ないと思います（苦笑）。

　　　　　　　　　　　（2008年12月10日　校長に対するインタビュー）

　　教師研修は良い機会だと思います。したがって、みんなに機会を与えられたらいいなと思います（笑）。しかし、現実には不可能です。わが校のような農村小学校は、確かに限られた条件の中で頑張っています。だからこそ、限られた教育資源を最大に活用したほうがいいと思います。ベテラン教師が教師研修を受け、先進的な教学経験を学校に持ち帰ってくれるとありがたいと思います。特に、上級機関の審査を受ける時に、

第 5 章　非先進地域における N 章 L 市の農村部の事例　387

われわれの負担を減らすことにも役立つからです。

（2008 年 12 月 12 日　HE 教師に対するインタビュー）

　農村小学校ですから、しょうがないことだと思います。誰でも先進都市に研修に行きたいでしょう。しかし、現実は現実ですよ。現在わが校は日常の運営に精一杯ですから、学校の出費で研修に行く事は不可能です。上級機関からの研修枠を使って行くしかないと思います。問題は、このような枠がとても小さいことです。年に 2 〜 3 名ぐらいだと思います（筆者注：市レベル以上の研修機会）。わが校では、こうした研修機会は 2 〜 3 名のベテラン教師に占有させています。確かに、この 2 〜 3 名の教師はレベルが高いと思います。したがって、あのような先進的な理念についていくことができます。代わりに、私が行ったらどうなるでしょうね。帰ってきてからほかの教師に教えることは無理ですね。教育資源を無駄に使わないことが正しいやり方だと思います。

（2008 年 12 月 12 日　HD 教師に対するインタビュー）

　このように、H 校でモデル教師が生まれた背景には、限られた教育資源の中では、より優秀な教師により多く教育資源を割り当てるという考え方に依拠したものである。こうした基準にしたがうならば、モデル教師の出現は当たり前のことであり、モデル学級の出現も不思議には思われないであろう。とはいえ、この基準は表向きのものに過ぎない。ここでは、その根底にある問題への視点を忘れるわけにはいかない。例えば、H 校がこうした状況下に置かれたことは、現存する教育における「城・郷二元性」という社会構造と地域格差に起因する問題であるからである。それは、教育資源の分配においての「強者原理」でもある。ここでの「強者原理」とは、恵まれる者ほどより多くの教育資源を与えられることである。例えば、恵まれた地域であるほど教師研修チャンスは多くなることに対して、恵まれない地域ほど少なくなるのである。要するに、H 校のモデル教師の出現は、単に学校の状況によって生まれたものではなく、その根底には、より広範な社会環境とつながる格差

問題があると思われる。

　次に、本節の主題である授業実践に戻って、モデル学級の授業の実態を取り上げたい。

(2) モデル学級における「顕在的な授業構成」

　前節ではモデル学級が生まれた要因を明らかにしたが、本節ではモデル学級の算数授業の授業場面について検討する。具体的には、上海市のS校とL市のG校の場合と同様に、「顕在的な授業構成」と「潜在的な授業構成」とに分けて考察を進めたい。「顕在的な授業構成」は「授業スタイルの変換」、「教師・児童の役割転換」、「教師権威の緩和」の3側面をめぐって描き出されるものである。なお、ここで留意すべき点としては、モデル学級においては、S校とG校のような意味での、顕在的な素質教育に対する「潜在的な授業構成」が存在しないことである。つまり応試教育においての「効率の追求」、「教科学力の教科」などは見られず、かわって「道徳教育」重視がその特徴とされている。

　まず、「顕在的な授業構成」を見てみよう。

① 授業スタイルの変換

　前述したように、H校においての「顕在的な授業構成」は、S校とG校のように「授業スタイルの変換」、「教師・児童の役割転換」、「教師権威の緩和」が見られる。ここでは「授業スタイルの変換」を検討する。

　H校のモデル学級の「授業スタイルの変換」に関しては、「具体例の使用」、「グループ活動や自主探求の活用」、または、「教科の横断的取り組み」があげられる。

具体例の使用

　「具体例の使用」は授業の始めに、あるいは、新しい知識を習得する際によく使われる。授業を始める時の使用は、前述した素質教育に沿った「数学課程標準」によって推奨された授業の「情景創設」とつながるものである（教

第5章　非先進地域におけるN章L市の農村部の事例　389

育部　2001,p.51）。例えば、筆者が観察した2008年12月9日の3年生の授業において、授業の前に教師は新年をお祝いするような「年画」（新年のお祝いのための絵）を黒板に貼り付け、授業を始めた。教師は指で黒板を指しながら、「これはなんですか」と子どもたちに聞き、子どもたちが「年画」と答えたことを聞いて、教師は「そうです。よくできました」と評価した上で、続けて「大晦日の夜12時直前の数秒間にわれわれは何をしますか」と子どもたちに聞いた。子どもたちは質問を理解できなかったようで、答える者がいなかった。教師はこの状況を見て、「数字を数えながら、新年をお迎えするでしょう」と子どもたちに自ら答えを示した。何人かの子どもは「そうです。数字を数えることです」と繰り返し言っていた。教師は「では、皆さんは1から20まで数字を数えてください」と子どもたちに求めた。このような授業場面を通じて、教師は具体例を使って子どもの日常的な生活の経験を活かしながら、授業の情景を作り出している。

　一方、具体例を使用することは具体的な練習問題を解く場合にも使われていた。以下にあげたのはその一例である。これは上述した授業の場面のノーツから抜粋したものである。

　　　教師：新年をお祝いするために、皆さんは歌ったり、踊ったりするでしょう。教科書の98ページを開いてください。自ら問題を読んでください。

　　（子どもたちは先生の指示を受けて、教科書を開き、算数問題を黙読した。数秒をたってから）

　　　教師：歌う人は何人ですか。

　　　子ども：11人です。

　　　教師：踊りは何人ですか。

　　　子ども：5人です。

　　　教師：楽器を演奏する人は何人ですか。

　　　子ども：1人です。

　　（教師は子どもたちの答えを聞きながら、小さい黒板上の事前に準備した表にその

答えの数字を書き込んだ。)

歌	11人
踊り	5人
楽器	1

　<u>教師「では、手元にある小さいビニール棒を使って、お祝いの演出者が何人かを計算してください」と子どもたちに求めた。</u>

　(子どもたちは教師の指示を聞いてから、手元にあるビニール棒を使って、計算の作業を始めた。)

(フィールド・ノーツ　2008年12月9日3年生)

　この授業場面を通じて、特に下線がある部分のように、教師は子どもに具体例を用いて答えを導きだすことを求め、ここでは、子どもたちは小さいビニール棒を使って算数問題を解いている。具体例を使って子どもの計算能力と手作業能力を育てようという教師の授業意図が読み取れる。

　以上のような具体例を使うことは、取り上げたモデル教師の授業のみならず、ほかのモデル教師の学級にも見られた。例えば、上述したHC教師の授業には「1人で遊んでいて、グループ活動に参加しない人がいるようですね。隣の人と真面目に一緒にやりましょうね。人に迷惑をかけないでくださいね。」(2008年12月8日)、またはHBの授業においては「われわれは高学年ですから、後輩たちに手本を見せるために、規律を守らなければなりません。授業での私語はやめてくださいね」(2008年12月11日)のように、教師権威の緩和の一面がうかがえた

　しかし、ここで指摘しておきたいことは、このような使い方はL市のG校と似ていると言えるが、上海市のS校とは異なるものである。例えば、情景創設においては、S校はITを使うことに対して、H校では具体例をその代替の手段として使っていたことはすでに述べた。つまり、「授業情景」としては同じであるとはいえ、中身を見ると異なることがわかる。それは、学校の運営資金上の条件の違いに関わるものと思われるが、この点については後述に譲りたい。

第5章　非先進地域におけるN章L市の農村部の事例　391

グループ活動の活用

　H校での「授業スタイルの変換」に関しては、「具体例を使う」こと以外に、「グループ活動の活用」も見られた。例えば、同じHA教師の算数授業で見られた一場面を見てみよう。

　　　教師「そうです。黒板を見て、ほかの質問を作ることができますか。グループで討論してください。」

　　　（子どもたちは教師の指示を受けてから、隣の子どもとの2人組みで討論を始めた。1分ぐらいたったところで）

　　　教師は「皆さん、できましたか」と子どもたちに聞いた。

　　　（そして、教師は前回にも答えた男の子を指名した。）

　　　　　　　　　　　（フィールド・ノーツ　2008年12月9日3年生）

　この授業場面を通じて、教師は子どもたちにグループの討論を求めている。ここで、留意すべき点は、それが上海市のS校と異なることである。すなわち、上海市のS校のグループ活動においては、4人グループの構成であることに対して、H校の場合は隣の子どもと2人の構成である。これは、先に触れた学校の授業改革の研究案の中で指摘された2人グループ構成と一致している。また、グループ活動の時間はとても短いこともあって、下線のように、1〜2分間ぐらいで済ませている。これと同様の2人構成グループの活用は、ほかのモデル学級にも見られた。例えば　2008年12月8日の3年のHC先生と12月11日の4年のHB先生の授業においてもこの様な場面が見られた。

　　　分数についてはすでに学習していることから、教師は子どもにグループ活動を求めた。子どもたちは2人でグループを作り、紙を折りながら、分数の等分に取り組んでいる。1つのグループでは、1人の子どもが紙を折り、1人は見ている。紙を折りたたんだ子どもは、相手に「僕はここまでに2等分を2回折った。これは4等分です」と説明した。相手の子どもは頷きながらじっと見ていた。1〜2分ぐらいしてから教師はグ

ループ発表の指示をした。

（フィールド・ノーツ　2008年12月8日）

　　教師は子どもたちにコイン投げのゲームを指示した。子どもたちは教師の説明を聞いてから隣同士の2人で組んでゲームをし始めた。子どもたちはコインを投げる子どもと表面か裏面か計算する子どもという役割分担をした。ゲームの最中に、「裏面は3回目」と大きな声を出した子どもがいた。このような活動を1〜2分ぐらい続けてから教師は「誰かゲームの結果を教えてくれませんか」と子どもに聞いた。

（フィールド・ノーツ　2008年12月8日）

　以上のように　2人のモデル教師のそれぞれの授業場面である。これは先述した3年生の授業と大体同じようなものである。つまり、グループの授業は2人構成であり、また、グループの活動の時間はとても短く、ほとんど1〜2分程度であった。ここでは、このようなグループ活動にて、実質的に子どもたちの協力能力や自主探究の能力などを育てられるかどうかは別の問題として、少なくとも、「授業スタイルの変換」が形としては見られることは事実である。

教科横断

　さらに、前述した授業スタイルのほかに教科横断という授業スタイルの変換がうかがえた。例えば、3年生の授業においては算数授業の途中、国語と関連した古典詩の朗読および音楽の踊りを行ったのである。以下はその授業場面の一端である。

　　（授業を15分ぐらい続けた後）
　　教師は「皆さん、疲れましたか。」と子どもたちに聞いた。「疲れました。」と全員が答えた。教師は「それでは、一緒に活動をしましょう。」と子どもに呼びかけた。

第5章 非先進地域におけるN章L市の農村部の事例 393

（教師の呼びかけを聞いて教室の中にばらばらに座っていた6人の子どもは自分の
席から黒板の前に来た。3人の女の子と3人の男の子である。）

　子ども達は、「春夜襲雨」という歌を歌いながら、ダンスをした。4分
ぐらいで歌と踊りが終わると、「静夜詩」という古典の詩を朗読した。
これが終わると「鋤禾日当午、汗滴和下土」という詩を全員で朗読した。

（このような活動が12分間ほど続けられた。）

（フィールド・ノーツ　2008年12月9日3年生）

　このように、算数の授業の間に国語につながる古典の詩の朗読と音楽とい
う教科の踊りを取り入れたのである。また、このような授業活動は12分間
ぐらい行われた。このような授業スタイルの併用は、「疲れ」を紛らわす役
割が期待されたものであることが教師の発言からわかった。しかし、この授
業活動は子どもの「算数学習」に対して役立つものとは言いがたいであろう。
なぜなら、H校の「教科横断」の形をなすとはいえ、子どもにとっては、実
質的に算数の習得に逆効果を与える恐れがあるのではないかと考えられる。
例えば、限られた授業時間の中、算数授業とまったく無関係な活動を長時間
にわたって行ったのである。これは算数の教科知識の習得に役に立つものと
は言いがたい。一方、素質教育における「創造能力」と「実践能力」の育成に
も役に立つとは考えにくい。なぜなら、「教科横断」の授業活動の中での古
典の詞の朗読は、国語とつながっているものであり、歌を歌ったり、ダンス
をしたりすることは、音楽の教科とつながっている。このように、限られた
算数授業の中でどのような教科についての教育効果を望みたいかが曖昧に
なっている。この点についてこれから再度触れたい。ここでは、当初の「授
業スタイルの変換」という本来の話題に戻りたい。このような教科横断の使
い方はほかのモデル学級にも同じく見られたのである。その進め方は、ほぼ
前述した3年生の授業と同じものである。このような教科横断の場面はHC
教師とHB教師の授業にも見られた。

　授業を20分程度行ったところで、教師は子どもたち「皆さん、疲れ

たでしょう。では、気分転換しましょう。」と子どもに言った。子ども
は大きな声で「疲れました。」と答えた。「次は、演出の時間です。」と子
どもに告げた。2人の女の子と2人の男の子が席から立ち上がって、黒
板の前に来た。教師「今日この4人はどのような素晴らしい番組を持っ
てきたのでしょうか。」と子どもたちに聞いた。この4人の子どもは、ま
ず、暗記した「沁園春・雪」の文章を朗読した。2人の女の子はダンスを
した。これらを15分ぐらい続けたところで再び算数授業に戻った。

（フィールド・ノーツ　2008年12月8日）

　授業が20分くらい進んだころ、教師は「みなさん、疲れたでしょう。
新しい番組を見てみましょう。では、本日の演出を担当する人は前に来
てください。」と言った。教師の指示を聞いて3人の女の子と2人の男の
子が前にやって来た。彼らは「満江紅」という愛国の古典詞を朗読した。
朗読が終わると3人の女の子はダンスを踊った。このような活動は10
分ぐらいで終わり、再び算数の授業に入った。

（フィールド・ノーツ　2008年12月11日）

　このように、限られた観察からの考察ではあるものの、H校のモデル学級
においては「教科横断」という「授業スタイルの転換」が見られた。それが具
体的には、算数授業の中で古典的な詩や国語の文章を朗読したり、踊ったり
する方式が取られることを意味している。これは、上海市のS校にも、L市
のG校にも見られなかった特徴である。
　以上モデル学級における「授業スタイルの変換」について見てきたが、そ
れは「具体例の使用」、「グループ活動の活用」、「教科横断の実施」によって
特徴づけられていた。次には、モデル学級においての「教師・児童の役割転換」
の様相を見てみよう。

②教師・児童の役割転換
　教師・児童の役割転換に関しては、前述した「授業スタイルの変換」とつ

第 5 章　非先進地域における N 章 L 市の農村部の事例　395

ながるところがある。例えば、グループの活動の活用はその典型的な例である。なぜなら、グループ活動においては子どもが活動の主役となり、「教師・児童の役割転換」が見られるからである。そのほかに、H 校のモデル学級は、上海市の S 校と L 市の G 校と同じように問題の答えを求める場合には、教師はできる限り、子どもを誘導しながら結論に導いていた。これは、素質教育にて教師が求められる役割（援助役など）、子どもの主役を意識していることの表われであろう。

　以下は、その役割転換が反映されている授業場面のフィールド・ノーツである。

　　　教師「とても長い演出をしましたので、皆さんはもう疲れていませんか。続けて算数の問題演習をしましょう。」と言いながら、円柱形、正方形や長方形の道具を取り出した。
　　　教師「このような道具を組み合わせてどんなものが作れますか。」
　　　子どもたちは「ロボットができます。」とか、「人間も作れます。」とか、「部屋ができます。」と答えた。
　　　教師は「部屋ができる」という答えをした子どもを前に出るように呼んだ。前に出るとこの子どもは、すばやく道具を使って部屋の形に組み合わせた。組み合わせが終わったところで「ここは部屋です。ここは煙突です…」と説明した。
　　　教師「すばらしいですね。この部屋は地震に耐えられそうですね。」
　　　そして教師は「ほかの組み合わせをした人はいますか。」と子どもたちに聞いた。
　　　「私は車の組み合わせができます。」と言いながら手を高くあげた子どもがいた。

　　　　　　　　　　　　　　（フィールド・ノーツ　2008年12月9日）

　この授業場面を通じて、教師は具体的な道具を用いて、それらの組み合わせ方を子どもたちに考えさせた上で、多様な答えを子どもから引き出そうと

したのである。これは、「数学課程標準」で取り上げられた授業における「組織者、協力者、引導者(導かれる者)」という教師の役割転換と一致している(教育部 2001,p.2)。このような授業活動を通じて、子どもの考える力を育てようとするのと同時に、手作業能力の育成をも目指していることが読み取れる。なお、このような役割転換の場面は、ほかの2つのモデル学級にも見られた。

授業場面はそれぞれ以下のようなものである。

教師：われわれはどのような式を用いて2分の1を表記しますか。

子どもたち：横棒の上は1で表記します。横棒の下は2で表記します。

教師：ここでの1と2を算数では何と言いますか。

子ども：上の1は分子と言います。横棒は分数線と言い、下の2は分母と言います。

教師：よくできました。

(フィールド・ノーツ　2008年12月8日)

教師：われわれがゲームを行う時には誰が先にするか、その順番をどのように決めますか。

子ども1：ジャンケン

子ども2：コイン投げ

……

教師：そうですね。何でジャンケンやコイン投げを用いて順番を決めなければならないですか。あなたはどう思いますか。

子ども：もし順番を決めずに早い者勝ちにしたら不公平になると思います。後回しになった人は、むかついてくると思います。

教師：その通りです。確かに公平のためにこうしたルールを作り出したのです。

(フィールド・ノーツ　2008年12月11日)

この授業場面を通じて、モデル学級の授業においては、「教師・児童の役

第5章　非先進地域におけるN章L市の農村部の事例　397

割転換」がうかがえる。それは、教師は質問を出してから、直接子どもに答えを教えるのではなく、子どもたちに自らの答えを考えさせる形で見られる。ここでの留意点は、上海市のS校やL市のG校と同様に、問題の答えより計算のプロセスを重視することを通じて、役割転換を実現していることである。モデル学級ではこうして、「教師・児童の役割転換」は、グループ活動や教師と子どもとの質疑の中で見て取れた。次は、「教師権威の緩和」に移りたい。

③教師権威の緩和

　前述したように、モデル学級においては「授業スタイルの変換」、「教師・児童の役割転換」のほかに、「教師権威の緩和」という側面もある。次は、具体的な授業場面を取り上げながら「教師権威の緩和」を見てみよう。

　H校のモデル学級における「教師権威の緩和」の取り組みは、上海市のS校とL市のG小学校と同じである。すなわち、教師の「言葉の使い方」や「相談口調」がそれである。ここで、特に留意しておきたいのは、前の2校と違って、「教師権威の緩和」は、規律を守らない子どもへの対応にも見られたのである。

　まず、「言葉の使い方」と「相談口調」について検討しよう。言葉の使い方に関しては、特に、子どもに対する評価において顕著に見られた。例えば、以下はHA教師の授業の一例である。

　　　子ども：数を数えながら、新年をお迎えします。
　　　教師：そうですね。頭がいいですね。それでは、1から20まで数えてください。まず、男子の組にお願いしますね。
　　　　　　　　　　　　　（フィールド・ノーツ　2008年12月9日3年生）

　このように、教師は子どもを評価するときに、下線のように、褒める言葉を使うことが多いのである。また、このような手段は頻繁に使われた。また、その口調はとても優しく、子どもと相談しようとする口調で授業を進めていた。このような特徴はモデル学級に共通したものである。例えば、2008年12月8日における3年生のHC教師の授業では、「皆さんは頭がよいですね。」

「李さんの答えは素晴らしいですね。皆で拍手しましょう。」、「できるのだったら焦らなくてもよいですよ。後2分ぐらい待っています。」などのように「相談口調」であるようにみえる。また　2008年12月11日における4年生のHB教師の授業においても「よくできました。」や「正しく答えられました。一緒に拍手しましょう。」のような、子どもとの相談しようとする口調を使う特徴がHC教師の授業でも同じように見られた。

　また、言葉の使い方のほかに、教師は授業にて規律がよくない子どもに対して直接名指しすることなく、全員に対して注意する表現で対象とする子どもに注意を促している。例えば、以下はその一例である。

　　　授業の途中、1人の男の子がペンを弄っており、その音が繰り返し聞こえた。教師はこの状況に気が付き、以下のように言った。
　　　「授業を聞きたくない子どもがいるようですね。名指しはしませんがペンを弄っている人は注意してくださいね。遊びをやめて、まじめに授業を聞いてください。」

　　　　　　　　　　　　　　（フィールド・ノーツ　2008年12月9日3年生）

　このように、教師は直接子どもを叱ることなく、間接的に子どもの注意を促し、子どもと素質教育が推奨するような支援的関係を築きたいと努力していると思われる。また、このような取り組みはほかのモデル授業でも見られた。例えば、上述したHC教師の授業には「1人で遊んでいて、グループ活動に参加しない人がいるようですね。隣の人と真面目に一緒にやりましょうね。人に迷惑をかけないでくださいね。」(2008年12月8日)、またHB教師の授業においては「われわれは高学年ですから、後輩たちに手本を見せるために、規律を守らなければなりません。授業での私語はやめてくださいね。」(2008年12月11日)のように、教師権威の緩和の一面がうかがえた。つまり、モデル授業の教師は規律を守らないことに対して反発する態度を示すことなく、間接的な呼びかけを通じて、子どもに問題に気付かせようとしている。これによって、教師権威の緩和が目指されていると考えられる。こうした授

業場面からも、教室場面からの「教師権威の緩和」を読み取ることができる。

　さて、これまでは、モデル学級における算数授業の実状を見てきた。特に、「教師・児童の役割転換」、「授業スタイルの変換」、「教師権威の緩和」に注目して進めてきた。その結果、H校のモデル授業では、「顕在的な授業構成」には、「素質教育」の理念に基づく授業が貫徹されていることがうかがえた。しかし、注意すべき点としては、モデル学級の実施が形式なものに過ぎないことである。例えば、先に触れた「教科横断」という授業スタイルはその典型な例である。つまり、モデル学級の授業は一見すると、新しい課程改革を踏まえたような授業を実施していたが、授業の目的は不明確であった。例えば、算数授業であるのに、その一部に国語や踊りが混じったものであり、これらは、内容的には算数授業とは無関係なものである。新しい課程改革では、教科の総合性を強調していることは確かであるが、ここで設定された内容がまったく算数授業と無関係なものであれば、新しい課程改革の理念が期待するものとは無縁なものになると思われる。例えば、HA教師のように、40分の授業の中、10分以上に算数授業と無関係な授業活動を実施することは新しい課程改革の本筋と離れていることであろう。こうした授業を通じて、国語の知識にせよ、算数の知識にせよ双方に中途半端に対応する恐れが潜んでいる。また、「教師・児童の役割転換」のところにある教師と子どもとの質疑の仕方も形式的なものである。つまり、教師は子どもに答えを考えさせるプロセスを重視するのではなく、質問ばかりを出して、子どもができない場合には、もっぱら教師が答えている。以上のため、モデル学級の授業は素質教育にせよ、応試教育にせよ、両方を確保することができていないようにさえ見える。さらに突き詰めて言えば、授業の「質」そのものが問題化している。つまり、「素質教育」を実現しようとすることで、結果として授業の目的が中途半端な状態に陥っているのである。以上はモデル学級の「顕在的な授業構成」である。次に「潜在的な授業構成」を見てみよう。

3.2.2.　「潜在的な授業構成」

　前述したように、H校のモデル学級の算数授業においては、上海市のS校

とL市のG校のように「効率の追求」や「教科学力の重視」が見られなかった。また、第3章と第4章で取り上げた2校のように、「教科学力の重視」のための「教師権威の再構築」も見られなかった。これらにも関わらず、H校のモデル学級における算数授業の実施では「道徳教育の強化」がより顕著に見られた。むろん、この点に関しては、前の2校の「算数科」にも見られないものではないが、H校のような顕著なものではなかった。例えば、H校のモデル学級における「授業スタイル」の変換における「教科横断」について想起してもらいたい。「教科横断」は、主として国語と音楽との提携によって行われた。特に、「国語」の内容に関しては、古典の詩や詞を中心とするものであった。例えば、この前に取り上げた3年生の授業場面においては、「鋤禾」という唐詩がでてきた。この唐詩の意味は「田畑を耕していると、日は南の空高く昇り、汗が穀物畑の土に滴り落ちている。このような農民の苦労によってもたらされたこの食器の中のごちそうの来歴は、誰が知ることができるであろうか。」という意味である。これは、農民の苦労を慈しむという唐詩である。教師はこの詩を通じて、子どもたちに節約という道徳教育を行ったのである。以下はその授業場面である。

　　（子どもたちが「鋤禾」という唐詩を朗読し終わったところで、教師は次の問題を出した。）
　　教師：この唐詩はわれわれに何を教えてくれましたか。
　　1人の児童：農民が畑を耕す大変な苦労についてです。
　　教師：そうですよ。実はわれわれは毎日食べている米は、農家のおじさんたちの多大な労力のおかげです。だから、われわれは食料を大切する習慣を身につけなければなりません。
　　児童たち：そうです。
　　教師：われわれ偉大な中華民族にとって、節約は伝統的な美徳です。それ故に、われわれは、食料を大切にすることだけではなく、節約の美徳を養うべきです。
　　　　　　　　　　　　　（フィールド・ノーツ　2008年12月9日3年生）

第5章　非先進地域におけるN章L市の農村部の事例　401

　このように、教師は算数授業の中で「教科横断」を通じて、道徳教育を強化していることがわかる。授業場面を見る限り、教師は下線に示した「食料を大切する習慣」、「節約の美徳」を身につけることを子どもたちに求めたのである。このように算数授業の中で道徳教育を強化することは、程度の差はあれ、中国の伝統文化の伝承や「愛国心」の育成などの形でほかのモデル授業にも見られたのである。以下に関連する授業場面を取り上げる。

　　算数授業を始めて20分位たったころ、教師は「皆さん、疲れましたか。続いて何に取り組むかわかりますか。」と子どもたちに聞いた。子どもたちは「演出活動です。」と答えた。教師は「そうです。それでは、今日演出する人は前に来てきてください。」と指示した。教師の指示を聞いて、3人の女の子と3人の男の子が黒板の前に来た。その演出の内容は毛沢東の「沁園春・雪」という長征詩である。10分ぐらいの子どもたちの演出が終わったところで、教師は「毛主席の詩を通じて、われわれの祖国はどんな改革が行われたかが想像できるでしょう。」それに続き、「これは毛主席が長征ついて作った詩です。皆さんは長征がわかりますよね。われわれの幸せな生活のため、無数の革命家が自分の命を捧げたのです。また、生き残った人たちもわれわれには想像もできない困難を乗り越えたのです。われわれは、彼らを見習い、何をしなければならないでしょうか。」と子どもたちに聞いた。子どもたちは「祖国を愛します。」や「困難に負けません。」などを指摘したのである。

（フィールド・ノーツ　2008年12月8日）

　算数授業を行っている途中、教師は子どもたちに「それでは、われわれは演出活動に移りましょう。今日は誰の番ですか。」と言った。これを聞いて2人の女の子と2人の男の子が立ち上がって黒板の前に出た。彼らは中国の南宋の有名な「満江紅」という詞を朗読し始めた。朗読が終わると、この詞も歌ったのである。このような活動は10分ぐらい続いた。

子どもたちの演出を見てから、教師は「これが岳飛の愛国の詞です。われわれの今日の幸せな生活があるのは、岳飛のような愛国の英雄がいたからです。だから、われわれは、岳飛のように、自分の国を愛さなければならないのです。」と子どもたちに問いかけた。子どもたちは「そうです。」と大きな声で答えた。

（フィールド・ノーツ　2008年12月8日）

　以上のように、教師が中国の有名な詩、詞を通じて中国の伝統文化を伝えながら、「愛国心」を育てようとする意図がうかがえる。ここで興味深いのは、このような授業場面が道徳教育の授業ではなく、算数授業で行われたことである。それ故、H校のモデル学級における算数授業には、先の章で触れたように、S校とG校のような「効率性」や「教科学力」の達成などの「潜在的な授業構成」はないものの、道徳教育をより強化していることがうかがえる。端的に言えば、H校のモデル学級の実践は「効率性」や「教科学力」を達成することよりは、むしろそれらを犠牲にして「道徳教育」の強化志向が見られると言えよう。

　以上は、モデル学級で行われた算数授業の実践状況である。次に、一般的な学級の算数授業の実施状況を見てみよう。

3.3.　一般的な学級の算数授業

　一般的な学級の教師は上級機関が行う教師研修に参加したことがなく、新しい課程改革の理念および実践はモデル学級の教師から習得することが多い。したがって、これら一般学級の教師による授業は、モデル学級のように新しい課程改革の理念によって貫徹されたものではなく、いうなれば、恣意的に新しい課程改革の理念を反映させたものである。ここで恣意的ということは、教師が「素質教育」の理念を具現化された新しい課程改革によって推奨された授業方法への取り組み方を思いついたところで実施したものである。以下はその典型例である。

第5章　非先進地域におけるＮ章Ｌ市の農村部の事例　403

　授業内容がほとんど終わったところで、教師は子どもたちに「今日わ
れわれは何か忘れていることがありませんか。」と聞いた。子どもたち
は怪訝な顔をしながら教師をじっと見つめた。
　そこで、教師は「グループ活動の実施を忘れたでしょう、皆さんはグ
ループ活動についてまだ覚えていますか。」と子どもたちに続けて聞い
た。

（フィールド・ノーツ　2008年12月9日3年生）

　以上のような教師の発言から、教師がグループ活動の指導に慣れていない
ことが推測される。グループ活動は、通常は新しい知識を伝達する時に行う
べきものであることから、授業が終わったところで提起したことは単に形式
にとどまるものというしかない。なお、子どもたちに「まだ覚えていますか。」
と聞いたことからも、授業中にこのような授業スタイルはほとんど用いられ
ていないことが読み取れる。もし、毎日使われているなら、子どもたちへの
注意喚起は必要がなくなるからである。
　さらに、グループ学習をまったく行なわない学級もある。なお、グループ
学習を実施した学級も一部にはあったが、その実施方法は必ずしも素質教育
で推奨されているものではない。例えば、以下はある3年生の一般的な学級
においてグループ活動を実施した授業場面のノーツの抜粋である。

　授業の始めに、教師は事前に小さい黒板に書いた練習問題を子どもた
ちに提示した。

$18-10$	$5+7$
$8+3$	$4+7$
$9-6$	$7+9$
$11-9$	$18-9$
$7+6$	$14-6$
$12-6$	$13+6$
$5+9$	$16-7$

教師は指で小さい黒板を指しながら、子どもたちに「皆さんはグルー

プの討論を行って答えを求めてください」と言った。子どもたちは教師の指示を聞くと議論を始めた。1分間ぐらい経ったところで教師は、子どもたちに「では、皆さん、結果を教えてください。」と言ってから、子どもの席の順番にしたがって計算結果を子どもたちに求めたのである。

（フィールド・ノーツ　2008年12月11日3年生）

　鐘(2005) は、グループ活動では、まず教師が生産性に結びつく問題を提示すべきことを提唱した (p.1)。しかし、黒板に掲示されただけの練習問題は、グループ活動を展開する上で良い素材とは言えない。つまり、黒板にある練習問題は、そのままでは生産性がある問題とは考えられない。事実、その実施時間は1分間ぐらいで終わっていた。1分間ぐらいの短い時間では、子どもたちが問題を考える余裕もないであろう。せいぜいできることは、お互いに答えをチェックすることだけである。そのため、ここでのグループ活動の実施は、グループ活動の形を繕ったものに過ぎない。グループ活動によって期待される子どもの手作業能力や探究能力の育成、さらには、教師・児童の役割転換とは結びつかないものである。言い換えれば、ここでのグループ学習は実質的なものではなく、名ばかりのグループ活動に過ぎない。そのため、H校の一般的な学級でのグループ活動は、求められる役割を果たすには至っていないと言える。

　加えて、一般的な学級の特徴は、子どもの日常的な生活との関連が少なく、従来の授業と似ている点にある。例えば、モデル学級の授業では、具体例を用いて子どもの生活と関連させながら進められていることに対して、一般的な学級の場合は、授業の実施においては、計算問題を使うことが多い。例えば、暗算や筆記計算を行うのが一般的である。

　以下は一般的な学級で行われた授業場面である (表5−1)。

　表5-1のように、一般的な学級においては、計算を重視しているようである。そのため、子どもの日常的な生活と関連させながら授業を進める方法は用いられていなかった。

　また、授業スタイルについて言うならば、具体例の使用やグループ活動の

第5章 非先進地域におけるN章L市の農村部の事例 405

表5-1 一般的な学級で行われた授業場面

時間	学年	教師	教師・児童の役割転換
2008年12月8日	4年	HD	$40×(\ )<180$ $60×(\ )<220$ $70×(\ )<456$ $40×(\ )<281$ …
2008年12月9日	4年	HE	$200×30=$ $130×3=$ $42×4=$ $51÷3=$ …
2008年12月10日	5年	HF	$x+58$ $48-x=48$ $X-2.5<11$ $12>a÷m$ $Ab=0$ … 等式：
2001年12月11日	6年	HG	$12×1.5$ $12×6$ $3.14×6$ 14^2 …

実施が少ないのである。たまに、グループ活動が行われる程度である。

　にも関わらず、「教師の権威の緩和」がよく見られた。つまり、教師の子どもに対する話し方や口調は柔らかいものになっている。例えば、「あなたたちはどう思いますか。」、「よくできました。」、「誰が教えてくれますか。」というような言葉がよく聞かれたのである。

　なお、一点付け加えておきたいことがある。そこには、モデル学級と同じく「効率性」を意識して進める様子が見られなかったことである。例えば、「速く」とか、「最も正しい答え」とかの言葉が使われることはないのである。

　しかし、ここで指摘すべきことは、H校の一般的な学級の教師の場合、第4章のG校の「新課程の積極的な授業型」と大体同じ授業風景が見られたが、教師の意識には大きな違いがあると考えられる。例えば、G校の教師にとって、新しい課程改革によって推奨された授業方法を使わないことは、より効

率的に授業をすること、できる限りより多くの子どもを授業の対象にするという「平等」の発想を踏まえて工夫した授業法だと思われる。これに対して、H校の一般的な学級の教師には、推奨された授業方法を使わないことが新しい課程改革のノウハウがわかっていないことにあると考えられる。そのため、両者間には異なる次元の問題が存在する。つまり、H校の問題は教師の意識の問題というより、従来の「授業の質」への回帰ということができる。

　本節では、H校における素質教育の実践状況を具体的な算数の授業場面に注目して検討した。次節では、H校の「本校課程」における素質教育の実践について検討していく。

4. 「本校課程」教科における素質教育の実践

　H校における「本校課程」は「本校作文」と呼ばれている。「作文」は日本の「小論文」に相当したものである。これは、従来の国語においては重要な内容として扱われてきた。それ故に、H校における「本校課程」は「国語」の延長線上にあると理解することができる。この点はL市のG校の「本校課程」と類似したものである。

4.1.　教材の開発について

　H校における「本校課程」の教材開発の理念は、「子どもの養成」をめぐって展開された。「子どもの養成」を見る限り2つの意味が含まれると思われる。まず、「子どもの養成」というのは、教育の対象は子どもであることを強調している。つまり、主役は子どもであることを強調している。これは、「素質教育」の「子どもの主体性を育成する」という理念と重なる。そして、ここでの「養成」はさらに2つの意味があると思われる。1つは「国語の素養」であり、もう1つは「品質、行為」などのような子どもの道徳とつながる側面である。以上により、H校における「本校課程」の理念の基本概念を見る限り、素質教育の理念に近づけようとする工夫がうかがえる。

　なお、「本校作文」の教材内容を検討すると、道徳教育と結びつく特徴が

ある。なぜなら、教材の内容は第4章のH校で使われている教科書と似ているからである。例えば、伝統的な文化を伝承するために、「三字経」という古典が副教材として使われているがそれは第4章で触れたように、中国の伝統的な道徳規範を反映するものである。こうしたところにも、学校が子どもの日常の規範行為とその意志を磨こうとする意図がうかがえる。例えば、玉不琢(玉琢かざれば)、不成器(器を成さず)、人不学(人学ばざれば)、不知義(義を知らず)のような内容が取り上げられている[19]。また、古代の有名な歴史上の人物を通じて、愛国心を育成するための文章もある。例えば、岳飛[20]についての物語はそれである。さらに、近代、現代の文章を収録したものもある。収録範囲は伝統的な文化、歴史上の人物、環境保護などを包含するものである。

　にも関わらず、H校の教材は上海市のS校の「本校課程」のような体系的なものではない。筆者が2005年研究調査を行った時点では、「三字経」の書籍は、普通の本屋で簡単に手に入れられるものであった。また、「本校作文」に関係した「作文訓練」という副教材でも体系的に展開された様子は見られなかった。つまり、既存の本や関連する参考資料から抜粋した内容をそのままプリントや印刷資料としていることが見受けられた[21]。そのため、H校における「本校課程」の「作文訓練」の教材は第3章の上海市のS校のように一定の学校理念に基づき、体系的に作り出されたものとは言いがたい。

4.2.　本校作文に対する教学要求

　学校の内部資料によると[22]、「本校作文」に対する教学要求は主に3点に集約することができる。第1点は、興味を育成することが重視されている。つまり、子どもは楽しく作文をすることである。第2点は、言語の習得を図りながら、考える力を高めることである。つまり、子どもはうまく「作文」を書くことである。第3点は、従来の作文能力を育成することだけではなく、よい習慣を育成することである。それにより、子どもは、作文に取り組みながら日常的なよい習慣を身につけていくことが可能になる。特に、作文においては、必要な素材を収集する習慣と作文を修正する習慣を養成することを

目指している。これらの教学要求を見る限り、新しい課程改革の三位一体の目標、「知識と技能」、「過程方法」、「情感態度・価値観」と一致していると思われる (教育部　2001,pp.3-13)。例えば、第1点目は、子どもの興味に目を向けようとするに当たって子どもの「情感」と「態度」を視野に入れたものであり、これは新しい課程改革の「情感態度・価値観」と同じことであろう。第2点においての言語能力を高めようすることは「知識と技能」とつながる。第3点にある習慣の養成は、授業の過程と方法を通じて習得するものなので、新しい課程改革の「過程方法」とつながっている。

　以上から、「本校作文」は道徳教育の重視と国語の習得とに結びつくものであることがわかる。また、具体的な教学要求には、新しい改革の理念が反映されたものであることがうかがえる。しかし、現実の授業に、上述した理念が反映されているかどうかを確かめる必要がある。以下では、具体的な授業場面を取り上げながら検証していく。

4.3. 「本校作文」の授業での実践状況

　具体的な授業実践を検討する前に、H校なりの事情を説明する必要がある。「本校作文」は2週間に1回の授業であるため、筆者は2005年の5月6日に行った1コマの授業しか観察していなかった。また、2008年の本調査の時には、「本校作文」は教師の人手の問題で独立した1つの科目としてではなく、普通の「国語」の授業に取り込まれてしまい、実質的には廃止されていた。そのため、筆者は2005年の「本校作文」の授業のデータしか使えなくなった。非常に限られた観察ではあるため、本授業観察、その後統合された国語の授業、インタビューを統合的に扱っている。

　2005年の「本校作文」の授業は単に授業内にて行われたものだけではなく、上海市のS校のように、学校のイベントと関連させながら実施されてきた。筆者が2005年に調査を行った際に、H校は「感謝の心」というイベントを行っていた。「感謝の心」というイベントは、中国の一人っ子政策の実情に照らして、子どもたちに道徳教育を行っていた。その核心は、「もらうのは当たり前のように考えることはよくない」という価値観を子どもに教えることに

あった[23]。つまり、両親をはじめ、周囲の人や国家に対しても感謝しなければならないことが主張されていた。さらに、「感謝の心」という学校イベントは、中国の祭りと連携して実行されていた。筆者が行った調査の2005年の5月5日はちょうど「母の日」の直前であるため、教師は「母に感謝すべき」というタイトルを使って、「本校作文」の授業を行っていた。

　限られた例であるが、「本校作文」の授業では、「顕在的授業構成」と「潜在的な授業構成」の観点から以下のことがわかった。

　教師・児童の役割に関しては、子どもは主役としての存在がうかがえた。教師は直接に子どもたちに問題の答えを示すことはなく、子どもたちの日常的な生活から問題の答えを導き出させていた。ここでは、教師が子どもの考える力を育てようとする意図がうかがえ、「本校作文」の授業における教師と子どもとの役割は、新しい教育改革によって推進された教師と子どもとの役割関係と一致していることがうかがえる。これは前節で取り上げたモデル学級での算数授業のやり方と似ているように見えた。なお、こうした「教師と子どもの役割」の転換は、次の「授業スタイル」にも反映されていた。「本校作文」の授業スタイルの活用方法は、新しい課程改革によって推奨されたものと一致している。グループ活動は4〜5分ぐらい続けられ、子どもたちに内容を討論する時間的な余裕を与えていることがうかがえた。さらに、このグループ活動の展開は、明らかに子どもが主役である。そのため、このグループ活動のプロセスにおいては、教師は協力者として、子どもは主役としての役割分担が見られた。だが、具体例やIT手段の使用は見られなかった。

　一方、「本校作文」における「潜在的な授業構成」は、モデル学級の算数授業と一致していると思われる。つまり、上海市のS校とL市のG校のように「効率性の追求」と「教科学力の重視」、「教師権威の再構築」によって構成された「潜在的な授業構成」は見られなかった。したがって、ここには、モデル学級の算数授業のような「潜在的な授業構成」は存在しないと理解される。さらに、モデル学級の算数授業での「道徳教育の重視」という特徴は、「本校作文」の授業でも同じように見られた。

　先述したように、H校の「本校作文」では、上海市のS校とL市のG校の「本

校課程」の授業における「潜在的な授業構成」は見られず、「効率性の追求」や「教科知識の重視」は存在しなかった。例えば、「効率性」を追求する典型例である「速く」、「誰が一番早い」のような言葉がなかった。特に、後半の授業のほとんどは「作文」の時間として子どもに割り当てられていた。そこでは、「教科学力」における「作文」の能力を育成するという一面がうかがえるだけではなく、教師が授業のまとめにおいて、あるいは途中での指導を通じて「教科知識」を重視することより、「道徳教育」を重視していることがうかがわれた。なぜなら、もし教師が「教科知識」を重視するなら、「作文」の方法やあるいは言葉の使い方に力点を置くはずである。しかし、この授業においては、教師は「作文」の訓練を通じて、子どもたちに道徳教育を進めようとする意図が明確に見られた。例えば、親孝行に関する授業場面において教師は、「皆さんは両親の恩を一生忘れられないでください。」とか、「母に感謝するために、今からより頑張ってください。」などを子どもたちに教えた。さらに、「愛国心」を育てようとしていることが読み取れた。例えば、「われわれの中華民族は偉大な民族であるため、われわれは両親を愛することだけではなく、両親のように祖国をも愛さなければならない。」と強調したことである。これらは、授業の終了時における教師のまとめにて顕著に見られた。

　　　教師：今日われわれは「感謝の心」をタイトルとして作文練習をしました。われわれは誰に感謝しなければならないでしょうか。
　　　子どもたち：両親
　　　教師：そのほかには？
　　　子どもたち：先生
　　　教師：そうですね。われわれは両親に感謝しなければならないと同時に、年配の方にも尊敬しなければならないと思います。「親孝行」は中国の美徳ですので、絶対に忘れないでくださいね。
　　　　　　　　　　　（フィールド・ノーツ　2005年5月6日4年生）

　以上からわかるように、教師は「作文」のノウハウを子どもに教えること

に重点を置くのではなく、中国の美徳の1つの「親孝行」を強調することによって授業を締め括っているのである。「本校作文」を一見すると、「国語」に還元されることになるかもしれないが、授業の内容を踏まえると、「国語」の作文というよりは「道徳教育の重視」がより顕著に見られた。これは、L市のG校と異なる。つまり、G校においての「本校課程」は国語の延長線にあるものとはいえ、その授業の本質は応試教育の強化を目指すものになっている。他方、H校における「本校課程」は、応試教育を強化することになっていない。その理由については後述に委ねたい。

　なお、H校における「本校課程」の科目の実践は、コミュニティ、つまり地域社会と連携している。例えば、学校は子どもたちを連れて、村に在住する未亡人を訪問したりしている。

　一方、先述したようにH校における「本校課程」は2006年に国語の授業に取り込まれたため実質的に廃止された。その理由は、H校での「本校課程」の実践は県の教育局から特別の助成が切れたためである。実際には、H校はもともとの人手がすくなく、「本校課程」の担当には教師数の物理的な制限があった。専任教科担当の代行としての「本校課程」の教師は国語の教師でありながら、「本校課程」を担当している。また、増加した仕事の分は手当ての形で補われた。しかし、2006年にはその助成が切れた結果、教師に与えられるべき手当てが支給できなくなった。何よりH校にとって「本校課程」の実施が実に無理な面があると思われた理由もある。当時の本校課程を担当した教師のインタビューを通じて、この点を明らかにした。

　　わが校のような農村小学校において「本校課程」のような教科を実施することはとても無理ではないかと思います。例えば、必要な設備がないし、保護者および地域からの応援も少ないのです。無理やりに実施しても多大のエネルギーを無駄に使うばかりでした。

　　この前の「本校作文」の科目では、道徳教育を重視する活動を確かに多少は加えましたが、国語の作文とあまり変わらないと思います。

　　（2008年12月10日　かつての本校作文の教科担当HG教師に対する

インタビュー)

　以上により、「本校作文」の実施効果という側面から考慮しても、それを実施する正当性が少ないという教師の考えが洞察できる。そのため、助成金が切れた時点で「本校作文」と「国語」とが合体されたのである。以下において「本校作文」の教科が国語の授業実践とどのように連動しているかを見てみよう。

4.4.　国語の授業実践

　国語の授業実践を検討するに際しては、前節の「本校作文」の授業で検討された「授業スタイル」、「教師・児童の関係」、「道徳の重視」をめぐって展開したい。つまり、「本校作文」で見られた特徴に基づいて検討する。

　結論から先に言えば、国語科目の授業実践は「算数科」のモデル教師の授業と似ているように見られる。例えば、授業の導入においては子どもの日常生活と結びつけている。以下はその授業場面である。

　　場面1：文章のタイトル−「もしあなたは郊外で道に迷ったら」
　　教師：皆さんは道に迷ったことがありますか。
　　子ども：あります。
　　教師：みんなその時どんな感じでしたか。
　　子ども：怖かったです。
　　教師：もしあなたたちがまた道に迷ったら、今度は怖がる必要はないですよ。今日は先生がみんなに羅針盤を教えます。
　　　　　　　　　（フィールド・ノーツ　2008年12月9日2年生の国語）

　　場面2：文章のタイトル−「自分の花は他人に見せるために」
　　教師：皆さんはドイツのことを知っていますか。
　　子ども：サッカー (1人の男の子が答えた)
　　子ども：ヒトラー (みんな大笑いした)

第5章　非先進地域におけるＮ章Ｌ市の農村部の事例　413

　教師：よく知っていますね。今日先生は、ドイツの民族や文化をみんなに教えます。

（フィールド・ノーツ　2008年12月10日5年生の国語）

　このように、教師は子どもの経験を想起させつつ授業の話題を取り上げている。

　また、授業スタイルにおいては、グループ討論を使ったが、その議論の内容には授業内容を踏まえながら、道徳教育を重視する一面がうかがえた。以下の2つの場面において、特に下線のところには道徳教育の重視が見られた。

　場面1
　教師：皆さんは羅針盤の使い方や効用についてグループで討論してください。

　（子どもたちは教師の指示を聞いてから議論し始めた。3〜4分の議論をしてから教師は終わりという指示を出した）

　子どもたちは羅針盤の使い方について報告が終わった後、効用について聞かれた時、ほとんどが「方向を示す」という答えをした。

　教師：そうですね。正しい方向に向かうことが大事ですね。そうしないと道に迷ってしまい、困りますね。特に、<u>両親に心配をかけないように、勝手に遠いところに行かないでください。また、人生の道にも迷わないでください。われわれにとっては国家に貢献するための人材として振舞うことが正しい道ですよ。</u>

（フィールド・ノーツ　2008年12月9日2年生の国語）

　場面2
　教師：皆さんは文章の内容を踏まえて、タイトルの「自分の花を他人に見せるために」は一体どういう意味か議論してください。

　（子どもたちの5分ぐらいの議論が終わったところで、教師は報告を求めた）

　子ども：自分のものはできるだけほかの人にも役立てたほうがいいで

す。
　　子ども：分かち合いということは素晴らしいことです。
　　子ども：度量が広いほうが良い。
　　……
　　教師はみんなの答えは素晴らしいと思いますが、1つの言葉にまとめると「人人為我、我為人人」(人々が自分のため、自分も人々のため[24])です。これがわれわれの「和諧社会」の建設に不可欠なことでしょう。
　　　　　　　　　（フィールド・ノーツ　2008年12月10日5年生の国語）

　このように、教師は子どもの答えを文章の宗旨と結びつけながら、愛国心を育てようとすることがうかがえる。また、「国語」と「本校作文」は同じように「道徳重視」をしていることがわかる。
　ここまではH校における「素質教育」の実施を「算数科」と「本校作文」を通じて、検討してきた。「算数科」の授業状況を見る限り、応試教育にせよ、「素質教育」にせよ、理念やそれに沿った実践は意識化されていない。その結果、特に「本校作文」の実施は、「素質教育」の理念における「道徳重視」の側面だけに主として貢献することになっているように見えた。「本校作文」がすぐに廃止されて国語に吸収された背景にも、素質教育との関係においての独自

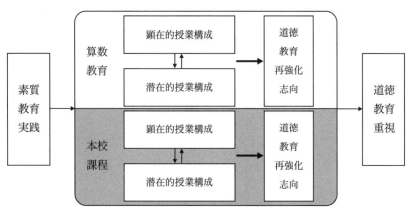

図5－2　H校における素質教育の実践の達成図

第5章　非先進地域におけるN章L市の農村部の事例　415

性が明確でなく、実施する必然性がなかったからだと思われる。これまでの結論を、**図5-2**にまとめた。

図5-2のように、H校における素質教育の実践は、「算数科」にせよ、「本校課程」の科目にせよ、素質教育と応試教育における「学力」を育成するものではなく、道徳教育の育成に向けて機能している。

ここでは、1つ留意しておきたいことがある。都市部のS校とG校の子どもは学校外の補充学習があることに対して、H校の子どもは通塾率[25]がゼロに近いのである[26]。

5.　サポート条件の検討

これまでは、H校における素質教育の実践を「算数科」と「本校作文」という教科を通じて検討してきた。結論としては上述した2つの教科においての素質教育の実践は「教科学力」と「新学力」の両方の育成に向けては機能していないが、限られた観察の中では、結果的に「道徳教育」の育成に寄与することになっているように見えた。本節では、なぜこのような素質教育の実践が行われているのかという背後にある条件・要因を検討したい。まず、学校内・外のサポート条件の有無を検討していく。

5.1.　学校内におけるサポート条件

学校内におけるサポート条件は、上海市のS校と同等であると見られる。つまり、教師間や教師・校長の間には、良好な関係が築かれていた。言い換えれば、H校においては、教師間の協働性と教師・校長間の協働性が維持されていた。

5.1.1.　教師間の協働性について

H校においては興味深い現象が見られた。前述の算数授業で検討したように、H校には、L市のG校のようなモデル学級と一般的な学級とが存在している。特に、モデル教師の存在が目立つことが指摘できる。にも関わらず、

教師間ではG校のように分断化されることはなく、逆に、教師間の協働性が存在した。こうした協働性は、学校の利益を優先して考える結果であると思われた。例えば、学校が上級機関の査察を受ける時には、できるだけ仕事を分担し、協力して仕事を進めている。特に、教師の私物が学校の所有物のように使われたこともある。以下は校長のインタビューである。

　　上級機関の視察や学校見学があると、われわれには残業が多くなります。道具の準備とか、報告の作成とか、いろいろな準備をしなければならないのです。幸いなことに教師たちが団結して、とても協調的ですから、いずれも円満に終わらせることができました（笑）。特に、わが校は貧しいですから、足りないものがたくさんあります。先日学校のコピー機が故障したことから、K先生は自分の家のコピー機を学校に持ってきました。今現在使っているコピー機はK先生のものですよ（指で隣のテーブルにあるコピー機を指した）。皆が学校に対して自分の家のように愛着を寄せていることにとても感動しております。それと同時に、自分の不器用さがしみじみと感じられました。

　　　　　　　　（2008年12月10日　校長に対するインタビュー）

　以上のように、校長は「団結」という言葉を使った上に、「学校に対して自分の家のように愛着を寄せる」という表現で教師たちを賞賛した。特に、先述したように、H校では、モデル学級と一般的な学級とに分けていることやモデル学級の教師により多く学校の教育資源を与えていることに対して、教師の間に不満はなく、納得されているようであった。

　　モデル学級の教師はわれわれより多くの研修機会や奨励を受けていることは確かですが、モデル学級の教師はベテランのため、教師研修の効果が高いことは事実でしょう。また、多くの教育資源を授かることの代わりに、それなりの犠牲もあると思います。例えば、教師研修に参加する場合は、ほとんど個人の休日を使っていますから、モデル教師は実

は大変ですよ。いろいろなプレッシャーがかけられていることと思います。

　その上、上級機関の査察の場合には、これらの教師の支援を抜きにしては実施できませんので、時には感謝の面もありますよ。限られた条件の中、みんなが一緒に頑張らなければならないと思います。

（2008年12月9日　HC教師に対するインタビュー）

　わが校は基本的によい教師関係を保っていると思います。これは、この学校に働きやすい環境が存在することにもあります。私は、教師研修機会をすべてベテラン教師に与えることは学校にとっても有益なものだと思います。例えば、ベテランでない教師を研修に行かせたら、結局何の効果もないかもしれません。学校のためなら、私はこのようなやり方に賛成します。また、研修に行った教師たちは自分が学んだことを教えてくれます。例えば、この前の青年教師のコンクールに参加した時には、ベテラン教師からいろいろな指導を受けました。その結果、私はよい成績を取りました。ベテラン教師の知的資源は、われわれと共有されていると思います。

（2008年12月9日　HA教師に対するインタビュー）

　わが学校では、モデル教師が存在したことこそ、われわれを助けてくれていると思います。なぜなら、ある意味で、われわれのプレッシャーを転化できたからです。例えば、上級機関の査察が多いため、指導案やレポートの作成などの作業がたくさんありますよ。モデル教師によって作成された資料は参考にする価値が十分にあると思います。これらは、私たちには及びもつかないものだと思います。彼女たちは学校の貴重な財産ですね。

（2008年12月9日　HD教師に対するインタビュー）

以上のように、H校は不平等な教育資源の分配、つまり有益な資源をモデ

ル教師に専用化させることに対しては、ほかの教師達は理解し、納得しているように見えた。これは、L市のG校と明らかに異なって見える。例えば、G校は研修の機会の分配の不平等に関しては不満が見られたことに対して、H校では、これらの分配方法を賞賛する一面がうかがえた。その要因は下線で示したように、学校の「効率論」、または「資源の共用」にあると考えられる。例えば、「効率論」にしたがうと、H校のやり方が「研究効果が高い」ものと認められ、モデル教師の存在は一種の資源として認識されていることがわかる。特に、こうした資源は私的なものではなく、学校の共通資源であるとされている点には注目されたい。そのため、H校においてはモデル学級と一般的な学級とが存在するとはいえ、教師間の分断化をもたらすことはなかった。なお、こうした学級の分断化は教師の協働性に害を与えるどころか、むしろ教師の協働性を高めるという役割を果たしていることが考えられる。

また、H校の協働性に関しては、「資源共有」によって培われているとも言える。H校では、必要な学習の道具は学校が買ったものより、教師が自ら作ったものであることが多い。したがって、教師間には、道具をはじめ、学習の資料を共用することが一般的になっている。特に、前述したように、教師は自宅のものであっても学校の共通資源として提供している。

　　わが校は貧しい小学校であることから、教師間での教育資源の共用は当然のことだと思います。すべては学校のためですから、教師たちは微力であるかもしれませんが、学校に貢献したいと思っています。自宅のものを学校に持ってくることは少なくありません。例えば、教師の職員室に置かれている参考書はほとんど教師が自ら持ってきたものだと思います。

（2008年12月8日　教頭に対するインタビュー）

　　わが校は教師間の関係がよいと思います。もともと貧しい小学校ですから、みんなが力を合わせないとより大変なことになるでしょう。わが校では教育資源の共有は、基本的な問題だと思います。例えば、教材を

はじめ、指導資料などをみんなで共用するケースが多いと思います。

(2008年12月8日　HC教師に対するインタビュー)

　学校のためなら、力がある限り、貢献すべきだと思います。そうしないと、ますます不利になると思います。わが校では自己中心の先生は少ないと思います。みんなが気持ちよく仕事をしていると思います。教育資源の共有は当然のことだと思います。

(2008年12月8日　HH教師に対するインタビュー)

　以上の下線のように、教育資源の共用は当たり前と考えられていることが見て取れる。また、教師関係に対しては「よい」、「気持ちよく働く」のようなポジティブな評価が多く見られた。しかし、H校と第3章のG校は地縁など異なる点がある。H校は農村地域であるため、村人のたちは互いを良く知っていることである。これは教師間の協働性の育成に無視できないものと思われる。

　一方、H校の学校内のサポート条件は、「教師間」の協働性だけにとどまらない。教師と校長間にも存在しているように見える。以下は教師と校長との協働性について検討していく。

5.1.2.　「教師・校長間の協働性について」の言説

　校長は教師の仕事に対して満足しているとの評価を下している。以下は校長に対するインタビューである。

　わが学校の教師は正直に言えば、教師の授業レベルは別として教師全員が素晴らしいと思います。なぜなら、全員が本当にこの学校を愛していると思います。ある意味では、学校を自分の家のようにみなしているからです。私は彼女たちにとても感謝しています。私は彼女たちにしてあげられることが本当に少ないと思いますが、みんなは頑張ってくれました。学校で何かがあれば、自分の家のものを学校に持ってきてもらっ

たケースが少なくないと思います。

（2008年12月11日 校長に対するインタビュー）

　以上のインタビューのように、校長が教師たちに対してポジティブな評価を持っていることが見られた。加えて、校長は教師たちに、「感謝」の気持ちも表わしていたのである。
　一方、教師たちも校長に対しては、ポジティブな評価が多いのである。

　校長はここで10年ぐらい働きました。実は私は校長より先にこの学校に来ました。私は校長のことを誰よりもよく知っていると思います。校長はこの学校のために、全力を尽くしたと思います。学校資金が足りないため、校長は自分の貯金から捻出して貧しい家庭の教師に貸したことが少なくないのですよ。われわれは家族のようなものだと思います。特に、学校の運営資金を調達するために、校長がどれだけ努力をしたのかは私にもわかりますよ。この学校が今日のように有名になってきたことは校長のおかげだと思います。

（2008年12月10日　HI教師に対するインタビュー）

　私はこの学校に来て間がなく、校長のことについてよく知りませんが、よい校長だと思います。なぜなら、われわれ教師のために、いろいろ考えてくれるからです。例えば、私がこの学校に赴任したばかりの時、校長と会うととても緊張しました。然るに、校長は毎回微笑しながら先に私に声を掛けられました。特に、印象深かったのは、校長が都会にて開催されたある会議に参加された時に、参考資料を買ってきてくれたことです。本当に感動しました。

（2008年12月10日　HF教師に対するインタビュー）

　校長は頼れる人だと思います。教師たちは学校の問題をはじめ、家庭の雑用までも校長先生と相談しています。例えば、私の息子は、かつて

はとてもいたずらな子でしたよ。誰でも恐くないようでした。特に、中学生の時、反抗期に入ったようで、ばかげたことをしたことが少なくなかったのです。当時の私には、これに対応できなかったのです。校長は実情を知ると、多忙の中、息子と数回にわたって話し合ってくれました。息子は校長の話を聞いてから本当に変わりました。校長は家族のようなものですね。

(2008年12月10日　HA教師に対するインタビュー)

　以上のように、特に、下線のところでは、H校の教師は校長に対して、「家族」のような存在とか、「よい校長」などの評価を下す様子が見られた。これらを通して、教師たちが校長を信頼していることがわかる。しかし、留意しておきたいのは、こうした信頼関係は都市の学校のように学校に入ってから築くものではなく、実は、学校に入る前に存在する可能性がある。以下はこの点についての1つのエピソードである。

　　筆者は調査の初日1人の20代の女性教師によって迎えられ、一緒に校長室を訪問した。校長は学校の子どもの構成状況を話す時に、「実は、この村は大きくないです。村民はお互いに良く知りあっていると思います。」と言いながら、私の隣の教師を見て、「彼女のお母さんは私の小学校の時の先生ですよ。だから、私は普段教師たちを怒ることができないのですよ。皆とは長いの付き合いです。またほとんどが女性ですよ。男性の校長はやはり責任を負わないと（笑）」と冗談半分の口調で言った。

(2008年12月8日　校長に対するインタビュー)

　このように、H校は農村小学校としての独特の地縁関係（親戚や知り合いが集まる）が、教師間や教師・校長間の協働性の育成に一役買っていると思われる。

　以上により、限られた考察であるが、H校における学校内のサポートが、インタビューから見た限りでは教師の協働性や教師と校長との協働性によっ

て表わされるものであった。だが、これは構成員がインタビューアーである筆者にしゃべった内容であり、建前的な内容でないとは限らない。そこで、以下に関連する可能性のあるほかの要因を検討する。

5.2. 学校外のサポート条件について

　H校の学校外のサポート条件に関しては、条件的には限られていると思われる。まず、大学機関や社会組織との連携が皆無に等しい。第4章のL市のG校でさえ、社会機関や教育機関との連携が難しい状況にあるため、農村小学校のH校は、この点に関してはなおさらであることが想像できる。また、学校は村との関係がよいとはいえ、利用できる資源が極めて少ないという厳しい現実がある。例えば、学校の校舎の建設に村から220万元が出資されたことがあったが、これは、学校の土地を使ったためのクレーム金の一部に過ぎなかった。つまり、村からの実質的な援助は不可能であるようである。この点に関しては校長に対するインタビューからも明らかである。

　　あなたが学校に来る途中ですでにわかったと思いますが、われわれの村は実は何もないのですよ。村は学校より貧しいかもしれません。先日の村の祭りで使われた道具はすべてわが校が貸したものです。この村に頼れるものは本当に少ないです。但し、村の関係者全員と仲良しですよ。わが校の苦情を県政府に報告してもらったことも少なくないのです。この点に関してはとてもありがたいですね。
　　　　　　　　　　　（2008年の12月11日　校長に対するインタビュー）

　また、学校と保護者の間の関係は、教師のインタビューからは、特に良くも悪くもない関係にあったと思われる。保護者たちは、子どもの教育に対してそれほどの関心を持たないとされ、保護者は子どもを学校に通わせると、すべてを学校に任せたままになっているという。校長をはじめ、教師のインタビューによると学校は保護者からのサポートは得られないという認識が共通して見られる。

第5章　非先進地域におけるN章L市の農村部の事例　423

　時代も変わってきました。現在では、「読書無用論」も生まれつつあ
ります。かつてのように教育を重視する保護者が少なくなっています。
例えば、わが校の保護者の大多数が、読書には何のメリットもないと
思っていると思います。現実問題として彼らの考えが間違いとは言えな
い面もあります。かろうじて大学に入ったのに、職が得られない人が少
なくないのです。したがって、関係や手引きがない農村の子どもたちは、
早い時期にお金をためる方がよいと思う保護者は少なくないと思われ
ます。このような保護者の学校教育への参加は無理でしょう。もちろん、
保護者たちの素質はもともと高くないですから。

（2008年の12月11日　校長に対するインタビュー）

　農村の保護者であるため、都市部の保護者のように教育に熱心ではな
いですよ。学校はある意味で一種の避難場所として理解されています。
要するに、すべては学校がやってくれると思っています。

（2008年12月10日　HA先生に対するインタビュー）

　保護者のサポートに関しては全然期待しませんよ。実はできることが
何もないと思います。しかし、教職は良心的な仕事ですから、われわれ
は子どもの将来のため、いろいろ考えてあげなければならないです。

（2008年12月10日　HC先生に対するインタビュー）

　このように、特に下線で示したように、校長をはじめ、教師たちはH校
の保護者は教育に対して熱心でないと考え、保護者からのサポートを得るこ
とはできないと考えている。つまり、学校は保護者の意識とはずれることも
予想される (Lareau　2002)。同時に、外に開く方法として、同じレベルの農
村の小学校間で時々交流があった。例えば、「本校課程」を発展させるために、
2004年には、H校を含めて12校の小学校が提携関係を築いた。この連携の
ニュースは地方の新聞にも載せられた。但し、このような学校の連携は、当
時の県政府からの特別の援助が得られたために、しばらくは存続したが

2006年に援助が切れたため、この12校の連携活動は衰退しつつある。現在は県レベルの活動以外に、学校からの自発的な連携活動はなくなっている[27]。こうした資源不足は、H校の「本校課程」が2006年以降廃止された一因とも考えられる[28]。その廃止の要因は教師の人手が足りないことにあると校長インタビュー[29]からはうかがえる。なお、12校が当時連携して、資源共有をしたことを通じて、ある意味では人手不足状況の改善につながっているかもしれない。

　本節では、H校における学校内・外のサポート条件について検討したが、次節では、なぜこうした状況が起きたのかの社会的要因を探りたい。

6. 社会構造・文化の要因の検討

　ここまでは、H校における素質教育の実践におけるサポート条件について検討してきた。次に、サポート条件の状況に関わる要因を見てみよう。

6.1. 社会文化に関わる要因－形式化の存在

　まず、モデル学級と一般的な学級の分断化に関しては、学校の「優秀者集中」という公の論説がある一方で、素質教育の実践の形式化を追求することが裏にあるとの理由も考えられる。この点に関しては、教師のインタビューから読み取れる。例えば、一例である。

　　モデル学級の存在は上級機関の査察時に有利だと思います。これは「功利性」があるとはいえ、仕方がないことですよ。上級機関の学校に対する財政の支援はある意味では業績に基づいたものですから。例えば、わが校は省レベルの教材を作る模範学校のため、1万元の賞金をもらいました。この1万元はわが校のような農村小学校にとっては、大金だと思います。メディア教室の設備はほとんどこの一万元を使って実現されたものです。

　　　　　　　　　　（2008年12月6日　HH教師に対するインタビュー）

第 5 章　非先進地域における N 章 L 市の農村部の事例　425

　また、前述したように、H 校の「本校課程」に対する資料はほとんど 2004
～ 2006 年の間に収集されたものである。にも関わらず、上級機関の査察や
学校外の見学者にはこれらの資料を見せ、継続しているようなイメージを発
信している。例えば、筆者が 2008 年 12 月 8 日の調査にて取り組みの資料と
して渡された新聞資料は 2004 年の 4 月 30 日のものである。前述したように、
「本校課程」は実質的に存在せず、形式化していったが、上級機関の行政者
は査察する時には　2004 ～ 2006 年の資料を用い、その時期に蓄積された
ものが、現在まで活用され続けている[30]。

　なお、先に触れたように、H 校は応試教育を強調していないとはいえ、エ
リート教育の理念に基づいた学校運営が見られ、「子どもを出世させよう」
という狙いが強調されている。実際、H 校は 8 年前には国家レベルの運動選
手を送り出したことがある。そのため、「英才の子に育てよう」という学校
目標を揚げた。これについて簡潔にいえば、すべての子どものためというよ
りは生まれつきの才能を持つ子どものための教育理念である。学校は才能を持
つ子どものために、特に体育の特訓課程を作り出した。さらに、「頭がよい」
子どもに特別指導の時間を作り出した。これはある意味では「天才教育」と
似ている (恒吉　1999)。このように、H 校は応試教育に応えられていない領
域から自ら脱却しようとし、その代わり、社会要因と関わりの少ない生まれ
つき (天賦) の能力による勝負に積極的に参加しようとしていることがうかが
える。特に、こうした教育理念は少数の子どものためのものであると校長は
意識しているように見える。

　　体育や発明の特訓は確かに多数の子どもに向いていないことがわか
　ります。但し、応試教育の勝負にて全滅するよりこうした領域で 1 人で
　あっても構わないから、出世できれば、その方が良いことは明らかで
　しょう。例えば、8 年前の体育で出世した H 君は今とても成功していま
　すよ。村に戻って、両親のため、家を建てたり、お金をあげたりして、
　誰にも負けない親孝行をしていますよ。

　　　　　　　　　　　(2008 年の 12 月 11 日　校長に対するインタビュー)

ここには、「1人だけでも構わない」という形式化の一面が見える。

さらに、県をはじめ、市や省レベルのコンクールに挑戦するために、日常の学校活動を犠牲して練習を行う。例えば、筆者が2008年12月8日に本調査を行った時に、午前中の授業時間に全校の縄跳び練習が見られた。これは形式化を反映している場面でもあると思われる。

6.2. 社会構造に関わる要因

ここでは先述の素質教育の実施においての形式化に関わるより深層に潜む要因は、社会構造に関わる問題である。H校にとって、形式化に陥った根本的な要因は、より外部に対して見える効果を出して奨励金をもらったことに発する。H校は農村地域の小学校であるため、資金や資源は通常的に不足しているという状況にある。そのため、H校は、手に入れられそうなすべての資源を狙わなければならない。

さて、こうした資源の不足は「城・郷二元性」における教育資源の不平等な配分に起因するものである。特に、「県を主体として」の義務教育の財政制度はその典型な例である。「県は主体として」の義務教育費配分の財政制度の弊害は財政が豊かな県にとっては問題にならないかもしれないが、財政が貧弱の県にとってはその弊害が顕著に見られる。例えば、前述したように、L市は中国の都市においては中レベルに所属し、G校が属するY県はL市においては豊かの県とはいえ、全国のレベルから見ると豊かな存在とはいえない。言い換えれば、H校は中国全土から見ると、不利な存在にある。先に取り上げた12校の連携プロジェクトの停止は県からの資金援助が切れたためである。したがって、H校にとっては教育資源の弱体化はより深刻な問題であると考えられる。

ここで留意すべき点は、H校においては前述の社会の主流にある「関係本位」という文化がほとんど見られないことにある。これがH校を応試教育から引き離した要因ではないかと考えられる。つまり、農村の保護者は都市の保護者のように「応試教育」に熱心に取り組むことはないから、質が高い教育資源の取得に対して高い関心は持たない。言い換えれば、特に、いかなる

「関係」を使ってよりよい教育資源を手に入れるかという意欲が希薄である。

H校においては学校内のサポート条件を有し、「教師間の協働性」と「校長と教師との協働性」が見られる。一方、学校外のサポート条件は希薄であると理解される。つまり、社会機関や教育機関、保護者、コミュニティのサポートがほとんどなかった。こうした状況が生まれた社会的な要因は、社会構造に恵まれない存在である中で、形式化に陥ったことによると思われる。

7. まとめと考察

本章では、一般的な都市の農村地域における素質教育の実践モデルを明らかにした。そこでは、まず、H校における素質教育の実践を「算数科」と「本校作文」とに分けて検討した。H校の「算数科」における素質教育の実践は、上海市のS校とL市のG校とは違って、応試教育には機能しないものであり、素質教育が求める能力の育成に対する役割も果たせないことが見られたが、道徳教育の強化に対してはその役割を果たしていると考えられる。

一方、「本校作文」という「本校課程」における素質教育の実践では、同じく道徳教育を重視していることがうかがえた。特に、「本校作文」の教育実践が実質化されていなかった点を指摘することができ、「本校作文」の科目は2004〜2006年の資金が得られた間にしか存在しなかった。そして「本校課程」は形式化し、「本校課程」を通じて素質教育を育成する仕組みにはなっていない。したがって、H校における素質教育の実践は、素質教育や応試教育の双方にて求められる「学力」の育成には機能しないことがうかがえる。

そして、上述したような素質教育の実践におけるサポート条件については、学校内における教師間の協働性と教師・校長の協働性の存在はあるが、学校外のサポート条件は一時的に同じレベルの小学校間での提携があっただけで、持続的な資源として活かすことはできないことから、サポート条件としては考慮していない。なお、コミュニティとの連携が「本校課程」を活用するときに一時存在したが、「本校課程」の形式化につれて希薄化していった。したがって、H校における学校外のサポート条件はほとんどないと理解される。

次に、こうした授業実践を行う背景には、形式化を追求する側面がある一方で、社会構造との関わりが考えられる。特に、社会構造の側面は、より深刻なものである。なぜなら、形式化の追求に至ったのは社会構造に起因するからである。

本章では以下の4点について考察した。

第1に、前述したように、H校における素質教育の実践では、「算数科」にせよ、「本校課程」の科目にせよ、「素質教育」の実践としての特徴は弱い。そのため、H校における素質教育を実践するルートは閉鎖されているようにも見える。しかしながら、上海市のS校では素質教育の実践においては少なくとも「本校課程」を通じて、素質教育を行うルートが開かれていると思われる。その結果、素質教育の実践においては両校のカリキュラムの間には、伝達・構成上の差異が存在することが推察される。また、このカリキュラムの差異が存在したため、素質教育の実践のプロセスにおいては子どもに対する「教育機会の不平等」という問題が関わっている。

第2に、第1と関連しているが、S校の素質教育の実践におけるカリキュラムの伝達・構成を通じて、応試教育と素質教育の両方を機能させていることがうかがえることから、S校の子どもにとっては素質教育の競争においても、応試教育の競争においても有利になると考えられる。それに対して、H校における素質教育の実践は、素質教育の育成と応試教育の育成の両方に機能していないため、H校の子どもは素質教育と応試教育双方の競争において、不利な状態に置かれていることが推察される。

第3に、都市部と農村部の小学校で実施されている応試教育においては異なる対応が見られた。都市部のS校とG校は熱烈な応試教育を続ける一方、農村のH校は応試教育から自ら離れていたように見える。その代替策として、子どもの生まれつきの「素質」を強調し、結果的に一種のエリート教育に移行している。本研究から見る限り、素質教育の実施における社会構造の制約は農村の小学校においてより顕著に見られることがわかった。

第4に、農村のH校においては、学校内のサポート条件が整っているとはいえ、学校外のサポート条件が希薄なため、有効な素質教育が実践されてい

ないと考えられる。そのため、学校内のサポート条件に比べて学校外のサポート条件確保がより重要なものと考えられる。つまり、社会構造に起因する問題の存在は中国の農村地域における小学校にとって、最も深刻なものと言える。

注

1. 2008年12月10日Y県の教育の担当行政官に対するインタビューより。
2. 2008年10月22日Y県のホームページで確認したものである。
3. 前述したように、中国では、5年ごとに国の発展に対して計画を立てる。「十一五」は2005～2010年における国の発展計画を指すものである。
4. 2008年12月10日校長に対するインタビューによると、県の企画単位と相当する区を含めて99個である。
5. 2008年12月10日の校長に対するインタビュー。
6. にも関わらず、筆者の調査によると、図書のいずれも古く、コンピュータ室があるとはいえ、実際には放置されたままの状態にある。この点については、後ほど詳しく検討したい。
7. N省における教師は、コンピュータ使用の検定試験を受けることが制度化されている。
8. 2008年12月10日の校長に対するインタビューで明らかにされた。
9. ここでの出稼ぎ者の家庭はほかのY県より遅れた農村地域の農民家庭である。
10. 文脈を通じて、ここでの己のとは、おそらく学校の管理者と教師たちのことを指すものだと思う。
11. H校の経営理念と経営目標の内容については、筆者が調査を行った時に、学校のロビーにある掲示板の内容から記録したものである。経済条件の制約によってパンフレットのような宣伝資料はない。
12. 2008年11月12日入手した『教師は課程改革のニーズへの適応』という研究案から引用したもの。
13. ibid.
14. ibid.
15. ibid.
16. ibid.
17. ibid.
18. これらは2008年12月10日の校長に対するインタビューによって明らかにされたものである。
19. ここでの「三字経」からの引用が意味するところは、天然の美質を持つ玉も磨かなければ、器物としての役に立たない。優れた素質を持つ人と言えども学ばなければ、道理を理解することはできない。
20. 岳飛は中国の南宋における有名な愛国人物である。
21. 筆者は2005年と2008年の調査を行った時に、同じプリントを使ってしまったのであ

る。

22. 2005年5月5日予備調査を行ったときに入手した「本校作文に対する教学要求」という学校内部の指導資料。
23. 2005年5月5日校長に対するインタビューから取り上げた。
24. この地域の通塾率とは、受験のための塾や才能教育の塾に関わるものである。
25. 2008年11月9日校長のインタビューによると、H校の子どもはほとんど塾に通学した経験がない。
26. 筆者のインタビューの対象は、算数教師に対するものが多い。なお、ほかの科目の教師との話し合いのチャンスが得られれば、学校の全体状況を把握することができるために、インタビューを実施したこともある。ここでの国語の教師はその一例である。
27. 2008年12月12日校長に対するインタビュー。
28. 筆者が2011年の12月に教頭に確認した結果によると、このような状態は現在まで続いているようである。その原因はやはり教師の人数が足りないためである。
29. 2008年12月12日校長に対するインタビュー。
30. 2008年12月8日HH先生に対するインタビューによって明らかになったものである。

第6章 素質教育の実践にて生じた「教育機会の不平等」の メカニズム

　本章では、これまでの各章で検討した結果を踏まえて、素質教育の実践に て生じた「教育機会の不平等」のメカニズムを明らかにしたい。具体的には、 第3章、第4章、第5章で検討された3つの事例の比較を通じて、第1節で はカリキュラムの伝達における差異化のプロセスを明らかにする。第2節で はこうした素質教育の実践に関わる条件の相違点を検討する。第3節ではこ うした素質教育の実践にて生じた相違の要因を追求する。第4節は素質教育 の実践にて生じた「教育の不平等」のメカニズムを明らかにする。そのため、 まず、第1節では、カリキュラムの伝達における差異の形成プロセスを明ら かにしていく。

1. カリキュラムの伝達・構成に存在する差異の形成プロセス検討

　本節では、カリキュラムの伝達における差異の形成プロセスを検討する。 第3、4、5章においては、カリキュラムの伝達におけるプロセスは、応試 教育のコンテクストで実践されがちである「算数科」と素質教育のコンテク ストで行われる「本校課程」の教科とに分けて検討してきた。本節でも、こ のような方法で、それぞれ3つの小学校における「算数科」の比較および「本 校課程」の比較を通じてカリキュラムの伝達における差異の形成プロセスを 検討していく。まずは、3つの小学校における「算数科」のカリキュラム伝達 のプロセスを比較してみよう。

1.1. 「算数科」におけるカリキュラム伝達のプロセスについての比較

第3、4、5章で検討したように、本研究での「算数科」の伝達に関しては、基本的に「顕在的な授業構成」と「潜在的な授業構成」に分けて検討してきた（詳細は第3章を参照されたい）。ここでも同じ分析の枠組みにしたがい、比較を行いたい。

「顕在的な授業構成」と「潜在的な授業構成」とは、本研究との関係でいうと素質教育と応試教育のそれぞれに結びついた授業の特徴を表わす概念である。「顕在的な授業構成」とは簡単に言えば、授業においては、教師が「素質教育」の理念に基づき、意図的に授業を展開することである。「授業のスタイルの変換」、「教師・児童の役割転換」、「教師権威の緩和」などの特徴が見られることを示した。これに対して、「潜在的な授業構成」は、表向きは素質教育の推進を謳っているが、実際のメッセージとしては、応試教育の授業の特徴が反映され、素質教育の推進の観点からは、教師の意図に沿わない授業展開である。それは、「効率性の追求」、「教科学力の保証」、「教師権威の再強化」の中で示されると考えた。それでは、まず3つの事例における「顕在的な授業構成」を比較してみよう。

1.1.1. 「顕在的な授業構成」の比較

ここでは、「顕在的な授業構成」の比較を3つの小学校の算数授業にある「授業スタイルの変換」、「教師・児童の役割転換」、「教師権威の緩和」を通じて行う。結論から言えば、3つの小学校においては前記の3つの側面が共通に見られたが、その細部にまで掘り下げると異なるバージョンが存在することがわかる。その相違点については、3つの側面から抽出してみる。まず、3つの小学校における「授業スタイルの変換」に関して比較してみよう。

（1）授業スタイルの変換

授業スタイルの変換に関しては、主に3つの小学校における授業スタイルの変換手段、学級ごとの適用状況、使用状況、果たした役割をめぐって展開していく。これらについては、第3、4、5章の内容を統合して、その内容

第6章　素質教育の実践にて生じた「教育機会の不平等」のメカニズム　433

表6－1　授業スタイル変換の比較

学校名（地域）			S校（上海市）	G校（L市の都市部）	H校（L市の農村部）
授業スタイルの変換手段			IT化・具体物の使用 グループ活動など	IT化・具体物の使用 グループ活動など	具体物の使用 グループ活動など 教科横断
学級ごとの適用状況			すべての学級	モデル学級	モデル学級
使用状況	多・少	IT活用	多	少	無
		グループ活動	多	少	少
	長・短	グループ活動時間	やや長い （2〜3分）	短い （1〜2分）	短い （1〜2分）
		教科横断	無	無	長い 10分以上
果たした役割			・手作業能力、協力能力などを育成 ・子どもの勉強意欲を高める ・算数知識の理解	・子どもの勉強意欲を高める ・算数知識の理解、強化	・算数知識の理解 ・道徳教育の再強化

比較を**表6－1**にまとめた。

　表6-1のように、その比較結果は4点に集約することができる。

　第1に、3つの小学校の授業スタイルの変換に関しては、具体物やグループ活動を使うことが共通して見られたが、S校とG校がITを使用しているのに対して、H校においてはITは使用されていない半面、S校とG校にない教科横断という授業スタイルを使用していたのである。但し、S校とG校の授業スタイルの変換は、ほとんど同じものであるように見えるが、実際の授業においては、顕著な差が見られた。S校は授業スタイルにおいて、ITや具体物などのような、子どもの感覚に刺激を与える授業手段が頻繁に使われていた。例えば、それは情景設定や新しい知識の導入、復習など、授業の全体にわたって行われていた。

　これに対して、L市の都市部にあるG校では、IT手段や具体物は使われてはいるが、第4章で指摘したように、このような授業手段はすべての学級に適用されたものではなく、モデル学級にのみ見られたのである。また、

ここで留意すべき点として、IT 手段はメディア教室でしか使用されていないため、G校ではIT 手段の使用は制限されていた。

一方、L市の農村部にあるH校は、モデル学級において、具体物の使用は見られたが、IT 手段の使用は筆者が観察する間には見られなかった。なお、H校にもG校のようにメディア教室があるとはいえ、設備がとても古く、かつ旧式であった事実を無視することができない。

第2に、グループ活動はすべての学校で見られたが、S校ではすべての教室で実施されていたのに対して、G校とH校は基本的にモデル学級でのみで行われていたようである。また、グループ活動の回数や時間などにおいて相違が存在したことがわかった。例えば、S校の場合には、グループ活動回数は少なくとも3〜4回であるのに対して、G校とH校は1〜2回だけで済ませることが少なくない。特にグループ活動を行う時間については、3校共に短いが、S校が2〜3分あったことに対して、G校、H校は1〜2分だけであった。

第3に、上述したように、H校はほかの2校とまったく異なる授業スタイルを使用していた点をあげられる。つまり、H校のモデル学級では、教科横断という授業スタイルを用いていた。それは、算数授業において、国語（中国語）の詩や詞などを朗読したり、音楽のダンスをしたりすることである。なお、国語の詩・詞の学習は、中国の伝統文化の継承や愛国心の育成などとつながるために、H校では授業スタイルに関しては独特なところが見られた。

第4に、授業スタイルの変換の役割を考えると、G校にはグループ活動の普遍化・固定化があるため、子どもたちの手作業能力、協力能力などのような「新学力」を育てる役割を果たしていることが考えられる。なお、IT 手段の使用によって、子どもの勉強に対するモチベーションを高めることと算数知識をよりよく理解させられることが考えられる。加えて、G校のグループ活動は手作業能力や協力する能力の育成より、子ども同士が答えのチェックを行っていることから、算数知識の理解や強化という役割を果たすことが推測できる。また、モデル学級ではIT手段の代わりに、学習用の具体物を使用して算数知識の理解に役立てている。そのため、G校においての授業スタ

第6章　素質教育の実践にて生じた「教育機会の不平等」のメカニズム　435

イル変換の役割は、教科知識の理解や習得に役立っていると思われる。これに対して、H校の場合は、具体物の使用およびグループ活動はG校と似たようなものであるため、算数知識の理解に対して一定の役割を果たしていることが推測される。他方、H校はS校とG校と完全に異なる教科横断という授業スタイルを用いているため、算数知識を強化するというより、愛国心や中国文化に対する愛着心を育成することに一役買っている。つまり、教科横断という授業スタイルを用いることによって、算数授業においては道徳教育の再強化という役割を果たしていることが考えられよう。以上のように、3つの小学校の「授業スタイルの変化」における共通点と相違点を検討してきた。次は、「教師・児童の役割転換」に目を向けよう。

(2) 教師・児童の役割転換

　「教師・児童の役割転換」においては、一見して、3つの小学校にはそれほどの差がないと思われる。しかし、前節で取り上げたように、「授業スタイルの変化」においては異なるバージョンが存在するため、3つの小学校における「教師・児童の役割転換」に関しては、相違点が見られる。各章で取り上げた事例を踏まえ、3つの小学校における「教師・児童の役割転換」に関す

表6−2　教師・児童の役割転換の比較

学校名		S校	G校	H校
教師の役割転換		指導者、組織者、協力者	指導者、組織者、協力者	指導者、組織者、協力者
子どもの役割転換		主役	主役	主役
実現ルート		グループ活動	グループ活動	グループ活動
		質疑方法の変化	質疑方法の変化	質疑方法の変化
		答えの多様性の追求	答えの多様性の追求	答えの多様性の追求
				教科横断
効果	教師	指導者≒組織者＞協力者	指導者＞組織者＞協力者	指導者≒組織者＞協力者
	子ども	統制緩和	統制が強い	統制緩和

る比較を**表6－2**に具体的にまとめた。

　表6-2は「教師・児童の役割転換」についてまとめたものである。一見すると、3つの小学校には共通点が多く見られる。教師の役割転換においては、新しい課程改革の理念で取り上げられたように、「指導者、組織者、協力者」という役割をそれぞれ果たしている。また、子どもを授業の主役とする役割転換がうかがえ、その実現の典型的な例は、グループ活動であるとされている。グループ活動においては、教師が活動のテーマを事前に設定しており、その実践を子どもに委ねているのであるが、グループ活動の時間はとても短いのである。そして、グループ活動の中身に目を向けると、S校のように算数内容に基づいて議論すること、G校とH校のように主として答えをチェックすることもある。とはいえ、グループの活動を通じて、授業を教師の手から子どもに渡すという教師の意図がうかがわれた。その結果として、子どもに授業の主役としての役割が転換されたことがわかる。

　一方、「教師・児童の役割転換」を実現する方法としてはグループ活動以外に、質疑方法の変化や答えの多様性を求めていることがあげられる。質疑方法の変換については、教師が従来の授業のように答えを子どもに直接教えることはなく、答えを出すまでのプロセスにおいて子どもを誘導していることが特徴的である。このようなことを通じて、教師は授業の指導者から組織者、さらには協力者に転換しようとしていることが見られた。こうした教師・児童のやり取りを通して、子どもを授業の主役に転換することが可能となる。答えの多様性の追求に関しては、教師はかつてのように唯一の答えを子どもに求めることはなく、多様な答えを子どもたちから引き出している。これによって、教師は組織者や協力者の役割に移行すると同時に、子どもたちの役割を主役者へと転換させている。

　ここで特に、提起しなければならないことは、L市の農村部にあるH校に見られた教科横断である。教師たちは、教科横断を通じて、授業を子どもに渡していることが見られた。例えば、国語の詞の朗読やダンスをする際の主役は子どもである。しかしながら、このような3つの小学校に共通に見られた「教師・児童の役割転換」の実践が最終的に同じ効果をもたらすとは考え

第6章　素質教育の実践にて生じた「教育機会の不平等」のメカニズム　437

にくい。なぜなら、前述のように、授業スタイルと言ってもその取り組みには異なるバージョンが存在するからである。つまり、教師は同じように指導者、組織者、協力者の役割を果たしているとはいえ、その内容を見ると、学校によって、三者の取り組みの優先順位が異なっていることがわかる。例えば、S校の場合は、グループ活動を活用することが多いため、教師は指導者でありながら、組織者の役割を果たすことが推測できる。質疑方法の変化や答えの多様性を求める授業場面を振り返ってみると、教師は、ほとんど指導者と組織者という役割を同時に果たしていると考えられる。しかし、協力者という役割は、グループ活動において個々の子どもの指導や質疑の時に答えを導く場面で多く見られた以外には、それほど多くない。したがって、教師が授業にて果たした指導者、組織者、協力者としての程度の差は、以下の式によって表わすことができる。すなわち、指導者≈組織者＞協力者ということである。このような式にて表わされる授業は、子どもの統制緩和に連動するものである。そのため、S校の場合は、教師が依然として授業の指導者であるとはいえ、組織者や協力者としての役割が大きくなるにつれて、その指導者の役割はある程度縮小される様子が見られる。その結果、子どもの主役の地位はある意味で実現されていると考えられる。

　これとは逆に、G校では、グループ活動、質疑方法の変化などが少ないため、教師は依然として指導者としての役割を果たしていることがわかる。また、教師が協力者となる授業場面は稀であるため、教師の役割に関する式は指導者＞組織者＞協力者として表わすことができる。そのため、子どもに対する統制は依然として強いと思われる。つまり、子どもはこのような授業においては、主役としての役割を果たす機会がそれほど多くないと捉えることができる。

　これに対して、H校の場合には、グループ活動が少ないとはいえ、教科横断が実践されることから、授業の時間を多くの子どもに与えていることは事実であり、授業の時、子どもが主役になる機会が生み出されている。これによって、授業における教師の子どもに対する統制は緩和されたことが考えられる。にも関わらず、算数知識の伝達においては、指導者・組織者としての

教師の役割が依然として顕著に見られたこと、子どもと協力する場面が少ないことが指摘できる。よって、H校の教師の役割は、指導者≈組織者＞協力者の式で表わすことができる。しかし、ここで留意すべき点は、H校の実践では子どもが授業の主役となる転換はあるが、教科横断を行うため、道徳教育を強化することには機能するかもしれないが、算数知識を高めることができるかどうかについては議論の余地がある点である。

　ここまでは、3つの小学校における「授業スタイルの変換」、「教師・児童の役割転換」について比較検討を行ってきた。然るに前述したように、「顕在的な授業構成」においては、「教師権威の緩和」が重要な側面をなすことから、次に、3つの小学校における「教師権威の緩和」についての比較を行いたい。

(3)「教師権威の緩和」に関する比較

　「教師権威の緩和」に関しては、主に言葉の変化や口調の変化、褒める手段の活用が目立つ。なお、言葉と口調の変化は3つの学校にも共通して見られたが、褒める手段の活用には学校間にて微妙な差が見られた。それを**表6－3**にまとめた。

　上記の表6-3のように、3つの小学校では「教師権威の緩和」においてはほとんど差が見られなかったのである。つまり、教師は言葉と口調の変化や褒め方を多用することを通して、「教師権威の緩和」を実践した。しかし、3校ともに子どもに対する褒め方を多用しているとはいえ、実物を使った褒め方は、都市部の2校にはあったのに対して、農村部のH校では見られなかっ

表6－3　教師権威の緩和の比較

学校名		S校	G校	H校
言葉の変化		○	○	○
口調の変化		○	○	○
褒め方の多用	言葉による	○	○	○
	実物による	○	○	×

注：○：あり、×：なしを示す。

第6章　素質教育の実践にて生じた「教育機会の不平等」のメカニズム　439

たのである。ここでの実物を用いた褒め方には、紙で作った花やキャンディなどを子どもに与えるなどがあげられる。H校にて実物による褒め方の活用があまり見られなかったのは、おそらく農村小学校であるため、3つの小学校の中で経済力が最も貧弱であることによるのであろう。

　ここまでは、3つの小学校における「算数科」の「顕在的な授業構成」に対する比較を行った。それらは、「授業スタイルの変換」、「教師・児童の役割転換」、「教師権威の緩和」を通じて検討した。これまでの知見を総括すると、3校間では「授業スタイルの変換」の差異が最も顕著に見られた。例えば、上海市のS校の場合には、IT 手段の使用はすでに日常化し固定化されているように見えることに対して、L市の都市部のG校では、IT 手段が使われたとしてもメディア教室に限られたものである。さらに、L市の農村部のH校は、筆者が観察した間は、IT 手段の使用とは無縁なものであった。加えて、グループ活動に関しても差異が見られた。S校の場合は、グループ活動を行う回数および時間が多く見られたのに対して、G校とH校では少なかったのである。また、1つ忘れてはならないことは、H校はほかの2校で使われていなかった教科横断という授業スタイルを取ったことである。以上のような授業スタイルの差異によって、各学校の教育成果は異なる帰結になると考えられる。例えば、S校の場合は、より多くの素質教育によって推奨された授業スタイルを安定的に用いているため、素質教育の実践がより徹底されていることが推察されるが、ほかの2校では素質教育を育成する授業スタイルの実践には恣意的、不安定な部分があるため、S校に比べて不利な状況に置かれることがうかがえる。なお、「教師・児童の役割転換」に関しては、一見して同じように見えたが、授業スタイルにおける差異があるため、教師の指導者、組織者、協力者という役割においては程度の差が見られた。そのため、子どもに対する統制の度合いに差も見られたのである。ここでの結論は定量的な判断要素を用いて導き出したものではないとはいえ、授業スタイルの差を通じて、その傾向を把握することができた。例えば、前述したように、G校の教師が指導者としての役割を最も多く果たすことから、子どもに対する統制力は最も強くなることが考えられる。これに対して、ほかの2校は、

教師が協力者としての役割を果たす授業スタイルを多く用いていることから、子どもに対する統制は緩和されることが当然と言えよう。最後に、3校における「教師権威の緩和」においては顕著な差が見られなかった。

以上のように、3つの小学校における「顕在的な授業構成」には一見すると新しい課程改革に沿って推進されているとはいえ、その中身を検討すると、素質教育の目的を推進しているかについては、かなりの差があると推測される。

では、3つの小学校における「潜在的な授業構成」の比較を見てみよう。

1.2. 「潜在的な授業構成」の比較

先に繰り返し指摘したように本研究の論旨は、「潜在的な授業構成」は簡潔に言えば、素質教育を志向する表向きの教育とは区別されるところの、従来の応試教育を志向する授業であり、そこでは、教師が意図せざる目的をも追求することになる。例えば、「教科学力の重視」、「効率性の追求」、「教師権威の再構築」が取り上げられる。

「潜在的な授業構成」に関しては、結論から先にいえば、S校とG校はほとんど同じと見られたが、H校には同じような枠組みが見られず、S校とG校のような意味での「潜在的な授業構成」は存在しない。そのため、S校とG校が応試教育を重視することに対して、H校は応試教育をそれほど重視していない。その代わり、道徳教育を再強化している。言い換えれば、H校における素質教育の実践は、ある意味ではほかの2校とまったく別の次元のものがある。次に3つの小学校における「潜在的な授業構成」の比較結果について先の章で取り上げた事例から得た知見に基づき、**表6-4**にまとめた。

表6-4で示したように、「潜在的な授業構成」においては、「教科学力の重視」、「効率の追求」、「教師権威の再構築」に関しては、上海市のS校とL市の都市部にあるG校がこの3つの項目を進めていることがわかる。また、その実践方法も同じであるように見える。例えば、「教科学力の重視」においては、その典型的な例として、授業の終わり際に、授業で習った算数知識をきれいにまとめていることである。特に、G校の場合は授業の終了を告げる

第6章　素質教育の実践にて生じた「教育機会の不平等」のメカニズム　441

表6－4　「潜在的授業構成」の比較

学校名	S校	G校	H校
教科学力の重視	○	○	△
教科学力の重視表現法	・教師は質疑のポイントを決め、算数授業のポイントを抑える ・授業の終了際に習得した算数知識についてのきれいなまとめ	・算数授業のポイントを抑えること ・グループ学習は答えのチェック ・きれいなまとめ	教科横断があるため、算数授業と無関係の内容を追求する時間が多いので、アカデミックな学力の重視が考えにくい
授業の外にある学力の確保体制	○	△	△
効率の追求	○	○	△
効率の追求表現方法	・個別ミスの無視 ・グループ学習の短さ ・競争意識を引き出す	・個別ミスの無視 ・グループ学習の短さ ・競争意識を引き出す	教科横断のため、効率の追求が考えにくい
教師権威の再構築	○	○	△
教師権威の再構築表現法	・アカデミックな学力養成の時間を確保するため、規律を守らない子どもに厳しく対応	・授業時間を確保するため、規律を守らない子どもに厳しく対応	・教師・児童の平等関係を築くため、規律を守らない子どもに優しく対応

注：○：ある、△：ほとんどない

ベルが鳴っても、まとめる作業が終わるまで続ける様子が見られた。

　なお、S校では「教科学力」を養成・確保するために、「算数」授業以外にも適宜指導体制が取られている。また、両校とも「効率性を追求する」においては、個別ミスの無視、「誰が最も速いか」というような競争意識を引き出す活動やグループ活動を短時間で終わらせることなどが用いられている。一方、「教師権威の再構築」においては、授業時間を確保するために、規律を守らない子どもに対しては、とても厳しく対応している。S校とG校にはこうした「潜在的な授業構成」が存在したために、結果として「顕在的な授業構成」と干渉し合う応試教育の再強化に結びついていることがわかる。

　これに対して、L市の農村地域のH校はこうした意味での応試教育的「潜在的な授業構成」が顕在化しない状態に該当する。なぜなら、教科横断とい

う授業スタイルを取ったため、算数知識と無関係な授業活動に長時間を割いているのである。そのため、「教科学力の重視」と「効率の追求」には該当しないと考えられる。そのため、H校では応試教育を再強化することは考えにくい。にも関わらず、道徳の重視が見られた。同時に、素質教育にある「新学力」の育成にも役立つとは言いにくい。例えば、授業スタイルの変換で指摘したように、素質教育を実現させようという授業スタイルを用いることが限られているため、素質教育の特徴を顕在化させるルートが少ないのである。

「教科横断」という授業スタイルを取ることによって、詞を朗読したり、踊りをしたりとすることが結果としてどれだけ素質教育における能力の育成に役立つかには疑問が残る。但し、H校なりの特徴も見られる。それは、H校の「教科横断」において取り上げる国語の詩・詞の内容は、中国文化や愛国心の賞賛を志向したものであるため、これが素質教育における道徳教育の重視に反映されることである。

これまで、3つの小学校における「算数科」にある「顕在的な授業構成」と「潜在的な授業構成」の比較検討をしてきた。以上の検討結果をまとめてみると、S校とG校の授業実践は程度の差はあれ類似しているように見える。その典型的な特徴としては、両校とも「顕在的な授業構成」と「潜在的な授業構成」が同時に存在し、その相互作用の結果として、「素質教育」の理念を賞賛する授業方法が応試教育再強化の役割を部分的に担っていた。さらにいえば、都市部にある小学校では「算数授業」における素質教育の実践は、応試教育再強化現象を引き起こしたのである。しかし、これに対して農村小学校のH校は、上述した枠組みに当てはまらない。つまり、H校の場合は都市部にある学校のコンテクストから離れ、自らの利害に沿った道を選んでいる。言い換えれば、農村小学校のH校における素質教育の実践では、素質教育においての「新学力」と応試教育においての「受験学力」の双方の育成とは別路線で、道徳教育の再強化という意図せざる結果をもたらしているのである。

次に、以上の結論を踏まえ、3つの小学校における素質教育と結びつけられやすい「本校課程」の教科を比較して見てみよう。

第6章 素質教育の実践にて生じた「教育機会の不平等」のメカニズム 443

1.3. 「本校課程」の教科に関する比較

「本校課程」の教科に関する比較は、主に授業の伝達プロセスに焦点を当てたい。先の章にて触れたように、「本校課程」は学校によって作り出された課程であるため、その教科書は学校が自ら作成、または編集したものである。そのため、教科書について比較する必要がある。その比較は主に教科書の編成理念、構成、育成しようとする能力について展開していく。さらに、上述した比較結果を踏まえて、具体的な授業の伝達プロセスについての検討も行いたい。

まず、3つの小学校における「本校課程」にある教科書をめぐる比較をしてみよう。

1.3.1. 「本校課程」における教科書をめぐる比較

上海市のS校の「本校課程」における教科は「文博教育」と呼ばれる。「文博」というのは、簡潔に言えば「博学」という意味であったことはすでに述べた（この詳述は第3章を参照されたい）。S校での「文博教育」の推進理念は、第3章で指摘したように、「中華文化を伝承し、人文教養および民族精神を引き出す」ものである。また、その実践においては、「多面的な学習モデルを通じて、体験・悟り・探索の喜びを体験させること」を取り上げながら、道徳教育を媒介として、子どもの「民族精神と人文教養」を育成し、子どもの包括的な成長とバランスの取れた成長（調和発展）を達成することが重視される[1]。そのため、S校の「文博教育」の教科書の内容は、「青銅器」、「凧」、「陶器」、「古代の詩歌」、「茶道」などの中国の伝統的な文化を多岐にわたって取り上げているのである。そこでは、中国文化の習得を通じて、愛国心や文化に対する愛着心を育てようとする目論見が読み取れる。また、子どもに習得させようとする能力としては、手作業能力、コミュニケーション能力、協同作業能力、資料調査能力などがあげられる。また、教科書の内容は、体系的に編成されている。それは、1～5年生までの子どもの発達に合わせながら、それぞれ学年に対応する教科書内容を作り出している。教科書の作成のみならず、具体的な指導方法、学習の要領などをも包含している。ここで留意すべき点は、

このような教科書の編成が学校の教師の手だけによるものではなく、上海市の博物館の専門家と共同して開発されていることである。

それに対して、G校の「本校課程」は「国語の世界を歩こう」という名称にて、字面どおり伝統科目である「国語」の延長線上にあるものである。「国語の世界を歩こう」という教科の理念は、国語の「大教育観」を養うことにある。ここでの「大教育観」とは、国語の知識を習得するだけではなく、各能力を育てながら、道徳教育を重視していくことにある[2]。その教材編集は古典と現代文とに分けて行われている。古典の教科書は、古代の「弟子規」や「三字経」のような、古代の道徳や価値観などが学べる古典の名著を収録している。このような人間の規範や規律を鍛える古典文学を通じて、子どもの人格や道徳を育てようとしている。これに対して、現代文の教科書は有名な文章や例文からなっている。例えば、3年生の教材内容は、8本の文章から構成されており、教材の最終部には、諺や民族の祭りが添付されているのである。しかし、G校の教材の編成はS校のように、学年ごとにそれぞれの教科書を編成したものではなく、3年生の教科書だけが学校の先生によって作り出されたのである。また、子どもに育成しようとする能力としては、「書く能力」、「暗記能力」、「読む能力」、「言語の使用と表現の能力」が取り上げられている。

一方、H校の「本校課程」は「本校作文」という科目である。これはG校と同じく伝統的な教科としての「国語」とつながるものである。H校の教材開発の理念は、学校が道徳教育と結びつけることで、「子どもの養成」を実現するものである。学校が自ら編成した教科書は存在しないが、G校のように古典の名著、例えば、「三字経」の内容や有名の詩歌などをそのまま教科書として使い、子どもたちにそれらについての感想文を書かせるものである。子どもの能力育成に関しては、学校の資料には明確に書かれていないが、作文能力の育成や子どもの道徳の育成が取り上げられている。

以上は3つの小学校の「本校課程」の教科書を基にそこでの理念、教科書の内容編成、育成しようとする能力などについて検討してきた。それらは、表6－5にまとめた。

表6-5で示したように、3つの小学校の「本校課程」はいずれも道徳教育

第6章　素質教育の実践にて生じた「教育機会の不平等」のメカニズム　445

表6－5　「本校課程」の教科をめぐっての比較

学校名	S校	G校	H校
教科の名前	文博教育	国語の世界を歩こう	本校作文
教科書の理念	道徳教育を媒介として中国の文化を伝承し、人文教養および民族精神を引き出す	「大教育観」を養成し、各能力を育てること、道徳教育を重視	子どもの養成 道徳教育を重視
教科書の編成	学年ごとに学校が自ら編成した教科書がある	3年生以外に自ら編成した教科書はなし 古典の名著を使用	自ら編成した教科書はなし 古典の名著や詩などを使用
教科書の内容構成	中国の古典文化に基づく	中国の古典文化に基づく	中国の古典文化に基づく
育成する能力資質	子どもの手作業能力、コミュニケーション能力、協同作業能力、資料調査能力などの創造能力と実践能力の育成がメイン 道徳・素養など	「書く能力」、「暗記能力」、「読む能力」、「言語の使用と表現の能力」がメイン 道徳・素養など	作文の能力がメイン

道徳・素養など |

　の重視と中国文化の伝承などの理念に基づくものであることがわかる。また、育成資質に関しては、道徳や素養などの育成に共通点が見られた。とはいえ、教科書の編成をはじめ、教科書の内容構成、育成しようとする能力などについて比較検討をすると、教科書の構成においては差異が見られた。例えば、S校は学年ごとの教科書を学校自らが作成しているのに対して、G校が自ら編集したのは3年生の教科書に過ぎない。さらに、H校の場合は、自ら編集した教科書は存在しない。このように、S校には体系的な教科書が存在することに対して、G校では教科書に体系的な展開が見られなかった。ましてやH校では、教科書編成そのものがされていない。その上、教科書が目指す育成能力においては、S校は「素質教育」の理念によって推奨された能力を育成しようとしていることが読み取れるが、G校は「国語」に関連する能力を中心とする能力だけである。その代わり、応試教育にとって必要な能力を育成しようとすることがわかる。H校はG校と似ているところがあり、国語に求められるような作文能力養成が目的とされている。以上の検討を通じ

て、3つの小学校は、いずれも「本校課程」において共通して道徳教育を重視していることがわかる。また、S校は「本校課程」を通じて、素質教育をさらに貫徹しようとする一面がうかがえた。他方、G校とH校は応試教育の再強化を志向する可能性が見られた。

1.3.2. 「本校課程」における授業実践に関する比較

前節では、3つの小学校における「本校課程」の教科書をめぐって検討してきた。そこでは、S校が「本校課程」を通じて、素質教育を実現させる可能性を有する一方、G校とH校の実践は「本校課程」が、応試教育に向かって機能する可能性が残る。本節では、このような検討結果を踏まえながら、その授業実践を通じて、そこから得られる結果について検討しようと考える。前述の3つの小学校の事例にある「本校課程」の授業検討に関しては、主に「授業スタイル」と「教師・児童関係」をめぐって展開されたことから、本節でもこの路線に沿って「授業スタイル」と「教師・児童関係」を中心に3つの小学校における「本校課程」の授業実践に関する比較検討を行う。そのため、まず、「授業スタイル」について検討していく。

(1) 授業スタイルに関する比較

「本校課程」における「授業スタイル」の比較に関しては、先の章の事例検討にて得られた知見に基づいて展開していく。

3つの小学校における「本校課程」の「授業スタイル」では、算数授業のように従来のような教師の教え込みがある一方、新しい課程改革によって推奨されたグループ活動を用いていた。然るに、教え込みの程度やグループ活動に費やす時間に関しては顕著な差が見られた。例えば、S校のグループ活動においては少なくとも5分以上をかけているのに対して、G校とH校は算数授業におけるグループ活動のように短時間で、1〜2分で終わらせていたのである。また、S校では多様な「授業スタイル」を併用している。例えば、グループ活動やIT手段の活用、手作業などを用いており、特に、手作業の時間は授業の後半における35分の中の20分ぐらいを使って行っていたのであ

第6章　素質教育の実践にて生じた「教育機会の不平等」のメカニズム　447

る。一方、3つの小学校においてはかつての授業スタイル、例えば、一斉指導が依然として存在していたのである。とはいえ、その指導内容と時間には顕著な差が見られた。例えば、S校の場合は、一斉指導のみに集中したことに対して、G校は暗記を行い、H校は作文の訓練を行ったのである。また、従来型の授業スタイルでの授業時間に関してはS校が全体の授業の中の4分の1であったのに対して、G校とH校は授業中のほとんどが従来型の授業スタイルであった。その時間は授業時間の4分の3にも及んだのである。以下の**表6-6**は、3つの小学校における授業スタイルの比較に関するまとめである。

　表6-6で示したように、S校は「素質教育」の理念が反映されている授業スタイルを多様に用いていると共に、活動の時間が長いこともわかった。そのため、一斉指導のような応試教育によく使われた授業スタイルを取っているとはいえ、それは主流ではなく、授業の4分の1ぐらいに過ぎなかった。これに対して、G校とH校は逆パターンを取っている。つまり、「素質教育」の理念を反映している授業スタイルは、グループ活動にしか用いていないのに対して、応試教育に馴染む授業スタイルは一斉指導のほかに、暗記や訓練などにても用いられた。また、そこでの時間はとても長く、授業の4分の3を占めたのである。このように、授業スタイルの具体的な比較を通じて、S

表6-6　授業スタイルの比較について

学校名	S校	G校	H校
授業スタイル種類 （素質教育）	・グループ活動 ・手作業 ・IT手段 ・個別指導	・グループ活動	・グループ活動
素質教育 実施時間	長い グループ活動 （5分～） 手作業（15分～）	短い （2～3分）	短い （2～3分）
授業スタイルの種類 （応試教育）	一斉指導	一斉指導 暗記	一斉指導 作文練習
応試教育 実施時間	短い （一部）	長い （大半）	長い （大半）

校の授業は、「素質教育」の理念に基づき推進されていることがわかる。言い換えれば、S校にとって、「本校課程」は素質教育を実現するための重要な取り組みであると言えよう。それとは逆に、G校とH校は「本校課程」を通じて、素質教育を推進するどころか、むしろ応試教育を再強化する役割を果たしていると考えられる。つまり、G校とH校は応試教育に向かって機能していることが読み取れたのである。さらにH校については、授業の実践における教師と子どものやり取りでは、道徳教育を重視していたのはすでに見た。例えば、筆者が観察した授業における作文のテーマは中国の伝統的な美徳の「親孝行」に関わる「感謝の心」というものであった。そこでは、教師の教え込みがあるとはいえ、授業の中身を見ると、大半の時間が子どもの教化に使われていたのである。例えば、「両親をはじめ、すべての人に感謝しなければならない」が取り上げられていた。以上のように、H校は「国語」の作文能力を育成するというより、道徳教育の強化に大きな役割を果たしていると考えられる。

次に、「教師・児童の役割」に関する比較を見てみよう。

(2) 「教師・児童の役割」に関する比較

前節では、3つの小学校における「本校課程」の「授業スタイル」の比較を行った。本節では「教師・児童の役割」をめぐって比較を行いたい。

前節にて取り上げた「授業スタイル」の比較においては、S校は「素質教育」の理念を反映している多様な授業スタイルを用いている。そこでのグループ活動、手作業のような授業スタイルの実施では、子どもが授業の主役としての役割を果たしている。そのため、教師は従来の授業の指導者にとどまることなく、授業の組織者、協力者の役割を果たしている。特に、上述した授業スタイルの実施によって、教師は協力者としての役割をますます強めていると思われる。しかも、一斉指導のような応試教育と親和性を持つ授業スタイルは授業全体の4分の1を占めるに過ぎなかった。これからも、教師の指導者としての役割は縮小されていることが推察されよう。したがって、S校の「本校課程」における教師の役割は、協力者≈組織者＞指導者の式によって表

第6章　素質教育の実践にて生じた「教育機会の不平等」のメカニズム　449

わされる。

　これに対してG校は、授業スタイルにおいては素質教育を賞賛するグループ活動と応試教育での一斉指導と暗記とが同時に用いられていたが、素質教育でのグループ活動は単に2〜3分で終わり、応試教育の授業スタイルによる授業時間が授業全体の大半程度を占めていたのである。これにより、G校の「本校課程」においての授業は、算数授業のように教師を指導者とする取り組みが主流であると言える。このような授業スタイルの制限により、教師がここで協力者としての役割を果たすことは難しいであろう。筆者が観察した授業の限りでは、教師は質疑においては、子どもたちを問題の答えに導くような場面も見られたが、算数授業のように、質問のポイントはすべて教師に握られ、協力者としての教師の存在には疑問を呈する余地がある。そのため、G校での教師の役割構成の関係式は指導者＞組織者＞協力者となる。これからすると、子どもは脇役の存在であることがうかがえる。

　一方、H校には、授業スタイルの使用に関してはG校と類似するものがある。つまり、「素質教育」の理念を反映している授業スタイル、グループ活動がある。しかも、応試教育で使われた一斉授業と作文練習のような授業スタイルが並存している。また、グループ活動を2〜3分で済ませ、一斉授業などのような応試教育に授業時間の4分の3を費やしているのである。そのため、H校での教師の役割においては、指導者＞組織者＞協力者の式で表わせる。よって、子どもの役割は、脇役であると考えられる。以上の「本校課程」の授業における「教師・児童の役割」の検討結果を**表6−7**にまとめた。

　表6-7のように、S校の「本校課程」における授業実践内容は、より素質教育に近いものであると思われる。つまり、「教師・児童の役割」において、子どもの主役としての存在は素質教育の3つの要素の1つにある「子どもの主体性の育成」と直結したものであると考えられる。しかしながら、G校とH校はその授業実践においては、子どもが依然として脇役的存在にある。それは、授業スタイルがほとんど応試教育に馴染むものであるからである。そのため、3つの小学校における「本校課程」の授業に見られる「教師・児童の役割」から判断する限り、S校の「本校課程」は素質教育実現のための存在で

表6－7 「教師・児童の役割」に関する比較

学校名			S校	G校	H校
教師の役割			協力者≈組織者> 指導者	指導者>組織者> 協力者	指導者>組織者> 協力者
子どもの役割			主役	脇役	脇役
実施方法	授業スタイル	素質教育	グループ活動	グループ活動	グループ活動
			手作業	手作業	質疑方法の変化
		時間割合	大半	一部	一部
		応試教育	一斉授業	一斉授業	一斉授業
				暗記	作文練習
		時間割合	一部	大半	大半

注：ここでの割合は授業の時間に占める比率を表す。

ある。一方、G校の「本校課程」は結果として応試教育の再強化に向けて機能していることが見られた。また、H校では道徳教育の実践に向けて機能していることがより顕著に見られた。

　以上により、3つの小学校の「本校課程」の授業実践の比較を通じて、S校の「本校課程」は素質教育の実現に向けた役割を果たしている。これに対して、G校の「本校課程」は応試教育に向けた役割を果たしていることがわかる。さらに、H校の「本校課程」の機能は、道徳教育の重視に向けられている。言い換えれば、S校は「本校課程」におけるカリキュラムの伝達・構成のプロセスにおいては、素質教育を育成する様子が見られる一方で、G校とH校は、「本校課程」におけるカリキュラムの伝達・構成のプロセスにおいては、素質教育に基づいた「新学力」を育成するとは考えにくい。

　ここでは、各小学校の「本校課程」の実践に関して、さらに付け加えなければならないことが2点にある。それは、第1に、「本校課程」の実践が定着するかどうかという問題である。S校の場合は、1999年「文博社」が成立された時の何人かの参加が起因となり、現在では全校の子どもが参加することになっている。また、「文博教育」の実践は開始から現在に至るまで中止したり、停止されたりしたことがなく、着実に続けられている。しかも、「文博教育」の実践は、「授業内」にとどまらず、学校のイベントや社会活動とつ

ながっている。これの意味するところは、子どもがより広範的な活動を実践することを可能にしていることである。

これに対して、H校はまったく逆である。H校の「本校作文」は2004年に始めてから2006年まで行われたが、その後、国語の教科に転化してゆき、現在では完全に停止されている（詳細は第5章を参照されたい）。そのため、素質教育独自の実践のルートはある意味では閉鎖されたと推察される。一方、G校の「本校課程」は2004年に実践し始めてから現在まで授業を続けているが、検討したように、素質教育に役立つというより応試教育の再強化という役割に転換されている。第2に、3つの小学校の「本校課程」の実践はいずれも道徳教育の強化に寄与していると考えられる。先に触れたように、「本校課程」の理念に対しては、3つの小学校が道徳教育を重視していることがわかる。特に、H校の授業実践にてはより顕著に見られたのである。

ここまで、3つの小学校における「算数科」と「本校課程」における素質教育の実践に関する比較を行った。これらの結論として言えることは、「算数科」においては、S校とG校は一見して素質教育の実践が結果的に応試教育の再強化に機能するようになり、H校は上記の2校と異なり、実践展開の段階にあると思われる点である。つまり、H校の「算数科」における素質教育の実践は、「新学力」（創造能力、実践能力など）と「教科学力」の育成の役割を果たすことではなく、両方を超えて、道徳教育の役割を果たしているのである。一方、「本校課程」における素質教育の実践については、S校が素質教育の育成に向けて役割を果たしていることに対して、G校は応試教育の再強化の役割を果たしているように見える。また、H校は道徳教育の再強化に向けての役割を果たすと考えられる。

以上により、再度まとめて言うならば、素質教育の実践を通じて、S校は素質教育と応試教育を同時に確保することに対して、G校は応試教育の再強化に向かい、H校は道徳教育の重視に対して更なる役割を果たすことが考えられる。これらについては、**図6−1**のように表わすことができる。

図6-1のように、S校は素質教育と応試教育の両方をカバーしていることから、2つの円の重複部分に位置づけられる。G校では応試教育が再強化さ

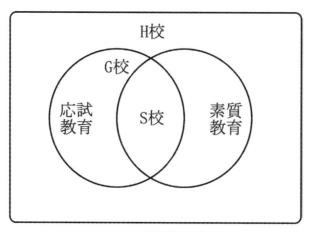

図6−1　各校素質教育実践の帰結

れるため、応試教育の円の中にある。また、H校は両方を超えたものであるから　2つの円の外に置かれている。またこうしたことから、実践の過程で、素質教育におけるカリキュラムの伝達・構成に差異が形成されたものと思われる。そのため、素質教育の実践においては、カリキュラム伝達のプロセスにおいて、子どもたちが素質教育に接近する上での「教育機会の不平等」が生まれている。つまり、S校のように素質教育に沿った教育実践にアクセスするルートを有する一方で、G校とH校のようにアクセスルートが閉鎖されている学校もある。そのため、素質教育の実践にて発生する「教育機会の不平等」は、カリキュラムを実践する過程において差異を形成することが図6−2によって表わされる。

　図6-2で示したように、3つの小学校は「算数科」、「本校課程」における素質教育の実践を通じて、それぞれ異なる帰結となっている。そこでは、素質教育を育成することがカリキュラムの伝達・構成によって「教育機会の不平等」を形成することになったのである。次節では、このような「教育機会の不平等」といわれる結果をもたらした条件の差異について3つの小学校における素質教育の実践の社会的条件の比較を通じて、明らかにしていく。

第6章　素質教育の実践にて生じた「教育機会の不平等」のメカニズム　453

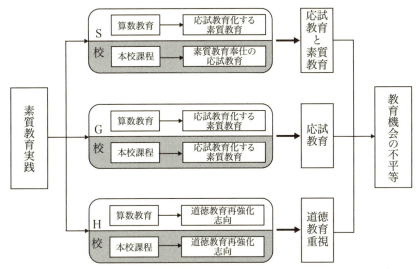

図6－2　カリキュラムの実践の差異化よって形成された「教育機会の不平等」過程
注：
1.ここでの算数という表示は算数科という意味
2.ここでの本校という表示は、S校の「文博教育」、G校の「国語の世界を歩こう」、H校の「本校作文」という意味
3.ここでの→は、素質教育の実践という過程を表わす
4.H校の道徳とは、素質教育の実践を通じて、道徳教育を強化するという意味
5.ここでの「素質」と「応試」は「新学力」と「教科学力」を意味する

2.「教育機会の不平等」を生じさせた条件の比較検討

　前節では、カリキュラムの伝達における素質教育のアクセスによる「教育機会の不平等」の形成過程を明らかにした。本節ではこうした「教育機会の不平等」の形成に関し、3つの小学校における素質教育の実践に関わる社会条件の比較を通じて、明らかにしていく。これまでの3つの事例において素質教育の実践に関わる社会条件の検討では、学校内条件と学校外条件とを分けて検討してきた。ここでも、同じように学校内・外の条件を分けて、各章での検討結果から得られた知見を統合しながら、それぞれに関係する要素について比較検討する。まずは、3つの小学校における学校内の条件についての比較に目を向けよう。

2.1. 学校内のサポート条件に関する比較

　学校内条件に関する比較検討には、「教師間の協働性」と「教師と校長との協働性」をめぐっての検討が必要である。

　S校における素質教育の実践に影響する学校内条件については、「教師間の協働性」と「校長と教師との協働性」を取り上げる。「教師間の協働性」に関しては、さらにインフォーマルな関係作りとフォーマルな関係作りに分けることができる。インフォーマルな関係作りに関わるものには、教師間での情報交換が密であることや教育資源の共有によるものがある。例えば、教師間での情報交換が密であることについては、授業スキルに関する情報や子どもの勉強情報などを教師間で抵抗なく交換していることから読み取れるのである (Hargreaves 1994；油布 1999；佐藤 2006)。また、教育資源の共有に関しては、教師たちが自ら作った学習ソフトウェアなどを共有している状況などから見て取れる。さらに、フォーマルな関係作りにおいては、S校には「徒弟制」という取り組み制度がある。それは、つまり、ベテランの教師は新米の教師あるいは若年の教師を指導する体制である。また、このような「徒弟制」はS校の教師をサポートする仕組みの一環である (詳細は図3-4を参照されたい)。このようなインフォーマルおよびフォーマルな関係作りを通じて、教師間の協働性が形成されていく。そして、先ほど取り上げたように、学校内条件に関しては「校長と教師との協働性」もある。これは具体的には、校長は指導者としての存在ではあるが、教師の仲間としての存在としても教師に認められることである。例えば、校長は教師の生活まで支援していることがそれを裏づけている (詳細は第3章を参照されたい)。

　一方、G校には、S校のように、教師間に協働性があるどころか、逆に教師間に分断化が見られたのである。例えば、教師たちは、素質教育の実践において自らのモデル学級と一般的な学級とを異なるものと分断して捉えている。また、校長と教師の間には、一定の分断化が見られるのである。例えば、教師が校長のやり方に対して不満を持つと同時に、校長は学校の問題点を教師の責任に押し付けることもあった。このように、校長と教師の間には、協働性というより、分断が存在することがうかがえる。

第6章　素質教育の実践にて生じた「教育機会の不平等」のメカニズム　455

表6－8　学校内の条件に関する比較

学校名	S校	G校	H校
教師の協働性	○	×	○
校長と教師との協働性	○	×	○

注：○：あり、×：なし　を意味する。

　また、H校には、S校のように、教師間に協働性があると思われる。H校はモデル学級があるとはいえ、これは学校の発展のために積極的に取ってきた施策であると考えられる。また、これはH校の教師にとっても認められていることである。特に、興味深いのは、教師たちは、モデル学級の存在を学校の共有資源として認識している。その要因は次節にてさらに検討したい。これらに加えて、教師間にはS校のように教育資源を共用する意識が見られる。例えば、教師が個人で購入した副教材などを学校の共通資源として使うことが一般的である。一方、校長と教師の間には、協働性がある。校長は教師にとっての管理者とみなされながら、仲間としても認められている。そのため、H校においては、教師間の協働性や校長と教師との協働性が存在することがわかる。

　以上の3つの小学校における「学校内」の条件に関しては、**表6－8**にまとめた。

　表6-8のように、S校とH校においては、教師の協働性と校長と教師との協働性があるのに対して、G校は両方を有していない。次は、学校外にある条件の比較を見てみよう。

2.2.　学校外のサポート条件に関する比較

　前小節では、3つの小学校における学校内のサポート条件について比較検討した。本小節では、研究機関、社会機関、保護者、コミュニティとの連携などの学校外条件について比較を行いたい。

　まず、S校における学校外のサポート条件を見てみよう。第3章で指摘したように、S校は上海の華東師範大学および上海の外国語学院などの教育機関と提携契約を交わしている。そのため、教育機関の専門家はS校の教師を

指導することを通じて教師の専門性を高めることを支援している。また、S校は社会機関との連携がある。例えば、S校は上海市の博物館との連携関係を持ち、「本校課程」の教科書の開発においては、上海市の博物館の専門家からの協力が得られたのである。さらに、S校は保護者との連携関係を持っている。そのため、学校の活動やイベントを行う際には、保護者からの協力が少なくない。同時に、教師と保護者は良好的な関係を持つことによって、子どもの勉強状況などの情報を随時交換することができる。さらに、S校の学校イベント開催の基盤はほとんどコミュニティに依拠している。そのため、S校はコミュニティと良好的な関係を持っている。例えば、「小さいリポーター」という学校のイベントは、コミュニティを通じて地域の大きなデパートで行われたのである。以上のようにS校においては、素質教育の実践に依拠した「本校課程」をはじめ、またそれと関わる各種の学校イベントや社会活動は、学校外のサポートの支援を受けて行われていると言えよう。言い換えれば、こうしたようなサポートは、S校の素質教育の実践の不可欠な要素である。

　一方、G校の学校外条件について検討してみよう。S校に比べて社会的資源が少ないG校がある地域には、高等教育機関自体がそれほど多くないという地域的な制約条件がある。そのため、教育機関との連携は物理的には無理な面がある。また、博物館のような社会機関があるとはいえ、G校の学校外の資源として活用できるまでにはなっていない。また、コミュニティとの提携を試たこともあるが、経費の問題と安全上の問題のため、現在はその取り組みを止めている。さらには、保護者との連携にも分断化が見られたのである。それは、教師の保護者との個人関係における良し悪しが見られたため、社会の不平等や不公正の問題として指摘されたのである。この点については後ほど再度触れたい。以上のようにG校では、教育機関、社会機関、保護者、コミュニティのような学校外のサポート条件がほとんどないと理解できる。

　次に、H校の学校外のサポート条件について見てみよう。H校は農村部の小学校であるため、教育機関、社会機関、保護者のサポート条件に関してはG校のように、存在しないに等しい。しかし、保護者からのサポート条件が

第6章　素質教育の実践にて生じた「教育機会の不平等」のメカニズム　457

ない要因はG校と違うものである。これについては次節にて詳しく検討するべく、ここでは、これ以上述べない。H校のコミュニティからのサポートは、限られたものではあるが存在する。例えば、「感謝の心」という学校イベントにおいては、村を通じて村の未亡人を訪問し、支援したことがある。また、学校の校舎建設時には、村が出資したこともあげられる。

　以上述べた3つの小学校における学校外サポート条件の内容を**表6-9**にまとめた。

　表6-9に示すように、S校が学校外のサポート条件を有するのに対して、G校とH校はサポート条件を持たない。次に、学校内のサポート条件と学校外のサポート条件を総合比較した結果を、**表6-10**にまとめた。

　表6-10のように、S校には学校内および学校外のサポート条件の両方がそろっていることに対して、G校はこれらの条件がすべて欠けているのである。H校は学校内のサポート条件は有するものの、学校外のサポート条件は

表6-9　学校外のサポート条件に関する比較

学校名	S校	G校	H校
教育機関	○	×	×
社会機関	○	×	×
保護者	○	×	×
コミュニティ	○	×	○

注：○：あり、×：なし　を意味する。

表6-10　学校内及び学校外サポート条件の比較

	学校名	S校	G校	H校
学校内条件	教師間の協働性	○	×	○
	校長と教師の協働性	○	×	○
学校外条件	教育機関	○	×	×
	社会機関	○	×	×
	保護者	○	×	×
	コミュニティ	○	×	○

注：○：あり、×：なし　を意味する。

微々たるものである。とはいえ、コミュニティのサポート条件を活用していることを忘れてはならない。

以上のサポート条件から見れば、カリキュラムの伝達・構成における差異の発生は理解できるであろう。なぜなら、第3章で指摘したように、中国における素質教育の実践は意図しないまま二重スタンダードによって進められているのである。つまり、素質教育と応試教育を同時に確保しているのである。しかし、こうした素質教育の実践は、学校内のサポート条件を有することだけにとどまらず、学校外のサポート条件を有することも求められている。言い換えれば、こうした素質教育の実践には、より総合的なサポート条件が求められることが察せられる。そのため、総合的な条件が満たせない場合、学校活動が素質教育と応試教育の双方に同時に機能することができなくなりかねない。これらが満たせないと、G校のように応試教育の片方に偏ってしまうか、あるいは、H校のように素質教育と応試教育のいずれにも機能できなくなる危険性があるように見える。もちろん、H校の特殊性を無視することはできない。例えば、農村地域の生活条件や保護者の階層などの要因が取り上げられるべきであるが、現行の素質教育はこうした地域の子どもに機能することなく、かえって上層に向く傾向が見られる。これは「素質教育」の理念にある「すべての学習者」に逆行するものであろう。

したがって、素質教育の実践においては、不平等なメカニズムが孕んでいる。本研究においては、それらを、カリキュラムの伝達・構成の差異に基づいて比較表示した。

3. 「教育機会の不平等」の形成に関わる要因の比較検討

前節では「教育機会の不平等」の形成に関わる社会条件、特に、外部との連携を可能にする条件を検討してきた。本節では、こうした結果を踏まえて、「教育機会の不平等」の形成に影響する要因を検討する。これらは、各学校が有するサポート条件の形成要因について社会構造、社会文化、教育構造それぞれの比較を通じて展開していく。

第6章　素質教育の実践にて生じた「教育機会の不平等」のメカニズム　459

第2章で指摘したように、中国の伝統的な社会構造は「関係本位」に基づいたものである（梁　1989；費1998；曹　2005；王　2007）。つまり、「差異序列構造」を基に、社会関係が構築されるのである（于　2006,p.52）。すなわち、社会関係は個人を軸に、親族との遠近距離によって、築かれているのである。そのため、「人情」、「関係」、「面子」、「恩返し」が社会規範として、社会秩序を維持することに重要な役割を果たしている（金　1988；孫　1999；郭2001）。しかし、こうした義理が絡む社会規範は法を超える側面があるため、社会における「公正」の維持を阻害する一面であると言われている（金1988；巩2007）。また、こうした阻害要素は教育の領域にも染み込んでいる。なぜなら、中国の教育においては、格差が大きく、質的に困難な学校が少なくないために、よい教育資源を手に入れようとする争いが激しいのである。特に、本研究で取り上げたようなモデル学校は、しばしばこのような教育資源獲得競争に巻き込まれている。そのため、学校は「関係本位」の弊害に対処を求められる。

しかし、学校現場では、その対応方法が学校によって異なるのである。例えば、S校の場合には、基本的な「関係本位」に対抗する姿が見られたのである。その基本的なやり方としては、個人的な関係においては保護者と「距離」をおくことである。具体的な例を取り上げると、教師は保護者からの物質的なお礼を受けることなく、校長は学校選択における保護者をはじめ、行政者と関わり持つことを避ける様子が見られたのである。他方、校長は教師の扱いにおいては、個人関係を超えて、教師をその能力によって評価し、賞罰を下している。一見すると厳しく見えるこのような対応も、S校では、保護者をはじめ、教師からの反感は受けていないのである。なぜなら、S校が公正の原理に基づいて運営されているからである。「能力主義」に基づく資源[3]配分はその一例と言える。こうした「関係本位」という社会的弊害を軽減したことが、S校で学校内のサポート条件にある「教師間の協働性」や「校長と教師との協働性」の形成に寄与したと思われる。

また、S校は「関係本位」を超えながら、素質教育の実践においての社会の主流文化と関わる形式化とは一線を画する面がある。例えば、中国語で「素

質教育轟轟烈烈，応試教育扎扎実実」（素質教育の実践は、天地を揺るがすもので
あり、応試教育は手堅いものである）はその典型的な取り組み姿勢である。つまり、
素質教育を呼びかけのレベルにとどめ、応試教育を着実に推進していること
である。そのため、素質教育の実践は形式化にとどまらざるを得ず、うまく
行かないといわれるのである（教育部　2006、2010）。それ故に、S校はこの
ような教育文化の主流とは異なるスタンスを取ったと見られる。例えば、S
校の資料[4]には、「着実なやり方で、子どもの成長を伸ばす」とか、「形式化
を超えた着実な学校運営」を発展させることが示されているのである。また、
こうした学校の理念は、保護者をはじめ、教師、コミュニティの関係者など
のコンセンサスが得られたものである。そのため、学校内のサポート条件に
ある「教師間の協働性」、「校長と教師との協働性」と学校外のサポートの条
件にある「保護者との連携」、「コミュニティとの連携」を実践する役割を果
たしているのである（詳細は第3章を参照されたい）。以上により、S校は学校の「緩
衝地帯」を作り、「関係本位」の弊害を防ぐことができたと言えよう。もちろん、
これはS校がもともと階層的にも恵まれた存在であったことと離して論じる
わけにはいかない。つまり、S校が恵まれた上海市にあり、階層的にも恵ま
れていることである。これも、学校外のサポート条件にある教育機関や社会
機関との連携を可能にした根本的な要因と考えられる。そのため、上海市で
はS校にとって役立つ社会資源が豊かに存在し、農村地帯の条件とは格差が
ある。さらに、1つ加えたい点がある。S校の子どもたちが「質の高い」学校
教育を受けられることに加えて、「才能教育」や受験学力にて落ちこぼれた
子どもに学校外の補充学習を与えうる家庭が圧倒的に存在することも指摘し
たい。第3章で指摘したように、上海市では、学校以外に塾のような学習機
関に通う子は95％以上に達している。つまり、S校の優位性は、こうした社
会連携を容易にする地理的優位性、それと絡んだ社会的資源の豊富さ、応試
教育から見た場合においても、外部支援の豊富さ、そして、そうした資源を
私的にも利用しようとする保護者がそろっているのである（苅谷　2001；本田
2005；藤田　2006）。
　一方、G校に関しては、先に触れたように、S校のような学校内・外のサポー

第6章　素質教育の実践にて生じた「教育機会の不平等」のメカニズム　461

ト条件が存在しないのである。然るに、このような状況が生じたのには、それなりの要因があると思われる。すでに指摘したように、G校においては「教師間の分断化」と「校長と教師との分断化」が生じているのである。こうした「分断化」が生じた大きな要因は「関係本位」という社会主流文化を乗り越えられないことにある。つまり、G校が、S校のように学校選択をはじめ、賞罰体制を導入した背景には「公正や公平」に基づいた「能力主義」があるのではなく、「関係本位」を具現化させる「関係」の存在があるのである。例えば、学校選択においては、不正入学が多い。これもG校に大きな学級が存在する要因と言える。

　また、上級機関の教師研修参加や教師昇進の機会は、「関係」がある教師に与えられていることもあげられる。これが教師の間に不満を生み出しているのである。このような不満は教師同士、教師と校長の間にマイナス点として蔓延している。そのため、「関係本位」の存在が「教師間の協働性」や「教師と校長との協働性」の形成に逆作用を施しているのである。その上、「関係」に基づいた学校運営は学校内に影響するだけではなく、保護者にも不信感や不満を抱かせているのである。その結果、保護者と学校の管理者や教師との間にも、「分断化」が見られるのである。加えて、「関係」との関わりにおいて、「有利側」に立つ保護者と「不利側」に立たせられている保護者との間にも対立が生じているのである。したがって、保護者たちによる教育資源の争いがより一層激しくなる恐れがあると考えられる。自分の子により有利な地位を確保させるために、より広範な社会の「関係」を得ようとする動きが考えられよう。

　さらに、G校において学校外のサポート条件を有しないのは、地域格差が要因すると考えられる。例えば、第2章で指摘したように、中国における義務教育の財政制度によると、義務教育の費用は地域の区政府レベルの出資によるものである。G校は一般的な都市部にあるため、地域的には恵まれているとはいえ、財政面の脆弱問題に直面しなければならない。例えば、S校が素質教育の「本校課程」にある「国語の世界を歩こう」という教科を作りえたのは「資金上の制約がなかった」ことによるものである[5]。これに対して、L

市は教育機関や社会機関の存在が上海市のように恵まれていない事実がある。そのため、教育機関や社会機関との連携においては、地域が抱える制約条件を無視する訳にはいかない。また、先に触れたように、G校はコミュニティとの連携を試たこともあるが、経費の問題により、結局続けることができなかったのである。したがって、G校はいろいろな制約の中で素質教育の実践を行わざるを得ないため、その結果として応試教育の再強化という素質教育の実践における形式化に陥ったのである。そのため、G校の学校内・外のサポート条件の不在は、社会的な文化と社会構造（教育構造）の両方に起因していると言える。なお、ここでも1つ忘れてはいけない点がある。つまり、G校の子どもはほとんどが恵まれた家庭の出身であるため、G校の子どもにとって、学校で修得できない能力は家庭を通じて、学校外の塾や学校外の補充学習などによって補填することができると思われる。第4章で取り上げたように、G校での通塾率は85％に達している。

　また、このような学校外の補充学習は家庭の階層を問わず、多数の家庭に共通したものである。第4章で指摘したように、学校外の補充学習や英才教育を受ける子どもは85％を超えているのである。

　最後、H校の場合はどうかを見てみよう。H校はG校のように、「関係本位」という弊害とは関わりが少ないのである。そのため、学校内にあるサポート条件は維持されているのである。つまり、「教師間の協働性」や「校長と教師間の協働性」を有している。にも関わらず、その実践は、S校のような「能力主義」という「公正や公平」にあるものではなく、便宜上の「優等生集中」に向けられたものである。つまり、限られた資源をベテランの教師に配分するものである。しかも、こうしたやり方は学校内のコンセンサスを得た上で行われているのである。そのため、教師の間には、「不公正」や「不満」などは見られなかったのである。このことは、学校内のサポート条件が成立していることを示すものである。一方、学校外のサポート条件がほとんど存在しないことは、G校の社会構造（教育構造）と共通するものがある一方で、都市部の2校とまったく異なる要因もある。これらについては、まず、H校の置かれている社会構造に起因する要因を検討してみる。H校はL市の農村部にあ

第6章 素質教育の実践にて生じた「教育機会の不平等」のメカニズム 463

る小学校であるため、地域の資源の制約はG校よりさらに厳しい状況にある。
そのため、教育機関や社会機関が限られた中でのそれらとの連携はH校に
とって、現実上不可能なものである。

　第2章で指摘したように、中国の政府によると、農村地域にある学校のこ
うした不利な状況を改善するために、インターネットによるネットワーク資
源の活用が推奨されている。しかし、第5章で指摘したように、H校におい
ては、インターネットにつなげるためのハード条件すら満たされていないの
である。そのため、ネットワークの資源を活かすこともほとんど不可能に近
い状況にある。こうした状況が生じた要因は、教育構造の基底にあるもので
ある。すなわち、第2章で指摘したように、農村地域の義務教育の財政制度
によると、2001年の「基礎教育課程改革綱要」（施行）が公布されて以来、農
村地域における義務教育の財源の主体は「郷レベル政府」から「県レベル政府」
に格上げされたものの、「県レベル政府」の財政力は地域格差と緊密につな
がるものであるため、地域の財政が貧弱であれば、「県レベル政府」から義
務教育に割り当てられる財源が制限されることは、当然のことと言える。そ
のため、H校は財政的な制限を避けられない課題として負わざるを得ない状
況にあると考えられる。さらにいえば、H校はコミュニティのサポートをも
らったとしても、村の財政が貧弱なため、どこまで成果があげられるかは疑
問の余地がある。

　特に、前に提起したように、H校が保護者からのサポート条件が得られな
いことはG校とは異なる要因によるものである。G校は「関係本位」という「不
公正や不公平」のために保護者に不信感が生まれたため、学校と保護者との
協力的関係が築けなかったのである。一方、H校にて学校と保護者との協力
的関係が形成されない要因は、保護者のモチベーションによるものである。
つまり、就職難や関係本位のため、農村地域の子どもが大学生になっても学
歴によるメリットはほとんど得られない。言うならば、大学を出ても、職を
得られない人が少なくない。そのため、保護者には自分の子どもを大学に行
かせようという意欲が低下しているのである。

　また、こうした考えは学校にも大きな影響を与えたのである。例えば、第

5章で指摘したように、H校は応試教育からも離れる様子が見られたのである。これは、学校が独自に学校の運営原理を設定して進めるものであるため、こうした方針が可能になっている。結果として、H校が求めた学校活動の原理は、少数の子どもの生まれつきの才能の重視に向けられたものである。つまり、子どもたちを受験勉強で勝たせることを目指すものではなく、自らの「才能」を活かすことによって勝たせようとするものである。

　一見すると、このような原理自体は問題ないと思われがちであるが、その中身を突き詰めると、大きな破綻が予見されるのである。つまり、こうした原理は少数の子どものためにのみ行われるものであることから、この原理を支える根拠は脆弱なものにならざるを得ない。それは、本校でこの原理が有効であると進められた背景にある。つまり、1人の卒業生が偶然に国家レベルのスポーツ選手になったことによるものである。言い換えれば、この方針は、多数の子どもの利益よりも少数の子どもに資源を投入することで彼らを出世させ、これによってH校の存在を社会に知らしめようとするものである。これには形式化の一面があるとはいえ、ある意味で、社会的資源がなく、地域格差において、都市部と対等に競争する術のないこの学校にとっては、苦し紛れの「現実的」選択でもあろう。この原理に基づくH校は自ら、受験を通じて身分を変えるという受験構造における競争から離れたことになる。その結果、H校の実践原理は、多数の農村地域の子どもを受験競争においてますます不利な立場に立たせる恐れがあると言えよう。また、こうした学校での実践は、この学校に通う子どもの保護者層を考える時、家庭がそれを補うことは考えにくいのである。第5章で指摘したように、H校の子どもは、学校外の補充学習を受ける機会がゼロに近いのである。このように、H校ではいろいろな制約によって素質教育の実践が形式化にとどまらざるを得ないことが、ある意味では当然の帰結として理解することができよう。

　これまで、第3節で検討してきた内容を**表6－11**にまとめた。

　表6-11は社会構造の中に存在する地域格差、教育構造に影響する義務教育の経費、社会主流文化の関係本位の側面から、3つの小学校がおかれている状況をまとめたものである。そこでは、S校が恵まれた地域にあり、義務

第6章 素質教育の実践にて生じた「教育機会の不平等」のメカニズム　465

表6-11　素質教育の実践に関わる要因の比較

学校名	S校	G校	H校
地域格差	大都市部	非大都市部	農村部
義務教育の経費	恵まれる	恵まれない	恵まれない
社会主流文化	形式化と関係本位文化を克服した	形式化と関係本位の社会文化に陥った	形式化に陥った
保護者の階層	都市中簡層が多数	都市中間層が多数	農業従事者のような底辺層

教育の経費にも恵まれ、形式化と関係本位文化を克服したという環境作りをする一方、G校はS校と比べると相対的に恵まれない地域にあり、義務教育の経費にも恵まれているとは言えない上、形式化と関係本位に特徴づけられる学校文化に陥っているのである。H校はG校と同じく恵まれない地域にあり、義務教育の経費にも恵まれていない。しかし、社会主流文化に対しては、G校と同様に形式化に陥ったとはいえ、関係本位の文化には影響されていない。以上により、素質教育の実践には、社会構造をはじめ、教育構造や社会主流文化にわたる広範な要因が関わることがわかる。次節は本章で得た知見を統合し、素質教育の実践過程に存在する「教育機会の不平等」に関するメカニズムを明らかにしたい。

4. まとめと考察

　本節では、これまで検討してきた結果をまとめながら、素質教育の実践における「教育機会の不平等」のメカニズムを明らかにしていきたい。

　本章の第1節においては、素質教育の実践には、「算数科」と「本校課程」を通じて、カリキュラムの伝達・構成のプロセスに差異が存在することを明らかにした。そこでS校では「算数科」における素質教育の実践が、結果として応試教育に向けて機能したが、「本校課程」における素質教育の実践では、素質教育が貫徹されていることが明らかになった。そのため、S校における素質教育の実践結果には応試教育と素質教育の両方が確保されていることが

考えられる。これに対して、G校では「算数科」における素質教育の実践では、S校のように応試教育を再強化する結果を招きやすい上に、「本校課程」の実践では、S校と違って、素質教育が追求されたというより、応試教育の実現に向けて機能していると思われる。さらに、H校にて最も興味深いことは、S校やG校と違って、「算数科」にせよ、「本校課程」にせよ、道徳教育の育成に向けて機能していることである。以上のように、3つの小学校における素質教育の実践においてはカリキュラムの伝達・構成のプロセスに差異が見られたのである。そのため、素質教育の実践において、「教育機会の不平等」が生じたのである。

　第2節では、「教育機会の不平等」を生み出した学校を取り巻く条件の差異について、3つの小学校における学校内・学校外のサポート条件の比較を通じて、検討した。その結果としては、S校は、学校内のサポート条件としての「教師間の協働性」と「校長と教師との協働性」を有し、かつ、学校外サポート条件としての「教育機関との連携」、「社会機関との連携」、「保護者との連携」と「コミュニティとの連携」も持っていることがわかった。これに対して、G校は上記のような学校内・外のサポートの条件がすべて存在しないのである。さらに、H校はS校のように、学校内のサポート条件は有するが、学校外条件については、「コミュニティとの連携」がある以外に、ほかの3つの要素を有していないのである。これらを通して、3つの小学校における学校内・外のサポート条件の差異が明確化された。

　第3節では、「教育機会の不平等」を生み出した要因について検討した。S校は社会構造や教育構造には恵まれており、かつ、社会主流的な文化にある形式化と関係本位の克服も見られたのである。これに対して、G校には、完全に逆パターンが見られた。つまり、G校は社会構造にせよ、教育構造にせよ、格差構造の中で恵まれないこともあって、形式化と関係本位を克服するどころか、むしろそれらに陥ったことが指摘される。さらに、H校では、G校と同じく、社会構造や教育構造において恵まれない存在であることがわかった。また、G校のように形式化に陥ってはいたものの、関係本位の文化に影響されていないことが判明したのである。

第6章　素質教育の実践にて生じた「教育機会の不平等」のメカニズム　467

　本節は、本章までの知見を踏まえ、最終的な考察を行うものである。

　第1に、3つの小学校の比較を通じて、素質教育実践のプロセスにおいては、カリキュラムの伝達・構成に差異が見られた。つまり、上海市のS校の素質教育の実施においては、伝統的な受験科目（算数科）が応試教育と干渉し合った結果、応試教育に向けて機能するようになっている。一方、素質教育に馴染む科目（文博教育）においては、素質教育を実現しようという意識が見られる。その結果、S校の素質教育の実践は、素質教育と応試教育の双方に役に立つものであることが推察される。そのため、S校の素質教育の実施は応試教育と対立するより、適応しようとすることが多い。したがって、現場での素質教育の実践においては素質教育と応試教育の両方に跨る「ハイブリッド」の性質を持って進められていると推察される。なお、S校の素質教育の実践は、素質教育にせよ、応試教育にせよ、両者に機能していると思われる。

　一方、L市の都市部にあるG校においての素質教育の実践は、一見してS校と類似するものを行っているが、その実践内容は、受験科目にせよ、素質教育に馴染む科目にせよ、応試教育に向けて機能している。そのため、素質教育を実践する機会は、ある意味ではなくなっていると思われるが、応試教育の社会においてはその有効性を依然として持っている。最後に、L市の農村部にあるH校における素質教育の実践は、興味深い帰結になっている。つまり、そこでの素質教育の実践は応試教育と素質教育の双方から離れている様子が見られる。言い換えれば、応試教育と素質教育の両方の推進はH校においてはうまく機能していないと推測される。以上により、3校においては素質教育の育成の機会に対して不平等が生まれている。つまり、S校は素質教育を育成する機会を持つことに対して、G校とH校においてはその育成のルートが閉鎖されているのである。そのため、素質教育の実施のプロセスにおいてはカリキュラムの伝達・構成を通じて、教育機会の不平等のメカニズムが働いている。したがって、これは素質教育の研究に新たな視点を加えるものである。つまり、素質教育の研究には、教育機会の平等という視点を加える必要があると考えられる。

　第2に、3つの小学校における素質教育の実践においてのカリキュラムの

伝達・構成のプロセスにて生じる差異の発生状況、サポート条件または関係要因の比較を通じて、都市部と農村部の小学校では、異なる次元の問題を抱えていることが推察された。つまり、都市部のS校とG校との比較においては、相対的なものが多い。例えば、素質教育の実践を考える場合には、S校は素質教育と応試教育を同時に確保することに対して、G校は応試教育を再強化しようとすることである。そのため、2校はどちらかと言えば、受験文化に取り込まれた対応が見られる。言い換えれば、S校とG校は受験的な社会構造の中に置かれている。一方、農村部のH校においての素質教育の実践は、受験的な社会構造から自ら離れようとする動きがある。そのため、H校の実践は応試教育や素質教育の育成というより、道徳教育の育成ということに向けての役割を果たしている。しかし、こうした帰結は明らかに受験に機能するとは言いにくいであろう。なお、H校は生き残るために、あるいは不利な社会構造上の自分の位置づけから脱出するため、「受験」で成果をあげようとする代わりに、少数の生徒にとって有利な生まれつきの能力を活かそうとする学校実践を行っている。しかし、こうした実践は、多数の子どもの利益を犠牲する代価を踏まえて進められるもので、学校内における「教育機会の不平等」をさらに拡大させることが考えられる。

　第3に、3つの小学校における素質教育の実践を見る限り、中国での素質教育の実践はその実施の仕方によっては「不平等」の惹起に連動しているように見える。例えば、3つの小学校に関わる要因を基に指摘したように、S校は社会構造や教育構造などに恵まれた存在である。その結果、社会主流文化にある形式化、「関係本位」を克服したのである。こうした状況下にあるため、S校は、学校内・外のサポート条件を形成することができ、「素質教育」の理念は、こうした条件を前提としているように見える。なお、こうした学校内・外のサポート条件の確保は、社会資本、経済資本、文化資本の豊かさとつながっている (Burt　1992；Coleman　1998；Putnam　2000)。素質教育の実践には、さらに多くの外部・内部資源が求められている。そのため、地域格差が激しい中国にとって、こうした実践は学校間の格差をさらに拡大させる可能性が考えられる。

第 6 章　素質教育の実践にて生じた「教育機会の不平等」のメカニズム　469

注

1. 2008年11月13日入手した校長の講演原稿から引用したものである。
2. 2008年11月13日校長に対するインタビューの内容を基に整理したものである。
3. ここでの資源は物質的資源だけではなく、社会資源のようなより広範な資源を含むものである。
4. 2008年5月28に入手した学校経営に関する内部資料。
5. 2008年11月18日G校の校長に対するインタビューによるもの。

終章　おわりに

　本章では、これまでに得られた知見のまとめと、そこから導かれた示唆を示す。そして、最後に今後の課題を提示する。

1.　総括

　本研究の目的は、素質教育の実践を、地域格差が激しいという中国の実情を踏まえ、「教育機会の平等」という教育社会学の視点から検討することにあった。本節では、第1章から第6章で明らかになった知見を簡潔に要約した上で、考えられる示唆を記述する。

1.1.　知見のまとめ

　以下、各章で明らかになった知見を述べる。

　第1章では、素質教育を理解するために、「素質」をはじめ、「素質教育」の概念、特徴、構造などと共に、素質教育が依拠する理論について検討した。そして、素質教育と応試教育、基礎教育、「全面的な発展」との関係を考察した。その結果、「素質教育」という概念は、「素質」概念の多義性を反映した多義的な概念であることが示され、その内容を検討した。同時に、多義的であるとはいえ、概念としての「素質教育」は、「応試教育」と相対化されて理解されていることが多いことも指摘した。いずれにせよ第1章では、素質教育を構成する要素をめぐって検討した結果、素質教育の最も核心的なものは、「学習者」を教育の中心（学習主体）に置くべきことにあるとされていることがわかった。この点では、「素質教育」の概念と日本の新しい学力観とは

類似していると思われる。また、「素質教育」の概念を分析するに当たって、先行研究によって提示された「教育の質」だけでなく、「教育の平等」を同時に考慮する意義を検討した。「教育の質」と「教育の平等」の両方を「素質教育」の概念の基盤に置く必要があると考え、素質教育を教育社会学的アプローチから検討することの意義を考察した。

　第2章では、第1章を受け、素質教育の先行研究を踏まえた上で、教育政策との関係における「素質教育」、具体的には、素質教育政策の形成の歴史的経緯、素質教育を実施するための主な政策の施策、および、素質教育政策の策定原理を検討した。本章で得られた知見としては2点があげられる。第1に、素質教育政策における「素質教育」の内実は中国における学術界での議論とおおよそ一致しているが、特に「応試教育」と対置される面が強調され、それを克服するものとして定義されることが多い。また、教育政策における「素質教育」の概念は、実際は時代によって変化しているように見える。第2に、政策上においての素質教育の施策内容や策定原理は理論的には明快であるかもしれないが、現実的には現行の中国の社会制度および文化理念の影響によって、それとは逆行するという「意図せざる結果」が生じかねないことを示唆した。

　第3章では、素質教育政策の実施状況を検証するために、上海市における素質教育の実践において先進的な小学校の事例を取り上げ検討した。すなわち、素質教育の実践をS校における「算数科」と「本校課程」の教科を通じて、それぞれ考察した上で、こうした教育実践の背後にあるサポート条件および要因を明らかにした。その結果、以下の3つの知見が得られた。第1に、先進的な地域における素質教育の実践モデルの特徴を指摘した。つまり、S校は素質教育と応試教育の両者とも教育目標として追求し、また、教科ごとにそれぞれを使い分けている。例えば、素質教育と結びつきやすい教科の場合は、「素質教育」の理念を最後まで徹底させているように見られたが、応試教育と直結する伝統的な受験科目の場合には、見かけは素質教育のような授業方法を取っていたとはいえ、実際には応試教育として機能するという逆転現象が生じていた。そのため、S校における素質教育の実践では、カリキュ

ラムの構成・伝達に大きな変容が加えられた。これによって、従来の応試教育に基づいた知識を習得することだけではなく、素質教育に基づいた知識の習得も対象となっていた。なお、こうした「素質教育」の実践を通じて、従来の応試教育の重視という単一的な社会要請から、素質教育が求める学習者を授業の主体にするなどの二層化した社会要請への対応が学校現場に求められるようになる中で、学校の中で何が起きているのかの一部を問題提起した。第2に、第1のような教育実践において学校をサポートする条件を、学校内・外の状況の分析を通じて明らかにした。つまり、学校内のサポート条件としては、「教師間の協働性」と「校長・教師の協働性」が取り上げられることに対して、学校外のサポート条件に関しては「保護者」、「社会機関」、「研究機関」、「コミュニティ」からのサポートがあげられることがわかった。特に、学校外のサポート条件は、一種の社会資本とみなされよう。第3に、第2のサポート条件は、社会構造と社会文化の2つの側面から考えられる。社会・経済的には、S校は上海市の市内学校であるため、序章で指摘したように、教育レベルは第1グループに属する。現行の義務教育財政の地域財政負担の実態を踏まえると、恵まれた地域である。社会文化の面では、今日中国で問題とされている「関係本位」と形式化という主流文化の弊害を克服しようとする志向を持つ（これは一種の文化資本とみなせる）。また、社会・経済的に恵まれていることは、こうした中国社会で指摘されている弊害を克服するに当たって有利に働いているように見えた。こうした条件はまた、学校内・外のサポート条件の形成を支援する上で有利であると言える。第4に、S校は総じて言えば、経済資本、文化資本、社会資本に恵まれた学校であるため、素質教育と応試教育の両方を確保する教育実践は「教育の総合資本」に恵まれた学校にて可能になると考えられる。言い換えれば、「教育の総合資本」に恵まれない学校では「素質教育」と「応試教育」を同時に実現させる上で困難に直面することが予想される。

　第4章は第3章との相対化を意図した章である。そのため、第4章では非先進的な地域の都市型のG校の事例を取り上げた。そこで得られた主な知見は以下の4つである。第1に、非先進的地域の都市型という素質教育の実

終章　おわりに　473

践モデルの特徴は、応試教育に偏って対応していることが示唆された。そこでは、素質教育と結びつきやすい教科にせよ、受験科目にせよ、形式的には素質教育のノウハウを取り入れているように見えるが、授業のプロセスを見ると、すべて応試教育に機能するようになっている。上海市のS校では、受験科目だけで見られた現象が、全体にわたって見られるのである。つまり、G校における素質教育の実践は表面的にはカリキュラムの構成・伝達に変容が見られたが、結果的には、応試教育に基づいた知識の習得、あるいは、能力の育成になっている。第2に、G校においての学校のサポート条件を検討すると、上海市のような学校内・外のサポート条件を有していないことがわかった。第3に、G校にとって、学校のサポート条件が得られない要因とは、上海市と比較すると社会的、経済的、文化的格差に求められる。つまり、G校は省の中における教育レベルでは、上海市が上位の第1グループに所属しているのに対して、第2グループにあり、中国の一般の「地方都市」であるL市に属する。また、義務教育の「県」レベルの責任制を考慮すると、上海市と比べて相対的に恵まれない存在である。こうした中で、社会文化的側面に関しては、「関係本位」と形式化に対抗することができない実態がうかがえた。特に、「関係本位」の側面を排除できないため、主流社会において見られる弊害、排除された側の不信感などの弊害が、学校の細部にまで浸透していた。これは、学校内における「教師間の協働性」と「校長・教師間の協働性」のサポート条件の形成、または学校外における保護者からのサポート条件の形成を阻害していた。つまり、社会資本の視点からみるとG校の事例を通じて、「関係本位」の存在は「社会資本」の形成に負の役割を果たすことがわかる。これは、中国の翟（2009）が指摘した「関係本位」は決して「社会資本」の形成に役立つとは言えないという主張に沿う結果である。第4に、応試教育の圧力にさらされているG校は、S校のように経済資本、文化資本、社会資本という「教育の総合資本」においては恵まれる状況ではないため、応試教育しか保障できていないということがわかった。そのため、第3章の知見を踏まえると、S校の子どもとG校の子どもとの間には素質教育に基づいた知識や能力の習得機会に格差があり、教育機会の不平等が指摘できると言える。

第5章は、非先進的な地域の先進農村小学校のH校の事例である。分析方法や考察の側面は第3章と同じであり、第3章の分析枠組みを使って得られた知見としては、第1に、素質教育の実践における非先進的地域の農村型のモデルの特徴は、受験科目にせよ、本校課程にせよ、素質教育の育成と応試教育の育成の両方に機能するのが難しいという、都市型素質教育の実践の枠組みとは異なる展開ではないかと思われた。例えば、応試教育において成果（進学実績）を出すことが難しく、素質教育で求められていることも実現する条件がない中で、応試教育と自ら距離を置き、その代替策として、子どもの生まれつきの「素質」を強調し、結果的に一種のエリート教育に移行している。第2に、学校のサポートの条件を検討すると、学校内のサポート条件は整っているが、地域格差の中で学校外のサポート条件が希薄である。そのため、学校内のサポート条件に比べて学校外のサポート条件の確保がより重要な課題として存在することが示唆された。第3に、その要因を突き詰めると、H校は農村小学校であるため、社会・経済的条件において恵まれていない存在であることに至る。また、社会文化の次元においては、形式化に陥っているとはいえ、「関係本位」的な特徴はG校に比べれば弱い。これは個別の学校の特徴もあるかもしれないが、教育領域を見る限り、「関係本位」の影響が、都市部においてより顕著に見られるのではないかという示唆が得られる。さらに言えば、受験文化と「関係本位」とが連動していることが推測される。

　第6章は、第3章、第4章、および第5章の事例についての比較である。この章では、以下のような4つの知見が提示された。第1に、3つの小学校の比較を通じて、素質教育の実践のプロセスにおいては、カリキュラムの伝達・構成に差異が見られた。そのため、素質教育の実施のプロセスにおいては、カリキュラムの伝達・構成を通じて、教育機会の不平等のメカニズムが働いている。第2に、3つの小学校における素質教育の実践においてのカリキュラムの伝達・構成のプロセスにて生じる差異の発生状況、サポート条件、または関係要因の比較を通じて、都市部と農村部の小学校では、異なる次元の問題に抱えていることが推察された。つまり、都市部のS校とG校との比較においては、対比できるものが多いことに対して、農村部のH校の素質

教育の実践には独自性が見られた。例えば、受験的な序列から距離を置き、少数の生徒にとって有利な生まれつきの能力を活かそうとする取り組みがあげられる。第3に、3つの小学校における素質教育の実践を見る限り、中国での素質教育の実践においての実施は「不平等」の惹起に連動していることがわかる。例えば、S校は社会・経済的条件に恵まれた存在であるため、社会主流文化にある形式化、「関係本位」の弊害を抑えることができ、そのことが、S校における学校内・外のサポート条件を形成することにも機能していることがうかがえた。そして、本論文でも、「素質教育」の理念の実現は、こうしたS校のような条件を前提とすることが推察される。だが、こうした素質教育の実践に必要な学校内・外のサポート条件の確保は、実際は社会資本、経済資本、文化資本の豊かさとつながっている。

このように、「素質教育」の理念に基づく実践には、従来の教育よりもさらに多くの外部的、内部的な資源が求められていると思われる。そのため、地域格差が激しい中国にとって、こうしたサポートの差は、学校間の格差をさらに拡大させる可能性が考えられる。

1.2. 全体としてのインプリケーション

本小節は素質教育、教育政策研究、中国における社会学、日本の学力という4つの分野の先行研究へのインプリケーションを考察する。

(1) 素質教育への示唆

これまでの素質教育に対する先行研究は、先行研究のレビューで見たように、「素質教育の質」をいかにして高めるかというあり方の提示やまたそれができない要因の分析が多いのに対して、本研究は教育社会学の視点から教育機会の平等を切り口として、地域格差などの社会・経済・文化的文脈に沿って素質教育を検討して示唆を得たことに意義があると思われる。

本研究の結果は、素質教育の実践を行っている事例の検討を通して、先進地域の都市型の事例として選ばれた学校の特徴としては、素質教育と応試教育の習得に同時に取り組んでいることに対して、非先進的地域の都市型の事

例として選ばれた学校では、応試教育の片方しか確保されていないことを見た。そこでは、都市部においての素質教育の実践において、応試教育が強力な存在であり、その影響を乗り越えられない一面がうかがえた。一方、非先進的地域の農村型の事例として選んだH校は、自ら受験勉強から離れる志向が見られたため、応試教育と素質教育を対置して、前者は後者の弊害という素質教育をめぐる教育学研究の主たる前提に破綻が見られた。また、筆者は素質教育の実践における弊害要因を社会・経済および社会文化的要因に広げて検討し、教育社会学の視点から素質教育においての「教育機会の不平等」というメカニズムを考察することは、これまでの素質教育研究に示唆を与えるものであると思われる。特に、現実に即し、素質教育がその当初の目的とは裏腹に、応試教育に絡み取られてしまうプロセスを、社会的条件の異なる事例の比較を通して教育機会の不平等との関連で分析したことが本研究の意義であると思われる。

(2) 教育政策研究への示唆

これまでの素質教育政策の研究は、政策実施について社会構造と教育制度の側面から捉えられていることが特徴的である(袁 1986、2004；唐 2002；楊 2002、2005、2006)。しかし、これらの研究では学校現場の実施実態について綿密な調査が行われなかったため、素質教育の実践のプロセスの研究までには至らなかった。本研究では地域格差を踏まえて、社会条件が異なる素質教育の先進小学校に対する事例研究を実施した結果、現行の素質教育政策は「教育機会の不平等」を拡大させる危険性をはらむ可能性を示した。例えば、本研究で明らかにしたように、素質教育政策を推進する際に、その教育実践は学校内・外の資源が求められる。つまり、素質教育の実践は学校の「教育の総合資本」(経済資本、文化資本、社会関係資本)によって影響を受けるため、素質教育の実践には、地域の実力も関わる。しかし、現行の義務教育の財政制度は「県」レベルの責任制である[1]。それ故に、素質教育の実践が行われうる学校が限定される。つまり、恵まれた学校では、素質教育の実践に取り組みやすいであろうが、そうした条件を持たない学校では本研究で示唆したよ

終章　おわりに　477

うな制約に直面する。したがって、義務教育の財政の主体を省レベルの政府に格上げする必要があると筆者は考える。同時に、中央政府の責任もあろう。つまり、日本のように「面の平等」のような義務教育における平準化を実効あるものにする対策を提起する必要があると思われる。加えて、平準化政策の弊害を越えるために、「点の平等」を確保するための学校の自立性を同時に政策に入れる必要がある。言い換えれば、「面・点の平等」を共に教育政策の視野に入れるべきであろう。

(3) 中国における教育社会学への示唆

　本研究において序章で指摘したように、中国の先行研究では、教育社会学の視点から素質教育を検討した研究が極めて少ない。それは、中国における教育社会学の現状から来る制約があるのではないかと考えられる。現存の中国の教育社会学の研究枠組みは外国、特に欧米から借用したものが少なくない（呉　2008）。しかし、外国においての研究枠組みはその社会のコンテクストを踏まえたものである。例えば、アメリカにおいての教育社会学研究における教育機会の不平等に関連した研究は、階層や人種主義に還元されるものが少なくない。それに対して、本研究で明らかにしたように、中国においては農村と都市の地域格差、および伝統的社会文化の要因を無視することができない。そのため、中国の実情に応じるような素質教育の研究枠組みの提示は、中国における教育社会学に対して新たな示唆を与えるものと考えられる。さらにその上、教育社会学においての研究方法に対しては、欧米や日本に遅れて、中国においても質的研究方法が近年増えている（銭　2009；呉　2009）。しかし、それらは、ミクロのレベルだけに焦点を当てたものが多い。例えば、教師と子ども・児童とのやり取りなどである。本研究では教育社会学の視点から、素質教育の実施における「教育機会の不平等」をめぐるメカニズムをカリキュラムの伝達・構成などを通じて検討した。本研究は、ミクロ、ミドル、マクロという3つの次元を貫こうとしたものであり、この面において、中国の教育社会学における研究方法に新たな示唆を与えようとするものである。

(4) 日本における学力研究への示唆

　本研究における日本の学力研究に対する示唆は2つあげられる。第1に、地域格差の視点である。日本においての地域格差と学力との関係に対する研究は、60年代前には一時的ピークであったが、60年代以降平準化の教育政策の導入につれて、地域格差の要因を考慮した研究は減少し、90年代からの日本経済の低迷のため、地域格差の拡大がまた問題となっていると言う（橘木　2010）。それ故に本研究における中国の地域格差を踏まえた素質教育の実践における「教育機会の平等」に対する研究は、間接的にではあるが、日本の学力の研究に問題提起をすることが考えられよう。例えば、本研究では、学校での新しい学力観に基づいた教育改革が学校内・外の資源に一定範囲で依存することが示唆された。つまり、こうした学力観のもとでの教育の質は、ますます学校の「教育の総合資本」に求められると考えられる。地方分権や義務教育制度が大きく変化しつつある日本の教育おいても、新しい学力を習得するための機会を考える際には、本研究で見たような地域格差という要因が持つ意味は、参考になろう。第2に、本論文の冒頭で述べたように、新しい学力を実現しようとする教育改革は、名称は国によって違うが、世界各国で行われている。したがって、中国の素質教育の改革は、日本における新しい学力改革を考える上で参考となる。上海市における新しい学力の実施モデルは、「新・旧」学力のハイブリッド、「新・旧」学力観の調和的な組み合わせのモデルを示すものと言える。また、ほかの事例においても、社会的文脈と「新・旧」学力の関係を考える上で参考になろう。そのため、中国版の新しい学力改革、素質教育をめぐる展開のプロセスを分析することは、日本の学力の改革に間接的に示唆を持つと思われる。

2. 今後の課題

　本論文を締めくくるに当たって、今後の課題を提示する。

　第1に、序章で指摘したように、中国の地域はA〜Eの5つのグループに分けられる。本研究で選ばれたサンプルはAとBのグループから抽出したも

のである。そのため、これからは、C～Eのグループサンプルの事例も加え
て、素質教育の実践をより体系的に分析することが求められる。また、本研
究は小学校を対象としたため、これから中学校における素質教育の実践状況
も問う必要がある。これは、本研究においての「狭義の素質教育概念」の理
論を充実させようとする上で欠かせないものである。

　第2に、本研究で対象とした教科は「算数科」と「本校課程」であるため、
これからは、これらの教科以外にも着目する必要がある。例えば、同じ受験
科目である英語や国語も取り上げて、それらの素質教育の実践は「算数科」
と同じかどうかを検討する必要があろう。これにより、受験科目における素
質教育実践の全体像を明らかにすることができるからである。

　第3に、本研究では「素質教育」の概念を便宜的に「広義の素質教育」と「狭
義の素質教育」とに分けた。その上で、本研究での対象を、「狭義の素質教
育概念」に限定した。つまり、義務教育の段階においての「素質教育」では、「教
育の平等」と「教育の質」が核心的な価値であるとした。本研究を踏まえて、
これからは、後期中等教育および高等教育の研究段階においての素質教育の
実践にも目を向ける必要があろう。

　第4に、本研究で使った「教育機会の平等」という概念は、「狭義の教育機
会の平等」という意味である。特に、「教育機会の過程平等」を指すもので、
その対策は主として教育領域に限定したものである。これに対して、「教育
機会の結果平等」を視野に入れて「広義の教育機会の平等」という社会構造の
不平等を是正するまで領域を広げる必要がある。

　第5に、方法論については、本研究は質的なケース・スタディを使った。
これからは、ケースの深みをさらに追求するために、エスノグラフィなどの
より継続的に学校に関わる手法を使うことが課題である。さらにその上で、
「広義の素質教育」や「広義の教育機会の平等」の概念を踏まえて、より広い
範囲で問うことも想定し、量的な研究方法も併用する研究が求められる。

　第6に、本研究では、素質教育をその理念として目指したものが、応試教
育に絡め取られてゆくプロセス、状況を、学校の中に入り、示したことに研
究意義がある。しかし、今後、本研究では充分に扱うことができなかった制

度的な条件や学校の外の地域の条件などにも目を向けてゆく必要があると思われる。例えば、中国では、学校間の人的流動性が低く、学校間に競争的な環境があり、教員が受験の成果を問われる仕組みがあるため、これが本事例で見たような現象にどう枠組みとして関わってくるかなどである。こうした制度的状況を見ることによって、素質教育を推進しようとしながら、結果としてそれが変質してゆくプロセスをより広い文脈で論じることが可能になろう。

また、潜在的な授業構成、顕在的な授業構成などの本研究で提示した授業構成などの概念について検討することも今後の課題である。それに加えて、中国においては地域格差が大きく、学校間の違いも大きい。今後、事例を戦略的に増やすことを通じて、より細かいバリエーションを把握してゆくことも課題である。

残された課題は多いが、それが故に教育社会学の研究視点から素質教育を体系的に追究する場も広く残されていると言えよう。

注

1. 2008年以降、中央・省レベルの責任制という動きがあるとはいえ、現在実質的な変わりはない。

参考文献

英語

Apple, M.W.(1979). Ideology and curriculum. London: Routledge & Kegan Paul.

————.(2001). *Educating the right way: Markets, standards, God and inequality.* New York: RoutledgeFalmer.

Banks, J.A.(1994). *An introduction to multicultural education.* Boston: Allyn and Bacon.

Banks, J.A.(2006). Democracy and diversity: Principles and concepts for educating citizens in a global age. In G. Ladson-Bllings & F. T. Willian (Eds.), *Education research in the public interest: Social justice, action, and policy* (141-157). New York: Teachers College Press.

Bernstein, B.(1977). *Class, codes and control: Towards a theory of educational transmission* (2nd ed.)London: Routledge & Kegan Paul.

Bourdieu, P.(1986). The forms of capital. In *Handbook of theory and research for the sociology of education* (pp.241-258). Westport, CT: Greenwood Press.

Brown, P.(1990). The 'third wave': Education and the ideology of parentology. *British Journal of Sociology of Education,* 11, 65-85.

Burt, R. S.(1992). *Structural holes: The social structure of competition.* Cambridge, MA: Harvard University Press.

————.(1997). The contingent value of social capital. *Administrative Science Quarterly,* 42, 339-365.

————.(2005). *Brokerage and closure: An introduction to social capital.* New York, Oxford University Press.

Coleman, J. S. , E. Q. Campbell, C. J. Hobson, J. McPartland, A. M.Mood, F. D. Weinfeld & R. L. York, (1966). *Equality of educational opportunity.* Washington: U.S. Department of Health, Education, and Welfare.

Coleman, J. S. (1968). The concept of equality of educational opportunity. *Harvard Educational Review,* 1, 7-22.

————.(1974). Inequality, sociology and moral philosophy. *American Journal of Sociology,* 3, 739-764.

————.(1975). What is meant by an equal educational opportunity. *Oxford Review of Education,* 1, 26-29.

————.(1987). Families and schools. *Educational Researcher*, 16, 156-167.

————.(1988). Social capital and the creation of human capital. *American Journal of Sociology*, 94, 95-120.

————.(1990). *Equality and achievement in education*. Boulder, CO: Westview.

————. (1990). *Foundations of social theory*. Cambridge, MA: Harvard University Press.

————. (1991). What constitutes educational opportunity. *Oxford Review of Education*, 17, 155-159.

Charles, C. R.(1994). *Constructing social research: The unity and diversity of method*. Thousand Oaks, CA: Pine Forge Press.

Cooper, D. E.(1980). *Illusions of equality*. London: Routledge & Kegan Paul.

Creswell, J. W.(1998). *Qualitative inquiry and research design: Choosing From five traditions*. Thousand Oaks: Sage Publication.

Denzin, N. K., & Lincoin, Y. S. (1994). *The sage handbooks of qualitative research*. Thousand Oaks, CA: Sage Publication.

Dewey, J.(1916). *Democracy and education: An introduction to the philosophy of education*. New York: Macmillan(= 1995,松野安男訳,『民主主義と教育』,岩波文庫).

Downey, D. B., Hippel,p. T. V. & Broh, B. A. (2004). Are schools the great equalizer? : Cognitive inequality during the summer months and the school year. *American Sociological Review*, 69, 613-635.

Eysenck, H.J.(1975). Equality and education: Fact and fiction. *Oxford Review of Education*, 1, 51-58.

Giroux, H. A. (1978). Developing educational programs: Overcoming the hidden curriculum. *The Cleaning House*, 52, No.4, 148-151.

————.(1981). *Ideology culture and the process of schooling*. London: Falmer Press.

Halsey, A. H., A. F. Heath, & J. M. Ridge, (1982). *Origins and destinations: Family, class and education in modern Britain*. Oxford: Clarendon Press.

Hargreaves, A.(1994). *Changing teachers, changing times: Teachers'work and culture in the post-modern age*. Toronto: Oise Press.

Hiebert,J. & Institute of Education Sciences (2003). *Teaching mathematics in seven countries: Results from the TIMSS 1999 video study*. Washington: National Center for Education Statistics.

Howe, K. & Eisenhart, M. (1990). Standards for qualitative (and quantitative) research: A prolegomenon. *Educational Researcher*, 19, 2-9.

Illich, I.(1971). *Deschooling Society*. New York: Harper & Row.

Jackson, P.W.(1968). *Life in classrooms*. New York: Holt, Rinehart and Winston.

Jencks, C. eds. (1972). *Inequality: A reassessment of the effect of family and schooling in America*. New York: Basic Books.

Jensen, A.R.(1975). The price of inequality. *Oxford Review of Education*, 1, 59-71.

Lareau, A.(1987). Social class differences in family-school relationships: The importance of cultural capital. *Sociology of Education*, 60, 73-85.

―――.(2000). *Home Advantage: Social class and parental intervention in elementary education*. Lanham, MD: Rowman & Littlefield Publishers.

―――.(2003). *Unequal childhoods: Class, race, and family life*. Berkeley, CA: University of California Press.

Mccarthy, C.(1988). Rethinking liberal and radical perspectives on racial inequality in schooling: Making the case for nonsynchrony. *Harvard Educational Review*, 58, 265-279.

Miles, M. B., & Huberman, A. M. (1994). *Qualitative data analysis: A sourcebook of new methods(2nd ed.)*. Thousand Oaks: Sage Publication.

Nozick, R.(1974). *Anarchy, state, and utopia*. New York: Basic Books.

Patton, M. Q. (1990). *Qualitative evaluation and research methods*. Newbury Park: Sage Publication.

Putnam, R. D.(2000). *Bowling alone: The collapse and revival of American community*. New York, NY : Simon & Schuster.

Putnam, R. D.(2001). Social capital: Measurement and consequences. Canadian Journal of Policy Research, 2, 41-51.

Rawls, J.(1971). *A theory of justice*. Cambridge, MA: Harvard University Press(= 1979, 矢島鈞次監訳,『正義論』,紀伊国屋書店).

Stake, R. E. (1995). *The art of case study research*. Thousand Oaks: Sage Publication.

Stevenson, H. W. & J. W. Stigler, (1992). *The learning gap*. New York : Summit Books.

Tesch, R. (1990). *Qualitative research: Analysis types and software tools*. Bristol, PA: Falmer Press

Tesch, R. (1998). *Qualitative research: Analysis types and software tools*. Bristol, PA: Falmer Press

Tsuneyoshi, R.(2001). *The Japanese model of schooling: Comparisons with the United States*. New York, NY: Routledge Falmer.

―――. (2007). The portrayal of 'foreigners' in Japanese social studies textbooks: Self-images of mono-ethnic pluralism. *Educational Studies in Japan: International Yearbook*, 2, 31-44.

Tsuneyoshi, R. K., K. H. Okano, & S. S. Boocock, (2011). *Minorities and education in multicultural Japan: An interactive perspective*. New York: Routledge.

Tyack, D.(1990). 'Restructuring' in historical perspective, tinkering toward utopia. *Teachers College Record*, 92, 171-191.

Willis,P. E.(1977). *Learning to labour: How working class kids get working class jobs*. New York, NY: Columbia University Press(=1996,熊沢誠・山田潤沢,『ハマータウンの野郎ども－学校への反抗労働への順応』ちくま学芸文庫).

Whitty, G.(2002). *Making sense of education policy: Studies in the sociology and politics of education*. London, UK: Paul Chapman Publishing (=2004,堀尾輝久・久冨善之編訳,『教育改革の社会学・市場、公教育、シティズンシップ』,東京大学出版会).

Musgrave, P.W.(1979). *The sociology of education.* 3rd ed. London: Methuen.

Merriam, S. B.(1998). *Qualitative research and case study applications in education.* San Francisco, CA: Jossey-Bass Publishers(=2004,堀薫夫・久保真人・成島美弥訳,『質的調査法入門―教育における調査法とケース・スタディ』ミネルヴァ書房).

Yin, R. K. (1994). *Case study research: Design and methods.* Thousand Oaks : Sage Publications.

日本語

秋田喜代美・恒吉僚子・佐藤学　2005『教育研究のメソドロジー』東京大学出版会.

秋田喜代美　2006「教師の力量の形成―協働的な知識構築と同僚性形成の場としての授業研究」東京大学教育研究科COE基礎学力開発センター編『日本の基礎学力』明石書店.

天野郁夫　1992『学歴の社会史―教育と日本の近代』新潮社.

今井康雄　2008「日本における『冷戦後教育学』の状況」2008年7月19日のシンポジウム「日本と中国の教育改革をめぐる対話―『質』の追求に向けて」における発表原稿.

一見真理子　1999「教育改革の方向と重点定まる―『素質教育』の発展基礎に科学技術立国目指す中国」『内外教育』5040号、pp.5-7.

―――2001「『素質教育』の推進に取り組む―中国における初中カリキュラム改革の動向」『内外教育』5190号、pp.2-4.

―――2003「中国におけるメディア・リテラシー教育」『国立教育政策研究所紀要』第132集、pp.127-140.

市川伸一　2002『学力低下論争』ちくま新書.

―――2004『学ぶ意欲とスキルを育てる―いま求められる学力向上策』小学館.

浦野東洋一・勝野正章・中田康彦　2007『開かれた学校づくりと学校評価』学事出版株式会社.

小内透　2005『教育と不平等の社会理論―再生産論をこえて』東信堂.

小内透編　2009『教育の不平等』日本図書センター.

大桃敏行ほか　2007『教育改革の国際比較』ミネルヴァ書房.

小倉康・松原静郎　2007「TIMSS 1999理科授業ビデオ研究の結果について」『国立教育政策研究所紀要』第136集、pp.219-232.

大塚豊　2002「中国―学校設置形態の多元化と公立学校」『比較教育学研究』第28号、pp.41-52.

勝野正章　2003『教員評価の理念と政策―日本とイギリス』エイデル研究所.

金子元久　2006「社会の危機と基礎学力」東京大学学校教育高度化センター編『日本の教育と基礎学力―危機の構図と改革への展望』、pp.21-34.

―――2009「近代の学力像とその社会的基底」東京大学学校教育高度化センター編『基礎学力を問う―21世紀日本の教育への展望』東京大学出版会、pp.33-54.

苅谷剛彦　1995『大衆教育社会のゆくえ―学歴主義と平等神話の戦後史』中公新書.

―――2000「学習時間の研究―努力の不平等とメリトクラシー」『教育社会学研究』

第66集、pp.213-230.

―――2001『階層化日本と教育危機―不平等再生産から意欲格差社会へ』有信堂.

―――2003『なぜ教育論争は不毛なのか―学力論争を超えて』中央公論新社.

―――2006『教育と平等』中央公論新社.

―――2008『教育再生の迷走』筑摩書店.

苅谷剛彦・志水宏吉編　2004『学力の社会学―調査が示す学力の変化と学習の課題』岩波書店

木畑洋一　2001「連携教材と東京大学短期交換留学プログラムと関係性」『専門・語学統合カリキュラム・教材開発に向けての組織的日米共同研究』（課題番号10551009)恒吉僚子代表，基盤研究(B)(2)、pp.233-237.

近藤安月子・丸山千歌　2001「専門科目と連動した日本語中・上級教育のシラバスと教材開発の試み」『専門・語学統合カリキュラム・教材開発に向けての組織的日米共同研究』（課題番号　10551009)恒吉僚子代表，基盤研究(B)(2)、pp.97-131.

楠山研　2010「中国における義務教育制度の弾力化と質保証」『比較教育学研究』第41集、　pp.49-62.

杉本均　2002「公立学校改革の新動向―国際比較―マレーシア―グローバル化する複合社会の公立学校」『比較教育学研究』第28号、pp.53-63.

佐伯胖, 汐見稔幸, 佐藤学編　1992『学校の再生をめざして』東京大学出版会.

―――1992『教室の改革』東京大学出版会.

佐藤学　1989『教室からの改革―日米の現場から』国土社.

―――1999『教育改革をデザインする』岩波書店.

―――2000『授業を変える学校が変わる:総合学習からカリキュラムの創造へ』小学館.

―――2006『学校の挑戦―学びの共同体を創る』小学館.

佐藤学・澤野由紀子・北村友人　2009『揺れる世界学力マップ』明石書店.

佐藤郁哉　1992『フィールドワーク―書を持って街へ出よう』新曜社.

柴野昌山　1981『知識の配分と社会化―「かくれたカリキュラム」に関する教育社会学的研究』中間報告　京都大学教育学部教育社会学研究室.

志水宏吉　2002『学校文化の比較社会学―日本とイギリスの中等教育』東京大学出版会.

―――2005『学力を育てる』岩波新書.

―――2008『公立学校の底力』ちくま新書.

須藤康介　2010『学校教育と学力の階層差に関する実証的研究―中学校の理数教科に注目して』博士論文（東京大学）.

カラベル, J. & A. H. ハルゼー編　1980『教育と社会変動―教育社会学のパラダイム展開(上)』（潮木守一他編訳）東京大学出版会.

賈燕妮　2011「中国の学校と社区の連携による「素質教育」の推進―天津市和平区における社区教師制度をてがかりにして」『筑波大学教育学論集』第7集、pp.51-72.

項純　2010「中国における素質教育を目指す基礎教育改革をめぐる論争」『京都大学大学院教育学研究科紀要』第56号、pp.359-369.

徐濛　2012「日本のゆとり教育と中国の素質教育・課程改革の比較的考察」『教育学研究紀要』第3集、pp.237-249.

徐征　2001「日本の学力論の変遷と中国の素質教育論」『新潟産業大学人文学部紀要』第12集、pp.71-78.

竹内章郎　1999『現代平等論ガイド』青木書店.

竹内洋　1995『日本のメリトクラシー―構造と心性』東京大学出版会.

橘木俊昭　2010『日本の教育格差』岩波書店.

田中統治　1996『カリキュラムの社会学的研究―教科による学校成員の統制過程』東洋館出版社.

張梅　2002「中国における『素質教育』の意義とその政策化のための条件―教師の専門性の構造と力量向上へ向けて」『早稲田大学大学院教育学研究科紀要』別冊第10集、pp.59-66.

恒吉僚子　1992『人間形成の日米比較』中央公論社.

―――1997『育児の国際比較―子どもと社会と親たち』日本放送出版協会.

―――2000「公教育におけるハイ・ステークス（high-stakes）な教育改革―プリンス・ジョージズ郡のリコンスティテューション」『教育学研究』第4号、pp.21-30.

―――2001「短期留学生教育における連動教材研究の視点」『専門・語学統合カリキュラム・教材開発に向けての組織的日米共同研究』（課題番号　10551009）恒吉僚子代表，基盤研究(B)(2)，pp.2-38.

―――2006「国際比較の中の日本型学力―求められる学力育成システム再編の理念」『日本の教育と基礎学力―危機の構図と改革への展望』、pp.92-106.

―――2008『子どもたちの3つの「危機」―国際比較から見る日本の模索』勁草書房.

―――2009「グローバル化社会における学力観」東京大学学校教育高度化センター編『基礎学力を問う―21世紀日本の教育への展望』東京大学出版会、pp.55-79.

天童睦子　2008『知識伝達の構造―教育社会学の展開』世界思想社.

田奕　2000「中国の「素質教育」についての検討―経済の高度成長期における中日の教育政策の比較」『人文学報教育学』第35集、pp.101-121.

富永健一　1986『社会学原理』岩波書店.

杜威　2005「中国の新算数・数学教育課程の動向と内容について―創造性を中心に（算数・数学教育における創造性の育成）」『日本科学教育学会年会論文集』第29集、pp.259-262.

中村高康　2011『大衆化とメリトクラシー―教育選抜をめぐる試験と推薦のパラドックス』東京大学出版会.

鍋島祥郎　2003『効果のある学校―学力不平等を乗り越える教育』解放出版社.

南部広孝　2010「現代中国の教育改革」山内乾史・原清治編『日本の学力問題―学力研究の最前線（下巻）』日本図書センター、pp.420-433.

宮寺晃夫　2011「『教育機会の平等』の復権―子どもの学校を親が決めてよいのか」『再検討―教育機会の平等』岩波書店、pp.273-302.

参考文献　487

宮寺晃夫編　2011『再検討―教育機会の平等』岩波書店.

橋本健二　2006『階級社会―現代日本の格差を問う』講談社.

————2010「高等教育の大衆化時代における学力問題」山内乾史・原清治編『日本の学力問題―学力研究の最前線（上巻）』日本図書センター、pp.363-365.

広田照幸　2009『教育学』岩波書店.

藤田英典　2005『義務教育を問い直す』ちくま新書.

————2006『教育改革のゆくえ―格差社会か共生社会か』岩波ブックレット.

藤田英典・大桃敏行編　2010『学校改革』日本図書センター.

フレイレ、P.　1979『非抑圧者の教育学』（小沢有作ほか訳）亜紀書房.

付婷婷・林徳治　2007「中国における情報化に対応した中学校での学習者主体学習に関する実証研究―黒龍江省佳木斯市第十九中学校の事例」『日本教育情報学会年会論文集』第23集、pp.62-65.

日本教育方法学会編　1994『新しい学力観と教育実践』図書文化.

————2001『学力観の再検討と授業改革』図書文化.

————2003『新しい学びと知の創造』図書文化.

————2004『確かな学力と指導法の探究』図書文化.

日本比較教育学会編　2003『特集―学力問題を考える―国際比較』第29集、東信堂.

————2010『公開シンポジウム報告―学力調査の国際比較―学力観と政策をめぐって』第40集、東信堂.

————2010『特集―義務教育制度の弾力化と質保証』第41集、東信堂.

藤村宣之　2008「思考プロセスの国際比較―日本、中国、シンガポールの子どもの数学的問題解決」『心理学ワールド』第40集、pp.9-12.

————2011「教授・学習活動を通じた数学的概念の変化」『心理学評論』第54巻第3号、pp.296-311.

ハウ、K.　2004『教育の平等と正義』（大桃敏行・中村雅子・後藤武俊訳）東信堂.

本田由紀　2002「90年代におけるカリキュラムと学力」『教育社会学研究』第70集、pp.105-123.

————2005a「『学力格差』だけが問題ではない『対人能力格差』がニートを生む」『中央公論』第120巻第3号、pp.82-91.

————2005b『多元化する「能力」と日本社会―ハイパー・メリトクラシー化のなかで』NTT出版.

本田由紀・平沢和司　2007『学歴社会・受験勉強』日本図書センター.

ヤング、M.F.D.　2002『過去のカリキュラム・未来のカリキュラム―学習の批判理論に向けて』（大田直子監訳）東京都立大学出版会.

麻麗娟・福田隆眞　2007「中国の素質教育と中学校美術教育に関する考察」『教育実践総合センター研究紀要』第24集、pp.89-95.

牧野篤　1995『民は衣食足りて：アジアの成長センター・中国の人づくりと教育』総合行政出版.

————1998「中国における学校と地域社会との連携に関する考察―上海市'教育の総合改革'と'社区'教育の展開―」『名古屋大学大学院教育発達科学研究科紀要』、

第44巻、pp.27-48.

―――2004「中国都市部社会のセーフティネット・『社区』教育に関する考察―上海市の'社区'教育を一例として」『名古屋大学大学院教育発達科学研究科紀要』第50巻第2号、pp.1-26.

―――2006『中国変動社会の教育―流動化する個人と市場主義への対応』勁草書房.

耳塚寛明2007「だれが学力を獲得するのか」耳塚寛明・牧野カツコ編『学力とトランジッションの危機―閉ざされた大人への道』金子書房、pp.3-24.

山内乾史・原清治編 2010『日本の学力問題―学力研究の最前線（上巻）』日本図書センター.

―――2010『日本の学力問題―学力研究の最前線（下巻）』日本図書センター.

山崎保寿・趙燕燕 2002「総合的な学習の時間の成立過程と中国における素質教育の成立過程に関する考察―総合的な学習の時間創設の趣旨を論点として」『信州大学教育学部紀要』第99集、pp.21-32.

山田哲也 2004「教室の授業場面と学業達成」苅谷剛彦・志水宏吉編『学力の社会学―調査が示す学力の変化と学習の課題』岩波書店、pp.99-126.

油布佐和子 1999「教師集団の解体と再編―教師の『協働』を考える」油布佐和子編『教師の現在・教職の未来―明日の教師像を模索する』教育出版、pp.52-70.

油布佐和子編 2009『教育という仕事』日本図書センター.

費闖 2000「中国における「素質教育」に関する研究―義務教育カリキュラム改革を中心に」『教育学研究紀要』第46集第1号、pp.483-488.

ラヴィッチ、D. 2008『学校改革抗争の100年―20世紀アメリカ教育史』（宮本他訳）東信堂.

李虹雨 2010「中国『改革開放』期以降における道徳教育の実証的研究―道徳教育に関する政策文書及び諸法令の分析を通して」『学校教育学研究論集』第21集、pp.45-59.

劉煜 2004「中国の＜素質教育＞の意味の多義性―＜素質＞概念の形成過程の検討を通して」『中央大学大学院研究年報』第34集、pp.65-174.

―――2002「中国の「素質教育」実施下のカリキュラム改革に関する実証的研究―上海市のカリキュラム改革を事例として」『中央大学大学院研究年報』第32集、pp.147-165.

―――2005「改革・開放以降中国教育改革の思想―〈素質教育〉概念の形成と『全面発達』観の変容を中心に」『関東教育学会紀要』第32集、pp.67-79.

中国語

安暁敏・坞志輝 2009「初中教育機会均等階層差異的実証分析」『上海教育科研』第2期、pp.9-11.

白媛媛・牛海彬 2010「素質教育政策執行偏差分析及対策研究」『現代教育科学・普教研究』第1期、pp.106-107.

北京市西城区教研中心小学数学研究室 1998「北京市西城区小学数学学科関与実施素

質教育現状的調査報告」『教育科学研究』第6期、pp.29-34.

陳宝英　2010「教育腐敗的滋生土壌剖析」『学校党建与思想教育』第8期、pp.31-32.

陳暁季　1999「素質教育研究観点総述」『湘潭大学学報(哲学社会科学版)』第23巻第2期、pp.127-128.

陳暁飛　2011「高等教育機会平等要素和結構的演進」『高等教育研究』第32巻第6期、pp.11-17.

程剛　2009「論教育腐敗」『浙江社会科学』第10期、pp.103-106.

崔相禄　1999「素質教育的歴史考察」『素質教育理論与基礎教育改革』広西師範大学出版社、pp.21-31.

丁静・周峰　2003「素質教育究竟離我们有多遠—広東省中小学素質教育現状調査」『現代教育論丛』第5期、pp.17-23.

丁金泉　2004『我国義務教育均衡発展問題研究』博士論文(華東師範大学).

丁小浩　2006「規模拡大与高等教育入学機会均等化」『北京大学教育評論』第4巻第2期、pp.24-34.

費孝通　2006『郷土中国』上海人民出版社.

豊向日　2008『"教育平等" 観念在中国(1840-2007)』博士論文(華東師範大学).

傅禄建　2007「回顧与展望—上海基礎教育発展分析」『教育発展研究』第5期、pp.46-55.

龔文君　2006「給農民工子女一張心霊的課桌—実現城市流動人口子女教育的機会平等」『社会科学論壇』第7期(下)pp.108-111.

顧明遠　1996『素質教育的理論探討』中国和平出版社.

————1999「提高民族素質、迎接21世紀挑戦」『素質教育理論与基礎教育改革』広西師範大学出版社、pp.54-65.

何錫軍　2002「農村小学素質教育現状的調研与思考」『小学教育科研論壇』第1巻第6期、pp.64-65.

賀永平　2003「我国高等教育機会平等問題的研究」『宜賓学院学報』第2期、pp.79-81.

韓立娟・楊潤勇　2007「我国素質教育政策執行評估工作的思考」『数学与管理』第24期、pp.43-44.

侯懐銀・王晋　2008「20世紀中国学者対教育社会学学科建設的探索」『華東師範大学学報(教育科学版)』第26巻第3期、pp.1-9.

侯学偉　2006『家庭背景対教育機会均等産生的影響—対上海某寄宿性高中根据有関政策招収外省市優秀初中毕業的情況調査』修士論文(華東師範大学).

胡少明　2010「近年来我国教育腐敗研究総述」『継続教育研究』第2期、pp.154-157.

胡玉婷　2011「和諧視野下少数民族地区教育機会与平等問題探析」『教育文化論壇』第4期、pp.36-38.

黄成権　2004「素質教育概念氾化的影響」『山峡大学学報』第26巻第1期、pp.89-90.

金一鳴・唐玉光　2004『中国素質教育政策研究』山東教育出版者.

劉崇順・C.M.布労戴徳　1995「城市教育機会分配的制約因素—武漢市五所中学初中毕業生的調査分析」『社会学研究』第4期、pp.101-107.

教育部　2001「基礎教育課程改革綱要 (試行)」『為了中華民族的復興、為了毎位学生的発展―基礎教育課程改革綱要 (試行) 解読』華東師範大学出版社、pp.3-13.

蒋国河　2007『教育獲得的城郷差異』北京知識産権出版社.

蒋国河編　2006「城郷家庭資本与子女的学業成就」『教育科学』第22巻第4期、pp.26-30.

蒋建華　2001「素質教育政策失真的要因与対策」『教育研究』第7期、pp.40-43.

康寧　1999「試論素質教育的政策導向」『教育研究』第4期、pp.31-43.

柯登地　2010「素質教育概念的逻辑学解析」『全球教育展望』第5期、pp.8-17.

李海生　1997「素質教育理論研究総述」『上海教育科研』第6期、pp.10-14.

李江源　2006「教育機会平等論」『当代教育論壇』第10期 (上)、pp.26-30.

―――2008「教育機会平等的内涵及政府定位」『教育科学論壇』第1期、pp.5-9.

李江源・杜長忠　2008「論社会、非社会提供的教育機会平等」『河北師範大学学報 (教育科学版』第10巻第1期　pp.19-31.

李強　2005「"丁字型" 社会結構与 "結構緊張"」『社会学研究』第2期、pp.55-73.

―――2006「試析社会分層的十種標準」『学海』第4期、pp.40-46.

―――2010「中国村落学校敵離土境遇与新路向」『教育理論研究』第4期、pp.28-31.

李文利　2006「高等教育財政対策対入学機会和資源分配公平的促進」『北京大学教育評論』第4巻第2期、pp.34-46.

李西順　2008「関与教育機会平等問題的理論思考」『江西教育学院学報 (社会科学)』第29巻第2期、pp.41-44.

李蕊　2009『義務教育機会均等的影響因素研究―以呉江市SL鎮両所学校為例』修士論文 (蘇州大学).

李書磊　1999『村落中的 "国家"―文化変遷中的郷村学校』浙江人民出版社.

廉如鑒・戴烽　2010「差序格局与倫理本位之間的異同」『学海』第3期、pp.145-149.

梁沖珍　1997「素質教育討論総述」『学術交流』第2期、pp.131-133.

梁漱溟　1990『梁漱溟全集三』山東人民出版社.

―――1996『中国人―社会与人生』中国文聯出版公司.

林淑媛　1995「試論素質教育与個性発展」『普教研究』第1期、pp.23-25.

柳斌編　1992『関与基礎教育的思考』上海教育出版社.

―――1997『全面素質教育手冊』中国物質出版社・九洲図書出版社.

劉宏博・趙維賢　1996「"85" 期間素質教育理論研究総述」『教育科学研究』第4期、pp.14-20.

劉家豊　2001『素質教育概論』中国档案出版社.

劉精明　2000「教育不平等与教育拡張、現代化之関係初探」『浙江学刊』第4期、pp.66-71.

―――2006「高等教育拡大与入学機会差異―1978～2003」『社会』第26巻、pp.158-178.

―――2007「拡招時期高等教育機会的地区差異研究」『北京大学教育評論』第5巻第4期、pp.142-155.

―――2008「中国基礎教育領域中的機会部平等及其変化」『中国社会科学』第5期、pp.101-106.

劉精明・楊江華　2007「関注貧困子ども的教育公平問題」『華中師範大学学報（人文社会科学報）』第3期、pp.120-128.

劉精明・張麗　2008「改革解放三十年我国教育社会学的発展」『清華大学教育研究』第6期、pp.1-9.

劉莎　2005「当前我国城郷二元結構的現状、成因及改革思路」『成都行政学院学報』第13巻第1期、pp.72-74.

劉暁艶　2005「多元智能理論与素質教育」『江西社会科学』第1期、pp.171-174.

魯品越　2002「"関係本位"文化環境与市場秩序―中国市場経済的文化透視」『学術研究』第7期、pp.43-48.

呂紀増　2003「素質教育研究文献的現状及特点」『河南教育学学報（哲学社会科学版）』第22期、pp.38-41.

郎業偉　1991「構建我国素質教育理論」『佳木斯教育学院学報』第2期、pp.6-14.

羅紅艶　2009「素質教育政策執行失効的帰因分析」『上海教育科研』第10期、pp.13-15.

馬鳳岐　2006「受教育機会平等―不同的標準」『教育学報』第2巻第5期、pp.71-75.

藩小明　2004『新課程理念的探索実践―小学数学課堂教学案例与反思』上海教育出版社.

皮純協編　1986『簡明政治学辞典』河南人民出版社.

銭民輝　2009「中国教育社会学研究的最新動向及評述」『北京大学学報（哲学社会科学版）』第46巻第3期、pp.73-78.

上海市知力開発研究所課題組　1996「我国不同地区九年義務教育進展状況及発展水平的比較研究」『教育研究』第7期、pp.4-8.

藩百福　2004「義務教育投入的城級差異分析」『教育科学』第20巻第3期、pp.23-26.

"素質教育的概念、内涵与相関理論"課題組　2006「素質教育的概念、内涵及相関理論」『教育研究』第2期、pp.3-10.

素質教育系統調研組　2006『共同的関注』教育科学出版社.

孫春晨　1999「"人情"倫理与市場経済秩序」『道徳与文明』第1期、pp.20-23.

孫紅珍　2001「浅論転型時期流動人口子女的教育公平問題」『教育科学』第17巻第1期、pp.4-46.

孫立平　2004『転型与断裂―改革以来中国社会結構的変遷』清華大学出版社.

―――2009「中国社会結構的変遷及其分析模式的転換」『南京社会科学』第5期、pp.93-73.

孫喜亭　1987「民族素質与教育」『北京師範大学学報』第6期、pp.10-17.

孫延洲　2009「試析我国素質教育的政策措施」『湖北第二師範学院学報』第26巻第10期、pp.100-103.

舒達・蒋長好　1997『素質教育全書』経済日報出版社.

譚廷志　2008『農民工子女義務教育機会均等問題研究―基于湛江市城区的調査』修士論文（広西師範大学）.

唐順発　1999「試論素質教育中課堂教学的特徴」『語文教学通訊』第11期、pp.16-18.

唐迅　1990「現代素質論的教育哲学思考」『教師教育研究』第3期、pp.21-26.

─────1991「素質教育的操作定義及主要的実験因子」『教育評論』第2期、pp.6-8.

呉剛　2004「教育社会学的宏観分析」『全球教育展望』第7期、pp.53-58.

呉宏超・叶忠　2003「校際落差与義務教育公平」『河北師範大学学報（教育科学版）』第5巻第2期、pp.31-35.

呉康寧　2009「我国教育社会学的三十年発展（1979-2008）」『華東師範大学学報（教育科学版）』第27巻第2期、pp.1-20.

呉楽楽　2011「公平視野下我国高等教育機会平等芻議」『中共鄭州市委党校学報（文史教育』第2期、pp.116-118.

呉柳主編　1999『素質教育理論与基礎教育改革』広西師範大学出版社.

呉優　2009「素質教育与課堂教育」『辺彊経済与文化』第2期、pp.118-119.

王策三　2001「保証基礎教育健康発展─関与由"応試教育"向素質教育転軌提法的討論」『北京師範大学学報（人文社会科学版）』第5期、pp.59-84.

王倹　2000「関与素質教育政策的思考」『教育理論与実践』第20巻、pp.18-21.

王立科　2009「論文化資本及其対高等教育機会平等的影響」『大学・研究与評価』第1期、pp.40-44.

王倩　2003「試論素質教育的理論基礎」『河南商業高等専科学校学報』第16巻16期、pp.80-81.

王寿　2011『我国義務教育均衡発展及其政策研究』修士論文（南京師範大学）.

王寿金　2000「論過程改革与素質教育的関係」『師資培訓研究』第2期、pp.17-29.

王文瀾　2007『素質教育視野中的中学音楽課程実施』博士論文（西北師範大学）.

文東茅　2005「家庭背景対我国高等教育機会与毕業就業的影響」『北京大学教育評論』第3巻第3期、pp.58-63.

辛章平　2011「中国城郷二元結構的演変与応有的方向」『黒龍江社会科学』第2期、pp.54-57.

向晋文　2007「高等教育収費制度対学生主体教育機会平等的影響」『華中農業大学学報』第1期、pp.119-121.

向麗　2004『義務教育階段教育資源配置制度与教育機会均等─以武漢市東西湖区中小為個案的研究』修士論文（中央民族大学）.

肖冬連　2005「中国二元社会結構形成的歴史考察」『中央党史研究』第1期、pp.21-31.

肖文娥主編　2000『素質教育概論』国防大学出版社.

新華書店　1984『毛沢東書信選集』人民出版社.

許立豪　2011「農村中学実施素質教育的問題与対策研究」『中国教科創新導刊』第15期、p.19.

徐龍森　1999「素質教育産生的背景」『濮陽教育学院学報』第3期、pp.5-7.

燕国才　1990「関与素質教育的幾個問題」『教育科学研究』第2期、pp.1-4.

─────1996「素質教育問題研究」『江西教育科研』第4期、pp.11-15.

─────2002『素質教育概論』広東教育出版者.

楊宝忠　2002「欠発達地区家庭教育城郷差異的調査研究」『雁北師範学院学報』第18巻第3期、pp.11-15.

楊宝琰・万明鋼　2011「我国"教育機会均等"問題実証研究成果評析」『教育科学研究』第7期、pp.28-32.

楊冬梅・高青蘭　2011「城郷素質教育比較研究及対策」『西南農業大学学報(社会科学)』第9巻第8期、pp.227-228.

楊東平　2003「論教育腐敗」『北京大学教育評論』第2期、pp.109-112.

―――2006「从研究平等到機会均等―新中国教育公平的軌跡」『北京大学教育評論』第4巻第2期、pp.2-11.

―――2006「高等教育入学機会拡大之中的階層差距」『清華大学教育研究』第27巻第1期、pp.19-25.

楊潤勇　2006「区域教育政策与素質教育的有効推進」『基礎教育課程』第28期、pp.14-16.

―――2007「農村県級区域素質教育政策執行過程式研究」『当代教育科学』第14期、pp.27-31.

―――2008「論我国義務教育政策新進展及発展趨勢」『当代教育科学』第24期、pp.15 -25.

―――2010「農村"教学点"相関教育政策分析」『当代教育科学』第3期、pp.12-16.

楊銀付　1995「素質教育若干理論問題的探討」『教育研究』第12期、pp.35-39.

叶瀾　2011「素質教育推進現状及要因的分析」『教育発展研究』第4期、pp.10-19.

余秀蘭　2004『中国教育的城郷差異― 一種文化再生産現象的分析』北京教育科学出版社.

袁振国　1999『論中国教育政策的改変―対我国重点中学平等与効益的個案研究』広東教育出版社.

―――2001『教育政策学』江蘇教育出版者.

―――2005「教育均衡発展―構建和諧社会的基礎」『教育発展教育』第2期、pp.7-13.

翟学偉　2009「是"関係",還是社会資本」『社会』第29巻、pp.109-226.

張愛陽　2008「素質教育政策執行失真的制度環境分析」『教育与職業』第2期、pp.42-43.

張承芬　1992「対基礎教育与素質教育相互関係的探討」『教育評論』第3期、pp.5-7.

張海廷　2002「単一制下中央地方関係体制応作両類劃分―我国中央集権式中央地方関係的動態平衡」『河北法学』第20巻第1期、pp.12-16.

張千帆・楊世建　2009「高校招生制度与公民平等受教育権」『法学(筆談)』第11期、pp.11-14.

張人傑　1989『国外教育社会学基本文選』華東師範大学出版社.

張雄　1999「素質教育理論研究概述」『韓山師範学院学報』第4期、pp.71-76.

鐘啓泉　1995「試論素質教育課程設計的教育学模型」『教育研究』1995年第2期、pp.30-36.

―――2001『為了中華民族的復興、為了毎位学生的発展―基礎教育課程改革綱要(試

行)解読』華東師範大学出版社.

————2003『研究性学習案例解析』上海教育出版社.

————2005「研究学習の基本内涵」『上海教学科研』第5期、p.1.

鐘志賢　1998『素質教育—中国基礎教育的使命(修定本)』福建教育出版社.

————2003『深呼吸—素質教育進行時』教育科学出版社.

周守軍　2003『枝江市義務教育機会均等問題研究』修士論文(西南師範大学).

朱慕菊　2002『走進新課程—与課程実施者対話』北京師範大学出版社.

朱小蔓　2007「素質教育評価—理念与思路」『人民教育』第9期、pp.32-35.

荘西真　2008「学校社会資本和環境適応」『現代教育論叢』第3期、pp.14-17.

事項索引

ア行

愛国心	400-402, 407, 434, 443
愛国主義	104
新しい課程改革	3, 29, 47, 56, 70, 74,

105, 107, 110, 143-145, 152, 154-155, 162, 170, 273, 275-277, 279, 284, 289, 295, 301, 304, 307, 313-314, 319, 323, 325-326, 331, 335, 364, 370-371, 381-384, 399, 402, 408-409, 440

新しい学力観	4, 9, 20, 35, 38, 470
イデオロギー	4, 26
意図せざる結果	18
一票否決	277, 368
エスノグラフィ	39, 479
応試教育	4-8, 10-11, 16-17, 20, 22-25,

30, 48, 50, 61-62, 65-68, 72-74, 77, 79, 83, 85, 89, 91-94, 139-140, 143-144, 151, 153, 187, 189, 198, 202, 221, 223, 229, 238, 240, 268-269, 273, 320-324, 327, 330, 344-345, 347, 364, 373, 378, 382, 384, 388, 411, 415, 426-428, 440-441, 446-447, 449, 451, 458, 462-463, 465-468, 470-476, 479

カ行

階層差	21
画一性の打破	4
格差化	4
格差原理	128-129, 131, 133
カリキュラム	3, 5, 8, 19, 21, 26, 34, 37,

133, 139-140, 269, 373, 428-429, 431, 450, 452-453, 465-467, 473-474, 477

カリキュラムの社会学	19
関係本位	260, 263, 267, 270, 359-360,

365, 368-369, 372, 459-466, 472-474, 480

完全なる観察者	43
学習負担の過重	5
学力	9, 20, 21, 34, 36, 37, 189, 225, 474,

478

学力格差	21, 35
学力調査	35-36
学力低下	21, 35-36
学校格差	28, 47-48
学力論争	35
学校現場	17-18, 28
学校選択	4
学校無力論	37-38
規制緩和	4, 109
基礎教育改革	72-73
基礎教育の課程改革要綱	11, 202, 207-

208, 276, 281, 285, 309, 382, 463

基礎教育の改革と発展に関する決定

47, 112, 130

基礎教育改革要綱	48, 78, 98, 107, 112,

115, 120, 143, 152, 175, 202, 206, 276, 280, 285, 382-383, 463

規範学科	19
義務教育	3, 5, 12-13, 33, 38, 47, 53, 83,

92, 99, 107-108, 111, 116-118, 121-127, 129, 147-148, 186, 275, 277-278, 374, 426, 463, 465, 472-473, 476, 479

義務教育における均衡発展をさらに推進

する若干の意見	99
義務教育法	92, 94
教育改革	4, 36, 325
教育格差	29, 124
教育機会の平等　3, 4, 19, 26, 14-15, 21- 　22, 31-35, 37-38, 48, 50, 229, 373-374, 　378, 470	
教育社会学　18, 20-21, 30-31, 35, 37, 475, 　477, 480	
教育政策　5, 28-29, 89, 91, 97-100, 128, 　131, 141, 151, 177, 471, 475-476	
教育の質	80, 123, 471, 479
教育の総合資本	472-473, 476, 478
教育理念	7, 8, 74, 96, 163, 177
教科横断	392-394, 400-401, 435-438, 441
教科学力	172, 197, 199-200, 440, 441
教科重視	8
教科知識　10, 228, 313-314, 316-318, 　321, 324, 333, 346	
教師権威　144, 164-165, 167-168, 171- 　172, 187, 194-195, 301-302, 304-306, 　312, 319, 321, 326, 339-341, 385, 388, 　397-400, 432, 438-440	
教師・児童の役割　143, 164-165, 168, 　172-173, 178, 209, 217, 287, 289, 299, 　301-306, 308, 311, 313, 333, 336, 338- 　339, 341, 383, 388, 394-395, 397, 399- 　400, 412, 435-436, 438-439, 446, 448-449	
協調力	9
協働性　347-348, 351-352, 354, 360, 369, 　372, 415, 418-419, 421, 427, 454-455, 　460-462, 466, 472-473	
グラウンデッド・セオリー	39
グローバル化	9
形式的な平等	11, 15
経済資本　32, 269-270, 472-473, 475	
ケース・スタディ	39-40, 479
顕在的なカリキュラム	142
顕在的な授業構成　142-43, 153, 168, 　179, 184, 189, 200-202, 209, 211, 217, 　219, 231, 234, 239-240, 301-302, 304, 　312-313, 319, 323, 326-327, 333, 341,	

344, 346, 388, 399, 432, 438-439, 442	
中小学校における素質教育を積極的に 　推進することに関するいくつかの意見 　95	
現象学	39
現代漢語辞典	54
減負	68, 83-89, 91, 131
効果のある学校	21, 36
公教育	3, 38
公共性	4
校長責任制	245
高分低能	4
効率性　144, 187, 189, 193, 198, 229-231, 　268, 314, 319-320, 402, 410, 440	
コールマンレポート	14
戸籍制度	117
コミュニケーション能力　9, 20, 208, 443	

サ行

再構造化	3
再生産	6, 36, 374
サポート条件　240-241, 254, 259, 263, 　266-267, 347, 354, 359, 369, 379, 415, 　422, 427-428, 454-458, 460-462, 466, 　468, 472-475	
参加者としての観察者	43
産業社会	9
算数科　152-153, 228, 233-234, 273-274, 　279, 344, 378, 382, 412, 414-415, 427- 　428, 431, 451-452, 465-466, 471, 479	
市場主義	4
指導案　151, 153-154, 156-157, 163, 279- 　284, 286, 290-291, 292-295, 298-300, 382	
新学力	234-235, 239, 415, 451
新教育運動	35
新自由主義	4, 21
新受験型	202
実質的な平等	11, 15, 16
事実学科	19
辞海	54
実践能力　10, 20, 65, 100, 132, 207, 216,	

346, 393, 451

社会階層　　　　　　　　　　　33

社会構造　5, 17, 25, 36-37, 117, 124, 259,
　　　359, 370-371, 373-374, 424, 426, 428,
　　　458, 462, 466, 468, 479

社会資本　　　32, 269, 472-473, 475

社会的統制　　　　　　　　　　19

主体性　　7-10, 23, 65, 67, 73, 77-79, 87,
　　　89, 100, 132, 141, 150, 172, 177, 185,
　　　192, 204, 210, 288, 290-291, 299, 306,
　　　344, 449

集団規制　　　　　　　　　　　196

就近入学　　　　　　　　　　　125

習熟度別指導　　　　　　　　　　4

授業改革　　　　　　　　　　　36

授業スタイル　　　10, 143, 159, 163-165,
　　　168, 171-173, 176-178, 186, 209, 211-
　　　212, 216-217, 287-299, 301-302, 304-
　　　306, 309-310, 312, 325-326, 333, 342,
　　　383, 388, 392, 397, 399-400, 412

受験競争　　　　　4, 35, 143, 464

授業ビデオ研究法　　　　　　　40

重点学校　　　　　17, 89, 93, 119

城・郷二元制　　　　　　19, 128

序列化　　　　　　　　　　　　4

数学課程標準　159, 171-172, 388, 396

すべての学習者　　10-13, 23, 64-66, 89,
　　　100, 130, 132, 141, 346, 393, 451

創造能力　10, 20, 65, 89, 100, 132, 151,
　　　177, 209, 216, 346, 393, 451

生活科重視　　　　　　　　　　8

先進都市型　　　　　　　　　378

先進農村型　　　　　　　　　378

潜在的カリキュラム　　　　141-142

潜在的な授業構成　142-144, 153, 186-
　　　187, 197, 201-202, 209, 220, 231, 234,
　　　238-240, 301, 313, 319-320, 326-327,
　　　341, 344, 346, 370, 388, 399, 409-410,
　　　432, 440-442, 480

全面的な発展　7-8, 10, 12-13, 16, 23, 61-
　　　62, 70-73, 75, 79, 86, 89, 100, 106, 132,
　　　141, 172, 204, 209, 236, 344, 346, 382

先富論　　　　　　　　　　　129

ソクラテス　　　　　　　　　　77

素質教育　3-6, 8-12, 16-17, 19-20, 22-31,
　　　38, 48-50, 53-54, 61-68, 69-74, 77-81,
　　　83, 89, 91-94, 98-100, 102-107, 109,
　　　112, 131, 133, 139-142, 145, 148, 150-
　　　151, 153, 157, 159-160, 162-163, 167-
　　　168, 170-172, 175, 177, 184-187, 189-
　　　193, 196-198, 201-202, 204-205, 214,
　　　217, 219, 221-229, 231-234, 236, 238,
　　　240-241, 252, 255, 267-270, 273, 278-
　　　280, 284, 286-287, 296, 310, 306, 313,
　　　319, 321-323, 327, 332, 336, 341, 344-
　　　347, 350-351, 369-373, 378-379, 381-
　　　382, 384, 388, 395, 399, 402-403, 406,
　　　414-415, 424, 426-428, 431, 439, 442,
　　　445-449, 451-453, 456, 458-460, 462,
　　　464-468, 470-480

義務教育における均衡発展　　28, 41,
　　　124, 127

タ行

脱学校論　　　　　　　　　　　36

TIMSS　　　　　　　　　40, 167

地域格差　6, 19, 21, 41, 47-48, 127, 133,
　　　139, 277, 464, 470, 475-476, 478, 480

地方分権　　　　　　　4, 109, 119

伝統的な学力観　　　　　8, 9, 376

中共中央教育体制改革に関する決定　91

中共中央国務院の教育改革を深化し、全
　　　面的に素質教育を推進することに関す
　　　る決定　　　　　　　　95, 97

中共中央国務院の農村教育の仕事をさら
　　　に強化することに関する決定　　97

中共中央の学校の道徳をさらに強化する
　　　ことに関する若干の意見　　　97

中国教育改革と発展要綱　　　　97

中国教育改革と発展規画要綱（2010 ～
　　　2020 年）　　　　　　5, 12, 17

対口支援　　　　　　　　　　129

特色ある学校づくり　　　　　　4

道徳教育　100, 102-104, 132, 205, 207, 210, 236, 238, 278, 303, 328, 344-345, 381, 388, 400-402, 409-411, 414-415, 438, 442, 444, 448, 450-451, 468
読書無用論　87, 423

ナ行

21世紀に向けた教育の振興行動計画　95
人間本位　23, 76
日本型学力　22

ハ行

薄弱学校　121-122, 125-126, 129, 133
比較ケース・スタディ　40
非先進都市型　378
批判能力　9
非抑圧社の教育学　36
PISA学力　10
文化資本　32, 269, 472-473, 475
文化大革命　5
分層的な授業　191
文博教育　139, 203-205, 209, 211, 214, 216-217, 219, 221-223, 226-234, 236, 254, 257, 443
平等原理　129, 131, 133
不正入学　277
不平等　4, 8, 11, 14, 17, 19, 21, 360-361, 365, 417-418, 468, 475-476
ブラックボックス　36, 140
補償原理　128, 130-133

本校課程　128, 139-140, 145, 205, 273-274, 327-333, 336, 338, 342-345, 369-370, 372-373, 378, 380, 406-407, 410-411, 415, 423-425, 427, 431-444, 448-450, 452, 456, 461, 465-466, 471, 474, 479
本土化　19

マ行

マルクス主義　75
メカニズム　10-11, 19, 32, 268, 279, 346, 431, 467, 474, 476-477
モデル学級　384-385, 388, 399, 402, 404-405, 415-417, 424, 434

ヤ行

優先順位　12, 13
ゆとり教育　35
役割　3, 10, 14, 36, 38, 128, 170, 194, 206, 219, 258, 434

ラ行

リベラル・デモクラシー　15
両免一補　123

ワ行

和諧社会　36, 65, 124

人名索引

ア

Apple, M.W.	4, 142
天野郁夫	14
安暁敏	32
市川伸一	20, 110
今井康雄	35
Illich, I.	36, 142
Yin, R.K.	40
燕国才	4, 6-9, 10, 19, 22-23, 55-59, 70-71, 73, 75-76, 91, 140, 143, 286
王策三	145
王倹	17
王立科	31-32
王寿	41
王寿金	41
王文瀾	24, 26-27, 69, 110
小内透	14, 21, 229
大桃敏行	3

カ

何錫軍	24
賀永平	31-32
柯登地	23, 31
金子元久	8-9, 21, 235
カラベル, J.	15
苅谷剛彦	4, 21, 35-36, 38, 110, 239
Creswell, J.W.	39, 45
韓立娟	26-27
金一鳴	27-28, 260, 459
Coleman, J.S.	14-15, 37, 229, 467

楠山研	47
顧明遠	23, 78-79
項純	29
向晋文	32
龔文君	33
Giroux, H.A.	142
侯学偉	32
胡少明	260, 263
胡玉婷	33
黄成権	110
呉剛	18-19, 20
呉康寧	19, 20, 477
呉柳	22, 23, 69, 72
許立豪	24

サ

佐藤学	9, 43, 235
佐藤郁哉	453
崔相禄	7, 23, 62, 69, 83, 85, 87
翟学偉	473
Stake, R.E.	39
柴野昌山	140-141
志水宏吉	12, 21, 35, 37, 239
須藤康介	21, 35-38
Jencks, C.	37
肖冬連	117
蒋長好	57
蒋国河	7
蒋建華	26
肖文娥	53-54, 75, 79, 286
徐濛	29, 14

徐征	29, 78
舒達	57
鐘啓泉	73, 105, 286, 403
鐘志賢	4, 7-8, 10, 16, 19, 23, 54, 57-66,
	68, 70, 72, 74-77, 86, 91, 143
周峰	24
周守軍	32, 118, 145
朱慕菊	10, 140
朱小蔓	23, 70, 118
孫紅珍	33
孫立平	19, 34, 116, 260, 266, 459
孫喜亭	23, 63
孫延洲	5
銭民輝	476

タ

Tesch, R.	39
竹内洋	38
田中統治	19, 140, 269
Tyack, D.	3
戴烽	359
杜威	30
Denzin, N.K.	39
Dewey, J.	9, 38
陳宝英	260, 263
陳暁季	6, 23, 61
程剛	260
丁静	24
丁金泉	41
丁小浩	31-32
寵愛陽	27
張海廷	23, 70-71, 82, 105, 283
張千帆	31, 83
張梅	26-27, 29, 30
趙維賢	59-60
趙燕燕	30
恒吉僚子	9, 22, 110, 141-142, 223, 235,
	374, 425
Tsuneyoshi, R.	362
田奕	29, 116
鄧小平	129

唐迅	17, 22-23, 54-56, 72
唐玉光	27-28, 260, 459
譚廷志	32

ナ

鍋島祥郎	21
南部広孝	29

ハ

橋本健二	21, 35-36, 478
ハウ、K.	15, 38
Huberman, A.M.	39
原清治	35-36
ハルゼー, A.H.	15
Hargreaves, A.	453
Hiebert, J.	40
一見真理子	21, 29, 286
福田隆眞	30
藤田英典	3-4, 8, 14, 36
フレイレ、P.	36
付婷婷	30
費闔	29
費孝通	260, 459
傅禄建	5, 26, 148
Banks, J.A.	362
Bernstein, B.	374
Bourdieu, P.	374
Brown, P.	3
Burt, R.S.	467
白媛媛	26
Patton, M.Q.	39
Putnam, R.D.	467
文東茅	32, 83

マ

麻麗娟	30
Miles, M.B.	39
牧野篤	5
耳塚寛明	21, 35

人名索引　501

宮寺晃夫	16
Musgrave, P.W.	141
Merriam, S.B.	39-41
毛澤東	84, 86

ヤ

山内乾史	35-36
山崎保寿	30
山田哲也	21, 35-37
油布佐和子	453
ヤング、M.F.D.	37
楊世建	31, 83
楊東平	17, 83, 96, 116, 119, 475
楊潤勇	26-27, 31-32, 41, 205
楊銀付	4, 7, 9, 11, 23, 54-55, 57-59, 62, 64-68, 71
叶瀾	6, 31, 41, 143-144, 146
余秀蘭	32, 33
袁振国	6, 17, 28, 31, 41, 87, 118-119, 140, 476-477

ラ

Lareau, A.	356, 423

劉煜	29, 30
李海生	6-7, 22-23, 33, 54-57, 64, 70-72, 83
李江源	31-33, 69
李強	83, 151, 263, 266
李文利	32
李嵐清	93, 95
廉如鑒	359
Lincoin, Y.S.	39
林徳治	30
梁沖珍	6-8
梁漱溟	260, 458
柳斌	4, 6-8, 10, 23-24, 41, 58, 64, 66, 73-74, 79-80, 83, 91, 140, 143, 150, 229
劉宏博	59-60
劉家豊	23, 30, 55, 63, 69
劉精明	31-32, 117
劉崇順	32
魯品越	260, 359
呂紀増	11, 53, 70-71
羅紅艶	27, 151-152

著者紹介

代　玉（Dai Yu）

中国遼寧省に生まれ、2013 年 4 月東京大学大学院教育学研究科博士課程修了（教育学博士）後、清華大学に就職し、東京大学大学院教育学研究科研究員を経て、現在、天津大学教育学院准教授。

専門は、教育社会学、教育課程・方法論、進化ゲーム理論、社会的ガバナンス。

主要論文

「中日小学校教師の授業に対する相互イメージ──アメリカ・シンガポールとの対比を通して」、『東京大学大学院教育研究科紀要』2009 年、第 48 巻。

「我国教师的教育观能适应教育改革的需要吗 ── 基于课堂录像的问卷和访谈法的研究」、『全球教育展望』2011 年、第 12 巻。

"When Does the Inferring Reputation Probability Countervail Temptation in Cooperative Behaviors for Prisoners' Dilemma Games", *Chaos, Solitons & Fractals*, 2015, 78

中国の素質教育と教育機会の平等

―都市と農村の小学校の事例を手がかりとして―

2018 年 11 月 10 日　　初　版第 1 刷発行　　　　　　　〔検印省略〕

定価はカバーに表示してあります。

著者Ⓒ代　玉／発行者 下田勝司　　　　　　印刷・製本／中央精版印刷株式会社

東京都文京区向丘 1-20-6　郵便振替 00110-6-37828

〒 113-0023　TEL 03-3818-5521（代）　FAX 03-3818-5514

発 行 所
株式会社 東信堂

Published by TOSHINDO PUBLISHING CO., LTD.

1-20-6, Mukougaoka, Bunkyo-ku, Tokyo, 113-0023, Japan

E-Mail : tk203444@fsinet.or.jp　http://www.toshindo-pub.com

ISBN978-4-7989-1510-4 C3037　　Ⓒ Dai Yu

東信堂

リーディングス 比較教育学 地域研究 —多様性の教育学へ	西野節男・中矢礼美・近藤孝弘 編著	三七〇〇円
比較教育学事典	日本比較教育学会編	一二〇〇〇円
比較教育学の地平を拓く	森下稔・山田肖子・馬越徹 編著	四六〇〇円
比較教育学—越境のレッスン	馬越徹 編著	三六〇〇円
比較教育学—伝統・挑戦・新しいパラダイムを求めて	M・ブレイ・馬越徹・大塚豊監訳	三八〇〇円
国際教育開発の研究射程—「持続可能な社会」のための比較教育学の最前線	北村友人 編著	三六〇〇円
国際教育開発の再検討—途上国の基礎教育 普及に向けて	小川啓一・北村友人・村川幹子 編著	二八〇〇円
ペルーの民衆教育—「社会を変える」教育の変容と学校での受容	工藤瞳	三二〇〇円
アセアン共同体の市民性教育	平田利文 編著	三七〇〇円
市民性教育の研究—日本とタイの比較	平田利文 編著	四二〇〇円
社会を創る市民の教育—協働によるシティズンシップ教育の実践	大友秀明・桐谷正信 編著	二五〇〇円
アメリカにおける多文化的歴史カリキュラム	桐谷正信	三六〇〇円
アメリカ公民教育におけるサービス・ラーニング	唐木清志	四六〇〇円
発展途上国の保育と国際協力	浜野隆・三輪千明 著	三八〇〇円
中国教育の文化的基盤	顧明遠・大塚豊監訳	二九〇〇円
中国大学入試研究—変貌する国家の人材選抜	大塚豊	三六〇〇円
東アジアの大学・大学院入学者選抜制度の比較—中国・台湾・韓国・日本	南部広孝	三二〇〇円
中国高等教育独学試験制度の展開	南部広孝	三三〇〇円
中国の職業教育拡大政策—背景・実現過程・帰結	劉文君	五〇四八円
中国における大学奨学金制度と評価	王帥	五四〇〇円
中国高等教育の拡大と教育機会の変容	王傑	三九〇〇円
中国の素質教育と教育機会の平等—都市と農村の小学校の事例を手がかりとして	代玉	五八〇〇円
現代中国初中等教育の多様化と教育改革	楠山研	三六〇〇円
グローバル人材育成と国際バカロレア—アジア諸国のIB導入実態	李霞 編著	二九〇〇円
韓国大学改革のダイナミズム—ワールドクラス《WCU》への挑戦	李越 編著	二八〇〇円
文革後中国基礎教育における「主体性」の育成	馬越徹	二七〇〇円

〒113-0023　東京都文京区向丘1-20-6　　TEL 03-3818-5521　FAX03-3818-5514　振替 00110-6-37828
Email tk203444@fsinet.or.jp　URL:http://www.toshindo-pub.com/

※定価：表示価格（本体）＋税